JN075399

社会福祉施設経営管理論

宮田裕司 編著

2024

社会福祉法人　全国社会福祉協議会

はじめに

　わが国の社会福祉制度は、戦後新憲法のもと３法体制から６法体制へと、高度経済成長でもたらされる潤沢な税収を背景に、専門分化しながら充実発展してきた。その理念は、「限られた者の保護・救済」であり、福祉サービスの供給システムは、公助としての措置委託制度であった。社会福祉事業の供給主体は原則として行政と社会福祉法人に限られ、社会福祉法人立の社会福祉施設はどの種別であれ、強い行政関与のもと、措置費の適正執行こそが適切な処遇であり、適切な施設運営であるといった期間が長く続くことで、強い行政依存体質が醸成されていった。

　高度経済成長が終焉を迎え、社会・経済状況の変化に対応するため、2000（平成12）年には、1951（昭和26）年に制定された社会福祉事業法が社会福祉法に改められ、1997（平成９）年制定の介護保険法による介護保険制度が本格的に始まった。「措置から契約へ」という、いわゆる社会福祉基礎構造改革の口火が切られたのである。その後、2005（平成17）年の障害者自立支援法（2012（平成24）年から障害者総合支援法）、2006（平成18）年の認定こども園法（就学前の子どもに関する教育、保育等の総合的な提供の推進に関する法律）による認定こども園制度の発足等、福祉サービスの供給システムの矢継ぎ早の改革が進められてきた。2000（平成12）年は、これら一連の改革の始点の年となった。

　繰り返すが、2000（平成12）年以降に進められてきたこれらの改革の背景には、経済成長の停滞、少子高齢化の進行、人口減少、国・地方公共団体の財政難等の、わが国の社会・経済の構造変化がある。

　高度経済成長を通じて進行した核家族化、勤労者世帯の増大、女性の社会進出等は、保育・介護等の福祉サービスに対する需要を著しく増大させ、福祉の普遍化・一般化をもたらした。

また、社会福祉基礎構造改革により、福祉の理念も「限られた者の保護・救済」から「国民全体を対象」とした「自立支援」になった。「自立」は、他者からの「支援」を受けながら成立するものであり、仮に他者から支援を受けることを「依存」としたときに、「自立」と「依存」は対立概念でなくなる。社会福祉援助という支援を受けながらその人らしい「自立」した生活を送ることをめざすということが、社会福祉の理念になった。

　さらに、福祉需要の増大によって、20世紀を通じて福祉サービスの供給システムの基本であった措置制度は限界に達し、高齢者の介護保険制度を先陣として、措置から契約への転換がもたらされるとともに、供給増を図るために、行政、社会福祉法人にほぼ限られてきた供給主体を、株式会社等にも広げることにつながった。これらによって、福祉の世界に準市場が形成されることとなった。また、措置から契約への転換は、社会福祉法人の資金使途の規制緩和など、それまであまり必要が無かった経営が必要な環境をもたらすこととなった。

　現在、高度経済成長を支えた団塊の世代は、すでに高齢者世代に移行しており、平均寿命が伸び高齢者人口が増大する一方、出生率が低下して少子高齢化傾向が定着、労働力人口も減少し始めている。

　そのような中で、他の産業にも増して福祉の分野では介護や保育をはじめとして、人材難が顕著であり、大きな経営課題となっている。

　経済成長が停滞する中で、国及び地方公共団体の財政は恒常的に赤字化し、国（公）債の発行残高が累積する等、財政再建が焦眉の課題となっているが、財政に大きな割合を占める社会保障支出には抑制圧力が大きくかかり続けるであろう。公費、社会保険財源に大きく依存する社会福祉施設の収入は、今後長期にわたって厳しい状態が継続するとみなければならない。

　また、経済成長が停滞する状況下で、経済界からは医療、介護、保育等が新たな成長分野として注目されるようになった。社会福祉基礎構造改革によって供給主体の多様化が進んだとはいえ、経済界の側から見ればまだ多くの参入規制があり、税制では供給主体間の不公平が指摘されるなど、一層の規制緩和、イコールフッティングの圧力がかかることが想像される。イコールフッティングの主張が隆盛する背景には、供給主体が多様化した分野において、公益組織である社会福祉法人の他の供給主体とは異なる役割・機能・組織統治のかたちが、必ずしも明確ではないことがある。2016（平成28）年に行われた社会福祉法の改正は、これをあらためて明確化し、社会福祉法人の存在意義を再定義しようとするものともいえる。これらからの社会福祉施設の経営管理では、この点も重視しなければならない。

このように、社会福祉施設は、①準市場のもとで新規参入事業者を含む競合他社と競争しつつ、②財源の制約のもとで事業基盤を強化してサービスの質を高める努力を継続し、③労働力人口減少のもとで人材の確保、育成を行わなければならないという課題に直面している。これらのみならず、社会福祉法人においては④株式会社等の他の供給主体とは異なる公益組織としての役割を担い、機能を発揮し、組織統治を実践しなければならない。

　我われが経営管理を学ぶ必要性はここにある。しかし、経営管理を学ぶ理由は、厳しい外部環境のもとで、選ばれ、利益を出し、生き残りを図るためではない。選ばれること、利益を出すこと、生き残ることは我われの経営にとって、重要な必要条件であるが、充分条件ではない。非営利組織である社会福祉法人や公益性の高い社会福祉施設の経営の目的は、ひと言で言えば地域福祉の維持・向上である。選ばれ、利益を出し、生き残るのは地域福祉の維持向上という目的を達成するための手段でしかない。
　組織は、目的を実現するためにある。我われの目的は社会的意義をもつものである。厳しい経営環境のもとでも使命を見失わず、目的を実現するための知を得るためにこそ、経営管理を学ぶ必要がある。

　社会福祉関係者は、クライアント（利用者）の支援（養護、介護、保育、療育、相談援助……等）については永きにわたって学んできたが、それに比べて経営管理に関する学びは浅かったと言うべきであろう。経営自由度のほとんどない措置委託制度のもとでは、その必要が薄かったということでもあろう。しかし、今日の事業環境は、まさに経営管理の学びを必要としている。
　その際、経営管理の多くの知見は営利組織の分野における研究によって形成されてきたという歴史がある以上、そこから多くを学ぶべきであることは当然である。それと同時に、非営利組織である社会福祉法人や公益性の高い社会福祉施設だからこそ、営利組織とは違う経営管理があることにも思慮を及ぼす必要がある。

　本書が社会福祉施設長や経営層、管理職の方々にとって学びの手がかりとなり、所属する法人が経営する社会福祉施設が、選ばれ、利益を出し、良質の福祉サービスを継続的に提供し、地域福祉の維持向上に資することの一助となれば幸いである。

2024（令和6）年3月

編者 宮 田 裕 司

目　次

第1章
社会福祉法人と社会福祉施設

第1章　社会福祉法人と社会福祉施設

第1節　社会福祉法人の意義と役割

> **本節のねらい**　　社会福祉法人の現況と、社会福祉法人制度設立の経緯を知り、社会福祉法人の意義と役割について考える。

① 社会福祉法人の意義

（1）社会福祉法人の現況

　社会福祉法人とは、社会福祉法に、「社会福祉事業を行うことを目的として」設立された法人と規定される（第22条）。

　福祉サービスは、国、地方公共団体、社会福祉法人その他の公的法人など多様な主体によって提供されている。なかでも、「社会福祉事業のうち、第一種社会福祉事業は、国、地方公共団体又は社会福祉法人が経営することを原則とする」（社会福祉法第60条）とされている。社会福

■ 表1-1　社会福祉施設（一部）の経営主体等

経営主体等1）	施設の種類	特別養護老人ホーム3）		保育所等4）	
公営	国・独立行政法人	—	—	2	0.01%
	都道府県	64	0.8%	7	0.02%
	市区町村（広域連合・一部事務組合を含む）	316	3.8%	7,910	26.4%
	公営施設小計	380	4.5%	7,919	26.4%
私営	社会福祉法人（うち社協）	8,024(22)	95.4%	15,971	53.2%
	社団・財団・医療法人・日本赤十字社他	10	0.1%	80	0.3%
	営利法人（会社）	—	—	3,151	10.5%
	その他の法人等　2）	1	0.01%	2,874	9.6%
	民営施設小計	8,035	95.5%	22,076	73.6%
合　　計		8,414	100%	29,995	100%

1）特別養護老人ホームは開設主体、保育所等は経営主体。
2）学校法人、宗教法人、NPO、及び個人を含む。
3）特別養護老人ホームについては、『令和3年介護サービス施設・事業所調査報告』（令和3年10月1日現在）にある「介護老人福祉施設」の数値。
4）保育所等については、『令和3年社会福祉施設等調査』（令和3年10月1日現在）による。
5）各割合はそれぞれ四捨五入によっているので、端数において合計と合致しないものがある。

■ 表1-2　法人の種類別社会福祉法人数

	平成10（1998）年度		令和3（2021）年度	
総　　　数	16,289	100%	21,021	100%
施設経営法人	12,605	77.4%	18,390	87.5%
社会福祉協議会	3,404	20.9%	1,879	8.9%
共同募金会	47	0.3%	48	0.2%
社会福祉事業団	151	0.9%	126	0.6%
そ　の　他	82	0.5%	578	2.7%

1）各割合はそれぞれ四捨五入によっているので、端数において合計と合致しないものがある。
（出典）厚生労働省「福祉行政報告例」平成10年度版、令和2年度版より抜粋

祉施設（有料老人ホーム含む）全体では約8万の施設があり[注1]このうち約70％は社会福祉法人が設置経営している。

注1）p.62参照

　特に、特別養護老人ホームの場合は、その95.4％が社会福祉法人の経営である（**表1-1**）。2021（令和3）年度末現在、社会福祉法人は2万1,021法人で（**表1-2**）、社会福祉施設経営の社会福祉法人はこの87.5％を占めている。かつて社会福祉施設の経営は、地方公共団体と社会福祉法人が中心であったが、社会福祉法人が経営主体の社会福祉施設がさらに増加し、社会福祉施設の経営は社会福祉法人が中心の時代といえる。

（2）社会福祉法人制度の創設

　社会福祉法人の意義を考えるにあたり、社会福祉法人制度創設の経過を調べてみたい。

　1947（昭和22）年に施行された日本国憲法において、第89条に「公金その他の公の財産は、宗教上の組織若しくは団体の使用、便益若しくは維持のため、又は公の支配に属しない慈善、教育若しくは博愛の事業に対し、これを支出し、又はその利用に供してはならない」としている。これは北場によれば[注2]日本の軍国主義を支えた国家神道を意識する中で、「政教分離を補完し宗教団体の宗教活動だけでなく、これらの団体が付属的に行うことの多い慈善・教育活動……等にも広く補助禁止の対象を拡大」することとなり、この後「公の支配」に属しない民間社会福祉事業や私立学校等に対する公的助成が全く行われなくなった。これにより、民間社会事業は困窮することとなる。私立学校は1949（昭和24）年の私立学校法の制定により公的助成が可能となった。そして、民間社会福祉事業については、1951（昭和26）年の社会福祉事業法成立により、社会福祉法人制度を創設し、社会福祉事業法第56条において、国または地方公共団体は、「必要があると認めるときは」社会福祉法人に対して

注2）北場勉『戦後社会保障の形成』中央法規出版、2000年、164頁

「補助金を支出」することを認めることとし、特別助成の道が開けたのである。このようにして、社会福祉法人制度の創設により民間社会福祉事業に財源の確保が可能となった。

　社会福祉事業法が制定・施行された1951（昭和26）年、まだ終戦後まもなく、GHQの支配下にあり、福祉3法の時代であった。この前年の1950（昭和25）年10月、当時の社会福祉制度審議会が、憲法第25条の理念を積極的に実現するために、統一的な社会保障制度の確立をめざして、「社会保障制度に関する勧告」を出した。社会保障制度案として、社会保険、国家扶助、公衆衛生及び医療、社会福祉を4本の柱にしていたが、社会福祉において「民間社会福祉に対しても、その自主性を重んじ、特性を活かすとともに特別法人制度の確立などによりその組織的発展を図り、公共性を高めることによって国及び地方公共団体が行う事業と一体となって活動し得るよう適当な措置をとる必要がある」と述べている。この結果成立した社会福祉法人は、「従来、社会福祉事業をおこなうことを目的として設立される法人は、……民法による社団法人または財団法人とするものとされていたのであるが、……その信用性においても、社会福祉事業の健全性を維持する上においても、遺憾な点があり、その純粋性を確立するために、特別法人としての社会福祉法人の制度を設けることにしたもの」であり「社会福祉事業をおこなう主体の確立により、その組織的発展をはかる趣旨のもの[注3]」であった。特に、ここで指摘されている民法の公益法人の問題点と、新たに設立された社会福祉法人との違いについて、1979（昭和54）年の研究会（重田信一主任研究員）報告『社会福祉法人の現状と展望[注4]』に掲載されている表（**表1-3**）をみると、社会福祉法人の性格が明確になる。「社会福祉事業を経営する団体の財政的基礎を強化し」（社会福祉事業法第24条）、その名称を保護し（同法第23条）、理事・監事・評議員会などの運営管理の機関を強化し（同法第34、第40条）、あわせて、「公の支配」に属する形で憲法第89条に抵触しない「特別助成」の途を開き（同法第56条）、その他税法上の優遇も与えて、全体として民間社会福祉事業団体の再建整備を目的とするものであり、対世間的信用を確保しようとしたのである。そして、「社会福祉法人の現状と展望」では「社会福祉法人制定の目的を要約するならば、次のような6点となる」と、以下の点を指摘している。

　①民間社会福祉事業の公共性の確保
　②民間社会福祉事業の自主性の尊重
　③民間社会福祉事業の組織の強化と民主化
　④民間社会福祉事業の財政的基盤の強化

注3）木村忠二郎『第二次改定版　社会福祉事業法の解説』時事通信社、1962年、176頁

注4）全国社会福祉協議会『社会福祉法人の現状と展望』1979年、8〜9頁

■ 表1-3　民法の公益法人と社会福祉法人の比較（1979年）

	民法の公益法人	社会福祉法人
1　定　　　　義	祭祀、宗教、慈善、学術、技芸、その他公益に関する社団または財団にして営利を目的としない法人	社会福祉事業を行うことを目的として、社会福祉事業法の定めるところにより設立された法人（22条）
2　名　　　　称	営利を目的としない公益は社会福祉事業とその他の事業ともすべて共通で社団法人または財団法人	「社会福祉法人」の名称の保護（23条）違反に対する罰則（88条）
3　定　　　　款	社団法人の必要的記載事項は6項目	必要的記載事項が13項目にわたり詳細（29条）
4　寄付行為の変更	社会経済情勢の変化にもかかわらず財団法人では原則的にないものとされている	定款の定めるところにより、変更可。所轄庁の許可により効力（41条1項）
5　設　　　立 　　（成立要件）	主務官庁の許可	必要な資産を備えたもの（24条）に所轄庁が許可（30条）登記（32条）
6　管　理　機　関 　a　役　　　員 　b　役員の任期 　c　監　　　事 　d　評　議　員　会	一人の理事による専断可能 特定の同族が役員の大半を占めること可 規定なし（継続的専制可能） 任意設置 規定なし（少数理事の専断可能）	特定の役員とその配偶者および三親等以内の親族が役員総数の2分の1を超えてはならない（34条3項）。2年を超えてはならない。ただし再任可（34条2項） 必要設置により、理事の業務執行の厳正を期す（38条） 理事の定数の2倍をもって設置すること可（40条）
7　公　費　助　成	旧社会事業法11条に基づく補助金（恣意的）（後、GHQ指導下の公私責任分離で廃止）	特別的監督に服することを予定して、「公の支配」を受けるものとして特別助成可（56条）
8　財政上の優遇措置 　a　税　法　上 　b　融　　　資	寄付金の損金算入限度額は所得金額の100分の30	特定寄付金をした個人の所得控除（所得税法78条2項）、および、これに対する法人税損金算入は別枠（法人税法37条3項） 寄付金の損金算入限度額は所得金額の100分の50（法人税法施行令73条1項）その他優遇措置多し 社会福祉・医療事業団から長期低利の融資（社会福祉・医療事業団法1条）
9　収　益　事　業	営利を目的とするものであってはならない、以外の規定なし（それ以外の経営のためにも可能という解釈を生じ、種々の弊害も出現）	収益事業可能を明確に規定し（25条1項）健全な経営を図るよう特別会計（同2項）および収益事業の停止（55条）などの監督を規定
10　解　　　　散	合併が解散事由に認められない、残余財産が、社会福祉事業関係以外に流れること可	合併が解散事由に認められ（44条）残余財産の帰属権者は、社会福祉法人その他社会福祉事業を行う者（45条および27条3項）
11　合　　　　併	合併の規定なく、合併の場合は、従前の法人の解散と新法人の設立手続必要	法人の基礎を強固にするため、弱小法人の合併を可能とするため、合併を認める（46条）

（出典）全国社会福祉協議会『社会福祉法人の現状と展望』1979年（条文は当時のもの）

⑤公的社会福祉事業と協同できる位置の確保

⑥社会福祉事業に対する国民の信頼の獲得

（3）社会福祉法人創設の意義

注5）斎藤治美「順調に発展する社会福祉法人」『時の法令』402号、1961年、2～3頁

この社会福祉法人創設の意義について、1961（昭和36）年の『時の法令』402号に掲載の「順調に発展する社会福祉法人[注5]」に、下記のように表現されている。

「第一に、民間社会福祉事業の経営主体の財産的基礎の充実をねらい、社会福祉事業の公共性と純粋性を確保し、ひいては、社会福祉事業に対する社会的信用の回復を図ったことにある。経営基礎の確実なもの、事業成績の優良なものだけを社会福祉法人として認可することによって、他の一般の経営主体との間に一線を画そうとしたのである。

第二は、社会福祉事業の民主化である。社会福祉事業法は、第5条経営の準則で、公私分離の原則をかかげて社会福祉事業に関する公私の責任を明確にし、国および地方公共団体は、社会福祉法人など民間の社会福祉事業経営者に対し、その自主性を尊重し、不当な関与を行ってはならないとしている。また、特定の個人による独断専制を防ぐため、社会福祉法人は3人以上の理事の合議によって管理・運営されることとされ、役員の同族支配も排除されている（34条3項）。さらに、監事を必ずおくことによって、理事の事務の執行の厳正を期している。

第三には、社会福祉法人に対する国または地方公共団体の助成の道をひらいたことである。社会福祉事業法第56条は、国または地方公共団体が認めるときは、社会福祉法人に対し助成をすることができる旨規定している。これは、憲法あるいは地方自治法による、社会福祉事業に対する公金支出の一般的制限に対して、公の支配に属する社会福祉法人制度を通じて、公金支出の道をひらいたものである。」

以上のとおり、社会福祉法人制度創設当時の社会福祉法人の意義が明確に表れており、現代でも脈々と続いている思想をうかがうことができる。しかし、一方、社会福祉事業法上は公私の責任分離を明確にしているが、その後の実際の運営は、公私の責任分離の例外的な内容の措置委託制度が社会福祉事業経営の中心となり、社会福祉制度発展に大いに寄与したとはいえ、創設当初の考え方とは違うものになってきた。社会福祉施設建設に公的助成を引き出し、税制上の優遇措置（**表1-4**）を受

■ 表1-4　法人主体別の税制

	社会福祉法人 （社会福祉法）	NPO法人 （特定非営利活動促進法）	株式会社 （商法）
法人税	○原則非課税 ※収益事業（税法上の収益事業をいう。以下同じ）により生じた所得に限り19%課税（800万円以下の部分は15%）	○原則非課税 ※収益事業により生じた所得に限り23.2%課税（800万円以下の部分は15%）	○課税 ・所得の23.2%
道府県民税	○原則非課税 ※収益事業を行う場合は、 　・均等割　2万円 　・法人税割　法人税の5% ※ただし、収益の90%以上を社会福祉事業の経営に充てるならば、収益事業としては取り扱われない。	○課税 ・均等割　2万円 ・法人税割　収益事業により生じた所得に限り、法人税の5%	○課税 ・均等割　2〜80万円 ・法人税割　法人税の5%
市町村民税	○原則非課税 ※収益事業を行う場合は、 　・均等割　5万円 　・法人税割　法人税の12.3% ※ただし、収益の90%以上を社会福祉事業の経営に充てるならば、収益事業としては取り扱われない。	○課税 ・均等割　5万円 ・法人税割　収益事業により生じた所得に限り、法人税の12.3%	○課税 ・均等割　5〜300万円 ・法人税割　法人税の12.3%
事業税	○原則非課税 ※収益事業により生じた所得に限り課税 ・所得のうち、 　400万円以下　3.5% 　400万円超800万円以下 　　　　5.3% 　800万円超　7.0%	○原則非課税 ※収益事業により生じた所得に限り課税 ・所得のうち、 　400万円以下　3.5% 　400万円超800万円以下 　　　　5.3% 　800万円超　7.0%	○課税 ・所得のうち、 　400万円以下　3.5% 　400万円超800万円以下 　　　　5.3% 　800万円超　7.0%
固定資産税	○社会福祉事業の用に供する固定資産については非課税	○課税 ・税率　1.4%	○課税 ・税率　1.4%

（厚生労働省福祉基盤課調べ「第1回社会福祉法人の在り方等に関する検討会」平成25年9月27日資料より抜粋し、2021〈令和3〉年1月現在の内容を基に一部改変）

けることが当然のようになると、社会福祉法人は単にその窓口の役割でしかないように認識されてしまう。その結果、「施設あって法人なし」といわれるように、法人そのものの存在の意義が薄れ、財政的基盤のぜい弱さや、主体性の欠如が目立つようになった。

　これらの状況の上に、社会福祉法人が次の時代においても福祉サービス提供の中心として機能していくためには、どのような役割をとればよいのかということが問われたのである。

　社会福祉法人と他の法人との大きな違いは、その非営利性にある。社会福祉事業を行うことを目的としてつくられた法人（社会福祉法第22条）であり、福祉サービスを主たる事業とするものである。社会福祉法人の事業活動による収入は、本来事業である社会福祉事業、その他の社会福祉を目的とする事業等の公益事業及びそれら2つの事業のための必要な財源を得ることを目的とした収益事業の3種の事業収入である。いずれの収益も個人の持ち分になったり投資家に対する配当として処分されるものではない。

　また、社会福祉事業や介護保険事業等には、税金や保険料等の財源が

投入されている公的・社会的な事業である。社会福祉法人への寄付は、あくまでも法人や事業への寄付であり個人の持ち分はない。したがって、その剰余金は法人外に流失しないで、法人解散時も国庫か他の「社会福祉法人その他社会福祉事業を行う者のうちから選定」されたものに帰属する（社会福祉法第31条第6項、同第47条）こととされている。非営利であるから社会福祉事業に対する善意の寄付や、ボランティア活動への参加が得られるのだ。剰余金が個人に帰属するところに、寄付金やボランティアをしようという人はいない。さらに、社会福祉法人の設立、運営基準に対する要件が社会福祉法人の公益性に対する担保であり、役員の親族等、特殊な関係にある者の制限や監事の設置義務、情報開示や契約に対する透明性も社会福祉法人の公益性を裏づける。また、一度はじめた社会福祉事業は、経営効率が悪いからというような単純な理由ですぐに撤退することができるものではない。その福祉サービス利用者を保護する意味から、事業の継続性を基本としている。これら非営利性、公益性、継続性への信頼が社会福祉法人への信頼の基礎となるのである。

② 社会福祉法人に期待される公共性・公益性の視点

（1）今、社会福祉法人に求められるもの

　現行の「社会福祉法人制度」は1951（昭和26）年社会福祉事業法の成立とともに誕生した。その後、様々な社会的・政策的変動を経て、福祉サービスのメニュー、そのサービス提供の在り方や財源など、さまざまな時代の変化に対応してきた。事業環境や事業そのものは大いに変化したが、社会福祉法人という事業主体を規定する制度は、大きな変更がないままに60年以上が経過した。それでも、民間事業者としてわが国の社会福祉事業の中心的な役割を果たしてきたことは間違いがない。

　しかし、2011（平成23）年頃の社会保障費問題等を契機に、今までの社会福祉法人制度を見直すべきであるとの社会状況となった。その引き金となったものとして、次のようなものがあげられる。今後ますます社会保障費の財源が不足するところから、その財源確保のために、消費税増税や介護保険料の値上げというような国民に負担を求める制度改革が進んでいる。それにもかかわらず、多額な役員報酬を得ている社会福祉法人役員がいる、というような一部の特殊な事例や、社会福祉施設には多額な内部留保がある等、科学的な根拠が明確でない数字が、一部のマスコミで報道されるなどして、社会福祉法人に対する国民からの信頼が揺らいできたのである。

その原因として、１つは、社会福祉法人という組織の実態、特に他の福祉サービスの事業主体との違いが国民に明確に伝わっていないことがあげられる。社会福祉法人誕生当時はその事業に対する財源の裏付けも少なく、社会福祉法人は篤志家や特別な動機がある人たちが、儲かりもしないのに恵まれない人を救うために始めたもので、尊敬に値するという評価であった。しかし、介護保険制度や社会福祉法が成立することにより財源が確保され、急激な少子高齢社会への対応としてニーズが拡大したことにより、単に篤志家の事業ではなく、１つの産業として認識され、さまざまな事業主体を参入させることとなった。その結果、サービス主体は社会福祉法人だけでなく、NPO法人や一般企業等、従来にない新しい主体が併存することになり、社会福祉事業が制度化され、福祉サービスのことはよく知られるようになったが、その主体である社会福祉法人のことはあまり知られていない。2016（平成28）年に全国社会福祉法人経営者協議会が行った「社会福祉法人に関する全国生活者１万人意識調査」で、社会福祉法人のことを「知っている」と答えた人は、22％にすぎなかった。このような状況を背景に老舗の社会福祉法人の存在意義が薄れてきたのではないかという批判が生まれてきたのである。

　また、社会福祉法人誕生以前は、財団法人などの旧公益法人が福祉事業を行ってきた。戦後、これよりもさらに公共的、公益的な法人としての条件を付して現在の社会福祉法人が誕生した。したがって当時は社会福祉法人は旧公益法人よりも公益的な公益法人であったが、60年余ほとんど変わらずに来た。これに対して、2008（平成20）年に施行されたいわゆる公益法人制度改革３法[注6]により新たな公益法人が誕生した。これは、これまでの民法の公益法人は公益法人としての性格が必ずしも明確ではなく、不祥事案も散見されたことから、公益性を明確に認定された「公益法人」と、それ以外の「一般法人」とを分けてその違いを明確に位置づけたものである。同様に、医療法人制度の改革により、2006（平成18）年に「社会医療法人」が制度化[注7]された。公的な医療機関が担っていた救急医療等を民間に担ってもらうために、医療法人のなかでも社会福祉法人や新しい公益法人と同様の法人の公益性を担保した医療法人である。2008（平成20）年より都道府県の認定が始まり、2023（令和５）年７月１日現在で354法人が認定されており、毎年増加している。社会福祉法改正前の法人制度の比較を**表１-５**に示す。このような外部の変化からも、社会福祉法人制度の見直しが求められることとなったのである。

注6）「一般社団法人及び一般財団法人に関する法律」（一般社団・一般財団法人法）
「公益社団法人及び公益財団法人の認定等に関する法律」（公益法人認定法）
「一般社団法人及び一般財団法人に関する法律及び公益社団法人及び公益財団法人の認定等に関する法律の施行に伴う関係法律の整備等に関する法理」（整備法）

注7）医療法　第42条の２
厚生労働省医政局長通知「社会医療法人の認定について」（平成20年３月31日／医政発第0331008号）

■表1-5　法人制度比較表（組織、資産等）

	社会福祉法人（社会福祉法）	公益財団法人	NPO法人（特定非営利活動促進法）	医療法人（医療法）	株式会社（会社法）
目的・設立	社会福祉事業を行うことを目的として、社会福祉法の定めるところにより設立された法人。	○公益目的事業を行う一般財団法人で行政庁による公益認定を受けた法人。	非営利活動を行うことを主たる目的とし、以下のいずれにも該当する団体であって、特定非営利活動促進法の定めるところにより設立された法人。 ・営利を目的としない（社員の資格得喪、役員への報酬支払の上限） ・宗教、政治、特定の公職候補者、政党等を支持し、また反対するものでないこと	○病院、医師若しくは歯科医師が常時勤務する診療所又は介護老人保健施設を開設しようとする社団又は財団は、医療法の規定により、これを法人とすることができる。 ○上記による法人は、医療法人と称する。	○商行為を行うことを業とする目的を持って設立した社団
役員	○役員として理事6人以上、監事2人以上を置かなければならない。 ○任期は2年を超えることはできない（再任を妨げない）。 ○理事のうちには、各理事について、その配偶者若しくは三親等以内の親族その他各理事と特殊の関係がある者が3人又は理事の総数の3分の1を超えて含まれてはならない。	○各理事について、当該理事及びその配偶者又は三親等内の親族（特別の関係がある者を含む）である理事の合計数が理事の総数の三分の一を超えない。監事も、同様。 ○他の同一の団体（公益法人等を除く）の理事又は使用人である者その他これらに準ずる相互に密接な関係にある者である理事の合計数が三分の一を超えない。監事も、同様。 ○理事、監事及び評議員に対する報酬等（報酬、賞与、退職手当等ほか）について、民間事業者の給与、当該法人の経理の状況等を考慮して、不当に高額なものとならないような支給の基準を定めている。	○特定非営利活動法人には、役員として、理事3人以上及び監事1人以上を置かなければならない。 ○役員のうちには、それぞれの役員について、その配偶者若しくは三親等以内の親族が1人を超えて含まれ、又は当該役員並びにその配偶者及び三親等以内の親族が役員の総数の三分の一を超えて含まれることになってはならない。 ○役員の任期は、2年以内において定款で定める期間とする。ただし、再任を妨げない。	○医療法人には、役員として、理事3人以上及び監事1人以上を置かなければならない。ただし、理事について、都道府県知事の認可を受けた場合は、1人又は2人の理事を置くをもって足りる。 ○役員の任期は、2年を超えることはできない。ただし、再任を妨げない。 ○医療法人の理事のうち1人は、理事長とし、定款又は寄附行為の定めるところにより、医師又は歯科医師である理事のうちから選出する。（例外規定あり。） ○医療法人は、その開設するすべての病院、診療所又は介護老人保健施設（指定管理者として管理する病院を含む）の管理者を理事に加えなければならない。	○大会社（資本金5億円以上又は負債200億円以上）かその他の会社以外（=中小会社）か、株式の公開会社か譲渡制限会社かの機関設計のパターンが異なる（39種類） （例） ①中小会社で譲渡制限会社の場合　取締役1人など ②中小会社で公開会社の場合　取締役会、監査役、会計監査人など

■ 表1-5　(2)

	社会福祉法人（社会福祉法）	公益財団法人	NPO法人（特定非営利活動促進法）	医療法人（医療法）	株式会社（会社法）
評議員会	○社会福祉法人は、評議員を置かなくてはならない。 ○評議員の数は、定数を超える数でなければならない。	○一般財団法人と同じ。（公益認定上に規定なし。） （評議員会は必置。） ○評議員は、一般財団法人又はその子法人の理事、監事又は使用人を兼ねることができない。 ○評議員は、3人以上でなければならない。 ○評議員会は、すべての評議員で組織する。定時評議員会は、毎事業年度の終了後一定の時期に召集しなければならない。 ○評議員会の議決を必要とする事項について、評議員会以外の機関が決定することができるとする定款の定めはその効力を有しない。 ○評議員の報酬等の額は、定款で定めなければならない。	―	○財団たる医療法人に、評議員会を置く。 ○評議員会は、理事の定数を超える数の評議員をもって、組織する。 ○予算、借入金（年度内の収入をもって償還するものを除く）、重要な資産の処分に関する事項、事業計画の変更、寄附行為の変更等について、理事長はあらかじめ評議員会の意見を聴かなければならない。 ○評議員は、当該財団たる医療法人の役員を兼ねてはならない。	―
要件等（資産）	○社会福祉法人は、社会福祉事業を行うために必要な資産を備えなければならない。 ・社会福祉事業を行うために直接必要なすべての物件について所有権を有すること、又は国若しくは地方公共団体から貸与若しくは使用許可を受けていること。 ・社会福祉施設を経営する法人にあっては、すべての施設について、その施設の用に供する不動産は基本財産としなければならないこと。 ※別途、地域（都市部等）および事業の別にその一部を貸借を差し支えないとする規定あり。	○公益目的事業を行うことを主たる目的とする。 ○公益的事業実施に必要な経理的基礎・技術的能力を有する。 ○役員、使用人その他の法人関係者等、特定の者に特別の利益を与える事業を行わない。 ○営利事業を営む者、特定の個人、団体の利益を図る活動を行う者に対し、寄附等を行わない。 ○高利の融資事業等、公益法人にふさわしくない事業又は公序良俗に反するおそれのある事業を行わない。 ○収支相当の原則、いわゆる「50％ルール」、遊休財産額の制限。	○資産要件は規定なし。 ○認証の申請に際して、社員のうち10人以上の者の氏名及び住所又は居所を記載した書面が必要。	○医療法人は、その業務を行うに必要な資産を有しなければならない。 ○医療法人は、その開設する病院、診療所又は介護老人保健施設の業務を行うために必要な施設、設備又は資金を有しなければれ[ら?] ※平成19年改正。従前は、自己資本比率20％以上。	なし
出資持分	なし	なし	なし	なし（医療法改正以前からの「持分あり」の社団は当面、経過措置型医療法人として存続。）	あり

■ 表1-5　(3)

	社会福祉法人（社会福祉法）	公益財団法人	NPO法人（特定非営利活動促進法）	医療法人（医療法）	株式会社（会社法）
残余財産の処分	【法律】 ・合併及び破産手続開始の決定による解散の場合を除くほか、定款の定めるところにより、その帰属すべき者に帰属する。 ・上記の規定により処分されない財産は、国庫に帰属する。 【通知】 ・残余財産の帰属すべき者を定款で定める場合には、その帰属者は社会福祉法人等若しくは国又は地方公共団体に帰属することが望ましいこと。 ・なお、定款で帰属者を定めない場合には、残余財産は国庫に帰属するものであること。	○公益認定の取消し又は消滅する場合、公益目的取得財産残額があるときは類似の公益目的の事業を目的とする他の公益法人若しくは社会福祉法人、学校法人等若しくは国、地方公共団体等に贈与する旨を定款で定める。 ○清算をする場合において残余財産を帰属すべき者を定款で定める場合には、その帰属者が国若しくは類似の公益目的の事業を目的とする他の公益法人若しくは学校法人等若しくは社会福祉法人等若しくは国、地方公共団体に贈与する旨を定款で定める。	○残余財産の帰属すべき者に関する規定を設ける場合には、その帰属者は、特定非営利活動法人その他以下に掲げる者のうちから選定されるようにしなければならない。 ・国又は地方公共団体 ・公益社団法人又は公益財団法人 ・学校法人、社会福祉法人、更生保護法人	○残余財産は、国若しくは地方公共団体又は医療法人その他の医療を提供する者のうちから選定。 ○省令で定める者又は厚生労働大臣が認める医療機関の開設者又はこれに準ずる者として、財団である医療法人又は社団であって持分の定めのない医療法人であって持分の定めのないもの。	○会社の債務を弁済した後、会社財産を株主に分配。残余財産の分配は、各株主の有する株式の数に応じてする場合、特別の種類の株式を発行した場合、これと異なる定めのあるときは、その定めによる。
指導監督	◎厚生労働大臣又は都道府県知事若しくは指定都市若しくは中核市の長は、法令若しくは法令に基づいてする行政庁の処分又は定款に違反し、又はその運営が著しく適正を欠くと認めるときは、期限を定めて必要な措置を採るべき旨を命ずることができる。 ◎所轄庁は、社会福祉法人に関し、法令、法令に基づいてする行政庁の処分又は定款に適合しているかどうか又はその運営が適正であるかどうかを確かめるため必要があると認めるときは、当該社会福祉法人に対し、その業務若しくは財産の状況に関し報告を徴し、又は当該職員に、社会福祉法人の事務所その他の施設に立ち入り、その業務若しくは財産の状況若しくは帳簿、書類その他の物件を検査させることができる。 ◎所轄庁は、社会福祉法人が、法令、法令に基づいてする行政庁の処分若しくは定款に違反し、又はその運営が著しく適正を欠くと認めるときは、期限を定めて業務の全部若しくは一部の停止を命じ、又は役員の解職を命ずることができる。 ※その他の方法により監督上の目的を達することができない場合に限り、所轄庁は解散を命ずることができる。	○行政庁は、公益法人の事業の適正な運営を確保するために必要な限度において、内閣府令で定めるところにより、その運営組織及び事業活動の状況に関し必要な報告を求め、又はその職員に、当該公益法人の事務所に立ち入り、その運営組織及び事業活動の状況若しくは帳簿、書類その他の物件を検査させ、若しくは関係者に質問させることができる。 ○行政庁は、公益法人について、運営を確保するために必要な措置をとるべき旨の勧告を定めて、その勧告に係る措置をとるべき旨の勧告をすることができる。 ※行政庁による公益認定の取消しも可能。	○所轄庁は、法人が法令、法令に基づいてする行政庁の処分又は定款に違反する疑いがあると認める相当な理由があるときは、その業務若しくは財産の状況に関し報告をさせ、又は当該職員に、当該法人の事務所その他の施設に立ち入り、その業務若しくは財産の状況若しくは帳簿、書類その他の物件を検査させることができる。 ○所轄庁は、法人が、法令、法令に基づいてする行政庁の処分若しくは定款に違反し、又はその運営が著しく適正を欠くと認めるときは、期限を定めてその改善のために必要な措置を採るべき旨を命ずることができる。 ○所轄庁は、法人が、上記の命令に違反した場合その他の方法により監督の目的を達することができないときは三年以下の業務の停止又は設立の認証を取り消すことができる。	○都道府県知事は、医療法人が法令若しくは法令に基づく都道府県知事の処分、定款若しくは寄附行為に違反し、又はその運営が著しく適正を欠く疑いがあると認めるときは、当該医療法人に対し、その業務若しくは会計の状況に関し報告を求め、又は当該職員に立ち入り、業務若しくは会計の状況を検査させることができる。 ○都道府県知事は、医療法人が法令若しくは法令に基づく都道府県知事の処分、定款若しくは寄附行為に違反し、又はその運営が著しく適正を欠く疑いがあると認めるときは、期限を定めて必要な措置をとるべき旨を命ずることができる。 ○都道府県知事は、上記の命令に従わないときは、期間を定めて業務の全部若しくは一部の停止を命じ、又は役員の解任を勧告することができる。	裁判所は、法務大臣又は株主、債権者その他の利害関係人の請求により、会社の解散を命ずることができる。

■ 表1-5 （4）

	社会福祉法人 （社会福祉法）	公益財団法人	NPO法人 （特定非営利活動促進法）	医療法人 （医療法）	株式会社 （会社法）
情報公開	【法律】 ○事業報告書、財産目録、貸借対照表及び収支計算書及びこれに関する監事の意見を記載した書面を各事務所に備えて置き、当該法人が提供する福祉サービスの利用を希望する者その他の利害関係人から請求があった場合には、正当な理由がある場合を除いて、これを閲覧に供しなければならない。 【通知】 ○法人運営の透明性の確保の観点から、公認会計士、税理士等による外部監査の活用を積極的に行うことが適当であること。 ○法人の業務及び財務等に関する情報については、法人の広報やインターネットを活用することなどにより自主的に公表することが適当であること。また、法人の役員等の氏名、内容等の情報の公表についても同様の方法で公表することが望ましい。	○事業計画書、収支予算書、財産目録、役員等名簿、報酬等の支給基準、キャッシュフロー計算書等について事務所への備え置きに加え、何人も公益法人の業務時間内は、いつでも閲覧請求等が可能。 ○公益法人は、内閣府令で定めるところにより、財産目録等を行政庁に提出し、閲覧又は謄写の請求があった場合には応じなければならない。	○事業報告書、財産目録、貸借対照表及び収支計算書並びに役員名簿（氏名、住所又は居所、報酬の有無を記載）、並びに社員のうち10人以上の者の氏名及び住所又は居所を記載した書面（以下「事業報告書等」）を作成し、翌々事業年度の末日までの間、主たる事務所に備え置かなければならない。 ○社員その他の利害関係人からその業報告書等若しくは定款若しくは登記に関する書類の写しの閲覧請求があった場合には、正当な理由がある場合を除いて、これを閲覧させなければならない。 ○内閣府令で定めるところにより、毎事業年度1回、上記を所轄庁に提出しなければならない。 ○所轄庁は、提出を受けた上記について閲覧の請求があった場合には、内閣府令で定めるところにより、これを閲覧させなければならない。	○事業報告書、財産目録、貸借対照表、損益計算書及び監事の監査報告書、定款又は寄附行為を各事務所に備えて置き、評議員又は債権者から請求がある場合には、正当な理由を除いて、これを閲覧に供しなければならない。 ○医療法人は、厚生労働省令で定めるところにより、毎会計年度終了後三月以内に、上記書類を都道府県知事に届出しなければならない。 ○都道府県知事は、定款、寄附行為、定款又は寄附行為に係る書類について、閲覧の請求があった場合には、これを閲覧に供しなければならない。	○株主及び債権者は営業時間内であれば損益計算書等の閲覧請求が可能。【法律】 ○貸借対照表を公表しなければならない。【法律】

（「地域から信頼される社会福祉法人となるために」 全国社会福祉施設経営者協議会（2010年度出版） より抜粋。社会福祉法人の役員、評議員会の箇所については、社会福祉法の2016（平成28）年改正の内容を基に一部改変）

（2）社会福祉事業の目的と社会福祉法人

　社会福祉法人に求められる役割とは何かを考えるとき、社会福祉そのものの目的、もしくは社会福祉法に規定されている社会福祉事業の目的を考えてみる必要がある。

　社会福祉法には、この法律の目的として「福祉サービス利用者の利益の保護」「地域における社会福祉の推進」が第1条に、また、第3条に「個人の尊厳の保持」「福祉サービス利用者の心身の健康」「自立支援」を福祉サービスの基本的理念としていることから、社会福祉を目的とする事業者たる社会福祉法人の役割はこれらを基本としなければならない。

　全国社会福祉法人経営者協議会（以下「全国経営協」）は、2021（令和3）年に「アクションプラン2025（2021年度～2025年度中期行動計画）」を策定するにあたり、社会福祉法人の使命として以下のように整理した。

　　まず、社会福祉法人の使命は「社会、地域における福祉の充実・発展」である。その具体的な内容としては下記のようなものである。
①社会福祉事業を主とした福祉サービスの供給主体の中心的役割を果たす
②制度の狭間にあるものを含め地域のさまざまな福祉需要にきめ細かく対応する

　社会福祉法人は、その使命を果たすため、次の10の「経営原則」にもとづき公共的・公益的かつ信頼性の高い民間法人にふさわしい経営が求められている。

公益性

　個人が人としての尊厳をもって家庭や地域のなかで、障害の有無や年齢にかかわらず、その人らしい「安心のある生活」が送れるように、国民すべての社会的な自立支援をめざすため、支援をすること。

継続性

　解散時の手続きや残余財産の処分等に関する規定によって、制度的にサービスの継続性が確保されている。よって良質なサービスを安定して提供する義務があること。

透明性

　公的な負担によって行われる事業であるとともに利用制度化が進むなか、公益法人としてより積極的な情報開示、情報提供等による高い透明性が求められること。

倫理性

　公正、誠実な倫理観に基づく法人経営を行うこと。

非営利性

　持ち分がなく配当は認められていない。事業で得たすべての金銭的成果は社会福祉事業に充てるか、地域の生活課題や福祉需要に還元すること。

開拓性

　表出しにくい生活課題、福祉需要の掘り起こしや、制度の狭間にあるもしくは制度化されていない福祉需要等に対し、新しい領域として、先駆的に他機関・団体等に先立って対応するとともに、制度化に向けた働きかけを行うこと。

組織性

　高い信頼性が求められる法人にふさわしい組織統治の確立、人材育成等、組織マネジメントに取り組むこと。

主体性

　民間の社会福祉事業経営者としての自主性および自律性を発揮し、自らの意志、判断によって事業に取り組むこと。

効率性

　税、社会保険料等公的な財源を使用することから、より効果的で効率性の高い経営をめざすこと。

機動性

　地域の福祉ニーズ及び制度の変化に対して、すばやく対応すること。

　また、そのための具体的な行動として、社会福祉法人の使命を果たすため14項目の「社会福祉法人行動指針」（社会福祉法人に求められる取り組み課題）を策定し、以下のように示している。

　Ⅰ　経営に対する基本姿勢
　　①経営者としての役割
　　②組織統治（ガバナンス）の強化
　　③健全で安定的な財務基盤の確立
　　④コンプライアンス（法令遵守）の徹底
　Ⅱ　支援に対する基本姿勢
　　⑤人権の尊重
　　⑥包括的支援の充実・展開
　　⑦サービスの質の向上
　　⑧安心・安全の環境整備
　Ⅲ　地域社会に対する基本姿勢

　　　⑨地域共生社会の推進
　　　⑩信頼と協力を得るための積極的な PR
　　Ⅳ　福祉人材に対する基本姿勢
　　　⑪中長期的な人材戦略の構築
　　　⑫人材の採用に向けた取組の強化
　　　⑬人材の定着に向けた取組の強化
　　　⑭人材の育成に向けた取組の強化

　このような内容を実現することが、社会福祉法人の役割といえよう。

（3）社会福祉法人改革の４つの視点

　このような多くの環境が変化する中で、社会福祉法人に対する様々な批判に答えられる組織体に変わっていくことが、国民の理解と支援を得られる道であると考える。では、どのように変わっていくべきか。

　2013（平成25）年ころから、社会福祉法人への規制や優遇措置の在り方について、政府の規制改革会議や厚生労働省の会議、さらには、税制を検討する会議等でも議論されるようになった。企業のような営利法人が同じ事業をすることになったのだから、社会福祉法人だけを対象とした補助・助成や、税の免除・軽減があるのは不公平であり、同じ競争条件にすべきだ、というイコールフッティングの議論である。社会福祉法人の公益性の在り方の根本的な問題に関係する議論である。そして、2014（平成26）年から社会保障審議会福祉部会での意見交換を経て、2016（平成28）年に社会福祉法等の一部を改正する法律が成立した。ここでの議論の終結についてのポイントが２つある。１つは、社会福祉法人の実施している事業に注目し、企業等他の主体の実施する事業の内容や性格と違いがあるか、という点と、もう１つは社会福祉法人という組織体が企業等他の主体と異なる組織の特殊性をもっているかという点である。

　社会福祉法人制度改革は、社会福祉法人が公益法人としての存在を堅持し、今後も福祉サービスの中心的な担い手であるために行うものである。重要な視点は大きく分けて４つある。

　第１に、社会福祉法人の事業の特性として、本来の事業である社会福祉事業の充実・発展を進めるとともに、新たな責務として社会福祉法第24条第２項に規定された、いわゆる「地域における公益的な取組」を実施することにより、地域の福祉サービスに貢献していくことである。

　第２に、社会福祉法人という公益法人の持つべき、法人経営組織のガバナンス（組織統治）を強化することである。

第3は、これらの内容が国民によく伝わるように、法人情報の開示をすすめ国民に対する説明責任を果たすことである。

　第4は、社会福祉事業に投下された公的な財源が、法人に内部留保される場合の公式を明確にすることにより、財務規律を強化することである。公式に基づいて算定した結果、余裕がある場合には、その資金を福祉サービスに再投下する計画を明確にし、公的資金の流れを国民にわかりやすくすることである。

　第1の視点は、公共性・公益性を担保する事業の在り方を示すものであり、第2、第3、第4の視点は、公益法人としての性格を明確にする法人組織の在り方を示すものである。

　この4つの内容に視点を当てて、社会福祉法人に期待される役割を検討するとともに、どのように制度に位置づけられているかをみてみたい。

③ 社会福祉法人に求められる事業のあり方

（1）利用者の権利擁護

　国の規制改革会議等の議論の中には、現在の福祉サービスは規制が強いために競争原理がはたらいていないので、福祉サービスをもっと自由な市場のなかで競合させ、そのことによりサービスの質を確保しようという考え方が、打ち出された。しかし、福祉サービスはその利用者の多くが、自立したユーザーとは位置づけられない立場にある人、または当初はそうでなくても後に自立できなくなる可能性が高い立場にある人が多数いる。自由な競争下にあっても、そのような人々の権利をどのように擁護するかということで、成年後見制度や日常生活自立支援事業等の権利擁護システムができている[注8]。

注8）第3章第7節参照

　しかし、これらの権利擁護の制度が現在順調にはたらいているとはいい難い。例えば、成年後見制度は成立したが、明らかな能力低下が認められる状況でない限り、本人がこの制度適用の可否を決めることとなるが、本人の判断能力が十分でないことに起因する不利益な契約当事者となることも散見される。そして、これらの権利擁護システムが具体的にはたらくのは、何らかの問題が発生した場合である。しかし、実際にはそうではなく、ごく日常的に利用者に接するサービス供給者の側に「利用者の利益の保護」の認識がないと、利用者の権利が保障されない利用者が数多く存在する。例えば、住宅リフォーム会社による多額な詐欺事件は、ひとり暮らしや認知症等の高齢者がその被害者の中心であった。国民生活センターによると、ピーク時の2005（平成17）年度には約1万

6,000件の相談があったという。被害が広がってはじめて発見されることとなったこの事件は、まさにこのような事例といえよう。社会福祉法人の果たすべき役割として、まず利用者の権利擁護という役割が期待されている。

　また、サービス事業者の参入・撤退を自由な市場のみに任せておけば、例えば、都市部等の経営効率のよい場所のみを対象にした福祉サービスの「いいとこ取り」（クリームスキミング）のような偏りの発生が予測され、過疎地や山間地等経営的なうまみのない地域の必要なサービスが不足する可能性も指摘されている。したがって、サービスの選択肢を広げる必要はあるし、福祉サービスにもある程度の競争原理は必要であるものの、自由な競争の結果、最低限必要なサービスが保障されないことになるのは、利用者の権利擁護という視点から適当とはいえない。

（2）サービスの質の向上

　福祉サービスは今さまざまな事業主体となっているが、今後も社会福祉法人がその主たる担い手である。主たる事業者として、福祉サービス実践におけるサービス提供過程やサービス提供の結果を科学的に検証する必要がある。そこで、良質かつ適切なサービスのために「サービスの質の評価」等を実施することが社会福祉法に明記された[注9]。一定の標準によってつくられたチェックリストにより、自らのサービスを確認、評価することがサービスの質を改善し精度を高める有力な方法であり、これからの福祉サービスに求められるサービスの質の向上を確保する方法の一つとして積極的に取り組んでいくことが求められているのである。

　サービス評価の方法は、自己評価、利用者評価、第三者評価がある。特に第三者評価をすすめることが期待されている。「福祉サービスにおける第三者評価事業に関する報告書」（2001〈平成13〉年３月、厚生労働省）では、第三者評価の目的として次の２つをあげ、事業者が「具体的な問題点を把握し、サービスの質の向上に結びつけること」と「利用者の適切なサービス選択に資するための情報となること」としている。前者は、第三者評価によって問題点が明らかになる、つまり診断はついたとしても、その治療に結びつかなければ意味がない。いわゆる改善である。評価結果によって明らかになった問題点を、研修などを通じて職員の資質向上に役立てることである。また後者は、サービス評価の結果を何らかの形で公表することにより、「利用者のサービス選択に役立つ」ことは確かだ。そして、事業の透明性を高め、情報開示することにより、利用者との対等な関係が確保される。正しく開示されれば事業者にとっ

注9）社会福祉法第78条

てのマーケティング戦略ともなりうる。

　今はまず事業者自身が積極的に利用者サービスの質を向上しようとすることが、利用者にとっても必要なことであり、第三者評価の当面の目的としてより重要であるといえよう。社会福祉法人は少なくともまず事業者として施設長、職場長、職員が自己評価を行うこと、さらにもう一歩進めて、法人内の施設間相互評価のようなことを行う必要がある。現在の社会福祉法人が、福祉サービスの主たる担い手としての役割を果たすためには、サービスの自己評価、第三者評価を取り入れるなどして、常にサービスの質の向上に努めることが必要である[注10]。

注10) 第3章第5節参照

（3）地域社会との関係の中で求められる役割

　さまざまな社会的権利を守ることがむずかしい人に対してのセーフティネットとして社会保障制度が生まれ、福祉サービスはその制度の一つとしてできたものである。セーフティネットとしての役割においては、まず最初に最低限度の公的責任が果たされることが必要となろう。さらに、社会福祉法人はセーフティネットとしての社会保障のなかでも、民間の最後のセーフティネットとしての役割が期待されている。例えば、低所得者・社会的援護を要する人々に対する支援、自立したユーザーとなれない利用者を保護する役割、対等な条件下にない利用者と対等な関係を結ぶ方策の確保等である。

　2000（平成12）年12月に厚生労働省が「社会的援護を要する人々に対する社会福祉のあり方に関する検討会」報告書を発表した。この報告書では、「社会や社会福祉の手が社会的援護を必要とする人々に届いていない事例が散見されるようになってきている」と、社会福祉の普遍化がすすむなかでの重要な指摘を我われに投げかけている。社会福祉法人創設の趣旨に立ち返ってみれば、社会福祉法人の役割として、採算性のみで事業を選択するのではなく、民間社会福祉の基本的な役割である先駆的・開拓的な地域の福祉ニーズや身近な福祉ニーズに即応するサービスの実践を忘れてはならない。社会福祉法人による生活困難者に対する介護保険サービスに係る利用者負担軽減制度などは、その典型であるにもかかわらず、100％実施には至っていない。さらに、2013（平成25）年に公布された生活困窮者自立支援法など、生活困窮者に対する支援への積極的な取り組みが期待されている。また、直接的な利用者に対するサービスはもとより、社会福祉法人はその地域社会のなかの重要な福祉資源であり、広く福祉サービスの専門的機能をもつ機関として、地域福祉への積極的な貢献が求められている。さらに、福祉人材の育成、教育実践

の場としての期待にも応える必要がある。

　社会福祉施設には災害時弱者に対する支援の拠点としての役割が期待されている。先の、阪神・淡路大震災、新潟県中越地震、東日本大震災等の災害時には、行政の動きとは別に、災害時ボランティア活動等において、社会福祉協議会、日本赤十字社、中央共同募金会、さらにはNPO法人の活躍が目覚ましかった。また、災害地域のなかでは社会福祉施設が安全な建物とサービス能力をもつ数少ない事業主体であることから、その地域の災害時弱者に対する最終的な受け入れの拠点として中心的な役割を果たした。多くの地域住民の緊急避難施設として、また、災害後の長期にわたる避難生活により発生する、健康や生活上の課題に対するサービス供給の拠点としての役割を果たしたのである。今、全国の福祉関係者の中で、災害派遣福祉チームＤＷＡＴ注11)の育成をして、各都道府県にチームを設置する動きが進んでいる。今後さまざまな災害時においてもそのような役割が期待されている。

　また、急速な少子高齢社会の中で、すべての人が世代や背景を問わず安心して暮らし続けられる街づくりが求められている。このため、これまで推し進められてきた地域包括ケアシステムを再検討し、各制度縦割りのシステムでなく、全世代・全対象に発展拡大させ、各制度が連携した新しい地域包括支援体制の確立が必要となっている。

　これは、まず利用者からみると、例えば、子どもの貧困の問題を考えてみても、単に子どもだけの問題で解決できない課題が山積している。家庭や学校、地域社会との関係もあるなど、複雑多岐な問題となっている。最近の子どもの貧困は、外見からしてだれから見ても明らかな貧困家庭にある子どもの問題、といった単純なものではなく、一人親の家庭の増加といった問題や、二人親でも非正規雇用の父親の家庭など、家庭の貧困原因も複雑だ。従来の縦割りの児童福祉分野だけでの解決は難しい。子どもを中心とした、事業分野横断的な連携による支援が必要となっている。

　また、福祉サービス供給側からみても、福祉分野の人材不足は深刻だ。最低基準を上回る人員配置、などというのはかつてのよき時代の話で、職員確保のさまざまな努力にもかかわらず、最低基準人員を確保できず、その結果利用ニーズと施設（建物）があっても利用定員以下のサービスしか提供できないといった事業所も目立つ。最近では人的資源が不足していることから「福祉サービスの生産性の向上」の議論が目につくが、安易な効率化や生産性の議論には注意が必要である。

　これらさまざまな要因から、従来から行われていた、サービスの専門

分野ごとに、担当の行政や担当する福祉施設等の供給側や専門職の連携により、地域社会の中に点在するニーズに縦割りに対応するのではなく、視点を地域社会全体の福祉課題に置き、各社会福祉法人や社会福祉施設のもつ機能を、その地域全体の福祉課題のために生かすといった視点が求められているのである。2017（平成29）年以降の社会福祉法の改正で設けられた、「社会福祉を目的とする事業を経営する者」も含めた地域住民等は「地域生活課題」を把握し支援関係機関とともにその解決を図るように、とした法第4条3項や、「地域子育て支援拠点事業等を経営する者の責務」を規定した法第106条の2にも示されている、新しい地域包括支援体制への期待である。新たな地域共生社会を生み出すためのかなめとして、社会福祉法人が役割を果たすことへの期待は高い。

（4）地域における公益的な取組の実施

　社会、政治、経済等の変化により、社会福祉法人の事業に対するニーズも変化している。社会福祉事業法成立当初の社会福祉法人の事業は、社会福祉事業、公益事業、収益事業に分けられるが、社会福祉事業以外が実施されることはごく少なかった。社会福祉法の時代となって変化がみられる。特に、公益事業に位置づけられる、広義の福祉サービスの急速な増加である。しかし、あくまでも社会福祉法人の公益性を示す事業内容は、本業たる社会福祉事業であることを忘れてはならない。

　介護保険制度、社会福祉法の成立により、福祉サービスを特別なサービス「対象者」のものから、より一般化された「利用者」、誰でも利用しうる、誰でも利用することにスティグマを感じないものへと変化させることに成功した。また、介護を社会化するために介護保険制度という新たな社会保険ができた。これらの結果、従来社会福祉事業の分野にあった高齢者福祉サービスは、社会福祉と社会保険という2つの分野にまたがる存在として、従来の範疇ではくくりきれない新しい福祉サービスとなったように思える。その変化に対応して、従来の「社会福祉事業」（社会福祉法第2条）の主とした担い手である社会福祉法人の役割や位置づけも徐々に変化した。社会福祉法人という制度やあり方についても見直すことを迫られたため、社会福祉事業や社会福祉法人そのものを明確にし、それらがどうあるべきかを考える重要な局面を迎えていた。社会福祉の最も中核になるものは何か、ソーシャルワークの専門性とは何かという問いかけにもつながるものでもある。この現実に対応するためには、私たちが今まで社会福祉法人として行ってきた内容がどのようなものであったか、それは本当に社会福祉法人に対する国民の、特に利

用者の必要としている役割として応えていたのかということを考えなければならない。

　社会福祉事業が制度として規定される前の慈善事業や福祉的行為は、明確に制度上規定されているものではなかった。従って、漠としているがゆえに周辺のニーズに対して排他的ではなかった。ところが、これらの福祉的な行為が国や地方公共団体が責任をもって実施する社会保障制度として規定され、明文化されることにより、制度の対象となったものは支援されるが、制度から外れたニーズは支援の対象とはならなくなる。

　また、制度が成立した当初は解決していた問題も、社会環境の変化や疾病構造の変化により、周辺に新たな問題が発生する。例えば、生活保護法による養老施設しかなかった時代に、疾病構造の変化や家族構成の変化などにより、身体的なケアを要する要介護高齢者が増加してきたというような問題である。このため本来養老施設の対象ではない寝たきりの高齢者のケアに取り組む施設が生まれ、この新しい施設が、その後特別養護老人ホームとして制度化された施設のモデルとなった。このように、社会福祉の先駆者は、制度がないところでも新たなニーズに対応し、これがモデルとなって制度化された例は多い。そのような働きがあって、社会福祉法人は社会的な信頼を集め尊敬されてきたといえよう。

　社会福祉法人は、1951（昭和26）年、社会福祉事業法とともに誕生した。そして、社会福祉法人の目的である社会福祉事業は制度として整備され、財政的な裏付けができて、社会福祉は発展し社会福祉法人はその中核を担ってきた。このため、社会福祉法においては、社会福祉法人はまずは本業の社会福祉事業を、（経営の原則等）第24条第1項で「社会福祉法人は、社会福祉事業の主たる担い手としてふさわしい事業を確実、効果的かつ適正に行うため、自主的にその経営基盤の強化を図るとともに、その提供する福祉サービスの質の向上及び事業経営の透明性の確保を図らなければならない」としている。ところが、最近の社会福祉法人は制度として整備された事業にしか取り組まないのではないか、つまり、財源が保障されている事業にしか手を出していないのではないか、との批判が出て来た。

　一方で近年、特定非営利法人、いわゆるNPO法人が急速に増加している。規模は小規模で財政基盤も不安定なものが多い。しかし、明確な目的の下に特徴ある活動をしている法人があり、これらの中には、社会福祉法人が手を出しにくい、社会福祉事業の周辺にある福祉ニーズに対応していることが評価されているものも多い。社会福祉法人は既存の制度の中にある安定的な事業だけでなく、これらの「新たな福祉ニーズ」

に対応していくことも、社会福祉法人の公益性に対する期待に応えるものといえよう。しかし、NPO法人のなかには注目すべき活動を展開している法人があるとしても、その個別の法人の活動だけで全国的なニーズへの対応が可能となるものではない。新たな福祉ニーズに全国でサービスが提供されるようになるためには、それを明確にする制度と全国各地にある約2万の社会福祉法人の動きがなければならない。その点からも新しいニーズに対応する社会福祉法人の積極的な対応が求められている。

そこで、（経営の原則等）第24条第1項に加え、この前提の上にさらに公益法人としての責務を追加し、第2項に「社会福祉法人は、社会福祉事業及び第26条第1項に規定する公益事業を行うに当たつては、日常生活上または社会生活上の支援を必要とする者に対して、無料または低額な料金で、福祉サービスを積極的に提供するよう努めなければならない」とした。

社会福祉法人に「地域における公益的な取組」を行う責務、言い換えれば、各々の地域の特性の中から生まれる地域独自の福祉ニーズに対して、社会福祉法人のもつ資源を使って（財政負担に限らず、人的、施設設備的資源も含む）新たな福祉サービスを実施する責務があるとするものである。

例えば、法人組織のガバナンスの強化は、社会福祉法人が他の主体と比較して相対的にどれだけ公益的な組織となるのかという視点であるが、この「地域における公益的な取組」の実施は、社会福祉法人が実施する事業において、本来保持すべき絶対的な価値をもつことが求められているものであるといえよう。

具体的な対応のための通知も改正発出[注12]され、各地域のもつ特性に応じた福祉ニーズに対応するものであること、提供する場合の財源は、何らかの法人負担がある「無料または低額」という条件があるが、直接でなく間接的に社会福祉の向上に資する取り組みも含めることができる等が示されている。

課題を整理してみると、まず、行政主導で行われる制度に則ったサービスにこだわるものではないこと、民間の主体性の下に提供されるサービスであることを尊重し、所轄庁は「法人の自主性を阻害するような指導を行ってはならず」社会福祉法第61条の趣旨を順守すべきであるとし、さらに具体的な事業内容についても、通知上に例示はしているが「以下の例に限定されるものではないこと」と、地方行政の恣意的な判断によるべきではないことが示されている。所轄庁の認識の転換がポイントとなる（具体例は**表1-6**）。

注12）厚生労働省社会・援護局福祉基盤課長通知「社会福祉法人による『地域における公益的な取組』の推進について」（社援基発0123第1号／平成30年1月23日）

■ 表1-6 「地域における公益的な取組」の実践事例

	高齢者の住まい探しの支援	障害者の継続的な就労の場の創出	子育て交流広場の設置	複数法人の連携による生活困窮者の自立支援	ふれあい食堂の開設
地域が抱える課題	加齢により転居を希望する高齢者の存在	商店街の閉鎖、障害者の就労の場の確保	子育てで孤立する母親の存在	雇用情勢の悪化による生活困窮者の増加	地域で孤立する住民の増加
対象者	高齢者	障害者や高齢者	子育てに悩みを抱える母親	生活困窮者	社会的に孤立する者
取組内容	高齢者の転居ニーズと、不動産業者のニーズをマッチングし、法人が転居後も生活支援を継続することにより、不動産業者が安心して高齢者に住まいを賃貸できる環境づくりを実施。	行政や市場関係者の協力を得て、スーパーマーケットを開設するとともに、そこで障害者等が継続的に就労。	施設の地域交流スペースを活用し、保育士OBや民生委員等のボランティアと連携することにより、子育てに関する多様な相談支援を行うとともに、近隣の子どもに対する学習支援を実施。	複数の法人が拠出する資金を原資として、緊急的な支援が必要な生活困窮者に対し、CSWによる相談支援と、食料等の現物給付を併せて実施。	地域住民が気軽に集える「ふれあい食堂」を設置するとともに、管理者として介護支援専門員を配置し、相談支援や地域の子育てママと子どもの交流会、ボランティアに対する学習会などを実施。
取組による主な効果	高齢者が地域で安心して暮らせる環境の整備、空き家問題の解消	障害者の就労促進、「買い物難民」問題の解消	子育てママの孤立感の解消、地域交流の促進	生活困窮者の自立促進	地域で孤立する住民の孤独感の解消、住民相互の支えあいによる取組の促進

（出典）厚生労働省資料 （平成28年11月28日全国担当者説明会）

■ 図1-1 「地域における公益的な取組」の複数の法人による連携事業の例

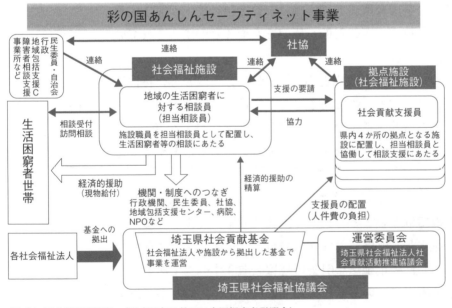

（出典）厚生労働省資料 （平成28年11月28日全国担当者説明会）

今までの会計の規定では、事業種別ごとにその資金の使途について少しずつ取り扱いが異なっている。この資金使途制限が先駆的な事業に取り組む障害になっていた。今回、社会福祉法上にこの第24条第2項が明記されたことにより、現行制度上のニーズに対応することを前提とし、そのうえに既存の制度にないニーズに対応することが、社会福祉法人にとって必要なことであると明記されたことは大きな変化である。

　さらに、社会福祉法人のなかには「地域における公益的な取組」を実施することについて、今こんなに利用者のためにサービス提供して利用者も満足しているのに、さらに新たな義務を課せられた、と考える経営者や職員がいるであろう。しかし、社会福祉の未来を考えたとき、これからもずっと現状の利用者がいてそれに応えることによって事業が順調に継続できる状況が続くとは思えない。すでにわが国の多くの地域で、人口減少による利用者減や職員減が発生していることからみても、今後ますます人口減少の傾向がすすんでいくことが目に見えている。その時に社会福祉法人は、新たな利用者に対するサービスを開拓したり、事業形態を柔軟に運営したりすることによってさまざまな難局を乗り切っていかなくてはならないであろう。

　このような未来を予測するとき、この「地域における公益的な取組を実施する責務」を新たに課せられた義務と考えるのではなく、今すぐにはその必要性を感じないとしても、今後の社会福祉法人の柔軟な経営に必要となるさまざまな新しい取り組みを許容するものであり、社会福祉法人の将来のためのものだという見方もできるのである。

　また、小規模法人が、少ない資金をもとに単独で「地域における公益的な取組」に対応することは、貴重な取り組みであることに間違いはないが、実効性は少ない。これに対して、全国社会福祉法人経営者協議会では、各都道府県の社会福祉法人経営者協議会に呼び掛け、各都道府県社会福祉協議会と協力し複数の法人が連携して「地域における公益的な取組」を行うことを進めている。特に、生活困窮者の支援事業に取り組んでいる。この事業の相談員のために教育システムを整理するなど、多くの県での「地域における公益的な取組」が始まっている。これが全国に広がることが期待されている（図1-1）。

④ 社会福祉法人に求められる組織のあり方

（1）倫理性の確保とコンプライアンス

　そもそも社会福祉法人制度の成立にあたっては、社会福祉事業を行う

者の「社会的信用の回復」が契機であったことを先に示した。近年も社会福祉法人の不祥事が問題となり、新聞報道でも取り上げられることがあった。由々しきことであるが、一方ではこれは国民の社会福祉法人の公益性、非営利性、純粋性への高い期待の表れとも取れる。社会福祉法人はこれに応えなければならない。企業の介護保険事業者が不正問題を契機に事業閉鎖となり、事業の存続とその利用者の引き受けが大きな社会問題として取り上げられた事件があった。福祉サービスは公的な制度の下に提供されるサービスであることから、常に社会福祉法、介護保険法その他関係法令上の規制を受けているわけで、これを忘れてはならない。

　また、福祉サービスは人（職員）から人（利用者）に提供されるサービスであることから、職員一人ひとりから組織全体に至るまで倫理性が求められる。阿部志郎は「福祉の仕事は、マジョリティーが優先する社会の中でマイノリティーの『弱さ』にかかわることである。……（中略）……弱さにかかわると、弱さを利用することもつけこむこともできる。肉体的・経済的・社会的・精神的弱さにかかわってもそれを商売にしたり喰い物にしない職業倫理が求められる。[注13]」と福祉サービスにおける倫理と思想の必要性を説いている。

注13）阿部志郎『福祉の哲学』誠信書房、1997年、iv頁

　社会福祉法人、社会福祉施設では、理事長以下役員、職員の一人ひとりに至るまで、関係法令、法人等の組織が定めた諸規定はもとより、組織の理念や社会的なルール、職業倫理を遵守し、社会的責任に応えることが求められている。これらは組織体におけるコンプライアンス（compliance）マネジメント、コンプライアンス経営と呼ばれている。

　このコンプライアンス経営の推進という観点から、2006（平成18）年４月より「公益通報者保護法」が施行された。事業所の法令違反行為を発見した職員等が、一定の条件下で事業所内部や行政機関、事業外部者に通報した場合、その通報したこと等を理由に通報者を解雇等の不利益な取り扱いから保護し、事業者のコンプライアンス経営を強化するための法律である。さらに、事業所のコンプライアンス経営を推進させる観点から「通報・相談窓口の設置」等の体制を整備するとともに、通報者や通報の対象になった人の個人情報の保護等が義務づけられている。

　しかし、さまざまな規制をつくり厳しくして「角を矯めて牛を殺す」の類になることを市民が期待しているものではないし、そうなっては、いきいきとした法人経営はできない。現在の供給主体のなかで、誠実に質のよいサービスを提供している者が疲弊してしまうのではなく、その成果を生かしてさらに新しいニーズに対応できるようなシステムにすべ

きであろう。

（2）法人経営組織のガバナンス（組織統治）の強化
①ガバナンスとは

　ガバナンス（組織統治と訳されているが、ここではガバナンスと表現する）とは、社会的ルールを遵守し公正かつ適正な経営を可能にする実効性のある組織体制を構築すること、そのためにその組織を統治することである。これは、社会的ルールの遵守（コンプライアンス）の徹底、説明責任（アカウンタビリティ）の遂行とも深く関係している。

　そもそも組織体におけるガバナンスとはどのようなものか。大企業における意思決定の仕組みをコーポレートガバナンスという。アメリカの巨大企業エンロンの不正問題が一つのきっかけとなり、世界的にコーポレートガバナンスの議論が盛んになった。ガバナンスとは、アメリカでは経営または経営者に対する監視（モニタリング）の意味合いが強く、ヨーロッパでは経営者が利害関係者に対して果たすべき説明責任（アカウンタビリティ）の意味に使われることが多いようだ。コーポレートガバナンスのあり方いかんが、企業の競争力や信頼性の評価に影響を与えるものと考えられるようになっている。

　我が国でも企業の不正問題等が出るたびに「企業統治」に関する議論が高まる。一般企業においても2005（平成17）年の新しい会社法の制定、2014（平成26）年の会社法の改正等、刻々と社会環境の変化に応じて、企業の組織統治の重要性が意識され、ガバナンスの在り方も改善されてきた。最近では、金融庁と東京証券取引所が上場会社向けに示した「コーポレートガバナンス・コード」の適用が2015（平成27）年6月開始された（2018（平成30）年6月一部改正）。一方、公益法人制度改革の結果、一般財団（社団）と公益財団（社団）とに分けられ、2つの間にレベルの違いはあるがともにガバナンスの在り方が改革された。これを受けて公益財団法人公益法人協会は2019（令和元）年「公益法人ガバナンス・コード」を策定した。社会福祉法人制度改革は一歩先に進んだ公益法人制度改革を意識せざるを得ない。このような社会的な状況の中で、社会福祉法人においても最大の課題の1つが「法人経営組織のガバナンス」にあるのは当然だといえよう。

②社会福祉法人のガバナンス

　社会福祉法人制度発足当時は、1法人1施設というような小規模で、法人組織の存在すら不明確な規模のため、組織的な運営という必要性も

少なかった。また、措置制度下ではさまざまな規制があるために、これらを守り決められた事業を予算通りに執行することを求められ、経営の自由度が低かった。しかし、現代では、複数施設を経営する法人が多くなり、1施設の職員数も増加した。既設の法人の規範は拡大している。経営の自由度も増し、各法人の自己責任の度合いも高くなった。一人の経営者の熱意や才覚や意思だけで法人経営が進められるものではなくなった。法人の規模も大きくなり、事業所の数も増え社会的責任も大きくなるにつれて、自立と責任の経営が求められるようになっている。

　このような状況の下で、社会福祉法人というシステムの近年の課題は、社会全体の規制緩和が進んだことを受け、福祉サービス提供組織も行政の事細かな監査・指導の下に規制を受けていたものが徐々に緩和され、自由度が増す一方で、補助金等の助成も減額され、自立し、自らを律し、自らの責任で経営していくことが求められるようになってきた。しかし、社会福祉法人制度創設以来ガバナンスのシステムは大きな変更のないままであり、未熟であったといえよう。

　やや雑な表現だが、経営組織体にもハンドルとアクセルとブレーキの3つの機能が必要である。経営組織は目的を明確にし、それに方向を定める機能、さらに前進させる機能が必要だが、時として誤った方向に進むことや暴走することもありうる。これを適切にコントロールするブレーキ機能も必要となる。

　社会福祉法人においても、経営組織としての理念・使命が整理され、これをもとに各年度の事業計画と予算を、組織として意思決定する。所轄庁は行政的な手続きを重要視するところから、この議決の経緯等には厳しく指導してきた。次に、この組織決定に基づいて、目的実現のための執行体制が必要であるが、社会福祉法人においては、一般に企業等と比較してこの執行体制がぜい弱で、いわば現場任せであった。かつては、行政からの委託を受けた社会福祉法人が、主として行政が見出した制度対象者にサービスを提供する形をとることから、社会福祉法人がニーズを発掘するといった戦略等の企画力が弱かったといえる。また、多くの法人は、初期投資をして法人を設立した創設者個人の資質に頼るところが大きく、組織力が弱いという欠点があった。チェック機能である監事監査は形式的になりがちで、その最終チェックが甘かったことが原因となって、誤った計算書類が開示される法人が散見された。さらに、その内容を指導する所轄庁担当者も、年々複雑化する会計処理の専門性を身につける頃に異動してしまい、専門知識が継続されない課題もある。社会福祉法人のガバナンスは多くの問題を抱えてきた。このような状況を

■ 図1-2　社会福祉法人のガバナンスとは

社会福祉法人経営組織のガバナンスの概要（□は機関名　○はその機能）

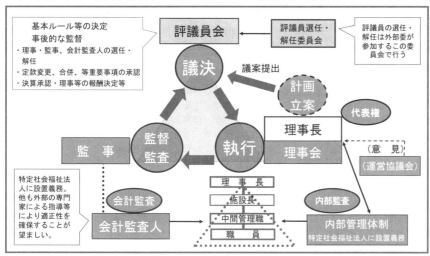

（筆者作成）

反映して、2016（平成28）年に社会福祉法の改正が行われた。

　意識ある社会福祉法人経営者は、社会福祉事業法成立時（第5条）に規定され、それ以降大切にしてきた社会福祉法第61条の「民間組織としての自主性の尊重」を確保したいものと考える。その際、社会福祉法人は、公的な財源を使い国民に福祉サービスを提供する事業主体の中心的な役割を担っている以上、組織体のガバナンスが確立され、財務規律等についても組織の中に自浄作用がある自律的な組織体であることが大前提となる。

　社会福祉法により求められるガバナンスの具体的な内容は以下のとおりである。

　図1-2のように、社会福祉法人組織の内部機関には、理事会、理事長、監事、評議員会、内部管理体制の各機関や機能があり、図で示したような役割をもっている。2016（平成28）年改正以前の社会福祉法は、理事会は最高議決機関であり、さらに理事長を中心にして執行機関の役割も担っていた。一方評議員会は、理事会が重要事項を決定するに際して意見を聞く原則設置の諮問機関であった。法改正により、評議員会、理事会、理事長、監事等各機関の位置づけを再構築し、公益法人制度改革で行われたように、今まで諮問機関であった評議員会を、理事会に代わる必置の最高決議機関とすること等により、関係する理事会、監事等の各機関の責任・権限・義務を明確にした（**表1-7**）。今までは他の公益法人制度と比較すると、理事会・理事長の権限が強く働き、コント

■ 表1-7　評議員会・理事会の比較

	理事会（必置）	評議員会（必置）
位置付け	業務執行の決定機関 ○以下の職務を行う。（法第45条の13第2項） ・社会福祉法人の業務執行の決定 ・理事の職務の執行の監督 ・理事長の選定及び解職	運営に係る重要事項の議決機関 ○社会福祉法に規定する事項及び定款で定めた事項に限り、決議することができる。（法第45条の8第2項）
決議事項	・評議員会の日時及び場所並びに議題・議案の決定 ・理事長及び業務執行理事の選定及び解職 ・重要な財産の処分及び譲受け ・多額の借財 ・重要な役割を担う職員の選任及び解任 ・従たる事務所その他の重要な組織の設置、変更及び廃止 ・コンプライアンス（法令遵守等）の体制の整備 ※一定規模を超える法人のみ ・競業及び利益相反取引 ・計算書類及び事業報告等の承認 ・理事会による役員、会計監査人の責任の一部免除 ・その他の重要な業務執行の決定	・理事、監事、会計監査人の選任 ・理事、監事、会計監査人の解任★ ・理事、監事の報酬等の決議 ・理事等の責任の免除（全ての免除（※総評議員の同意が必要）、一部の免除）★ ・役員報酬等基準の承認 ・計算書類の承認 ・定款の変更★ ・解散の決議★ ・合併の承認（吸収合併消滅法人、吸収合併存続法人、法人新設合併）★ ・社会福祉充実計画の承認 ・その他定款で定めた事項 ★：法第45条の9第7項の規定により、議決に加わることができる評議員※の三分の二（これを上回る割合を定款で定めた場合にあつては、その割合）以上に当たる多数をもつて決議を行わなければならない事項 ※出席者数ではなく、評議員の全体の数が基準となる。

（出典）厚生労働省資料　（平成28年11月28日全国担当者説明会）

ロール機能が弱いとみられ、議決機関と執行機関を明確に分離しようとしたものといえよう。

　また、以前の評議員会が諮問機関の時の評議員は、サービスの在り方等についての意見を聞くために、地域の代表や利用者の代表を入れることとなっていた。しかし、評議員会は、その法人としての重要課題を決定する最高決議機関となったことから、構成メンバーである評議員は「社会福祉法人の適正な運営に必要な識見を有する」識者でなければならないこととし、「親族等の特殊の関係にある者」の選任の禁止に加え、役員、職員との兼務もできないこととなった。

　監事機能も強化された。監事は理事会に出席して法人及び理事の業務執行状況を適切に把握し、計算書類等の監査をして監査報告書を作成することが基本的な役割である。監事には、財務管理に識見を有する者が含まれなければならないことと強化された。

　さらに、一定規模を超える法人には、会計監査人（公認会計士または監査法人）の設置が義務づけられた。一定規模とは、当面は、最終の会計年度の収益30億円または負債60億円をいう。これまで、社会福祉法人の中には、計算書類の正確性に問題があるものがある、との指摘を受け

第1章　社会福祉法人と社会福祉施設

ていた。そこで、学校法人等にならい外部の専門家による会計監査を導入することとなった。また、このような会計監査人設置法人は内部管理体制も整備することとなった（※「（4）内部統制と業務管理体制・内部管理体制の整備」参照）。

　当面、会計監査人の設置は規模の比較的大きい法人が対象となるが、今後対象を広げていく予定だ。また、会計監査人を設置する対象ではない法人も、外部の会計の専門家の目を通すことにより、法令に則った財務処理、正確な計算書類の作成を確保することが求められている。また、これら外部の専門家の目を通すことで、行政監査の軽減を図ることとなっている。ただし企業の会計と社会福祉法人のそれとは大きく違うし、新たな費用負担にもなることから、今後、外部の専門家の監査をどのレベルの規模の法人に適用するのか、必要最低限の監査内容とは何かなどについてもさらに検討の必要があるだろう。

　評議員会、理事会、理事長、監事などの各々の機能がバランスよく働くことで適切な組織統治が可能となる。そしてこれは、ガバナンスの確立という組織の公益性のために求められているものであるから、単に形式が整っているだけでよいのではなく、理事長等中心的な役割を果たす者の取り組み姿勢と実効性が重要なのである。

（3）社会福祉法人への行政による指導監査

　今まで述べてきたように、社会福祉法人の経営組織のガバナンスは強化された。このことから、行政による指導監査のあり方も変わることとなった。各法人の「自主性・自立性を前提として、指導監査の効率化・重点化及び明確化を図るため」「社会福祉法人指導監査実施要綱」が制定された[注14]。

　これは、社会福祉法人組織とその経営について長年法改正がなかったことから、所轄庁の実施する指導監査のあり方や担当職員による指導内容のばらつきが問題となっていた。また、会計の専門家ではない監査官の会計の専門性を確保する難しさ等も挙げられていた。法改正の結果を受け、指導監査実施要綱を見直し、監査ガイドラインを定め指導方法の標準化を周知することにより、監査する側もされる側も明確な基準に基づいて監査にあたることができることとなった。また、会計監査人による監査が導入された法人や、それに準じた専門家によるチェック体制の導入などによる会計の専門家による監査等が行われた法人には、行政監査の省略・重点化がされること、監査周期等の見直しも行われ、問題のない法人の監査周期を伸ばすことや監査を担う所轄庁職員の育成を図る

注14）厚生労働省雇用均等・児童家庭　局長通知「社会福祉法人指導監査実施要綱の制定について」（雇児発0427発第7号、社援発0427第1号、老発0427第1号／平成29年4月27日、令和4年3月14日一部改正）

こと等の内容が整理された。また、一般監査と特別監査に分け、運営上重大な問題がある法人への行政処分の強化も改正された。

（4）内部統制と業務管理体制・内部管理体制の整備

　企業等の事業体が、その業務を適性かつ効率的に遂行するために、組織内に構築され運用される体制及びプロセスを内部統制という。内部統制の目的は以下の4つである。

　① 事業活動目的の達成のため、業務の有効性、効率性を高めること
　② 財務諸表等の財務報告の信頼性を確保すること
　③ 事業活動にかかわる法令、その他の規範の遵守を促進すること
　④ 資産の取得、使用及び処分が適正な手続き及び承認のもと行われるように資産の保全を図ること

　内部統制の基本的な要素は**表1-8**のように整理されている。内部統制が正しく行われているかを経営者の下でチェックするのが、内部監査部門である。内部監査とは、企業自ら実施する任意の監査で、経営者直属の組織として監査を実施するもので、保証活動（各部門が諸規定等に準拠して業務を実施しているか、リスク対策が有効に機能しているか検証）とコンサルティング活動（経営意思決定についての助言）を主とする。

　今まで、社会福祉関連の制度に内部監査機能の位置づけはなかったが、介護サービス事業者の不正問題をきっかけに、2008（平成20）年、介護保険法及び老人福祉法の改正[注15]により、介護事業者は事業者自身による法令遵守の義務の履行を確保し、不正行為を未然に防止し、利用者の保護と介護事業運営の適正化を図るために、事業者に対して業務管理体制の整備が義務づけられることとなった（**図1-3**）。事業規模に応じた3段階の業務管理方法の違いがあるが、行政が監査で問題を指摘し改善させるという方法から、事業者自らが自組織のなかに自浄作用をはたらかせ、コンプライアンス経営を進めるための新たな内部監査機能を設置するというものである。なお、これは障害の分野や教育の分野でも同様のものを求められることとなった。

　社会福祉法の改正により、社会福祉法人のガバナンスの強化の一環として、一定規範を超える法人は理事の職務の執行が、法令及び定款に適合することを確保するための体制その他を内部管理体制として整備することとなった（法第45条の13第4、5項）。

　内部管理体制の内容については、社会福祉法に規定されている理事の職務の執行が法令及び定款に適合することを確保するための体制のほか、以下の内容である（施行規則第2条の16）。

注15）厚生労働省老健局長通知「介護保険法及び老人福祉法の一部を改正する法律等の施行について」（平成21年3月30日／老発第0330076号）
厚生労働省老健局長通知「介護サービス事業者に係る業務管理体制の監督について（通知）」（平成21年3月30日／老発0330077号）

■ 表1-8　内部統制の基本的要素

統制環境	組織の気風を決定し、組織内のすべての者の統制に対する意識に影響を与えるとともに、他の基本的要素の基礎をなし、以下に記した5つの要素に影響を及ぼす基盤。
リスクの評価と対応	組織目標の達成に影響を与える事象について、組織目標の達成を阻害する要因をリスクとして識別、分析及び評価するプロセスをリスクの評価といい、これを受けて、当該リスクへの適切な対応を選択するプロセスをリスクへの対応という。
統制活動	経営者の命令及び指示が適切に実行されることを確保するために定める方針及び手続き。
情報と伝達	必要な情報が識別、把握及び処理され、組織内外及び関係者相互に正しく伝えられることを確保すること。
モニタリング	内部統制が有効に機能していることを継続的に評価するプロセス。これにより内部統制は常に監視、評価及び是正される。
IT（情報技術）への対応	組織目標を達成するために予め適切な方針及び手続きを定め、それを踏まえて、業務の実施において組織の内外のITに対し適切に対応すること。

（「財務報告に係る内部統制の評価及び監査に関する実施基準」（平成19〔2007〕年2月15日企業会計審議会）のなかの「Ⅰ内部統制の基本的枠組み」より抜粋）

■ 図1-3　業務管理体制の整備

（業務管理体制整備の内容）

		法令遵守に係る監査
	法令遵守マニュアルの整備	法令遵守マニュアルの整備
法令遵守責任者の選任	法令遵守責任者の選任	法令遵守責任者の選任
20未満	20以上100未満	100以上

指定又は許可を受けている事業所数（みなし事業所を除く）

（届出先）

区　分	届　出　先
①　指定事業所又は施設が二以上の都道府県に所在する事業者	厚生労働大臣（一部、地方厚生局長に委任）
②　地域密着型サービス（予防含む）のみを行う事業者で、指定事業所が同一市町村内に所在する事業者	市町村長
③　①及び②以外の事業者	都道府県知事

（筆者作成）

① 理事の職務の執行に係る情報の保存及び管理に関する体制
② 損失の危険の管理に関する規程その他の体制
③ 理事の職務の執行が効率的に行われることを確保するための体制
④ 職員の職務の執行が法令及び定款に適合することを確保するための体制
⑤ 監事がその職務を補助すべき職員を置くことを求めた場合における当該職員に関する事項
⑥ ⑤の職員の理事からの独立性に関する事項
⑦ 監事の⑤の職員に対する指示の実効性の確保に関する事項
⑧ 理事及び職員が監事に報告をするための体制その他の監事への報告に関する体制
⑨ ⑧の報告をした者が当該報告をしたことを理由として不利な取扱いを受けないことを確保するための体制
⑩ 監事の職務の遂行について生じる費用の前払又は償還の手続その他の当該職員の執行について生ずる費用又は債務の処理に係る方針に関する事項
⑪ その他監事の監査が実効的に行われることを確保するための体制

（5）情報の開示による透明性の向上

　社会福祉法人として、また地域のなかにある社会福祉施設として、地域社会の理解と信頼を得るために、コミュニケーションを図る必要がある。その方法として、地域社会や利用者が必要としている情報を積極的に公開し、情報提供に努め、透明性の高い経営を実現することが求められているのである。

　社会福祉法人の情報開示について目的は2つ考えられる。

　1つは、説明責任を果たすということである。アカウンタビリティ、コンプライアンスの徹底といったもので、いわば倫理的・制度的な責任や義務を果たすためのものといえる。もう1つはパブリック・リレーションズということである。広報といった内容で、事業活動等のサービス提供主体の内容を利害関係者に伝えて知ってもらい、利害関係者の理解を深め、時にはマイナスの意見や行動をも変える意図を持ったものである。

　これらの情報を提供する対象は、かつては当該法人の実施する事業の利用者や事業・法人の指導・監督する行政が主な対象であった。今日ではさらに、利用者やその家族などを含むサービス提供上の利害関係者、税や保険料を負担している財源負担者、当該法人や福祉サービスの業界

への就職希望者及びその親族・学校関係者等の労働市場関係者が考えられる。また、これらに強い影響力のあるマスメディアも対象とすべきだ。

　第1の目的である説明責任を果たすという役割についてである。従来から、各事業や法人を管轄している行政担当者への情報提供は制度的に義務化されている。さらに、先の社会福祉基礎構造改革においては、サービス提供者と利用者の対等な関係を確保し利用契約を結ぶということを大きな目的とした。従ってサービス提供者は、情報の非対称性を排除しサービス利用に関わる必要な情報を提供することが、情報開示の目的であると考え実行してきた。

　社会福祉法で要求されている情報の公開（法第59条の2）は、利用者に提供するサービスに関する情報よりは、むしろ財政状況や役員構成、法人全体の事業等である。今までの現場で施設長や職員が提供しているサービスについては当然のこととして、それを経営する法人のあり方がポイントとなっている。

　また、福祉サービスにかかる財源には多くの公費が投入されている。従って、その使い方について広く一般市民に知ってもらう必要がある。さらに、たとえば介護保険制度の成立以降、保険の財政状況がわかりやすくなり、財政が厳しくなれば保険料の値上げに結びつくことになる。だから保険料を負担する国民の関心は高くなり、それらの人への説明が求められるようになった。このことから、2014（平成26）年より法人の現況報告書、貸借対照表と収支計算書については、インターネットを通じて開示するべきこととされた。

　表1-9に示す内容は、一般市民の誰でも見ることのできるようインターネットを通じて開示するものと、法人の事務所に備え置き、より細かい情報を希望する人に閲覧できるようにするものとの2つの方法で開示することが求められている。

　第2の目的は広報戦略としての開示である。

　最近のマスコミ報道をみると、いかに社会福祉法人の存在やその内容が国民に知られていないかがわかる。社会福祉法人の側に知ってもらう努力がたりなかったということでもある。今や多くの国民は、福祉サービスの必要性を認識するようになり、老人ホームや保育園で提供される福祉サービスの内容はよく知られるようになり、関心も高い。ところが、そのサービスの主たる担い手である社会福祉法人のことや、社会福祉法人と企業の違いなどについてはあまり知られていない。世論を形成するマスメディアも、社会福祉法人の制度内容を詳しく知っているわけではなく、不正確な記事も見受けられる。

■ 表1-9　法人運営の透明性の確保

	備置き・閲覧	インターネットによる公表
定款	○	○
事業報告書、附属明細書	○	×
計算書類等（貸借対照表、収支計算書、附属明細書）	○	○ （付属明細書除く）
監査報告（会計監査人設置法人、会計監査報告を含む）	○	○
財産目録等（役員名簿※3、報酬等の支給の基準を記載した書類、事業の概要16項目）	○	○※1 （財産目録を除く）
現況報告書	○	○※2、※3

※1　「事業の概要」のうちで「社会福祉充実残額の算定の根拠」、「事業計画」は除く
※2　現況報告書が公表されていれば「計算書類等」は公表したものとみなす
※3　個人の住所等個人の権利利益が害される恐れのあるものは閲覧、インターネットによる公表から除外
（筆者作成）

　広く地域住民に対して社会福祉法人の財政、事業内容、法人として考える理念、事業計画等を提供し、よく知ってもらい、地域社会の中で国民の生活になくてはならない存在であるものと認識してもらい、今後の事業や法人の活動を支援してもらえるようになりたい。地域のなかにサポーターを作ることにつなげたい。また、マスメディアにも適切な情報を提供し正確な情報を流してもらうための努力が必要となる。

　さらに個々の法人の取り組みだけでなく、福祉業界のさまざまな福祉事業関連団体においても、業界として意識して社会に向けた情報提供をしていくことも必要となろう。業界全体のイメージアップが新しい人材確保にもつながることとなろう。

　社会福祉法に示されている具体的な情報の内容は、表1-9の内容である。開示する情報が正確であることが最低条件である。特に財務関係書類の数字に関するものは特に正確性を期すことが重要である。その上で「適正な役員報酬」を含む適正かつ公正な支出管理が求められていることから、開示すべき内容に「役員区分ごとの報酬総額」「役員報酬基準」がある。また、利害関係者との取引についても財務諸表への注記対象を拡大し、公表される財務諸表の中で開示されることとなった。

　社会福祉法では評議員会、理事会の役割や役員構成員の資格や性格が変わった。法に示されている資格をもった構成員であるかなどは、法人としてのコンプライアンスの確保に関わる問題である。福祉サービスに対する国民の期待は高く、関心も高いものと思われる。各社会福祉法人

がいかに地域に貢献しているかを知ってもらい、ひいては社会福祉法人という存在が、国民にとってなくてはならないものであることを認識してもらうことが、社会福祉法人の発展につながるであろう。

　情報の開示に際しては個人情報の保護に対する配慮が必要である。個人情報の有用性に配慮しつつ個人の権利、利益を保護することを目的に、2005（平成17）年から個人情報保護法が施行された。社会福祉施設は、多くの利用者の個人情報を取り扱っており、2017（平成29）年から個人情報をもつすべての事業者がこの法律の対象事業者となった。安全管理措置、第三者への提供の制限等、遵守すべき内容が決められている。具体的には以下のとおりである。

　① 情報収集にあたり労働者本人の同意に関する事項
　② 安全管理措置及び従業員の監督に関する事項
　③ 苦情の処理に関する事項
　④ その他個人情報の適切な取り扱いを行うにあたって配慮すべき事項
　また、開示すべき法人情報の中には、役員個人の情報も含まれる。これも個人情報であり、これらへの配慮も必要である。

（6）財務規律の強化と社会福祉充実残額の明確化

　2016（平成28）年に成立した改正社会福祉法は、社会福祉法人や社会福祉施設に多額な「内部留保」があるのではないか、という議論から始まった。少子・高齢化の進展により社会保障費が増加するため、これの財源とする目的で消費税を値上げすることの是非に議論が進み、我が国の政策上の最大の課題の１つとなった。それにもかかわらず、当の社会福祉法人に不当に高額な「内部留保」があるとしたら、それは国民が納得できないものであり、さらに公益法人の法人税課税の問題にも発展しかねない。社会福祉法人の「内部留保」とは何かについて明確な定義のないままに、その有無を議論しても無意味である。これを明確に定義づけなければならない。さらに、「内部留保」があった場合に、それはどのように使われるべきかということも大きな問題である。これを整理し、その全体像を示した図が（**図1-4**）である。

■ 図1-4　社会福祉法人の財務規律について

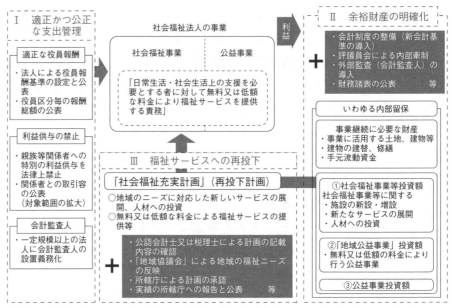

（出典）厚生労働省社会保障審議会福祉部会資料

　概要は、まず、「Ⅰ　適正かつ公正な支出管理」をすることが前提となる。これは３点あげられていて、まず、適正な役員報酬である。公的な財源をもとに経営される公益法人であるから、「不当に高額なものとならないよう支給の基準を定めなければならない」（法第45条の35）とされている。役員には報酬を支給しないという法人もあるが、原則としてその責任と権限に応じた正当な役員報酬は支払って当然である。しかし、法人規模や経営状況が違う中で、制度上で一定の金額を示すことができるものではなく、収入規模や地域の法人との兼ね合い等を勘案して評議員会で決定すべきものである。そして、前述のように、その基準と役員区分毎の報酬総額を開示することとなっている。

　２点めは、従来の理事、監事等に加え、当該法人を支配する法人や評議員等も含めた関係者への特別の利益供与を禁止することを明記した。

　３点めは、外部監査の活用である。先に述べた、法人外部の会計に関する専門的な立場の会計監査人の設置義務である。一定規模（当面収益が30億円、または貸借対照表上の負債が60億円）を超える法人がこの対象となるが、それ以外の法人についても、外部の会計・税理の専門家の点検、会計の事務処理や内部統制の向上を支援するなどが必要とされている。社会福祉法人は行政の監査を受けるが、監査官は必ずしも会計の専門家とは言えず、学校法人等他の公益法人以上の公益性を求められる社会福祉法人にあっては、外部の目を入れることで、会計処理の適法性、

財務諸表の正確性を確保することが必要となる。以上、３点が「内部留保」の明確化の前提条件である。

そのうえで、「Ⅱ　余裕財産の明確化」をするのである。いわゆる「内部留保」と呼ばれている「発生源内部留保」を、「活用可能な財産」として貸借対照表の項目を使った下記の計算式で導き出すこととした。

A「活用可能な財産」＝資産－負債－基本金－国庫補助等特別積立金

しかし、Ａの中には、すでに社会福祉施設としての土地や建物となっているもの、建物の立替や運転資金など現状の福祉サービスを継続して実施していくために必要な資産等もある。そこで、Ａから控除対象財産額（「社会福祉法に基づく事業に活用している不動産等」と「再生産に必要な財産」《将来の建て替えに必要な費用と建て替えまでの大規模修繕に必要な費用と設備・車両等の更新に必要な費用の合計》及び「必要な運転資金」《年間事業活動支出の３月分》の合計）を引いたものを「社会福祉充実残額」、つまり再投下可能な財産であると定義した。これは、公的資金の流れを国民にわかりやすくするために明示されたものであるといえよう。

「社会福祉充実残額」の有無を明確にし、「社会福祉充実残額」がプラスである法人は、それを「Ⅲ　福祉サービスへの再投下」する計画を作らなければならない。これを「社会福祉充実計画」という。「社会福祉充実残額」を社会福祉事業（施設の新設等の新たなサービスの展開、人材の開発等）か、「地域公益事業」（社会福祉法第55条の２第４項第２号に規定するもので、「当該事業区域の住民その他の関係者の意見」を聴いたもの）か、その他の公益事業に投下する計画を作り、その内容と金額を評議員会の承認を得て所轄庁に届け出る等、所定の手続きを踏んで承認を得る。

このような手順（**図１-５**）で財務規律を確立することとなった。なお、社会福祉充実残額があることと剰余金があることとは別物であることに注意が必要である。

社会福祉法人が現在の事業を適正に実施し、その事業継続に必要な控除対象財産額を控除することにより出た社会福祉充実残額が、実質的な内部留保であるといえる。これを社会福祉法人本来の事業である「福祉サービス」に再投下する「社会福祉充実計画」を作り、中期的にこれを実行していく。このことこそ、社会福祉法人が公共的、公益的な事業主体として、他の主体との違う財務規律の下で経営していることを示すものである。

■ 図1-5　社会福祉充実計画策定の流れ

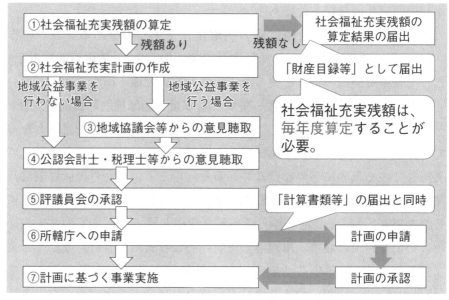

（厚生労働省資料〈平成28年11月28日全国担当者説明会〉をもとに筆者作成）

（7）ミッションの実現とマネジメント能力の向上

　「医は仁術である。従って医療において経営を考えることは、仁術を
ないがしろにすることであり、良き医療人は算術をするべきではない」
といわれてきた。医療機関の内部でも、経営は事務部門の考えることで、
医師や看護師は現場で医療の内容を考えるべきだといわれていた。

　しかし、国民は自分の命のためには最良の医療を望む患者の立場であ
るとともに、医療費の財源を負担する立場でもある。最近では後者の立
場からの発言が強まってきた。限りある財源であるから医療機関はその
財源の使い道を大いに工夫しなければならないというのである。医療機
関にとっては、命を優先する理由から多少の無駄があっても十分採算の
合う良き時代は終わり、医療経営の厳しい時代になってきた。医療機関
は積極的に経営を考えていくことが国民のコンセンサスにもなってきて
いる。

　一方、福祉サービスの財源についても、措置費は税金という大きな財
源のなかで支出されていたが、高齢者介護については、介護保険という
限定された財源になり、医療の場合と同様に国民は費用負担者の厳しい
目で財源の使い方をみるようになっている。ましてさまざまな経営主体
が参入し、経営管理のノウハウをもって、効率的、効果的な事業経営を
すすめるようになるのだから、さらにその傾向はすすむ。

　社会福祉法人、社会福祉施設はそのようななかにあるからこそ、自ら

の理念、使命を再確認し、理念、使命の実現をめざさなければならない。

　その際、経営管理とは、理念、使命をないがしろにして利潤を追求することではなく、理念、使命を実現するために必要な経営資源を確保することである。これからの社会福祉の経営管理は、端的にいって自立とそれにともなうリスクと責任が増すなかで、質の良いサービスをめざしながら、それをいかに安価に提供できるかが重要である。そのためには従来のように経営管理の必要性の認識がないままに、今ある財源を使いきるような経理内容では破綻してしまう。措置制度下では経営管理は不要だったが、上記に示したような背景のなかで、理念、使命を実現するために最大限の効果をあげるには、社会福祉法人、社会福祉施設も、限りのある人材、資金等の経営資源をできるだけ有効に利用することのできる経営管理の手法を身につける必要がある。特に直接サービスを提供する職員は、サービスのコストやサービスの利用価格についてはあまり意識してこなかった。企業における経営管理と社会福祉施設の経営管理とはその目的は異なる。しかし、福祉施設に欠落していた経営管理の方法論を組み立てるためには、市場原理のなかで生き延びてきた企業の方法論を大いに参考にすることは必要である。

　社会福祉法人が本来的にもち続けてきた高い倫理性をもち続け、その他の事業者に先行して培ってきた利用者サービスのノウハウを磨き、専門性と信頼性を高めていかなければならないのは当然であるが、さらにその上に経営管理の方法論が蓄積されていけば、準市場のなかでも他の事業者と肩を並べられる競争力を積み上げることができる。

　「社会福祉法人の経営に関する検討会」の2000（平成12）年7月「社会福祉法人の経営に関する検討会報告書」のなかで、社会福祉法人の目標達成のために、自主的な経営基盤の強化、事業運営の透明性の確保、福祉サービスの質の向上の3要素をあげて経営管理の内容を示している。

　その結果成立した社会福祉法の改正により、社会福祉法人の役員制度に変更があった。役員の経営責任を明確にしたものである。社会福祉法人の役員こそが社会福祉法人全体の経営責任を負うものであり、行政処分である措置制度下において、公平性を守る意味合いから必要とされた地域代表の理事はなくなり、福祉サービスの内容をよく理解している専門職や経営の責任を果たせる理事による執行機関としての性格が明確になった。一方、評議員会は諮問機関としての位置づけから、法人の最高決議機関として位置づけ、評議員会と理事会の責任を明確にした。

　少しさかのぼって、措置制度から契約制度へと変わってきたことにより、より経営を考える必要が強くなった。社会福祉にとっては、制度・

■ 図1-6 社会福祉法人経営の現状と課題（社会福祉法人経営研究会報告書の全体像）

社会福祉法人経営の現状と課題
―新たな時代における福祉経営の確立に向けての基礎作業―
（社会福祉法人経営研究会報告書の全体像）

これまでの福祉経営（Ⅰ、Ⅱ章）
○1951（昭和26）年に創設
○手厚い施設整備費補助と措置費による裁量の余地の小さい運営
○「1法人1施設モデル」、「施設管理モデル」
・施設管理中心、法人経営の不在
・事業規模零細
・再生産・拡大生産費用は補助金と寄附が前提
・画一的なサービス
・同族的経営

経営環境の変化（Ⅲ章）
○特に90年代以降、大きな環境変化
・公的給付総額の拡大
・措置から契約へ、制度の普遍化
・多様な主体の算入、競合
・規制改革、イコールフッティング論
・財政的な制約の増大（補助金の見直し、介護報酬マイナス改定）
○今後も新たなニーズの発生
・2015年、2025年問題
・認知症高齢者や独居世帯の増加
・施設から在宅へ、地域生活支援
・虐待、ホームレス等多様な福祉ニーズ

「規制」と「助成」から「自立・自律」と「責任」へ
（「法人単位の経営」へ（「施設管理」から「法人経営」へ）

新たな時代における福祉経営の基本的方向性（Ⅳ章）

規模の拡大、新たな参入と退出ルール
・複数事業を運営し、多角的な経営を行える＝「規模の拡大」をめざす
・新しい福祉・介護基盤の整備に当たっては、新規法人設立を当然の前提とせず、経営能力・ケアの質の確保の観点から既存法人の活用を考慮
・合併・事業譲渡、協業化の推進
・質の低い法人・経営者は退出を誘導
・（独）福祉医療機構等による経営診断・経営指導の強化

ガバナンスの確立・経営能力の向上
・資金（使途）規制の緩和等による法人単位の資金管理により、経営の自由度を拡大
・公益事業の充実・活性化、収益事業の推進
・理事会・法人本部の機能強化・確保
・中間管理職層の育成・確保

長期資金の調達
・施設の老朽建替や新規投資のための長期的・安定的な資金調達が課題
・（独）福祉医療機構融資について、償還期間の延長等融資条件の改善を検討
・民間金融機関の融資の拡大、直接金融の可能正等も検討課題

人材育成と確保
・介護従事者の質の向上
・介護報酬上の評価
・キャリアパスの形成
・マッチングシステムの強化
・雇用管理の改善
・労働生産性の向上

新しい福祉経営に向けた行政の在り方（Ⅴ章）
○新たな福祉の「産業政策」の確立が急務
・質の高い福祉の「担い手」の育成
・「施設整備偏重型」行政から「経営の質重視型」行政へ
○不必要に些細すぎであったり、合理性に欠ける指導監督は見直すべき
○行政職員の意識の改革と質の向上

（出典）社会福祉法人経営研究会編『社会福祉法人経営の現状と課題―新たな時代における福祉経営の確立に向けての基礎作業―』全国社会福祉協議会、2006年

政策、経営管理、サービス実践は、各々いずれも重要ではあるが、今まさに、経営管理という視点がたいへん重要な時代になってきた。個々の事業が各々に潤沢な財務状況を確保することがむずかしい経営環境にある。このため、A事業が厳しいときはB事業で財源を確保したり、C施設への投資はD施設の経営改善をした後に行うなど、法人の事業全体で経営のバランスをとるなどの対応が必要となっている。

　このような環境を背景に、社会福祉法人の今後の経営の方向性を考える「社会福祉法人経営研究会」が2006（平成18）年1月に発足した。メンバーは、社会福祉施設経営者である全国経営協の役員、厚生労働省社会・援護局長以下、学識経験者という構成に特色がある。同年9月に「社会福祉法人経営の現状と課題」という報告書をまとめた。これまでの社会福祉法人経営の問題点と今後の方向性についてまとめたものである（**図1-6**）。

　ここでは次のように述べられている。従来型社会福祉法人経営は「1法人1施設モデル」「施設管理モデル」で、施設管理中心、法人経営不在であった。多くは事業規模が零細でそのための問題が顕著であり、再生産・拡大生産費用は補助金と寄附が前提であった。提供されるサービスには画一的なサービスが多く、また、経営は同族的経営のマイナス面が目立つものであった。このような「施設管理」中心から視点を変えて、「法人単位の経営」へと成長しなければならない。具体的には、規模の拡大、合併、事業譲渡、法人間の連携、協業化、ネットワーク化等、退出や事業転換の手法として新たな参入と退出のルールの確立が必要である。その他、経営の活性化のために長期資金の調達が必要であり、当面の法人経営として、ガバナンスの確立、経営能力の向上、人材育成と確保が必要だとしている。さらに新しい福祉経営に向けて、社会福祉法人に限らず行政も変わらなければならないとしている。

　社会福祉法人は平均的に小規模の法人が多く、変化する社会環境の中で、その経営基盤を強化し、地域共生社会の確立に向けた新たな事業に取り組むために、法人間連携や事業の協働化が推進され、さらには合併や事業譲渡のあり方等が検討されてきた。これに加えて、2020（令和2）年社会福祉法の一部改正により、新たに「社会福祉連携推進法人制度」が成立した。先行して医療分野に「地域医療連携推進法人制度」が成立したが、これを参考に、社会福祉法人等が社員となり、福祉サービス事業者間の連携・協働をはかるための取り組みを行う新たな法人制度として創設されたものである。

　社会福祉法人における経営管理手法の研究ははじまったばかりで、そ

の確立はまだ時間を要することが予測される。組織的な活動に対する職員教育、経営管理者としての必要な教育もすんでいない。これらについては、理事長をはじめとする経営者が早急に対応すべき課題であり、業界全体の課題でもある。社会福祉法人のマネジメント能力をさらに強化することが効率的な法人運営につながる。

　マネジメント能力は手段の能力を高める技術力であって、一方で本来的な使命の達成こそが法人あげての目的である。この両者の関係では、使命感は強いが、マネジメント能力は低く、したがって効率が悪いというのが、従来の社会福祉法人にありがちだといわれるタイプであった。これに対して、一般的に、企業はマネジメント能力は高いが、社会福祉的な使命の充足、対応に欠けるといわれている。使命の充足度と経営管理能力の発揮度双方を満たしたとしたら、社会福祉法人は企業等の営利法人と異なり、その成果がさらに利用者のために生かされるシステムとなっている（**図1-7**）。社会福祉法人の経営者は、福祉サービスのミッションもマネジメントも共に精度を上げ、その成果を利用者サービスに生かしていくことが求められている。

■ 図1-7　福祉サービスにおける Mission と Management

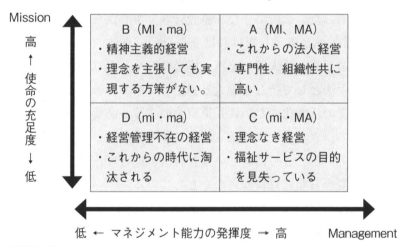

（筆者作成）

第2節　社会福祉施設の使命（社会的役割）

本節のねらい　社会福祉施設とは社会福祉法にいう「第一種社会福祉事業」及び「第二種社会福祉事業」を目的とする施設を含む、福祉サービスを提供する機能を有した施設の総称であると定義づけることができる。かつてこれらの社会福祉施設の目的は「援護、育成又は更生の措置を要する」人々を援助して、「正常な社会人として生活することができる」ことであった。しかし、これからの社会福祉施設は人を隔離収容する目的の場ではなく、ノーマライゼーションの理念にそって福祉サービスを必要とする人々にとってごく当たり前の選択肢の1つとしての「生活の場」として位置づけられ、法の基本理念から、社会福祉施設とは個人の尊厳を守ることを第1に、福祉サービスを必要とする人は誰もが心身ともに健やかに育成され、その能力に応じ自立した生活を営むことができるよう支援する場である。

　これからの社会福祉施設はサービス利用者にとって、利用者の家族にとって、地域社会にとって、どのような意義があるのか明らかにし、多様化する運営主体や企業の参入との関係からも、社会福祉施設の社会的役割を考える。

1　社会福祉施設とは

　日本の社会福祉施設の原型はたいへんに古く、古代国家にできた仏教的慈善による救貧、救療施設であった[注16]。現代の社会福祉施設が生まれるのは、第二次世界大戦後である。連合国軍総指令部（GHQ）の指導により、「社会事業法」（1938（昭和13）年）を改めた「社会福祉事業法」（1951（昭和26）年）が制定されたが、社会福祉施設という言葉は、このなかで「第一種社会福祉事業を経営するための施設」を「社会福祉施設」という、とされたところから用いられるようになった。

　現在、社会福祉施設とは、狭義には社会福祉法第62条に「施設を設置して第一種社会福祉事業を経営」する場合の施設を「社会福祉施設」と定義しているが、一般的には建物を設置している第一種社会福祉事業の施設にとどまらず、社会福祉関係法令に規定される福祉サービスを提供する場をいう。

注16）吉田久一『新・日本社会福祉事業の歴史』61頁　勁草書房　2004年／「723（養老7）年、悲田院が興福寺におかれ、寄る辺のない鰥寡孤独の窮民を寄住させた。」

　この福祉サービスとは社会福祉法に規定される第一種、第二種社会福祉事業に含まれない通知・通達による社会福祉を目的とする事業や、都道府県の条例による社会福祉を目的とする事業、さらには、これらにも位置づけられていない民間事業者やNPO法人等で開拓的に行われている小規模の事業も含めたサービスをさすものと考えられる。また「施設」すなわち入所施設ではなく、在宅サービスも含めたサービス提供の拠点を総称したものと解される。

　そして、社会福祉事業及びその他の社会福祉を目的とする事業の対象は「福祉サービスの利用者」（社会福祉法第1条、第3条）であることから、広義には、社会福祉施設とは福祉サービスを提供する機能を有した組織の総称であると定義づけることができる。

② 今までの社会福祉施設の使命

（1）社会人として生活することができるように

　かつての社会福祉施設の目的は、1990（平成2）年までの社会福祉事業法第3条に位置づけられていた以下のような考え方であった。

　私たちを取り巻く社会環境は時々刻々変化している。現代の社会の変化はめまぐるしく、これに対して、多くの人はそれぞれに適応の努力をしているが、ときには、その努力にもかかわらず適応がうまくできずに、社会生活上さまざまな困難を来すことが少なくない。また、医療の発達は現代社会に多くの幸福をもたらしたが、一方、一命を取りとめた後に障害がある人たちや多くの高齢者をも生み出した。このような状況の「援護、育成又は更生の措置を要する」人々を援助して、「社会人として生活することができる」ことを可能にするような社会的組織的活動が必要となるが、こうした活動が社会福祉事業であり、社会福祉施設の目的であった。

　これらの人々は、場合によっては在宅で家族の介助や社会福祉制度により給付される金品などにより一部の需要を充足することができるが、精神的、身体的、環境的もしくは経済的な理由などによりそのようなサービスでは十分には充足されず、例えば、在宅において養護することができないような高齢者を入所させたり、精神または身体に障害のある人を治療、訓練ないし保護したりすることなどのための施設、設備が必要となった。これが社会福祉施設の主たる役割であった。したがって、社会福祉施設の大半はその入所者のためのものであった。

（2）社会防衛的役割

またある時期には「施設解体論」が論議された。平たくいえば、「施設の本質は社会防衛的なものであることから、社会福祉施設はなくなったほうがよい」という非常に極端な主張である。

歴史的には知的障害者の施設等を人里離れたところにつくり、多数の障害者が入所していたこともあり、まさに「社会防衛的」な機能を目的とする収容施設として存在したといわざるを得ない実態もあった。しかし、社会福祉施設をなくしてしまえばそれらの人々の幸福が得られるかというとそうではない。

現在でも、障害者施設の設置に対して「迷惑施設」だとして反対運動をする地域住民もいるが、社会福祉関係者が地域に向けて広かれた施設づくりに努力した結果、社会福祉施設に対する理解は確実にすすみ、その後「入所対象者」を家庭や地域社会から隔離し保護するという緊急保護的な機能を目的とする時期を経て、治療、教育的な機能、地域社会のなかでの自立支援的な機能へと確実な展開をしてきた。

（3）専門的援助機能を

社会福祉施設の重要な役割として、保護者不在の児童や障害のために社会的に自立して生活することが困難な人々が、自宅での生活継続が困難である場合に、施設に入所してその施設の機能により生活支援を受けることがある。つまり、施設でしか生活できない人々への支援、その人々の生存権の保障が最も基本的な役割であるといえる。

さらに、社会福祉施設はさまざまな専門的機能をもっている。例えば、児童福祉施設は、児童への生活支援だけにとどまらず、専門的教育的援助によって社会的自立を支援する役割をもっている。また、心身の障害のある人々への治療、リハビリテーション、教育、訓練、就労のための支援をするなどの、専門的自立支援を行う役割もある。

これらの専門的援助は通常の家族の機能ではほとんど対応できない援助であり、これらの専門的援助の機能は、社会福祉施設の独自・固有の役割ということができる。これらは、これからも必要とされる重要な社会福祉施設の機能の１つである。

③ これからの社会福祉施設の使命

（1）当たり前の選択肢の１つとしての生活の場

現在では、福祉サービスの基本理念として重要なノーマライゼーショ

ンやコミュニティケアの思想に基づいて、社会福祉施設を位置づけている。すなわち、障害によって経済的利益を生み出さないと思われていた人々が、社会参加や自己実現といった人間として当たり前の権利を無視されたり、その機会から排除されたりすることなく、いかなる障害があろうとも、社会がその現実を受け入れ、生活の上でも、意識の上でも平等であることを実現していく理念である。

このノーマライゼーションの理念にそって、社会福祉施設は隔離収容を目的とする場ではなく、福祉サービスを必要とする人々にとってごく当たり前の選択肢の1つとしての「生活の場」であり、一般社会から隔絶されることなく、地域社会の一員として地域との交流をもちながら存在していくもの、という位置づけをめざしている。

また、2000（平成12）年に「『社会的な援護を要する人々に対する社会福祉のあり方に関する検討会』報告書」が出された。ここで、社会福祉基礎構造改革は「地域社会における『つながり』を再構築するための改正」といえるものであるとしている。そして、このことは、すべての人々を孤独や孤立、排除や摩擦から援助し健康で文化的な生活の実現につながるよう、社会の構成員として包み支えあうという「ソーシャル・インクルージョン」（社会的包摂）の考え方による社会福祉を模索する必要があることを示している。

したがって、社会福祉施設におけるサービスを、在宅福祉サービスの対義語としての入所者サービスに限定して考えるものではない。社会福祉施設は、入所者へのサービス、地域住民への在宅福祉サービス、社会福祉教育の場の提供など、社会福祉施設のもち得る多くの機能に着目し、広く地域全体に向けて福祉サービスを提供する使命をもつものである。

（2）処遇から福祉サービスへ

社会福祉施設が福祉サービスを提供する施設であるとしたら、福祉サービスとは何か。福祉サービスとは直接的または間接的に利用者に提供される社会福祉実践であると規定できる。

そもそも、法律上明確に「福祉サービス」という用語を使いはじめたのは、先に示した1990（平成2）年の社会福祉事業法（現・社会福祉法）の改定時からである。このときに社会福祉事業法第3条（基本理念）を以下のように改定した。

「……社会福祉事業を経営する者は、福祉サービスを必要とする
者が、心身ともに健やかに育成され、又は、社会、経済、文化、その他あらゆる分野の活動に参加する機会を得るとともに、その環境、

年齢及び心身の状況に応じ地域において必要な福祉サービスを総合的に提供されるように、社会福祉事業その他の社会福祉を目的とする事業の広範かつ計画的な実施に努めなければならない。」

　それまで同条に「援護、育成又は更生の措置を要する者」という限定された人を対象として定めて行われていた社会福祉事業は、時代の変化と利用者のニーズの変化により、「福祉サービスを必要とする者」と一般化され、それを必要としている広い範囲の人々に提供するものへと変化してきた。つまり、「処遇を受ける者」から「福祉サービスの利用者」へと変化したのである。ところが、いまだに社会福祉の業界には「福祉サービス」という言葉への違和感が残っている。

　「サービス」とは、預金や貸し付け、共済などの業務を行う金融サービス業や、人や物資の輸送とそれにかかわる諸業務を遂行する交通サービス業のように、それ自体が「商品」として提供され、しかも洋服やカメラのようには具体的な形をもたない経済価値である。このように機能的・業務的サービスを専門に提供するのが、いわゆるサービス業である。

　これに対して、サービスという言葉には第二義的な意味がある。例えば「あの銀行は本当にサービスがよい」というようなときの「サービス」のように、銀行の本来行うべき金融商品そのもののことではなく、職員としてのマナーの良さ、接遇の良さを表す態度的サービスや、預金契約時に渡される販促品が良質だというような犠牲的サービスまたは無料のサービスといった意味合いのものである。

　一般に「サービス」と聞くと、後者の第二義的な意味合いの印象が強く、サービスという言葉への抵抗感にはこれが原因しているのではないかと思われる。さらに児童の入所施設や保育所の職員が、サービスを提供するというと、子どもに媚びへつらうような抵抗感を感じ、「教育」や「処遇」のほうが、より価値の高い意味合いのような印象があったのではないだろうか。

　しかし、社会福祉実践に使われる「処遇」という言葉は、サービス供給者側の言葉であり、サービス利用者側から使われる言葉ではない。表現する内容に多少の差があるかもしれないが、あくまでも視線を利用者側におけば、「処遇」は業界用語であり、一般に通じる言葉として「サービス」という表現が定着してきた。

（3）利用者は顧客である

　P.F. ドラッカー（Drucker, P.F.）は以下のように指摘する。[注17]
　　「……多くの非営利組織の人々は、ビジネス用語である『顧客』

注17）P.F. ドラッカー編著、田中弥生訳『非営利組織の自己評価手法』ダイヤモンド社、1995年、76頁

という言葉を嫌がる。非営利組織の世界の友人は、『受益者』（彼ら
から何がしかの恩恵を受ける人々のこと）と呼びたがる。

　不幸なことに、人権、福祉サービスの世界では、顧客は受益者で
あることがある。つまり、何かの問題をかかえているかわいそうな
人々であったり、あまり賢くない人々であり、あまり知的でない
人々であったりする。私が『顧客』という言葉を使うのは、これま
でと違ったふうに考えるよう、ショックを与えるためである。

　サービスを受ける受益者としての顧客から、サービスを価値ある
ことと思い、満足させなければならない顧客へと、発想の転換をは
かってもらいたいのである。」

　社会福祉施設は特別な人を隔離収容する目的の場ではなく、福祉サー
ビスを必要とする人なら誰にでも開かれた、ごく当たり前の選択肢の１
つとしての「生活の場」であるとしたら、その利用者はまさに顧客であ
り、提供されるものはサービスである、という発想の転換が必要になる。

　医療については医療法上「サービス」という用語はない。しかし、医
療もサービスである、との考えが一般化してきた結果、「患者様」と呼
ぶような過剰とも思える対応の医療機関も増えている。すでに、1995
（平成７）年「国民意識調査」において、ほぼ６割の人が「医療はサー
ビス業である」との認識をもっている。

　利用者側に視点をおいて考えれば、医療、保健、社会福祉、教育は
「対人（ヒューマン）サービス」であり、社会福祉実践により提供され
るものは「福祉サービス」なのである。

　ただし、「サービス」であるといっても何もかも利用者の言いなりに
なるということではない。一人の利用者のニーズに限りなく応えようと
すれば、他の利用者のニーズに応えられない事態も起こりうる。サービ
スの質にも量にもおのずと限界があるからだ。

　利用者を顧客と考えるべきだ、というドラッカーの文を紹介したが、
一方で最近の利用契約の関係のなかで、逆の現象も見受けられる。極端
な例ではあるが、「金を支払っているのだから、なんでもいうことを聞
くべきだ」「お客は神様だ」というような主張をする利用者の例である。
最近、医療現場には、ペイシェントハラスメントという言葉があるが、
患者側の権利の濫用である。同様に福祉サービスや介護サービスの利用
者のなかにも、教育や保育の場でも、モンスターペアレンツと呼ばれる
自分の子どもに対して過剰なサービスを要求をする親や、認知症のよう
な判断能力に障害があるとも思えない利用者またはその家族が、援助者
に対して行うハラスメントの例も少なくないという。2018（平成30）年

度厚生労働省の委員会[注18]による調査結果では、1年間（2018（平成30）年度）に介護現場で利用者からのハラスメントを受けたことのある職員は、利用者からでは4～7割、家族等からでは1～3割という結果であった。これは、以前に介護労働安定センターの調査結果を大きく上回っている。この委員会では、「介護現場におけるハラスメントの定義」を①身体的暴力、②精神的暴力、③セクシャルハラスメントと分類し、「介護現場におけるハラスメント対策マニュアル」を作成している。

　また、このように顧客からのハラスメントの問題が増加していることから、労働者保護の立場に立って、2020（令和2）年に厚生労働省からの指針[注19]が示された。指針には、顧客等からの暴行、脅迫、ひどい暴言、不当な要求等の著しい迷惑行為（カスタマーハラスメント）に関して、事業主は相談に応じ、適切に対応するための体制の整備や被害者への配慮の取り組みを行うことが望ましいこと、また、被害を防止するための取り組みを行うことが有効であることが示された。

　福祉サービスの現場では、社会的弱者である利用者の権利の保護に尽力してきたが、その一方で、働く職員の権利が侵害されてよいわけではない。

　利用者のニーズのなかには、真に利用者のためにならないものや、社会的に容認されないものもありうる。何でも「受容」するわけではない。著しい迷惑行為（カスタマーハラスメント）があった場合は、サービスの打切りがあることを重要事項説明書に明記し、契約時の説明の中に入れておくべきであろう。ただし、サービスの内容をすべて文書化して契約に記載し、できることとできないことを明確に区別することにも限界がある。

　福祉サービス提供者は社会福祉の専門性（**図1-8**）をもっている。倫理・哲学、専門知識、専門技術・技能によって、この利用者に必要なサービスは何か、最も有益なサービスは何かという判断ができることが専門性である。その判断が利用者の現在の期待値と異なることもありうる。また、サービス提供に関するさまざまな判断は最終的に個人によるのではなくチームによるものでなければならない。これらを総合的に判断して、真に利用者に価値あるサービスとそのための援助のあり方を、利用者に納得してもらいながら判断することが、サービスにおける専門性といえるのではないか。

　利用者理解、利用者との援助関係の形成により、今必要なサービス内容を利用者自身が決定することを援助できることも専門性である。その際、専門性をもってサービス提供するからといって、上下の関係ではな

注18）平成30年度厚生労働省老人保健健康増進等事業「介護現場におけるハラスメントに関する調査研究報告書」2019（平成30）年3月

注19）「事業主が職場における優越的な関係を背景とした言動に起因する問題に関して雇用管理上講ずべき措置等についての指針」令和2年厚生労働省告示第5号

■ 図1-8　社会福祉の専門職の職業倫理と専門性

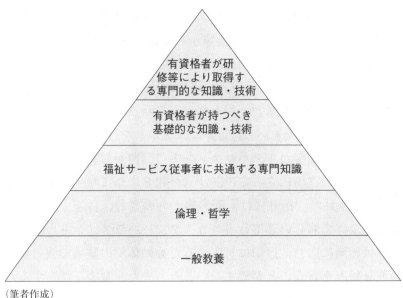

有資格者が研修等により取得する専門的な知識・技術

有資格者が持つべき基礎的な知識・技術

福祉サービス従事者に共通する専門知識

倫理・哲学

一般教養

（筆者作成）

い。ここでの援助関係は相互に対等なパートナーシップを基にした関係である。

（4）利用者、家族、地域に対する社会福祉施設の役割

　これからの社会福祉施設の役割とそのサービスを整理してみる。

　当事者・サービス利用者にとって社会福祉施設は、過去の生活との継続性を失うことなく、残存能力を活用し、自立した生活をめざすよう支援することができるさまざまな専門的機能をもった生活援助の場として位置づけられる。

　在宅でも入所でもさまざまにメニューが用意され、利用に際して必要な情報が適宜提供され、その他の医療・福祉サービスも含めた総合的なアセスメントをもとに、利用者に合ったメニューの利用について相談にのってもらうことができる。そして最終的に自らの意思で必要なサービスを選択することができる。

　社会福祉施設とその利用者は、対等な関係で契約したサービス供給者と消費者の関係にあり、相互にその権利と義務をもっている。利用者が規定のサービスにとどまらず、より多くの、より良質のサービスを望むなら、必要に応じてそれを受けることができるし、それには応分の経済負担が必要となる場合もある。施設が契約どおりのサービスを提供しなければ、契約の不履行として問われ、今後利用されなくなってしまう。

　このようにこれからは一層、利用者の権利と義務が明確になっていく。

現にこの変化は、介護保険の開始と同時にはじまり、続く支援費制度、障害者自立支援法、障害者総合支援法においても契約という新たなわかりやすい方式によって、利用者や一般住民に広がっている。

　利用者の家族にとっても社会福祉施設の意義は極めて大きい。社会福祉施設が利用者を援助することによって、直接的・間接的に家族をも支援している。家族も含めて福祉サービスの利用者であるともいえる。

　サービスの決定に際しては家族が意見を述べる機会があり、そのために社会福祉施設側も明確にサービスの内容を利用者本人に説明し、家族にも情報提供することが重要となる。そして、時には家族が社会福祉施設に対して、利用者の代理人ないしは権利の支援者として、利用者の権利を擁護するために、利用者側からの注文をつけることも多くなるであろう。

　社会福祉施設にとっては何かと苦労の多いことではあるが、正当に利用者の権利を擁護するのであるなら、むしろこのような対等な関係になることが望ましい姿なのではないか。社会福祉法の施行によってはじまった苦情解決の仕組みは、まさにこれらの問題が正当に機能するためのシステムをつくったものといえよう。そして、そのような関係を形成していける施設は、多くの利用者に安心して利用されることになろう。

　利用者に対する援助において、家族と社会福祉施設の役割を比べたときに、家族の援助が主で、社会福祉施設はどうしても家族ができないときに援助する二次的なもの、と考えるべきなのであろうか。社会福祉施設は家族にはない機能をもっているが、家族もまた社会福祉施設にはない機能をもっている。家族も社会福祉施設も共に社会全体で利用者を支えるための資源の1つとして、協力して援助する対等な関係であると考えるべきなのである。

　例えば、在宅時には社会福祉施設が家族を支えるが、家族も大いに社会福祉施設のバックアップをし、一度入所したら後はすべて施設に任せきりではなく、常に施設を訪れ、直接的な介護をしなくても、利用者への精神的な支えとして援助をするというような役割分担である。

　さらに、「社会福祉法第1条（目的）」には、「福祉サービスの利用者の利益の保護」に加えて、「地域における社会福祉の推進」が明記されている。これに加えて、社会福祉法第4条の改正により地域福祉に対する事業の主体と対象が明確になった。まず前提として地域住民の参加である。そして、地域福祉の主体は「地域住民、社会福祉を目的とする事業を経営する者及び社会福祉に関する活動を行う者」と規定された。つまり、社会福祉施設についてもその役割あることが明示されたのである。

また、対象となるのは「住民及びその世帯」が抱える「地域生活課題」である。地域生活課題とは、「福祉、介護、介護予防、保健医療、住まい、就労及び教育に関する課題、福祉サービスを必要とする地域住民の地域社会からの孤立その他の福祉サービスを必要とする地域住民が日常生活を営み、あらゆる分野の活動に参加する機会が確保される上での各般の課題」である。また、第106条の4で市町村がこの「地域生活課題の解決に資する包括的な支援体制を整備するため（略）重層的支援体制整備事業を行う」ことを任意事業として規定し、介護、障害、子ども・子育て、生活困窮分野における相談支援、参加支援、地域づくりに係る事業を一体的に行うことが可能となった。

したがって、社会福祉施設の存立の意義は、最終的に地域社会及び地域住民全体のものであると考えられる。その地域社会における、保健・医療・福祉サービスネットワーク機関の1つとしてその役割を担うことが求められている。さらに、施設の存立する地域にあって、社会福祉施設ほど人的にもハード面でも知識・技術においても、社会福祉について多くの機能を有しているところはない。その地域で、福祉サービスを必要としている利用者に福祉サービスを提供することは、社会福祉施設の本来の機能であるが、一般地域住民も、啓発、教育、実習、情報提供、ボランティアの受け入れなど、社会福祉施設のもつさまざまな機能を必要としている。このようなはたらきの1つひとつが地域住民の信頼を得る重要な要素となるのだ。また、社会福祉施設がこのように地域住民から利用されるようになるためには、情報を開示しその社会福祉施設のサービス内容をよく知ってもらう必要がある。社会福祉法第24条第2項に、社会福祉法人に対して「地域における公益的な取組」を実施するべきことが明文化された。社会福祉施設が直接的な施設利用者だけでない地域のニーズに応えるサービスをすることが求められている。

今後の人口減少社会、生産年齢人口の減少が問題となる社会での社会保障のあり方として、「地域共生社会」の実現をめざす必要がある。その第一歩として、社会福祉施設が地域福祉の推進に力を注ぐ必要がある。

④ さまざまなサービス供給主体の参入と社会福祉施設の役割

（1）さまざまなサービス供給主体の参入

現在でも社会福祉施設の経営主体は、特に「第一種社会福祉事業は、国、地方公共団体又は社会福祉法人が経営することを原則」（社会福祉

法第60条）としている。

　1990（平成２）年社会福祉事業法の改正時には、福祉サービスの実施主体は「国、地方公共団体、社会福祉法人その他社会福祉事業を経営する者」であると、それ以前と同様にあくまでも社会福祉事業を行う主体と同じに考えていた。これに対して、2000（平成12）年の社会福祉法では福祉サービスの事業者を、「国、地方公共団体及び社会福祉法人」とそれ以外の主体とに区別せず、「社会福祉を目的とする事業を経営する者」とより広く規定するようになった。事業主体を狭く限定することのない福祉サービスの提供を打ち出したのだ。福祉サービスを、自律と自己決定のもとに利用者自らサービスを選ぶ利用者本位のサービスであるものとするためには、多様な福祉サービスを用意する必要があった。また、特に介護保険事業や保育事業は、拡大する市場を背景にした新たな産業として注目され、規制緩和により多様な主体を参入させることによる産業振興の動機からも、多様なサービス提供主体の参入が実現したのである。

　かつて事業主体として主たる役割を果たしていた国及び地方公共団体は、従来のような福祉サービスの直接の事業主体ではなく、「社会福祉事業その他社会福祉を目的とする事業の広範かつ計画的な実施が図られるよう」、制度の企画立案及びその運営管理の役割を果たすこととして社会福祉法第６条に明記された。一方、社会福祉法人こそが民間の福祉サービスの事業主体であったが、2000（平成12）年の社会福祉法の成立と介護保険制度の成立を機に、「民間活力を活用し、競争を通じてサービスの向上を図ることが期待される」と、第二種社会福祉事業及びその他の介護保険分野に、社会福祉法人以外の一般企業、医療法人、生活協同組合、NPO法人等、新しい多くの主体が導入された。

　2001（平成13）年には、第一種社会福祉事業であるケアハウスの設置・経営についても、PFI[注20]推進法に基づく選定を受けた民間企業等が公設民営型ケアハウスの運営を行う場合、その施設整備費について国庫補助の対象とすることになった。本来業務は病院、診療所、介護老人保健施設である医療法人も、第二種社会福祉事業を行うことができることとなったが、さらに2006（平成18）年の医療法改正時に成立した公益性の高い社会医療法人は、特別養護老人ホーム等の一部を除いた第一種社会福祉事業も実施可能となっている。

　経営主体が国、地方公共団体または社会福祉法人にのみ限定されている特別養護老人ホームについても、2002（平成14）年「構造改革特別区域法」により、「構造改革特別区」では公設民営の特別養護老人ホーム

注20）PFI
（Private Finance Initiative）公共事業に民間資金を取り入れる手法。イギリスで社会資本整備を民間主導で行う仕組みとして導入され、わが国では、2000（平成12）年よりPFI推進法が施行された。

を民間企業に運営委託することが認められ、その後さらに、公の施設の経営を包括的に代行させることができる指定管理者制度が発足（2003（平成15）年施行の地方自治法の一部改正による）したことにより、事実上株式会社をはじめ営利企業、財団、NPO法人などに管理運営を委任することが可能になった。

（2）イコールフッティング

　このような規制緩和政策により、「従来のサービス事業者」と「後発参入事業者」の関係はさまざまな問題を生んでいる。そのことを表す重要なキーワードが、「イコールフッティング」〈フッティング（footing）とは立場や足場〉つまり、同じ立場に立った競争、競争条件の同一化、という要望である。

　規制緩和により自由化され、後発参入事業者が参入することにより、従来のサービス事業者と相互乗り入れ可能な領域が出てきた。その結果、多くの規制のある「社会福祉法人」と、自由な立場にある「営利企業」という、主体のまったく異なる組織が、同じ領域で同種の事業をすることになったときに、競争条件を同じにするべきだというイコールフッティングの要求が出てきたのである。

　すでに、2001（平成13）年の閣議決定により「介護分野におけるイコールフッティングの視点から」社会福祉施設職員等退職手当共済制度が見直されることとなり、2006（平成18）年４月より介護保険施設、その後障害関係施設に新規に採用された職員については国・県の補助廃止が決定した。保育所等については、現状で公費助成は継続しているものの、2024（令和６）年度までに公費助成のあり方について検討することとなっている。

　さらに、一般企業にも保育所の事業主体となることを可能にした結果、「配当を行っている保育所には、民間施設給与等改善費加算が適用されていないが、株式会社にとっての配当は、質の高い保育を行うための資金調達コストであり、配当イコール余剰という解釈はおかしい」（「規制改革推進のための第三次答申」2008（平成20）年12月22日規制改革推進会議、42頁）と、社会福祉法人の保育所と株主に配当を行う株式会社の経営する保育所とのイコールフッティングを図るべきだという。

　同じフィールドで競争する事業そのものの同種性に着目した主張であるが、前提にその経営主体に課せられた条件が異なるものであることを忘れた論理だ。社会福祉法人に多くの優遇措置があるのは、一方で多くの規制があるからである。つまり、「企業」と異なり「社会福祉法人」

には、経営主体として、次のような違いが存在している。
　①規制（許可のための条件）
　　基金の作成、理事構成の制限、評議員会の設置、資金使途制限、個
　　人の持分なし、剰余金の分配配当なし、解散時の残余財産は国庫ま
　　たは引き継ぐ社会福祉法人に帰属　等
　②助成
　　措置費、退職共済、その他各種補助金　等
　③税制上の優遇（免除、減額）
　　国税（所得税、法人税、登録免許税等、相続税等）
　　地方税（事業税、県市町村民税、固定資産税、不動産取得税等）
　「イコールフッティング」の議論は、①という条件が異なるにもかか
わらず、②③を「社会福祉法人」だけに許可するのは不公平だとの主張
である。
　「規制」とは、業界保護のための参入規制のように理解されがちだが、
もともと福祉サービスにおいては「利用者」を守るための規制である。
その状況が変わってきたのは、政策決定において力をもった保険者・財
政負担者の声や存在が強くなってきて、利用者のためにどういう内容の
サービスにすべきかより、財源のあり方から具体的な政策を考え、サー
ビスを考えていく方向だからであろう。声の小さい利用者の利益を守る
施策はまだ不十分といえる。
　規制改革をすすめる今日、福祉サービス事業者に対しても、市場にか
かわる事業者への規制を、事前規制とするのではなく事後規制にすべき
であるという意見が強い。しかし、少なくとも福祉サービスの対象とな
る人々のなかには、問題が発生してからではなく、利用者に接している
サービス供給者の側にごく日常的に利用者の利益の保護の認識がないと、
利用者の権利が保障されない利用者が数多く出るという問題が発生して
しまう。問題が発生してから事後に悪徳事業者が選別されても、事態が
深刻化してからでは元に戻すことはできにくい。
　上記のような事態を危惧すると、事前規制をなくして本当に利用者の
権利が保障されるかは再考の余地があるのではないか。社会福祉施設の
果たすべき役割の最も基本にあるものは、利用者の権利擁護という役割
である。

（3）社会福祉施設の使命と経営管理

　社会福祉施設の使命は「良質の福祉サービスの提供」である。さまざ
まな事業主体が社会福祉事業に参入してきたとしても、社会福祉施設の

使命は直接、間接の利用者とそのニーズをとおして明らかにすべきゴールである。問題は、「良質の福祉サービス」の価値をどこに置くかが、福祉サービスの専門性とかかわる。

　社会福祉施設という組織を取り巻く外部環境には、社会福祉法以下さまざまな社会保障関係制度により公的資金を投入して形成される制度や政策があり、この規定のもとで日々の業務に対する対価が支払われる。したがって、日々の業務はこれらの制度のさまざまな規制を受ける。一方、自組織と同様の事業やその他関連する医療、介護、福祉等の事業を設置経営する関連事業者とは競争または協力する競合関係にある。そして、利用者を含む地域社会や行政を含めて、自由な市場とは異なる社会市場関係を形成している。これらは、社会福祉施設がおかれた外部環境の特殊性といえよう。

　使命や理念は事業を実施する組織の中核であり、事業のめざすものである。使命や理念に基づいた具体的行為が福祉サービス実践である。医療の用語を借りれば、臨床場面においてこの福祉サービスが提供されている。

　一方、ここでは、事業者と利用者との間で締結された契約（一部行政による措置等）に基づいてサービスが提供され、その行為に対する対価として保険給付や利用者負担を受ける。ここに経済活動や人的資源の投入がなされるのだから、臨床とは異なるサービスを実現させるための経営管理（マネジメント）という意図的な手法が必要になる。

　経営管理とは、組織の使命や目的を明確にしてその達成に向けて意識的な活動をすることである。組織体として活性化されコントロールされたはたらきにより、内外の環境条件を適切に判断してこれに対応し、経営資源を効率的に活用して、組織の目的を達成することである。

　社会福祉施設の経営管理を具体的にすすめるにあたって手段となるものは、経営資源である。経営資源とは「ヒト（人的資源）、モノ（物的資源、建物、設備、機器）、カネ（財源）、トキ（時間）、シラセ（情報資源）」といわれるもので、経営管理とはこれらの経営資源を効果的に活用し、提供する福祉サービスの量と質を確保することである。したがって、経営管理の構成要素として、人的資源管理、建物・設備・機器の管理、財務管理、情報管理、組織管理、そして業務管理（サービス管理）があげられる。全体像は図1-9に示すとおりである。

　かつての措置制度の下では、社会福祉施設に経営管理という考え方は不要であった。社会福祉法人会計において、特に補助金や措置費を財源とするとき、原則的に大幅な弾力運用が許されず、補助金や措置費はそ

■ 図1-9　福祉サービス事業所をめぐる内外の環境と経営管理

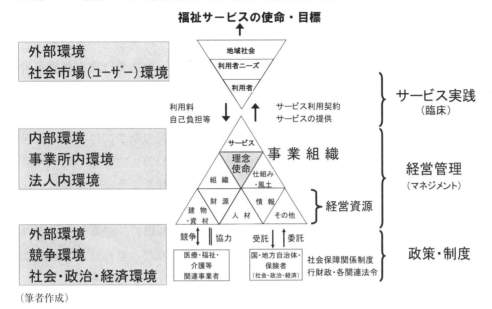

（筆者作成）

の目的を限定して使うべきものとされている。当時の施設整備にかかわる費用は、篤志家の寄附を前提にして国、県は自らが決めた規定の４分の３しか補助金を助成せず、措置委託された費用からその施設の整備に出費することすら大幅に制限されていた。措置制度の下では、補助金のように予定された費用を使い切ることがよい運営をしていると判断されていたのだから、そこには経営という考え方は必要なかった。

　一方、かつての社会福祉施設の経営管理者のなかには、サービス実践というこの組織体が目的とする事業そのものと、それを実現させるための手段としての経営管理との違いを明確に整理できない、言いかえると、社会福祉援助の方法と社会福祉の経営管理の方法とを明確に区分できないことが間々見受けられた。つまり、社会福祉援助の方法は、利用者の自己決定の原則や非審判的態度のように、主体を利用者に置かなければならない。経営管理の立場にある人が、このような社会福祉援助の方法を基本にもっていることで、自らが経営管理の責任を負う当事者としての役割を明確にできずに、多くを職員の自主性に任せることが善であり、管理することはすべてが悪であるかのように思えてしまう例も見受けられた。

　経営とは金儲けや搾取であり、管理とは自主性の疎外や統制であって、経営管理とは利益を追求するためのはたらきだと考えてしまうと、福祉サービスの公共性や社会福祉施設の非営利性ということと、福祉サービスの経営管理とは矛盾するものになってしまう。最近は変わってきたが、

かつて社会福祉を専攻した人々の間では「経営管理」という言葉は使われにくいものであった。それは行動面にも現れており、施設長が組織管理者としての役割でなく、サービス提供職員のリーダーという役割にとどまっている例が多く見られた。それは社会福祉の経営管理や組織運営の方法論が今まであまり論じられてこず、社会福祉従事者が一般的な経営管理の方法を学習する機会も少なかったためであろう。また反対に、行政や一般企業から社会福祉の現場に来た管理者のなかには、社会福祉援助の方法論を理解しないままに、自立支援などの目的をもった利用者との関係を構築することができず、腫れものに触るようなお客様扱いをする例や、妙に管理的になる例がみられた。

　それらの結果、社会福祉施設においては多くの場合「経営管理」より範囲が広い「運営」という表現が使われてきたのだと思われる。これからは「マネジメント」または「経営管理」を使うべきであろう。

　福祉サービスの経営管理には特殊な手法があり、一般企業のそれとは全く違うものだと考えるべきではない。金融サービスを提供する銀行と自動車メーカーとは業種が違うし商品は異なる。当然、組織の目的や、財源の確保の方法、置かれた内外の環境が異なり、組織の価値判断にも大きな違いがある。しかし、各々の経営管理の手法にはそれほどの違いはないはずで、福祉サービスのそれも同様である。特に今、福祉サービスはさまざまな組織（チーム）で提供している。その組織の力を上げるためには、福祉サービス組織としての理念・使命・方針を明確にし、組織の働きを活性化し、必要に応じてコントロールしなければならない。組織内外の環境変化に適切に対応して、組織の持っている限りのある資源（人材や財源等）を効率的に有効に活用することが必要であり、これらが経営管理の役割である。経営管理のどの手法に重きを置くかは、事業内容、個別の事業主体が置かれた内外の環境、経営状況、歴史などによるのであって、優先順位の考え方は各々の経営管理者の手腕やスタイルなのである。

　社会福祉援助の方法と経営管理の方法は違うのだから、社会福祉の経営管理者は、社会福祉援助と経営管理とを共に理解していなければ、社会福祉の有能な経営管理者にはなれない。そして、よい経営管理が行われない組織において必要な財源や人材が得られなければ、よいサービスを生み出すことはできないといえよう。

　時代の趨勢として、従来のサービス事業者である社会福祉法人もこれらの経営資源を有効に使うことを考えなければならない。

　確かに社会福祉施設を経営効率からみれば、過去の経営管理における

ノウハウの蓄積からみても明らかに一般企業のほうが上であろう。しかし、社会福祉施設は経営効率だけで判断できるものではない。サービスの質が問題なのである。では、福祉サービスはホテルのサービスと同じだと考えるべきなのか。福祉サービスに必要な「手厚いもてなし」という部分については大いにホテルのサービスに学ぶとしても、福祉サービスの本質とは異なるものだ。福祉サービスは自由な市場における商品としてのサービスとは異なる性質を持っている。

社会福祉は社会問題に対する問題解決の社会的な対応であり、社会福祉の本来的目標は人間の尊厳を守ることであり、基本的人権を保障することであり、利用者の自立を支援することである。これらは福祉サービス個有の使命である。そして、国の社会保障制度として規定され、公的な保険制度等に公的な資金を投入して運営されている。

社会福祉基礎構造改革の結果、今までの福祉サービスには競争原理がはたらいていなかったので、多様な事業主体を参入させること、さらに福祉サービスをより自由な市場のなかで競合させることによって質を確保しようという考え方が、強く打ち出されるようになった。しかし、福祉サービスは一般化されるようになったとはいえ、その利用者の多くが、自立したユーザーとは位置づけられない人、または当初はそうでなくても後に自立できなくなる可能性が高い人が多数いる。

利用者に対してサービスの選択肢を広げる必要はあるし、福祉サービスにもある程度の競争原理は必要であるものの、自由な競争の結果、最低限必要なサービスが保障されないことになるのは、利用者の権利擁護という視点から適当ではない。

第3節 社会福祉施設の概況と推移

> **本節のねらい** 　社会福祉施設へのニーズの変化と施設の推移、社会福祉施設の数的現状を知る。

① 社会福祉施設の種類、数の現状

　第1節では、社会福祉施設を、狭義には社会福祉法第2条に規定される第一種社会福祉事業の施設であり、広義には福祉サービスを提供する機能を有した組織の総称であると規定した。ここでは社会福祉関係法令に規定される社会福祉施設の現状をみる。社会福祉施設の現状については、毎年厚生労働省大臣官房統計情報部が10月1日をもって「社会福祉施設等調査」を実施している。

　2021（令和3）年10月1日現在の社会福祉施設等調査によれば、施設数は8万2,611施設（**表1-10**）、施設定員は411万2,525人、施設在所者は368万5,856人（**表1-11**）で、ここで働く従事者は121万4,854人（**表1-12**）に及ぶ。

■ 表1-10　施設の種類別にみた施設数の年次推移

各年10月1日現在

	平成12年 (2000)	28 (2016)	30 (2018)	令和2 (2020)	令和3 (2021)
	施　設　数				
保護施設	296	293	286	289	288
老人福祉施設	28,643	5,291	5,251	5,228	5,192
障害者支援施設等	・	5,778	5,619	5,556	5,530
身体障害者更生援護施設	1,050	—	—	—	—
知的障害者援護施設	3,002	—	—	—	—
精神障害者社会復帰施設	521	—	—	—	—
身体障害者社会参加支援施設	716	309	317	316	315
婦人保護施設	50	47	46	47	47
児童福祉施設	33,089	38,808	43,203	45,722	46,560
（再掲）保育所等	22,199	26,265	27,951	29,474	29,995
母子・父子福祉施設	90	56	56	56	57
その他の社会福祉施設等※	8,418	19,519	22,262	23,509	24,622
計	75,875	70,101	77,040	80,723	82,611

（出典）厚生労働省『社会福祉施設等調査』各年度より抜粋　　　　　※有料老人ホームを含む

■ 表1-11　施設の種類別にみた定員・在所者数の年次推移

各年10月1日現在

	平成12年 (2000)	28 (2016)	30 (2018)	令和2年 (2020)	令和3年 (2021)
	定　員（人）				
保護施設	19,881	19,036	19,098	19,108	18,887
老人福祉施設	481,607	150,962	158,233	158,379	157,262
障害者支援施設等	・	177,317	190,224	187,939	187,753
身体障害者更生援護施設	52,160	—	—	—	—
知的障害者援護施設	153,885	—	—	—	—
精神障害者社会復帰施設	10,200	—	—	—	—
身体障害者社会参加支援施設	620	360	—	—	—
婦人保護施設	1,578	1,270	1,220	1,329	1,245
児童福祉施設等	2,013,356	2,530,471	2,896,014	3,058,717	3,112,984
（再掲）保育所等	1,925,641	2,409,496	2,715,914	2,858,117	2,904,353
その他の社会福祉施設等	92,742	433,711	552,350	609,472	634,395
計	2,826,029	3,313,127	3,817,138	4,034,944	4,112,525
	在　所　者　数（人）				
保護施設	19,891	18,692	18,624	18,216	17,813
老人福祉施設	416,176	139,013	145,474	144,390	142,021
障害者支援施設等	・	147,890	157,373	151,215	151,126
身体障害者更生援護施設	48,905	—	—	—	—
知的障害者援護施設	150,873	—	—	—	—
精神障害者社会復帰施設	8,640	—	—	—	—
婦人保護施設	722	349	321	296	257
児童福祉施設	1,976,976	2,441,544	2,701,379	2,807,519	2,834,592
（再掲）保育所等	1,904,067	2,332,766	2,535,964	2,624,335	2,643,196
その他の社会福祉施設等	56,531	360,543	471,069	521,013	540,047
計	2,678,714	3,108,031	3,494,240	3,642,649	3,685,856

（出典）厚生労働省『社会福祉施設等調査』各年度より抜粋

■ 表1-12　施設の種類別にみた職種別常勤換算従事者数

令和3年10月1日現在.
（　）内は令和2年10月1日現在

	従事者数（人）	
総数	1,214,854	(1,209,999)
保護施設	6,203	(6,353)
老人福祉施設	39,452	(39,598)
障害者支援施設等	108,397	(108,689)
身体障害者更生援護施設	—	—
知的障害者援護施設	—	—
精神障害者社会復帰施設	—	—
身体障害者社会参加支援施設	—	—
婦人保護施設	400	(373)
児童福祉施設等（保育所等を除く）	147,334	(144,051)
保育所等	690,188	(691,834)
母子・父子福祉施設	218	(225)
その他の社会福祉施設等	222,661	(218,875)

（出典）厚生労働省『令和3年社会福祉施設等調査』より抜粋

社会福祉施設の推移と動向

　社会福祉施設は、社会の急激な変化により刻々と変化するニーズに対応してきた（**図1-11**）。

　近年の社会福祉施設調査などと比較しながら、社会福祉施設の数、定員などの推移の特徴をみる。**表1-13**に示された昭和初期の構成と、**表1-10～表1-12**に示された2021（令和3）年の構成を比較してみるとさらに興味深い。施設数と併せ、定員数の年次推移もみておきたい（**表1-14**）。

（1）施設経営主体

　社会福祉施設の経営主体別には、国、地方公共団体による公営の施設は横ばいないしは減少傾向にあるが、社会福祉法人などによる私営は増加しており、2021（令和3）年10月1日現在の施設数は、全体の約82%となっている（**表1-15**）。

（2）在宅福祉サービスの急増

　近年特筆される傾向としては、在宅福祉サービスを提供する施設の新設、急増である。住民の福祉ニーズの表れであり、これからの社会福祉施設の中心的役割は、在宅福祉サービスを提供する施設が担うことになるであろう。

■ 図1-11　主な社会福祉施設の種類別割合の変遷

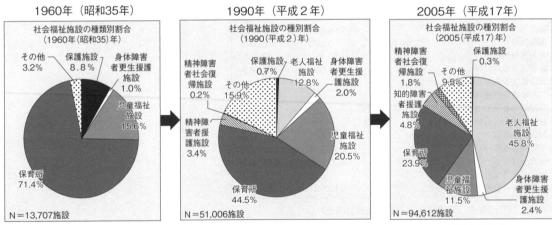

※老人福祉施設には、通所介護、短期入所生活介護を含む。　※その他には婦人保護施設及び母子福祉施設を含む。
（出典）「社会福祉施設等調査報告」（厚生労働大臣官房統計情報部）／「介護サービス施設・事業所調査」（厚生労働省大臣官房統計情報部）

■ 表1-13　昭和初期の「社会福祉事業施設」の種別とその数

	1926 （昭和2）	1927 （昭和3）	1928 （昭和4）	1929 （昭和5）	1930 （昭和6）
統制	39	44	44	43	43
援助	75	116	154	160	693
一般救護	320	346	367	399	491
経済保護　総数	3,015	3,458	4,019	4,367	4,435
住宅	2,187	2,652	3,070	3,343	3,382
宿泊	87	114	140	148	159
公益市場	368	322	321	319	304
簡易食堂	67	72	77	80	68
公益浴場	223	179	215	216	208
公益質屋	81	119	196	261	314
職業紹介	211	227	256	304	421
授産	89	66	73	72	72
醫療救護　総数	139	147	193	274	263
施療病院	23	23	27	37	37
精神病院	21	32	36	39	39
結核療養所	25	23	25	26	27
癲癇養所	12	11	12	12	12
實費診療所	41	41	76	76	64
其他	17	17	17	84	84
兒童保護　総数	1,026	1,208	1,274	1,387	1,469
無料産院	30	42	40	39	39
養育	123	121	120	120	124
幼兒保護	375	365	419	506	589
感化教育	61	62	61	61	61
貧兒教育	46	40	40	39	39
其他	391	578	594	622	617
隣保事業	59	89	97	115	115
婦人保護	12	18	19	28	23
人事相談	101	138	146	146	146
司法保護　総数	799	860	881	884	904
釋放人	744	797	809	811	821
少年	55	63	72	73	83
其他	145	245	252	254	269
合計	6,030	6,962	7,775	8,433	9,344

（出典）中央社会事業協会社会事務所編『日本社會事業年鑑　昭和10年版』中央社会事業協会社会研究所、1936、55-56頁
（注　昭和2年の「經濟保護総数」とその内訳の施設計が2合わないが原文の通り。）

（3）老人福祉施設

　最近の社会福祉施設の最大の変化としては、老人福祉施設の伸びが止まっていることである。

　老齢人口の増加、少子化、要介護高齢者の増加、核家族の進行などにともなって需要の伸びが大きいが、介護保険関係事業所は増加しているものの老人福祉施設数は減少傾向であるが、一方、定員及び在所者数は、近年急増している。

■ 表1-14　社会福祉施設数、定員数

施設の種類	施　設　数			定　員（人）		
	昭和55 (1980) 年	平成2 (1990) 年	令和3 (2021) 年	昭和55 (1980) 年	平成2 (1990) 年	令和3 (2021) 年
総数	41,931	51,006	82,611	2,252,791	2,566,963	4,112,525
保護施設	347	351	288	22,141	22,287	18,887
救護施設	160	173	182	14,135	15,761	16,154
更生施設	16	18	20	1,665	1,764	1,388
医療保護施設　＊	68	68	56	18,263	20,158	・
授産施設	76	76	15	3,490	3,225	440
宿所提供施設	27	16	15	2,851	1,537	905
老人福祉施設※	3,354	6,506	5,192	163,379	246,881	157,262
養護老人ホーム（一般）	910	904	889	68,401	65,217	59,197
養護老人ホーム（盲）	34	46	52	2,049	2,721	2,754
特別養護老人ホーム	1,031	2,260	・	80,385	161,612	・
軽費老人ホーム（A型）	170	254	189	10,839	15,371	11,164
軽費老人ホーム（B型）	36	38	13	1,705	1,810	568
軽費老人ホーム（ケアハウス）	・	3	2,039	・	150	82,030
都市型軽費老人ホーム	・	・	89	・	・	1,548
老人福祉センター（特A型）　＊	・	241	218	・	・	・
老人福祉センター（A型）　＊	1,173	1,457	1,258	・	・	・
老人福祉センター（B型）　＊	・	326	445	・	・	・
障害者支援施設等			5,530			187,753
障害者支援施設			2,573			138,586
地域活動支援センター			2,824			47,414
福祉ホーム			133			1,754
旧身体障害者福祉法による身体障害者更生援護施設	419	694		25,231	38,305	
肢体不自由者更生施設	51	44		2,386	1,939	
視覚障害者更生施設	13	16		1,500	1,579	
聴覚・言語障害者更生施設	4	3		190	175	
内部障害者更生施設	21	13		1,130	697	
身体障害者療護施設	109	210		7,073	13,311	
重度身体障害者更生援護施設	39	61		2,780	4,185	
身体障害者福祉ホーム	・	10		・	155	
身体障害者入所授産施設	76	85		4,104	4,650	
重度身体障害者授産施設	79	119		4,848	7,588	
身体障害者通所授産施設	8	109		165	2,611	
身体障害者小規模通所授産施設	・	・				
身体障害者福祉工場	19	24		1,055	1,415	
身体障害者社会参加支援施設　＊	155	339	315		660	・
身体障害者福祉センター（A型）＊	14	33	38	・	・	・
身体障害者福祉センター（B型）＊	30	157	115	・	・	・
障害者更生センター　＊	・	9	4	・	660	・
補装具製作施設　＊	29	28	14	・	・	・
盲導犬訓練施設　＊	・	・	13	・	・	・
点字図書館　＊	70	74	71	・	・	・
点字出版施設　＊	12	13	10	・	・	・
聴覚障害者情報提供施設　＊	・	・	50	・	・	・
旧知的障害者福祉法による知的障害者援護施設	786	1,732		48,683	93,719	
知的障害者入所更生施設	476	862		35,138	59,368	
知的障害者通所更生施設	39	137		1,360	5,083	
知的障害者入所授産施設	101	181		7,004	11,525	
知的障害者通所授産施設	107	396		3,711	14,543	
知的障害者小規模通所授産施設	・	・				
知的障害者通勤寮	63	106		1,470	2,510	
知的障害者福祉ホーム	・	46		・	520	
知的障害者福祉工場	・	4		・	170	
旧精神保健及び精神障害者福祉に関する法律に よる精神障害者社会復帰施設	・	90		・	1,588	
精神障害者生活訓練施設	・	31		・	693	
精神障害者福祉ホーム（B型）	・	・		・	・	
精神障害者授産施設（入所）	・	・		・	・	
精神障害者授産施設（通所）	・	26		・	562	
精神障害者小規模通所授産施設	・	・		・	・	
精神障害者福祉工場	・	・		・	・	
婦人保護施設	58	53	47	2,156	1,752	1,245

児童福祉施設等	31,980	33,176	46,560	2,239,643	2,074,981	3,112,984
助産施設　　＊	937	635	382	7,152	5,121	·
乳児院	125	118	145	4,230	3,843	3,871
母子生活支援施設	369	327	208	7,405	6,546	4,371
保育所等	22,036	22,703	29,995	2,136,728	1,979,459	2,904,353
児童養護施設	531	533	612	34,914	34,076	30,535
知的障害児施設	349	307		25,365	19,694	
自閉症児施設	3	8		160	380	
知的障害児通園施設	217	215		8,142	7,881	
盲児施設	29	21		1,725	1,047	
ろうあ児施設	29	18		2,074	1,029	
難聴幼児通園施設	13	27		420	895	
虚弱児施設	33	33		2,042	2,007	
肢体不自由児施設	76	72		9,716	8,787	
肢体不自由児通園施設	57	73		2,415	3,080	
肢体不自由児療護施設	7	8		410	425	
重症心身障害児施設	48	65		5,448	6,835	
障害児入所施設（福祉型）			249			8,664
障害児入所施設（医療型）			222			21,296
児童発達支援センター（福祉型）			676			20,687
児童発達支援センター（医療型）			95			3,119
児童心理治療施設（旧 情緒障害児短期治療施設）	11	13	51	550	650	2,129
児童自立支援施設	58	57	58	5,304	4,893	3,468
児童家庭支援センター　＊	·	·	154			·
小型児童館			2,509			
児童センター			1,709			
大型児童館A型	2,815	3,840	15			
大型児童館B型			3			
大型児童館C型						
その他の児童館			111			
児童遊園　＊	4,237	4,103	2,121	·	·	·
母子・父子福祉施設	75	92	57	1,696		
母子・父子福祉センター	49	68	55	·	·	·
母子・父子休養ホーム	26	24	2	1,696		
その他の社会福祉施設等	4,757	7,973	24,622	19,862	86,790	634,395
授産施設　　　　＊	145	156	61	6,205	6,488	·
無料低額宿泊所　＊	·	·	614	7,371	4,571	·
盲人ホーム　　　＊	33	29	18	719	573	·
隣保館	1,076	1,266	1,061	·	·	·
日常生活支援住居施設　＊	·	·	108			
有料老人ホーム（サ高住以外）	·	·	16,724	·	·	634,395
有料老人ホーム（サ高住）　＊	·	·	6,002			

（資料）厚生労働省『社会福祉施設等調査』各年度より抜粋

※令和3年は「特別養護老人ホーム」「通所介護事業所」「短期入所生活介護事業所」を含まない。

＊印のついた施設は、令和3年に詳細要調査を実施していない。

■ 表1-15　社会福祉施設経営主体施設数

令和3年10月1日現在

分　　類	施　設　数（基本票）
総　　数	82,611
経営主体分類	
公　営	15,174
私　営	67,437

（資料）厚生労働省『令和3年社会福祉施設等調査』

（4）保護施設、婦人保護施設

　保護施設のうち一部の施設などにみられるように、その存立意義を有するとはいえ、社会福祉施策の充実、国民生活水準の向上などの変化により、ここ５年間は全体としてやや下降の傾向である。

（5）児童福祉施設

　児童福祉施設全体では、施設数は増加傾向である。特に保育所等の数は増えており、全体で２万9,995か所（2021（令和３）年10月１日）となった。在所児は、女性の社会参加や核家族化の進行などによって０～２歳児は増加の傾向にある。しかし、これからは少子化の傾向が強く、利用者はいずれ減少していくことが予想されるが、全体としてはまだ増加のピークは見えない。

（6）障害者施設

　2007（平成19）年から障害者自立支援法の経過措置により、旧法（身体障害者福祉法、知的障害者福祉法、精神保健及び精神障害者福祉に関する法律）に基づき運営していた各施設は、2012（平成24）年から、障害者自立支援法（現障害者総合支援法）による障害者支援施設、地域活動支援センター、福祉ホームの「障害者支援福祉等」に完全移行した。

　障害者支援関連施設は、施設入所から地域移行が進んだことにより、ここ数年減少傾向にあったが、近年増加傾向に転じた。

第2章

社会福祉施設経営管理の基礎

第2章　社会福祉施設経営管理の基礎

第1節　社会福祉法人・施設の経営管理

本節のねらい　日本の社会福祉は、社会経済環境の変化に対応し、かつての「措置」制度から「利用契約」制度へと大きく転換した。いわゆる「社会福祉基礎構造改革」である。日本の社会福祉事業の基本的枠組みを規定してきた「社会福祉事業法」（1951（昭和26）年）は、「社会福祉法」（2000（平成12）年）に改称された。間もなく四半世紀を迎えることになる。

制度の枠組みの転換のなかで、福祉サービス事業主体の多元化がすすみ、「選択」と「競い合い」「地域福祉」を基軸としながら、社会福祉法人・施設は、かつての「運営」から「経営」への発想転換を求められるようになった。

社会福祉法第24条は、経営原則として「社会福祉法人は、社会福祉事業の主たる担い手としてふさわしい事業を確実、効果的かつ適正に行うため、自主的にその経営基盤の強化を図るとともに、その提供する福祉サービスの質の向上及び事業経営の透明性の確保を図らなければならない」と規定している。

2016（平成28）年には、公益法人改革の一環として社会福祉法人制度改革が行われた。あらためて社会福祉法人の「公益性」「非営利性」を確認するとともに、「国民に対する説明責任」を果たし、「地域社会に貢献」する法人のあり方の徹底が求められることになった。①経営組織のガバナンスの強化、②事業運営の透明性の向上、③財務規律の強化、④地域における公益的取組等をこれまで以上に推進していかなければならない。そして今、地域共生社会の実現をめざし、社会福祉法人としての使命の実践が期待されている。

社会福祉法人・施設において経営管理の責任を担う施設長等経営管理者は、「経営」や「経営管理」に関する正しい考え方やスタンスの確立が求められる。何を、どのような考え方に基づき、どのように行っていけばよいか。本節では、社会福祉法人・施設の経営管理の基本的視点と経営管理者の役割について検討する。

❶ 「福祉経営」の確立をめざして

（1）社会福祉法人・施設の「運営」と「経営」

　社会福祉基礎構造改革にともなう措置から利用契約制度への転換は、日本の社会福祉事業領域のステージの大きな転換を求めるものであった。従来の行政措置としての「与える福祉」が、利用者が必要に応じて自ら「選択する福祉」へと転換し、社会福祉サービスにかかわる事業主体は多元化した。社会福祉事業領域にも、市民社会の作動原理である「市場原理」（競争原理）が導入され、さまざまなサービス供給主体がサービスの質と効率性を競い合う関係のなかで事業を行うことになった。

　こうした制度改革のなかで社会福祉法人・施設には従来の「運営」から「経営」への発想転換が求められることになった。経営管理者は、かつてのように行政指導に基づく適正な「施設運営」という発想ではなく、「公益性」「非営利性」を基本に置きながら「自立（律）経営」の確立をめざした経営管理を実践していかなければならない。

　新しい時代に適合する経営理念を確立するとともに、経営方針やサービス目標を明確にし、独自のサービスの創造と提供を通じて利用者満足を実現し、地域福祉に貢献することができる「法人・施設経営」が求められる。これからは、「サービスの質の向上と効率性の確保」の同時実現をめざしたエンドレス（不断）の経営努力が必要になる。

（2）非営利組織の経営管理─営利企業との同質性と異質性

　かつて、アメリカの経営コンサルタントの**P. F. ドラッカー**[注1]は、「非営利組織のマネジメント」について、次のような問題提起を行っている。

> ・非営利組織の人々は本当によく働く。しかし、その努力の「焦点」が定まっていない。また、努力を生産的にするための適当な「手法」が欠如している。
> ・何年もの間、ほとんどの非営利組織は「善意」さえあればそれで事足りると思っていた。しかし、非営利組織は「事業成果の判定基準」がないがゆえに、営利企業よりももっと上手にマネジメントしなければならない。
> ・非営利組織は、使命に根ざした信条をもたなければならない。限られた人材と資源で最大の効果を上げるように管理しなければならない。そして、非営利組織にとって、どのような成果を上げるのが望ましいかを明確にしなければならない。

（出典）P. F. ドラッカー編著、田中弥生訳『非営利組織の自己評価手法』ダイヤモンド社、1995年

注1）P. F. ドラッカー1909年生まれ（2005年逝去）。ニューヨーク大学、クレアモント大学等の教授を歴任。アメリカの経営コンサルタント。『現代の経営』（1950年）、『創造する経営者』（1964年）、『断絶の時代』（1969年）、『マネジメント・フロンティア』（1986年）、『ポスト資本主義社会』（1993年）等、産業と企業経営に関する多数の著作があり、戦後日本の経営管理に多大なる影響を与えた。晩年、非営利組織のマネジメントに関する研究と提言を行ってきた。代表的著作として『非営利組織の経営』（1990年）、『非営利組織の自己評価手法』（1993年）等がある。

　このドラッカーの指摘は示唆に富むものであり、社会福祉事業経営を
考えるにあたって留意すべき重要なポイントが示されている。

①努力の「焦点」を明確にし、努力を生産的にする

　第1のポイントは、努力の「焦点」を明確にし、努力を生産的にする
「手法」をもたなければならないという指摘である。
　"福祉サービスの仕事にかかわる人々は本当によく働く"といわれれ
ば、おそらく多くの法人・施設の現実だと実感することだろう。「使命
感」と「情熱」もち、「一所懸命」に、そして困ったときには「相互援
助」でというのが、法人・施設における働き方（サービス実践）のモデ
ルであった。ハンディキャップをもつ恵まれない人々に対する社会福祉
サービス（措置）の担い手として、献身的に努力してきたという歴史が
ある。しかし、努力の「焦点」、つまり、サービスや業務遂行について
の目標や計画を具体的に設定し、共有化していたかといえば、ドラッカー
の指摘のとおりであったのではないだろうか。
　努力の「焦点」が明確にされていないなかでは、努力は生産的になら
ないものである。これからは、利用者サービスについては、選ばれる質
の高い最善のサービスを提供していかなければならない。そのためには、
利用者ニーズを的確に把握するとともに、利用者の立場に立ってケアプ
ランを作成し、プランに基づいたサービス実践を行い、利用者（顧客）
満足を実現していかなければならない。
　同様に、業務の遂行についても、業務標準や目標・計画といった努力
の「焦点」を明確にし、これを共有化して SDCA（Standard・Do・
Check・Act）や PDCA（Plan・Do・Check・Act）の管理サイクルを確
実に徹底していくことによって業務の効率性や効果性を確保していくこ
とが重要である。
　経営管理（マネジメント）とは、努力の「焦点」を明確にし、努力を
生産的にする「手法」を実践することだといってよい。

②固有の理念と事業成果の判定基準を明確にする

　第2のポイントは、営利企業よりもっと上手にマネジメントしなけれ
ばならないという指摘である。営利企業には成果を計る判定基準として
「利潤」というものさしがあるが、非営利組織は「財務的判定基準」に
よって自らを律することはできない。「利潤」をあげることが組織の目
的ではないからである。
　ドラッカーは、そのために「非営利組織には、優れたマネジメントが

必要であるし、そのマネジメントはビジネスより難しい」と述べている。「経営理念」や「使命・目的」の定義、めざすべき目標や成果、「業績」をどのような基準で測定するか、資金や人材といった「リソース（経営資源）」を何にどのように配分し、有効活用するかといったマネジメントが重要になってくるのである。

　このことは、「経営」という同じ言葉が使われるようになったとしても、営利企業と同一の経営（同一性）を追求するのではなく、社会福祉法人・施設経営の固有性（営利企業の経営との異質性）を確立していかなければならないということである。これからは、高い「公益性」や「公共性」をもつ非営利組織として「福祉経営」の確立をめざしていかなければならない。

　「措置制度」から「利用契約制度」に転換し、「市場原理」のもとで一定の収支差額（民間企業における利益に相当）を出すことが制度上（会計基準上）認められるようになってから、効率やコスト削減を最大のターゲットとした利益至上主義の「経営」を指向する傾向も一部にみられるようになった。しかし、こうした傾向は、非営利組織としての社会福祉法人・施設の存在意義さえ否定しかねない問題を内在しているものと考えておかなければならない。

（3）社会福祉法第24条が期待するもの

　社会福祉法第24条第1項は、社会福祉法人の経営原則を次のように規定している。

　　「社会福祉法人は、社会福祉事業の主たる担い手としてふさわしい
　　事業を確実、効果的かつ適正に行うために、自主的にその経営基盤
　　の強化を図るとともに、その提供するサービスの質の向上及び事業
　　経営の透明性の確保を図らなければならない」

　社会福祉事業は、かつて措置制度下においては国や地方自治体及びその委託を受けた社会福祉法人が独占的な事業主体として位置づけられてきた。社会福祉基礎構造改革にともない規制緩和が行われ、医療法人や民間NPO法人、営利企業等の多様な事業主体が参入（特に第二種社会福祉事業について）できるようになった。さらに、地方自治法の改正にともなう「指定管理者制度」（2003（平成15）年）が導入されることによって、第一種社会福祉事業への参入も可能になってきた。

　しかし、社会福祉法は、そうした規制緩和のなかでも社会福祉法人が引き続き社会福祉サービス事業の中心的な担い手として活動することを期待している。法第24条は、福祉経営のめざすべき基本的な方向を示し

たものであるといってよい。

　自主的に経営基盤の強化を図ること、地域ニーズに応じた社会福祉事業の一層の多様化、活性化や事業の多角化等を推進し、提供する福祉サービスの質の向上、事業経営の透明性の確保を図っていかなければならない。同時に経営の効率性の確保が期待される。

　かつて「社会福祉法人の経営に関する検討会」（厚生労働省社会・援護局）は、利用契約制度下における社会福祉法人経営のあり方についての検討報告（「社会福祉法人の経営に関する検討会報告書」2000（平成12）年7月）を行っている。法第24条第1項を踏まえて経営が取組まなければならない基本的なフレーム（枠組み）を示したものとして押さえておくとよい。

○経営組織
　――法人本部の機能の充実・強化及び経営の透明性の確保
　・組織体制の役割分担の明確化の必要性
　・透明性の確保
○事業管理
　――計画に基づく経営手法の導入及びサービス管理体制の整備
　・経営方針及び中長期計画の作成の必要性
　・事業の多角化及びサービスの管理の必要性
　・危機管理（リスクマネジメント）等への対応の必要性
○財務管理
　――的確な経営状況の把握及び積極的な情報開示
　・財務諸表の活用による経営状況の把握の必要性
　・中長期的な事業展開への対応の必要性
　・情報開示の促進の必要性
○人事管理
　――社会福祉事業従事者の技能の適切な評価と資質の向上
　・人事考課制度の見直しの必要性
　・職員の資質の向上の必要性
　・人材の確保の重要性

　また、2006（平成18）年、社会福祉法人経営研究会（全国社会福祉協議会）はその報告書において、社会福祉法人経営の現状と課題について、従来型の経営モデル（①施設管理中心、法人経営の不在、②事業規模零細、③再生産、拡大生産費用は補助金と寄付金が前提、④画一的サービ

ス、⑤同族経営、等の特徴があると指摘）の転換が必要であるとしている。

さらに、2014（平成26）年の「社会福祉法人の在り方等に関する検討報告書」（厚生労働省社会・援護局）は、これからの社会福祉法人の「あるべき姿」として「地域に貢献する民間非営利組織」としての活動を期待している。

2016（平成28）年の社会福祉法人制度改革（社会福祉法改正）は、あらためて社会福祉法人経営のあり方を確認したものである。今後は、これまで以上に、①経営組織のガバナンスの強化、②事業経営の透明性の向上、③財務規律の強化、④地域における公益的取り組みの実施、等を積極的に推進していかなければならない。

そして今、地域共生社会の実現をめざし、社会福祉法人としての使命の実践が期待されている。

（4）経営管理を考える基本的枠組み

経営管理者が行う経営管理（マネジメント）の内容とめざすべき方向を理解するために、ここでは経営管理の基本的な枠組みについてふれておくことにする。

①経営組織及び経営管理の基本的定義

経営組織及び経営管理についてはさまざまな定義が行われているが、もっともシンプルで原理的にみると、次のように定義することができる。

　「経営組織とは、ある目的を遂行するために、複数の人びとが集まった協働の仕組みであり、そこでは、シナジー（相乗）効果の向上が求められる」

　「経営管理とは、組織目的達成のために、経営資源を効果的・効率的に活用することである」

この2つの定義からこれからの社会福祉施設の経営管理のあり方を考えてもらいたい。次のようなポイントを押さえておくことが重要である。

②経営管理は「目的達成のための活動」である

まず、第1に、経営組織は「目的組織」であり、経営管理（マネジメント）は「目的達成のための活動」であるというポイントに着目することである。営利企業は「利潤」をあげることを目的とする組織であり、社会福祉法人は「社会福祉事業」を行うことを目的とする組織である。そうした組織の成果を最大化（最適化）するために経営管理があると

いってよい。

　したがって、経営組織において重要なことは、めざすべき目的（成果）を明確にし、関係者がこれを共有化し、活動することである。

　もちろん、営利企業は最終的に「利潤」をあげることが目的であるといっても、単純に「利潤」だけを追求する経営管理を行っていたのでは結果として目的を達成できないというさまざまな媒介変数（環境条件等）が生まれている。商品やサービスのターゲットを明確にし、顧客の求める商品やサービスを開発し、より安価で利便性が高く、信頼性のある商品やサービスの提供が求められる。また、そうした商品やサービスを開発し、市場競争のなかで勝ち残っていくためには、社員のモチベーションを高め、組織としての連携を強化し、コストを削減しながら変化する環境に適合していかなければならない。今日では、「利潤」を目的とする営利企業においても「顧客満足（CS〈Customer Satisfaction〉の実現）」や「CSR（Corporate Social Responsibility＝企業の社会的責任）」等の概念が重要な経営管理のテーマになってきている。

　社会福祉事業を目的とする社会福祉法人・施設の経営管理においては、利用契約制度下における利用者ニーズを的確に把握しながら、「公益性」「非営利性」の高い組織として地域福祉の担い手にふさわしい経営理念（使命・目的・方針・目標等）を明確にするとともに、個別法人、施設としての経営戦略を具体化し、その戦略や方針・目標に即して一体的に経営活動を推進する経営管理が求められる。

③協働の仕組みを円滑に運営するために組織体制を整える

　第2のポイントは、経営組織は「複数の人々が集まった協働の仕組み」であるという点である。

　経営管理において「協働の仕組み」を円滑に運営することは、組織管理の基本事項である。そのために組織編制が必要になり、組織編制は「機能分化」と「階層分化」の2つの分化によって行われる（図2-1）。

　前者は、組織の機能や職務を縦割りに分業化し、専門分化するというものである。特別養護老人ホームの例で示すと、介護担当、医療・看護担当、食事担当、事務担当等の機能に分業化される。機能や職務分担を専門分化することによって組織活動の効率性や効果性を高めるための仕組みである。

　後者の「階層分化」とは、管理の役割階層を分化させ、責任・権限を明確にし、指揮命令系統を一元化させるための仕組みである。一般的な組織では、トップマネジャー（TM）⇒ミドルマネジャー（MM）⇒第一

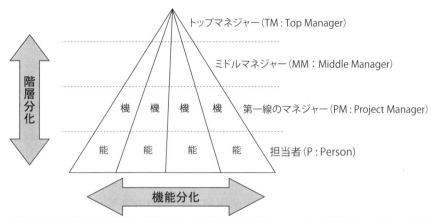

(出典)「福祉職員生涯研修」推進委員会編『福祉職員研修テキスト　基礎編』全国社会福祉協
　　　議会、2002年、29頁

線のマネジャー（PM)⇒担当者（P）というような組織の階層分化が行
われることになる。階層分化が重層構造的になるのは、一人の管理者
（リーダー）が効果的・効率的に管理できる人数には限度があるという
原則（「統制の幅の限界：スパン・オブ・コントロール」という）に基
づくものである。この原則では、一人のリーダーが管理できる適正人員
は6〜7人前後の小集団とされている。的確な指揮命令、チームワーク
を構成できる単位としてチームや部門を構成することが、協働の仕組み
としての経営組織を効果的・効率的に運営することにつながるのである。
　社会福祉法人・施設では、これまで大まかな職務分担や勤務シフトは
整備されてきたが、「皆で協力し、お互いに助け合いながら業務（サー
ビス実践）を遂行する」という体制が一般的であった。しかし、今後は
こうした組織管理の原則を適用した組織運営が求められることになる。
特に、「統制の幅の限界」の原則に従って、単位組織（チームや部門）
を細分化し、単位組織の責任者（リーダー）に権限を委譲し、自律的・
分権的な組織管理体制を整備することが重要である。

④経営管理の対象としての経営資源を有効活用する

　第3のポイントは、経営管理の対象としての「経営資源」とは何かの
理解とその有効活用について着目することである。
　経営管理の対象としての「経営資源」は、一般的に3大資源といわれ
る「ヒト・モノ・カネ」、つまり人的資源、物的資源、財務的資源がある。
最近では、さらに「トキ・シラセ」、つまり経営資源としての機会や時間
的資源、そして情報やノウハウ等の情報的（広義の知識）資源が重要で
あると認識されるようになっている。経営資源の正しい認知が必要であ

る。

　経営管理とは、組織目的達成のためにこれらの資源を有効活用することであると定義づけられる。この場合、組織内にある経営資源をいかに有効活用するかという視点とともに、内外の環境変化に適合するために「潜在する経営資源」や「獲得すべき経営資源」に着目することが重要である。経営管理は「未来の出来事への適合活動である」ともいわれる。これからは、未来に向かって新たに生まれてくる経営資源（特に機会や情報）に着目し、これを積極的に開発・獲得していかなければならない。

　また、経営資源のなかで「人的資源」の相対的優位性についての認識が重要である。他の経営資源（物的資源や財務的資源等）がどんなに豊富であっても活用する主体である人的資源が十分蓄積されていなければ、有効活用されることなく埋没してしまうという構造にあるからだ。対人サービスを基本とする社会福祉法人・施設においては、特にその重要性を認識しておかなければならない。

⑤組織活動、経営管理のシナジー効果を高める

　第4のポイントは、組織活動の効率性や効果性、そして「シナジー（相乗）効果」向上への着目である。シナジー（相乗）効果とは、簡単にいえば、1＋1＋1（3つの資源の投入）の成果を加算合計の成果としての3だけでなく、3プラス a の成果をあげるための活動である。

　組織活動の相乗効果を高めなければ、一人がいくら頑張ったとしてもその成果は限られたものにしかならない。特に福祉サービスはチームケアを基本とするものであり、連携と協働が不可欠である。活動の成果を高める（サービスの質の向上と効率性の確保の両面で）には、チーム内の連携と切磋琢磨、そして機能間の連携・協働が不可欠である。業務標準や目標の共有化を図るとともに、コミュニケーションを密にし、相互連携の風土を醸成していかなければならない。

　部分最適だけを指向し、他者や他部門との連携を疎かにしてしまうような組織風土では、組織活動のシナジー効果は生まれない。部分最適と同時に全体最適を指向する風土を醸成していかなければならない。

　その重要な役割を担うのは、中間管理者や指導的職員層である。組織活動のシナジー効果の向上を指向するミドルリーダーの育成が重要である。シナジー効果の向上に貢献しないリーダーやマイナスのシナジー効果を発生させてしまうようなリーダーには、役割行動の再構築を求めていかなければならない。

2 経営管理者に求められる役割行動

(1) 組織における施設長の立場と役割

前項で述べたように経営組織は、「機能分化」と「階層分化」の2つの分化によって成り立っている。経営管理者もまた、この2つの分化の網の目で構成される経営組織のなかに位置（ポジショニング）づけられているのである。1法人1施設の場合は法人施設の責任者として、また、同一法人内に複数施設を有する場合は事業単位（施設等）の責任者として執行責任を担うことになる。

単位組織の責任者としての経営管理者の立場は、自組織の内部における立場を認識するだけでは不十分である。社会福祉法人には、意思決定機関である評議員会や執行機関である理事会があり、公益・非営利法人として経営組織のガバナンスを徹底していかなければならない。また、同一法人内に複数の施設や事業単位を有する場合には、他の施設や事業単位との連携が必要になる。また、どのような組織であっても、外部（社会）環境の変化と無縁であるというような組織は存在しない。経営管理者は、こうした組織環境や外部環境とのかかわりのなかで、法人・施設・事業単位の責任者であることを認識しておかなければならない。

このように考えると、経営管理者は、**図2-2**に示すような3環境とのかかわりのなかで経営管理（マネジメント）を実践する立場にあり、

■ 図2-2　経営管理（マネジメント）の対象領域

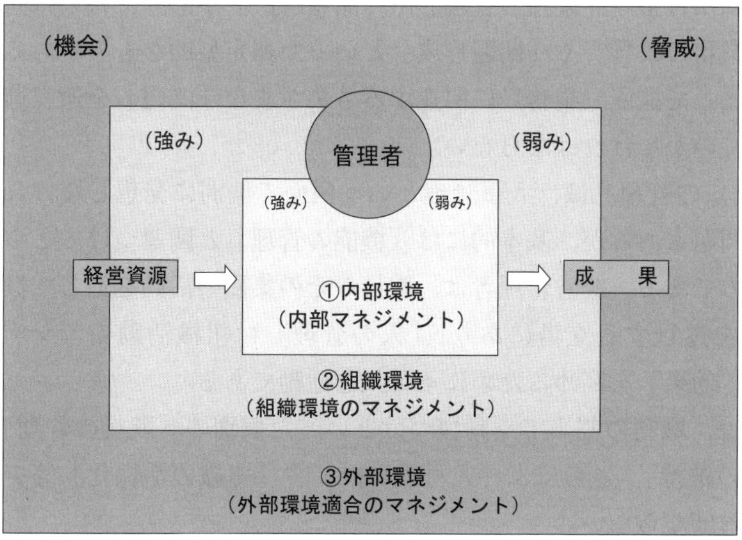
（機会）
（脅威）
（強み）
管理者
（弱み）
（強み）
（弱み）
経営資源
①内部環境
（内部マネジメント）
成　果
②組織環境
（組織環境のマネジメント）
③外部環境
（外部環境適合のマネジメント）

（出典）福祉職員キャリアパス対応生涯研修課程テキスト編集委員会編『改訂2版 福祉職員キャリアパス対応生涯研修課程テキスト 管理職員編』全国社会福祉協議会、2021年、11頁

「3環境適合のマネジメント」を推進していかなければならない。

第1に「内部環境」（自施設や事業単位）の維持と改善・改革、第2に「組織環境」（評議員会や理事会、他の施設や事業単位）との対応と連携（「連結ピン」の機能）、そして、第3に「外部環境」（市場や競合、地域、行政、社会福祉制度等）への適合を推進することである。

「内部環境」のマネジメント、すなわち自施設や事業単位のマネジメントを適切に行っていくことは当然の責務であるが、組織環境や外部環境との適合のあり方にも常に目を向け、マネジメントしていかなければならない。特に、今日のような変化の時代にあっては、外部環境が大きく変化しており、単に内向きのマネジメントを指向するだけでは適切なマネジメント成果を生み出すことはできない。内向きのマネジメントから外向きのマネジメントへの転換が期待される。

（2）4象限のマネジメントのバランスをとる

経営管理者は、組織内での具体的役割行動として「4象限のマネジメント」を実践しなければならない。1つの切り口は「機能（業務）の管理」と「人（職員）の管理」、もう1つの切り口は「維持管理」と「改善・改革の管理」である。この組み合わせで4つの象限（マトリックス）ができる。この4つの象限において期待される具体的な役割行動の内容を理解するとともに、そのバランスに配慮する必要がある（図2-3）。

「機能（業務）の管理」は、組織全体のなかで単位組織が分担している使命、目的、機能を具体的に遂行するマネジメント活動である。比較的標準化された日常の「業務の管理」や「問題解決」があり、将来に向かっての「業務の改善」や「問題形成」といった非定型的なものがある。経営管理者として機能（業務）に関連するさまざまな「問題」を適宜適切に解決していかなければならない。

「人（職員）の管理」は、人事管理という側面で個別に発想しなければならない問題もあるが、基本的には「機能の管理」と関連づけてとらえられるものである。経営管理者は、職員やその集団の活動を通じて機能（業務）を遂行する立場にあり、「人の管理」は組織活動の"シナジー（相乗）効果"を高めるために不可欠な活動である。

具体的には、職務の割当てや動機づけといった個別の「職員の管理」から「集団の維持」、さらには「人材の育成」や「組織の活性化」等をすすめなければならない。

一所懸命にがんばっている経営管理者のなかには、この4象限のバランスが崩れている場合がある。図2-4のようなパターンになっている

機能の管理
（業務）

第1象限	第3象限
・業務の管理 ・日常の問題解決	・業務の改善 ・問題形成
第2象限	第4象限
・職員の管理 ・集団の維持	・人材育成 ・組織活性化

人の管理
（職員）

維持管理　　改善・改革の管理

（筆者作成）

機能の管理
（業務）

第1象限	第3象限
（肥大症）	
第2象限	第4象限

人の管理
（職員）

維持管理　　改善・改革の管理

（筆者作成）

ことが多いのである。日常的な機能の維持や問題解決にばかり目が向き、「人の管理」や「改善・改革の管理」の目が向けられていないというパターンである。マネジメントが未成熟な組織や小規模事業単位ではありがちなパターンであるが、事業環境の変化に適合できるマネジメントスタイルであるとはいえない。第2、第3、そして第4象限のマネジメント領域に積極的に目を向け、拡大を図り、4象限のバランスのとれたマネジメント実践を指向することが求められる。

（3）管理サイクルを徹底する

　効果的なマネジメントを行うためには、管理サイクルを徹底することが重要である。これは「機能（業務）の管理」及び「人（職員）の管理」の両面で徹底しなければならない。

①日常管理は、SDCA のサイクルで

　日常的なルーチン業務等については、業務標準（スタンダード）を設定し、基準によるマネジメントを実現することが望まれる。いわゆる「標準化」や「マニュアル化」である。福祉サービスについては「個別性」が重要であり、「標準化」や「マニュアル化」は「画一化」につながるという理由でネガティブにとらえる傾向も一部にみられるが、サービスの担い手（職員）が自身の思いや経験的なスキルに依存するだけのサービス実践や業務遂行を行ったのでは、むしろサービス内容にバラツキが生じてしまうし、効率性の確保もできない。

業務標準やマニュアルは、「誰がやっても、いつやっても、一定の時間で満足な結果が得られる」ための仕組みである。「個別性」を尊重するという発想は、業務標準やマニュアルを徹底したうえで実現すべきものであると考えておく必要がある。また、業務標準やマニュアルは、一度出来上がったらそれでよいというものではなく、利用者ニーズの変化や経営組織の成熟度に応じて常に見直し、レベルアップしていかなければならないものである。

業務標準やマニュアルを共有化することによってSDCAの管理サイクルが可能になる。つまり「Standard（業務標準）→Do（実行）→Check（評価）→Act（改善）」のサイクルが回るのである。基準（標準）どおりのサービス実践や業務遂行ができなかったときには、その原因をつかみ、必要な「改善」（Act）をとらなければならない。

②改善・改革はPDCAのサイクルで

一方、非定型的な業務の遂行や業務（サービス）の改善・改革の管理サイクルは、「Plan（計画）→Do（実行）→Check（評価）→Act（改善）」のステップで実践することになる。その具体的なステップは、**図2-5**に示したとおりであるが、具体的には7つのステップに分けることができる。つまり、目標や計画を具体的に設定したうえで業務（サービス）

■ 図2-5 SDCA／PDCA の管理サイクル

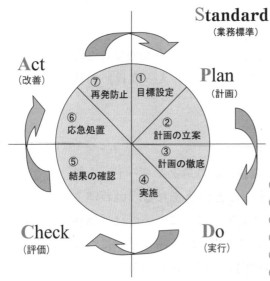

■業務標準

「誰がやっても、いつやっても、一定の時間で満足な結果が得られる」仕組み

■目標の3条件

(1) 目標項目を明確化する
(2) 目標水準を具体的に決める
(3) 目標期限を設定する

①仕事やサービスの目標を決める（目標設定）
②目標を達成する方法を5W2Hで決める（計画の立案）
③5W2Hの計画を徹底する（計画の徹底・共有）
④仕事を行う（実行）
⑤仕事の結果を確認・反省する（結果の評価）
⑥不具合があれば応急処置を取る（応急処置）
⑦常によい結果が得られるよう再発防止策を実施する
（再発防止・恒久対策）

（出典）福祉職員キャリアパス対応生涯研修課程テキスト編集委員会編『改訂2版 福祉職員キャリアパス対応生涯研修課程テキスト 中堅職員編』全国社会福祉協議会、2021年、11頁

を遂行（実行）し、その結果を評価し、不具合があれば処置（応急処置と再発防止＝改善）を行うというものである。このサイクルをスパイラル（螺旋状）に向上させていくことが業務の改善や改革、効率性の確保につながるのである。「努力の焦点」を明確にして、業務やサービス実践に取り組むということであり、後述する目標管理制度は、このステップを仕組みとして実践するということを意味するものである。

仕事は、ただやみくもに一所懸命に努力するというのではなく、SDCA→PDCA→SDCA のサイクルを段階的にレベルアップさせることが重要である。前述した4象限のマネジメントの「維持管理」と「改善・改革の管理」の関係である。

③参画によるマネジメントを実現する

目標設定や計画の立案には、できるだけ職員を参画させるのが望ましい。経営管理者（あるいは指導的職員）が一方的に設定した目標や計画を、命令を通じて職員にやらせるというマネジメントでは、職員にとって目標はノルマとしての意味しかもたないことになる。職員にとって納得性に乏しい仕事（ノルマ）は単なる“作業”になってしまう。これでは“給料を貰う”ということだけが仕事への動機づけとなり、職員は上司の目を盗んで仕事の手抜きをすることになる。必然的に上司は「監視統制のマネジメント」をせざるを得なくなるのである。

しかし、自分が決定に参画し、納得づくで設定した目標や計画ならば、自律的にすすんで仕事に取り組むようになる。成果があがれば達成感を味わい、自己実現欲求が満たされ、さらに高度な仕事に挑戦したいという意欲も湧いてくることになる。これからは、このような「参画と目標による自己統制のマネジメント」を実現することが重要である。

（4）意思決定を支える3つのコンセプトの確立
①マネジメントは「サイエンス」である

“マネジメントはサイエンスであり、アートである”といわれる。サイエンス（科学）であるということは、系統的な体系があり、セオリー（原理原則）があるということだ。セオリーに立脚したマネジメントを指向することが効果的である。アート（芸術）であるということの意味は、個別創造的なものであり、創作者（管理者）の意思や価値観、鍛え上げられた腕が、マネジメントの内容や成果を決定づけるということである。

マネジメントは、自己流でもできる部分がある。経験のなかで試行錯

誤を重ねながら確立することもできる。勘や度胸があれば、不確実性の高い課題についての意思決定も可能である。このようなマネジメントをKKD（経験／勘／度胸）のマネジメントというが、これにS（サイエンス）の視点を加えることが大切である。そうすることによって、これまでの経験や勘、度胸を再評価することができるし、改善点が明確になり、意思決定の妥当性が高まるのである。

②3つのコンセプトが求められる

経営管理者は、単位組織の責任者として、さまざまな場面において主導的な意思決定に迫られる。こうした意思決定を適切に行うためには、3つのコンセプト（考え方）を醸成することが重要である（図2-6）。

第1に求められるのは、セオリーに立脚したマネジメントの実現をめざし、BMC（ベーシック・マネジメント・コンセプト）を修得することである。人間の行動や組織活動については、長期にわたって蓄積されてきた経験の科学、実証研究を通じて明らかにされてきたさまざまなコンセプトが集積されている。その基本的な枠組みや体系、主要なセオリーを理解、修得することによって、マネジメントの質は格段に高まるはずである。

第2に求められるのは、環境適合マネジメントを推進するためのSMC（シチュエーショナル・マネジメント・コンセプト）である。個別の組織がおかれている環境特性はまちまちである。外部環境の機会や脅威が異なり、自組織からみた上位組織や他部門といった組織環境特性に

■図2-6　意思決定を支える3つのコンセプト

主導的当事者としての意思決定

PMC
（パーソナル・マネジメント
・コンセプト）
固有のマネジメント

SMC
（シチュエーショナル・マネジメント
・コンセプト）
環境適合のマネジメント

BMC
（ベーシック・マネジメント
・コンセプト）
マネジメントの基本原則

ステップアップ

（筆者作成）

もさまざまな強みや弱みがある。そして、自組織が取り組む課題の特性や構成メンバーの成熟度といった内部環境特性は、まさに固有のものである。マネジメントは、その違いに応じて柔軟に実践されなければならない。そのために必要なコンセプトがSMCである。

第3に、PMC（パーソナル・マネジメント・コンセプト）が求められる。環境適合マネジメントは、ともすると"横並び"の適合、"ブーム"や"ムード"的適合、時には"過剰"適合になることがある。これでは、経営組織のアイデンティティや主体性が欠落してしまう。大切なことは、どのような価値観や信念に従い、何を行動の基準や規範とし、いかなるビジョンや理想に向かって今の活動を実践するかということである。そうした規範や基軸は経営管理者自身が確立しなければならないものである。

また、経営管理者は一人の人間として個性を生かし、自分らしいマネジメントの確立を指向することが大切である。主導的な意思決定とは、このようななかで行われるものである。

③ 経営理念と経営戦略の策定

（1）未来指向の経営管理

経営管理（マネジメント）は、「未来を予測し、未来の出来事に対応することだ」ともいわれる。社会福祉法人・施設を取り巻く事業環境は大きく変化し、さらに先行きは不透明であり、不確実である。しかも変化のスピードは速い。

経営管理者は、こうした外部環境の変化の現実と将来の方向を適切に見通し、変化に適合する経営管理をすすめていかなければならない。変化への適合は、単に変化に「追従」し、「迎合」するだけの適合ではない。主体的意思をもって未来を構想し、理念や方針、目標や計画を具体的に提示し、「主体的」「主導的」に推進していかなければならないものである。

未来指向の経営管理を推進していくためには、経営戦略や中長期の事業計画の策定が必要になる。社会福祉法人・施設においては、単年度の事業計画の策定は、措置制度の枠組みのなかでも行政指導の対象とされてきたため習慣化されてきたところである。しかし、「自立（律）経営」の発想が求められるようになってから、経営戦略や中長期の事業計画の策定を行う必要性が認識されるようになってきた。

（2）「2.4パーセントの未来志向」でよいのか

『コア・コンピタンス経営』の著者であるハメル＆プラハラードは、企業の経営管理者に対して次のような3つの質問を行い、「2.4％の未来志向のマネジメントでは、変化に適合することはできない」と述べている。3つの質問は次のようなものである。

ⅰ　経営管理者として、社内問題ではなく、社外問題にどれくらいの時間を費やしているか。

ⅱ　社外問題のうち、現在の問題ではなく5年後や10年後の未来に向けた問題にどれくらいの時間を費やしているか。

ⅲ　社外問題で未来に関するものについて、個人の枠を超えて未来への視点を仲間と共有するためにどのくらいの時間を議論に費やしているか。

そして、回答のほとんどは「4割、3割、2割の法則」に当てはまるという。つまり、会社の未来をどのように展望するかに費やされている時間は2.4％（0.4×0.3×0.2）に過ぎないというのである。

こうした傾向を踏まえて、著者らは、「洞察力のある独創的な未来の視点を築くためには、少なくとも数か月の間、経営管理者は2割から5割の時間を、社内問題にとらわれず未来を考えるために積極的に使わなければならない」と提唱している。

変化の時代に対応していかなければならない経営管理者として、心しなければならない指針である。

（3）計画に基づく事業経営のフロー

変化への適合には、いくつかのパターンがある。第1のパターンは変化を先取りし、主導的に適合するタイプ、第2のパターンは変化に追従し、対応するタイプ、そして、第3に変化を無視するタイプ、である。これからの経営管理において期待されるのは、もちろん第1のパターンである。

ハイスピードな制度改革や規制緩和に適合しながら、地域社会や利用者ニーズの変化に対応できる質の高いサービスを創造し、これを実現できる組織体質を醸成していかなければならない。「経営」的視点が重要であるからといっても、効率性（収益性）の確保にばかり重点をおいてしまうと、第1の適合パターンであっても"過剰適合"になり、かえって中長期的な問題を残してしまうことになってしまう。

社会福祉法人・施設の経営管理として重要なスタンスは、経営理念に基づいて単位組織（施設）の使命・目的・機能を明確にし、取り組むべ

■ 図2-7　計画に基づく事業経営のフロー

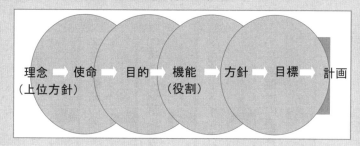

経営理念を前提に使命・目的・機能を明確にし、取組むべき
課題（方針・目標・計画）を具体化する

理念 ➡ 使命 ➡ 目的 ➡ 機能 ➡ 方針 ➡ 目標 ➡ 計画
（上位方針）　　　　　　　　（役割）

●方針や目標、計画は、活動を具体的に方向づけるものである
●方針とは、中短期の事業活動の基本的方向を示すものであり、目標
　や計画策定のための基本的指針になるものである
●目標は、当面の到達ゴールであり、項目・水準・期限の3条件が具体
　化されていなければならない
●計画とは、具体的行動アイテム、スケジュールを意味する
　（5W2Hの視点で策定する）

（筆者作成）

き課題を具体化し、中長期的な視点をもって計画的な事業経営を推進し
ていくことである。

　計画に基づく事業経営は、**図2-7**に示したようなフローになる。

（4）経営戦略策定のプロセス

　経営戦略とは何かについては、さまざまな定義が可能であるが、ここ
では次のように定義づけておくことにする。

　　「経営戦略とは、経営組織を持続的に維持・発展させるために、環
　　境変化への適合のあり方を未来指向的に示す経営の枠組みであり、
　　経営活動の基本的方向を示すものである」

　経営戦略の具体的な内容としては、組織、事業（サービス）、財務、
人材等の各領域について具体化することが必要になるが、経営全体の方
向性を示す「全社（法人）戦略」と個別の事業単位の方向を示す「事業
戦略」に区分することができる。

　個別法人・施設における経営戦略策定は、**図2-8**に示したようなプ
ロセスで行うのが一般的である。経営理念を前提に、経営の内外の環境
分析（強み・弱み、機会・脅威）を行い、事業ドメイン（領域）や事業
コンセプトを確立し、事業戦略や組織戦略を構築し、中期事業計画等へ
つなげていくことになる。

　市場原理が導入されることになった社会福祉事業領域においては、今

■ 図2-8　経営理念と経営戦略策定のプロセス

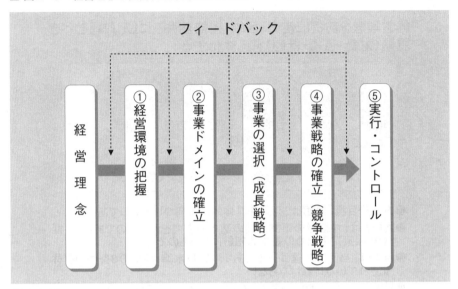

（筆者作成）

後、成長戦略や競争戦略等、かつて措置制度の時代には考える必要のなかった課題について具体的な事業戦略の構想が期待されることになる。戦略策定のための基礎的枠組みとして、環境特性分析（SWOT分析）やマーケティングの考え方を取り入れていく必要がある。

（5）経営理念の再構築と方針の明確化
①組織のめざすべき方向を明確に示す

　経営管理者は、自組織の経営理念を明確にするとともに、使命、目的、機能について、明確な定義をもっていなければならない。そうでなければ、経営資源の獲得や活用について適切な意思決定ができないし、組織構成員を一定の方向に組織化することができないからである。特に非営利組織としての社会福祉法人・施設においては、経営のめざすべき方向を内外に示し、組織活動の求心力を高めるために経営理念が重要である。

　図2-9に示したように、経営理念は、①法人・施設経営を行っていく上での活動の拠りどころ、②法人・施設がどのように行動し、活動していけばよいかを示す指針、③法人・施設の目的、存在意義、を示すものである。

　広義の経営理念としては、経営組織としての使命や目的、機能を包含するものと考えてよい。そうした経営理念をもとに経営戦略や中長期の経営計画を立案し、方針⇒目標⇒計画といった一連の組織的活動の方向づけが行えることになり、一体的な経営管理を実現することになるのである。その流れとメリットを概念図として示したのが図2-10である。

■ 図2-9　経営理念に基づく経営管理

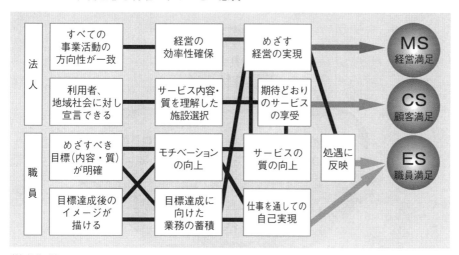

- 法人経営を行っていく上での活動の拠りどころ
- 法人がどのように行動し、活動していけばよいか
  を示す指針
- 法人の目的、存在意義
- 経営戦略策定の前提、経営戦略の上位概念
- 職員の行動基準、行動規範の上位概念
- 広義には

理念　使命　目的　機能　方針　目標　計画

（筆者作成）

■ 図2-10　経営理念を明確にすることの意義

法人

すべての事業活動の方向性が一致 ― 経営の効率性確保 ― めざす経営の実現 ― MS 経営満足

利用者、地域社会に対し宣言できる ― サービス内容・質を理解した施設選択 ― 期待どおりのサービスの享受 ― CS 顧客満足

職員

めざすべき目標（内容・質）が明確 ― モチベーションの向上 ― サービスの質の向上 ― 処遇に反映 ― ES 職員満足

目標達成後のイメージが描ける ― 目標達成に向けた業務の蓄積 ― 仕事を通しての自己実現

（筆者作成）

　非営利組織としての社会福祉法人・施設の経営活動がめざす最終的な
ゴールは、CS（Customer Satisfaction ＝ 顧客満足の実現）、ES（Employee
Satisfaction ＝ 職員満足の実現）、そして、MS（Management Satisfaction
＝経営満足の実現）である。

②新しい事業環境に適合する経営理念の再構築

　社会福祉法人・施設には、創設の理念がある。その一つは定款等に明
記されているものであり、また、「創設の想い」や「創始者の価値観」

を表現したものである。こうした創設の理念は、まぎれもなく法人や施設の設立の目的であり、歴史のなかで培ってきた大切な価値基準である。

しかし、そのことを前提にあらためて考えなければならないのは、経営組織は外部（社会）環境との関係のなかで存在意義をもつものであるという視点である。経営組織を取り巻く環境が変化すれば、その変化に応じて経営理念や使命、目的、機能もまた見直し、適合させていかなければならない。特に社会福祉は、今、従来の「与える福祉」から利用者が自ら「選択する福祉」へ転換し、地域福祉の推進を基本的な枠組みとして推進しなければならない時代である。こうした事業環境の変化に、現在の経営理念が適合できるものであるかを再検討していかなければならない。

経営組織の理念や使命、目的、機能は、過去から規定づけられるものであるとともに、未来に向かって新たに構築しなければならないという性格をもっている。経営管理者は、それを明確にする主導的当事者である。

■ 図2-11　経営理念の再構築の視点

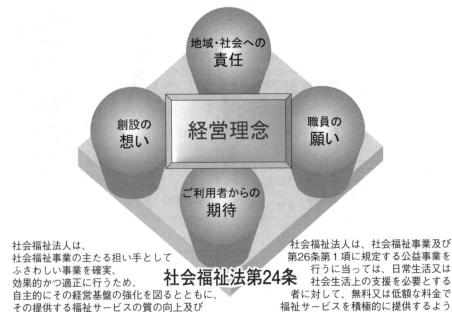

地域・社会への
責任

創設の
想い

経営理念

職員の
願い

ご利用者からの
期待

社会福祉法人は、
社会福祉事業の主たる担い手として
ふさわしい事業を確実、
効果的かつ適正に行うため、
自主的にその経営基盤の強化を図るとともに、
その提供する福祉サービスの質の向上及び
事業経営の透明性の確保を図らなければならない。

社会福祉法第24条

社会福祉法人は、社会福祉事業及び
第26条第1項に規定する公益事業を
行うに当っては、日常生活又は
社会生活上の支援を必要とする
者に対して、無料又は低額な料金で
福祉サービスを積極的に提供するよう
努めなければならない。

（筆者作成）

図2-11は、経営理念の再構築を行う際の視点を概念化したものである。「創設の想い」を前提に、利用契約制度下における利用者のニーズや期待を押さえ、地域福祉の中心的な担い手としての責任を自覚し、さらに「職員の願い」を包含するような経営理念の再構築が求められるの

ではないだろうか。社会福祉法に基づいて認可された社会福祉法人・施設としては、法第24条の経営原則（第1項及び第2項）をふまえて検討しなければならない。

経営理念は、①求心性（組織構成員にとって活動の拠りどころになるもの）、②明示性（めざすべき方向が明確であること）、③整合性（関連組織との関係が整合的であること）、④主導性（主体的で創造的であること）、⑤社会性（社会的価値が求められ、存在意義が明確であること）等の条件が満たされることが期待される。

経営理念の再構築は、経営トップが主導的に推進しなければならないものであるが、職員参加で検討していくことが重要である。そのプロセスのなかで経営理念の意義を共有化することができるからである。

（6）中長期経営計画の策定──SWOT 分析の基本的枠組み

中長期の経営計画を策定するためには、経営理念を前提に経営（事業）環境の現状及び将来を適切に分析診断し、取り組むべき課題を明確にする必要がある。そのための手法として「SWOT 分析」（**表2-1**）がある。これは、かつてアメリカの海兵隊が戦略策定に用いた手法であるが、自組織の①強み（Strength）、②弱み（Weakness）と、外部環境の③機会（Opportunity）、④脅威（Threat）を分析し、内外の経営環境を構造的に把握することによって「攻めと守りの戦略」を構想しようという考え方である。経営戦略策定の手法として一般的に活用されているものである。

■ 表2-1　SWOT 分析による課題の明確化

	好影響	悪影響
外部環境	機会（O）	脅威（T）
組織・内部環境	強み（S）	弱み（W）

	機会（Opportunity）	脅威（Threat）
強み（Strength）	①強み×機会 自法人の強みで取り込むことのできる事業機会は何か	②強み×脅威 他法人には脅威でも自法人の強みで事業機会にできないか
弱み（Weakness）	③弱み×機会 自法人の弱みで事業機会を取りこぼさないためには何が必要か	④弱み×脅威 脅威と自法人の弱みが重なって最悪の事態を招かないためにはどうすべきか

（筆者作成）

①SWOT分析の具体的ステップと留意点

SWOT分析では、法人・施設の経営理念や使命・目的・機能を前提に、外部環境の機会・脅威及び組織（内部）環境の強み、弱みをそれぞれ定量的・定性的に分析し、プライオリティ（優先順位）づけを行い整理することになる。そのうえで経営の重点取り組みテーマとしての「攻めと守り」の課題を「インサイドアウト」（内部から外部をみる）の発想でリストアップすることになる（**表2-1**）。

このプロセスを職員等関係者が参加して行えば、自ずから「状況認識の共有化」を図ることができるし、その認識の上で何が重点取り組み課題であるかについてのコンセンサス（合意）も容易に形成されることになる。法人・施設の環境適合マネジメントを具体化するためには大変有効な手法である。

しかし、この枠組みで発想すると機会や脅威への対応課題が、自組織のリソース（経営資源）やコンピタンス（経営能力）の現状に制約されてしまうという問題点も指摘されるところである。そこで、抜本的な経営改革や事業再構築の視点を制限なしに発想するためには、法人・施設の「強み／弱み」から発想するのではなく、外部環境の「機会／脅威」から「アウトサイドイン」（外部から内部をみる）の発想で検討するというスタンスも必要になってくる。

外部環境の機会や脅威を前提に、事業ドメインを明確にし、事業戦略（成長戦略や競争戦略）と組織戦略（組織の再編成や組織活性化、人材や人事管理戦略、財務戦略等）を構想し、課題を明確にするというものである。

実際の分析にあたっては、この両者の発想をもつことが重要である。

②環境特性分析と経営課題の明確化

SWOT分析による環境特性と経営課題の整理は、**図2-12**のようなステップで検討し、**図2-13**のようなフォーマットでまとめるとよい。

③中期経営計画の立案

中期経営計画は、SWOT分析に基づく戦略課題を具体的にどのような形で推進していくかの計画を策定することである。中期経営計画は、一般的には3〜5年を期限として策定するものである。

図2-14に示したようなステップで「目標設定とアクションプラン」を策定し、中期経営計画として整理することになる。

中期経営計画では、経営理念や重点事業戦略、中期の経営目標、方針、

■ 図2-12　環境特性分析と経営課題の明確化

1. 経営理念、使命・目的・機能を確認する

↓ ・法人、施設の経営理念
・単位組織の使命・目的・機能

2. 単位組織の環境特性を分析する

↓ ・外部環境特性分析／機会・脅威の分析
・組織（内部）環境特性分析／強み・弱みの分析

3. 評価基準を設定し優先順位づけを行う

↓ ・外部環境、組織環境の主要な要因は何か
・重要性、緊急性等の評価基準で優先順位づけ
・環境特性を構造的に把握する

4. 重点課題のリストアップを行う

・経営理念、使命・目的・機能を前提に
・SWOTの枠組みに従って経営課題の明確化を図る
（強み・弱み、機会・脅威の4象限のなかで）

職員参加・プロジェクトチームによる検討

（筆者作成）

■ 図2-13　SWOT分析の様式（例）

作成日　　年　　月　　日			
学籍番号	氏名	都道府県	経営主体名称（法人名称）
施設名称		施設種別	

1. 法人の理念／単位組織の使命・目的・機能

・自施設の定員（利用者数）　入所　　名　通所　　名
・自施設に付随するその他のサービス
・同一法人内の他施設の種別と箇所数

2. 外部環境特性（優先度の高い順に）

機会　　　　脅威

2. 組織・内部環境特性（優先度の高い順に）

強み　　　　弱み

3. 経営の重点取り組みテーマ

① 重点取り組みテーマ

② 重点取り組みテーマ

③ 重点取り組みテーマ

④ 重点取り組みテーマ

⑤ 重点取り組みテーマ

（その他の取り組みテーマ）

（筆者作成）

■ 図2-14　目標形成とアクションプランの策定

1. 環境適合の重点課題を明確にする

　　　・何が主要な要因であり、取り組むべき重点課題か
　　　・SWOT分析の枠組みで重点課題を明確にする

2. 重点課題について具体的目標を設定する

　　　・重点課題について具体的目標を設定する
　　　・何を、いつまでに、どのレベルまで(目標の3条件)

3. 資源の現状と将来を吟味する

　　　・目標実現のための資源の現状と将来を吟味する
　　　・人的、物的、財務的、組織的、情報的資源等
　　　・「活用できる資源」「獲得すべき資源」を峻別

4. 目標実現のためのシナリオを策定する

　　　・主管部門(担当者)の明確化
　　　・実現のためのアクション・アイテム、スケジュール
　　　・中間チェック、達成日を明確にする
　　　　(5W2Hの視点で)

(筆者作成)

■ 図2-15　中期経営計画の様式(例)

目標形成とアクションプランの策定(3～5年を目途に)				作成年月:	年	月	日
経営の重点取り組み課題 (目標項目・目標水準)	主管部門	必要となる資源		具体的アクション(行動アイテム、スケジュール等)	着手日	達成日	
		活用できる資源	獲得すべき資源				

(筆者作成)

行動指針等とともにアクション・プログラムを明確にするのが一般的である（図2-15）。その際、新事業に対する投資、事業収支に関する数値目標等、財務戦略を明確にすることが望まれる。（後掲の「実践事例1」参照）

（7）戦略思考のマネジメントの視点

①戦略思考とは何か

未来指向のマネジメントを実現するためには、戦略思考が重要になる。それは、過去の延長線上でものごとを発想することではない。組織を取り巻く現状や将来の状況を構造的に把握し、組織のすすむべき方向や方策について先見性をもって構想することである。経営管理者に求められる戦略思考のポイントは次のようなものである。

・戦略思考とは、新しい発想をもつことである。
・戦略思考とは、環境変化への適合である。
・戦略思考とは、将来に向かって組織を方向づける活動である。
・戦略思考とは、組織の部分または全体を改革することである。
・戦略思考とは、重点分野に経営資源を配分する活動である。
・戦略思考とは、意図的・組織的に意思決定を行うことである。

②市場原理への対応とマーケティングセンス

戦略発想のなかで、これから特に重要になってくるのが"市場（競争）原理"への対応とマーケティングセンスの開発である。制度改革と規制緩和のなかで社会福祉事業領域にも市場原理が導入され、"競い合いの時代"になった。こうした事業環境の変化に対応し、戦略行動を具体化していくためにはマーケティングセンスの開発が求められる。そこでは、「どのような市場でどのような商品やサービスを提供して行くか」の選択が重要になるし、「どのようにしてサービスの差別化（競争優位性）を推進するか」という"競合差別化戦略"を構想しなければならない。同時にこれからは、法人・事業者間の"連携"が重要になってくる。

③競争優位を確立するための5つのP

マーケティングにおいては、競争優位を確立する戦略として一般的に「5P戦略」の推進が必要であるといわれている。これはマーケティングの基本的な枠組みである（表2-2）。

④**自組織のポジショニングに基づく事業戦略**

　自組織の競争上の地位を確認し、どのような立場でこれからの競争戦略を組み立てるかを検討することが重要である。自組織のポジションニングについて過大な評価や過小評価してしまったのでは、適切に外部環境の機会や脅威に適合することはできない。

　地域における競争的地位と適合戦略には、**表2-3**に示したような4つのパターンを参考にすることが重要である。

⑤**ステークホルダーを見極める**

　戦略思考を具体化するにあたってもう1つ重要な視点は、ステークホルダー（利害関係者）を見極めることである。事業主体、特に社会福祉法人・施設にとっての利害関係者はさまざまであるが、主要な利害関係者としては、①カスタマー（顧客：利用者やその家族）、②コンペチター（競争相手）、③サプライヤー（供給業者）といった外部の利害関係者が

■ 表2-2　経営戦略の基本　競争優位5つの戦略

①プロダクト・ポリシー （商品・サービスの差別化）	・ナンバーワン商品・サービスの市場への投入 ・他の追随を許さない商品・サービスの開発
②プライス・ポリシー （価格の差別化）	・プライスリーダーとしての地位の確保 ・コスト削減、費用対効果の徹底的追及
③プレイス・ポリシー （流通の差別化）	・商品・サービス提供経路の独自性、利便性 ・拠点展開やデリバリー等の優位性の確立
④プロモーション・ポリシー （販売促進の差別化）	・販売方法や普及方法の独自性、優位性 ・プッシュ、プルー戦略、コラボレーション（連携）
⑤パブリシティ・ポリシー （広報の差別化）	・広報による組織イメージの普及と拡大 ・地域社会での信頼性の確保、ブランドイメージ

＊差別化要因の稀少化：人材と組織力による競争優位の確立
（筆者作成）

■ 表2-3　競争的地位と適合戦略

地　位	戦略の特徴	戦略の方向と内容
市場リーダー	全天候型戦略	業界の最大手としてシェアの確保、維持が必要。市場全体をねらった戦略を推進する。
チャレンジャー	徹底した 差別化戦略	市場リーダーと同質的な戦略ではなく、徹底した差別化戦略を推進する。
フォロワー	模倣戦略	熾烈な市場競争をあきらめ、2次、3次市場を確保する戦略を推進する。
ニッチャー	スキマ戦略	市場のスキマをねらい、独自の能力を集中的に発揮する戦略を推進する。

（筆者作成）

あり、内部的には、④エンプロイヤー（職員）、そして、⑤地域社会や行政、がある。

　カスタマーは、組織が生み出す商品やサービス、つまり価値を購入し、活用する立場にある人々である。既存の顧客もあれば、潜在顧客、周辺顧客もある。顧客は商品やサービスの選択権をもっており「ノー」といえる人々である。顧客は最も重要なステークホルダーであり、市場原理のもとでは、顧客を獲得（ゲット）し、顧客の満足（サティスファクション）を実現し、継続的に維持（キープ）できる組織が生き残ることができる。

　コンペチターは、組織にとって最も気になる存在である。その動きは直ちに“脅威”や“機会”として認識されなければならない。コンペチターは、競争相手としての認識とともに、今後は連携先として認識される部分もある。2020（令和２）年には、「社会福祉連携推進法人」制度が法制化された。法人の「持続可能性」を担保する戦略の一つともなり得るものである。

　サプライヤーは、組織活動を効率的かつ効果的に行うために不可欠な存在である。適切なパートナーシップを確立しておかなければならない。幅広い関係形成が求められる。

　内部的ステークホルダーとしてのエンプロイヤーは、組織活動の重要な資源である。人的資源の差別化が競争優位性を確保する最大の課題と認識されるようになっており、組織戦略構築の重要な対象である。

　また、社会福祉法人の重要なステークホルダーとして、地域社会や行政があることを認識しておかなければならない。公益性をもつ社会福祉法人としては、特に情報開示（透明性の確保）を積極的に推進していかなければならない。

　経営指標として「財務の視点」を重視してきたアメリカにおいては、近年「バランス・スコアカード」の発想が注目されている。①財務の視点、②顧客の視点、③成長と学習の視点、④業務プロセスの視点、等のバランスが重要であるという考え方である。社会福祉法人・施設経営の戦略策定の視点として参考にしておきたい考え方である。

実践事例 ❶ —「SWOT分析」に基づく環境特性分析と中期経営計画策定

宮田裕司（社会福祉法人堺暁福祉会理事長）

環境特性分析から中期事業計画について、実践の運用例を紹介する。

1　法人の概要と取り組みの経緯

A法人は、1984（昭和59）年に「私たちは、児童のよりよい育成環境を提供することをとおし、地域社会と共生し、自らの成長を図ります」という理念のもとで定員90名のA保育所を運営するために設立された。小学校教師を引退した前理事長が地元の要請を受けて自己所有の土地を寄付し、地元有力者とともに設立した法人である。

半世紀ほどの歴史を有する法人であるが、近年の社会福祉法人や保育所を取り巻く経営環境の変化は著しいものがあり、危機感をもった法人経営者である現園長は、自らの法人の中期経営計画の策定に取り組むこととした。そして、中期経営計画を実効性のあるものとするためには、職員の計画策定への参画が必要であると考え、園長が計画策定の主旨を職員に説明した上で、常勤職員20名の中から事務員・主任保育士・栄養士・看護師・勤続3年以上の保育士を「中期経営計画策定プロジェクトチーム（以下PJ)」メンバーに選任し、PJで「SWOT分析」に基づく環境特性分析と中期経営計画の策定を行うことにしたのである。

本事例は、その実践のプロセスと成果の概要を報告するものである。

2　プロジェクトチームによる環境特性分析

中期経営計画を策定するときに重要なことは、職員の参画をどのように図るかである。一連の作業に職員を参画させることによって、職員の意識改革が図られるとともに、法人経営に対する当事者意識が醸成される。職員を参画させるためにPJを立ち上げることも有効な手段である。PJの人数は法人の規模にもよるが、議論の実効性を担保するためには10人程度が限度であると考えられる。また、構成メンバーの選定は、組織横断的に、組織への影響力や継続性等を総合的に勘案し、自法人にとって最も有効と思われる人選を行うことが重要である。

まず、各自が全国経営協の経営改善支援事業のなかで策定された「経営診断チェックリスト」をチェックすることで、自法人の現状を確認し、それをもち寄り議論することで、自法人の現状を共有化することにした。同時に、現在の

■ 表2-4　SWOT分析

法人名称	社会福祉法人A福祉会	法人理念	私たちは、児童のよりよい育成環境を提供することをとおし、地域社会と共生し、自らの成長を図ります。
施設名称	A保育園		
施設種別	保育所		
施設定員	90人		
現員	112人（平成21年度当初待機児20人）	その他、設立の経緯など	前理事長が昭和59年小学校を定年で辞めたとき、地元からの要請で自らの土地と必要資金のすべてを寄付し、町会長や小学校の校長らを役員に迎え設立した1法人1保育所である。
職員構成	園長1　事務1　保育士16　栄養士1　調理師1　常勤計20　パート3		
施設の付随事業	一時保育、延長保育（7時〜19時）、子育て支援事業（独自事業）		
法人内他施設	無し		

		外部環境		
機会（O）	O1 市内で公立保育所の民営化が平成19年からはじまった	脅威（T）	T1 近くの公立S保育所が民営化されると利用者の流出が予想される
	O2 不況で新卒の就職希望者が増えている		T2 補助金が年々削減されている
	O3 運営費の使途制限が緩和された		T3 利用者の権利意識が強まることが予想される
	O4 地域への貢献がますます求められることが予想される		T4 新規学卒者の常識・モラル低下がすすむことが予想される
	O5 不況で建築費が安くなることが予想される		T5 保育所制度改革で事務量の増加が懸念される
	O6 保育ママ制度がすすむことが予想される		T6 特別なニーズをもつ子どもが増えることが予想される
	O7 制度改革により利用者の増加が予想される		T7 コンプライアンス・ガバナンスの要求水準が高くなる
	O8 経営の自由度が増すことが予想される		T8 イコールフッティング論が強くなることが予想される

		組織（内部）環境		
強み（S）	S1 職員の定着率がよい（平均勤続年数15.5年／平均年齢39.5歳）	弱み（W）	W1 人件費率が高い（対経常収入86%）
	S2 資金の内部留保がある（約1億円　借金返済済み）		W2 園舎が築25年で見栄えが悪い
	S3 ベテラン職員が多く保護者からの信頼が厚い		W3 計画的な人材育成の仕組みがない
	S4 法人理念が職員に浸透していて団結力がある		W4 毎年度の事業計画は形骸化している
	S5 地域の子育て支援に平成6年から独自で取り組んでいる		W5 リスクマネジメントの仕組みがない
	S6 主任保育士が勉強熱心で大学等とのネットワークがある		W6 予算は形式的で実効性に乏しい
	S7 地域の学校・警察・消防等の機関とのつながりが強い		W7 苦情解決の仕組みは形式化している
	S8 理事長が園長を兼務しているので意思決定が早い		W8 理事会が形骸化している

（筆者作成）

　自法人を取り巻く経営環境（保育制度の動向、市や県の保育政策の動向、地域の保育所や幼稚園の動向等）について勉強会を開催した上で、環境特性分析を行った。環境特性分析の成果は、**表2-4**のとおりである。

3　環境特性分析と経営の取り組むべき重点課題の設定

　外部環境の「機会」項目の抽出にあたっては、「親・子どもやそれを取り巻く環境の動向」「保育所を取り巻く政策動向」「雇用環境の動向」「地域開発の動向」「同業者の動向」等の視点で、法人理念に照らして、その外部事象が及ぼす自法人への影響を検討し、「機会」となる要因と、「脅威」となる要因をランダムに洗い出した。洗い出した要因を、自法人への影響度が高いと考えられる順に10項目程度に絞り込み、その上で優先順位の高い順に並べ替えを行った。

　自組織の内部環境については、「経営組織」「事業管理」「財務管理」「人事管

理」「設備や不動産」「組織風土」「立地」等の視点で、法人理念に照らして現在法人にある「強み」となるものと、「弱み」となるものを洗い出した。「強み」と「弱み」は表裏一体であることが多く、例えば「定着率が高い」という人事管理の「強み」は、「人件費率が高い」という財務管理の「弱み」と認識されることもある。出された要因の「強み」「弱み」の自組織にとっての重要度を検討し、これも10項目程度に絞り込み、優先順位の高い順に並べ替えた。

　環境特性分析は、外部環境であれ、内部環境であれ、自組織の理念という価値観があってはじめて機会、脅威、強み、弱みという価値分類ができることを理解し、自組織の理念を深く自覚することが必要である。

　これをもとに、経営理念を前提として、中期（3〜5年）をかけて取り組むべき課題は何か議論をし、「SWOT分析」の4つの枠組みに照らして「経営の取り組むべき重点課題」の設定を行った。

　その成果は、以下のとおりである。

【経営の重点取り組みテーマ】

■ 表2-5　重点取り組みテーマ

NO	タイプ	経営の重点取り組みテーマ	関連項目							
1	O1×S3	平成24年4月移管予定の近隣公立S保育所を受託し、経営基盤を強化する	O	2,3,5,7	S	1,2,4,7,8	T	1、5	W	1、2
2	T2×W6	長期的な視点に立った実効性のある予算管理を実施する	O	1、3、8	S	1、2、8	T	1,2,5,7	W	1,2,4、
3	O1×W5	リスクマネジメントの仕組みを構築する（今まで大きな事故がなかったので何もしていない）	O	4、6	S	3,4,6,7	T	3,4,6,7	W	3、4、
4	T4×S6	法人内に新人研修の仕組みを構築する（先輩を見て盗めが、新人には通用しない）	O	1,2,6,8	S	4、5、7	T	3、6、7	W	3,4,5、

（筆者作成）

①重点取り組みテーマ1

　園舎の建替えと公立保育所の受託が大きな課題として真っ先に議論された。しかし、今回の公立S保育所の民営化は、市が用意する新しい保育所用地を市から無償で借り受け、そこに法人が園舎を新築し、現存する公立S保育所を移転するというものである。したがって、現在の法人がもつ資金では、A保育園の園舎建て替えと公立保育所受託のどちらかに絞り込まざるを得ない。議論の結果、公立S保育所の移転先とA保育園の距離が

300メートルほどであり、そこに他法人の保育所ができることのマイナスの影響が大きいこと。現在、A法人は人材が豊富であり、その反面、人件費率が高く、これを解消するためには、事業規模の拡大が一番合理的であること。A保育園の園舎は築25年で、見栄えは悪いものの躯体は頑丈で、機能的には問題がないこと。以上を主な理由として、公立保育所の受託を重点取り組みテーマにあげることとした。

②重点取り組みテーマ2

　予算は立てていたものの、当年度の決算予想額を丸めて次年度の予算としていたため、予算の管理機能、計画機能がなかった。人件費率も年々上がり、数年以内に単年度では赤字決算になるとの危機感があったものの内部留保があり、いざとなれば市が何とかしてくれるという意識があった。

　しかし、新規事業の資金、A保育園の園舎維持のための修繕資金、長期的にはA保育園の建て替え資金等、今後の資金需要が看過できなくなること。施設整備に対する補助金の不透明感、加えて、保育所制度の見直しにより経常収入、とりわけ市単独補助金の削減が予想されるなか、長期の財務計画を立て、それに基づく予算管理をすることが重要であることが認識された。取り急ぎ、新規事業に必要な資金、A保育園を15年先に建て替える時に必要な資金と、それまで園舎を維持するために必要な修繕資金を見積もり、その資金を内部留保する長期の計画のもと年度予算を立て、管理することを重点取り組みテーマとした。

③重点取り組みテーマ3

　今まで大きな事故もなく、多少の事故があっても保護者との信頼関係や、前理事長の地域に対する影響力のお陰で、大きな問題になってこなかったことから、職員のなかにリスクマネジメントの意識が薄かった。しかし、保育所の機能として、子どもの安全は最重要であり、前理事長の影響力で大きな問題にならなかったものの、大きな事故につながりかねない事案は過去に存在し、それに対する組織としての対応は必ずしも適切とはいえなかったこと。今後、保育制度が変わることで、保護者の権利意識がますます強くなることが予想されること。新たな事業を開始し、職員が増えることでますます事故の可能性は高まることを考えると、リスクマネジメントの仕組みを構築することがここ数年に必要であるとのことから、重点取り組みテーマにあげた。

④重点取り組みテーマ4

　保育は対人援助であり、一人ひとりの職員の成長がそのサービスの質を左右する最も重要なファクターであることは言うまでもない。今までは経験豊かで優秀な職員が大半で、やむなく退職する職員がいても、入れ替わる職員は1年で多くて2人であった。そのため、先輩職員が個人的に新入職員を指導することで十分であり、新入職員研修の仕組みをつくる必要がなかった。しかし、今後新たな事業展開をすることになると、10人単位の新規職員の採用が必要となり、個人的に指導するという方法は通用しなくなること。従来の属人的な指導方法にはばらつきがあり、A法人の職員として求めるべき職員像を明確にする必要があること。近年の新規学卒者に対しては、具体的かつ合理的な教育方法が有効であり、主任保育士が保育士養成機関である県内の大学とネットワークがあるので、職員研修の講師をよびやすいこと。以上から、法人内の研修システムの構築が重要であるとの結論に達した。とりわけ、この数年のうちに大量の職員採用をする必要があることから、新人職員の研修の仕組みを構築することを重点取り組みテーマとした。

　課題抽出は、「SWOT分析」の4つの枠組みに従って、
① 自法人の強みで取り込むことのできる事業機会は何か（O×S）
② 自法人の弱みで事業機会を取りこぼさないためには何が必要か（O×W）
③ 他法人には脅威でも自法人の強みで事業機会にできないか（T×S）
④ 脅威×弱み＝脅威と自法人の弱みが重なって、最悪の事態を招かないためには何をしなければいけないか（T×W）
の4つの視点から検討し、なぜこのテーマを選定したのかということが論理的に説明できることが重要である。

4　中期経営計画の実際

　次に、重点取り組みテーマを実施するために具体的な中期経営計画を策定した。成果は、以下のとおりである。

【中期経営計画】

　中期経営計画は、3年から5年をスパンとして設定するものである。本事例では、4か年計画で構想することにしたが、目標水準は4年で達成で

■ 図2-16　中期経営計画

		① （重点取り組みテーマ） 平成24年4月に公立S保育所を受託する	② （重点取り組みテーマ） 長期的な視点に立った実効性のある予算管理を実施する
1. 経営の重点取り組みテーマ（目標項目）・目標水準（定量的に）		S保育所の民営化に応募し、受託する。その後、スムーズな引き継ぎを実施し、平成24年4月1日より混乱なく順調に開園する。	平成22年4月期より事業計画・積算根拠に基づいた予算を作成し、月次による予算管理を実施し、半年ごとに見直し24年3月に体制を確立する。
2. 主管部門		園長予定者 　P．J	園長 事務員 主任保育士
3. 必要となる資源	活用できる資源	資金8千万円（積立金） 過去の事業計画 保育士・事務員	過去の決算書 過去の事業資料 財務研修会 コンピュータ
	獲得すべき資源	資金1億7千万円（福祉医療機構貸付金・補助金） D設計事務所 職員（新規採用25人）	D設計事務所 T会計事務所 他法人の資料 財務に関する書籍 規程の雛形 各種様式集
4. 具体的アクション／スケジュール〔着手年月→達成年月〕		園長予定者・PJメンバーを選定し、理事会の承認を得る（園長）／［2009,04→2009,08］	D設計事務所にA保育園の建物診断を依頼、実施し、15年間の修繕必要箇所金額を見積もる（事務）／ ［2009,04→2009,08］
		基本設計、資金計画、人事計画等公募に必要な書類を作成すると共にヒアリングのシミュレーションを行う／ ［2009,05→2010,08］	A保育園の15年後の建て替えに必要な資金を見積もり、15年後の資金需要を算出する（園長）／ ［2009,05→2009,08］
		受託決定後、異動職員の選定、実施設計、補助金・借入金の申請を行う／［2010,12→2011,06］	15年間で内部保留しなければならない資金を算出し、各年度の内部留保目標金額を決める（園長）／ ［2009,08→2009,09］
		入札で建築業者を決定し、補助金内示後契約、着工する／［2011,06→2012,08］	T会計事務所の指導を依頼し、科目ごとの積算基準をつくり、予算の立案・執行等に関する管理／ ［2009,06→2010,02］
		職員採用・研修・合同保育・入園面接・開園／ ［2011,04→2012,04］	事業計画に基づいた予算を作成し、月次管理を実施し、半年ごとに見直す（事務・園長・主任）／ ［2010,02→2012,03］

（筆者作成）

きるように設定するとともに、達成度の評価ができるように、具体的に定量化・数値化することが重要である。

その計画を進める事務局としての主管部門を検討する。保育園の場合、管理部門が脆弱なことが多いので、プロジェクトチームを編成する等の検討も必要であるが、その場合メンバー選定のイメージを具体的にもつことが重要である。

その計画を実施するために必要となる人的資源、物的資源、財政的資源、組織的資源、情報的資源等、計画実施に必要な自法人の資源を多面的、具体的に吟味する。現在法人が有する活用できる資源と、現在法人にない獲得すべき資源に整理し吟味する。

具体的アクションは、重点取り組みテーマの目標水準を達成するために、合理的に必要な手順を4～5段階の工程として設定し、着手日、達成日を工程ごとに明確にした。

この中期経営計画は、理事会での議決を経て、職員等関係者に周知し、単年度の事業計画策定の基礎とし、単年度の事業計画に基づき実施する。

第2節　問題解決とモチベーション

本節のねらい　前節でふれたように経営管理者は、機能（業務）と人（職員）の２つの側面の管理を日常的に実践しなければならない。こうした日常的なマネジメントを効果的に実践していくためには、経営理念や経営戦略としての経営計画等、経営組織のビジョンや方針・目標を明確にすることによって、経営の「あるべき姿」、めざすべき方向と幅を設定することが重要である。経営組織の持続的な発展とその方向性についてのあり方を示すのは、経営管理者の「説明責任」（アカウンタビリティ）であるといってよい。

しかし、理念や計画、ビジョンは、そのことが実現して意味をもつものである。日常的なマネジメント活動を効果的にすすめることによって成果に結びつくのである。日常的な維持管理や問題解決、改善や改革への地道な取り組み、そして、何よりもサービス実践や業務遂行の中心的な担い手である職員のモチベーションを高め、チームワークと組織の活性化を図らなければ、実現しないことである。そうした活動の成果について、経営管理者は「結果責任」（リスポンシビリティ）をとらなければならない。

本節では、経営管理者の具体的な役割行動として、問題解決とモチベーションについての基本的なあり方を検討する。

1 経営管理と問題解決

（1）職場の問題解決

「職場は、解決しなければならない問題の集合体である」といわれる。このように考えると、経営管理者の行うマネジメント活動は、広義の問題解決活動であると認識することができる。経営管理者は、職場の問題解決の推進者であり、責任者である。合理的で効果的な問題解決のセンスを身につけておかなければならない。

①業務標準に従った「処置する問題」への対応

職場には、組織の目的や機能を遂行するための日常業務（ルーチン業務）がある。職務割当てに基づき、作業スケジュールや業務標準に従って繰り返し、確実に処置しなければならない問題である。このような

「処置する問題」は、一般的には“問題”と認識しないことが多いが、実は重要な日常の問題解決であるといってよい。

　経営管理者は、そのために職務割当てや責任・権限を明確にし、業務標準を徹底するとともに目標や方針、ルールを共有化し、チームワークを徹底していかなければならない。日常業務（社会福祉施設においては日常のサービス実践）が円滑に推進されることが、経営組織にとっては重要な問題解決領域であると認識することが大切である。

②さまざまに「起こる問題」への対応

　「処置する問題」に対応していると、何らかの理由で業務標準や目標・計画・ルール等からの逸脱現象や未達現象が起こってしまう。仕事の停滞や目標の未達、クレーム、ミス、事故の発生等である。

　こうした「起こる問題」は、予期せぬ出来事であり、困ったこと、厄介なこと、何とかしなければならない「ネガティブな問題」である。本当は起こってほしくない問題であるが、問題が起こらない職場はない。

　経営管理者は、好むと好まざるとにかかわらず、発生するさまざまな問題に直面し、その問題解決を適切、タイムリーに行っていかなければならない。対応を誤るとより深刻な事態に発展することにもなりかねないのである。

③「さがす問題」「つくる問題」への対応

　前述の２つの問題は、時間軸で言えば「現在の問題」であるが、経営管理者にとって重要な問題解決に「将来問題」（「さがす問題」や「つくる問題」）への対応がある（図２-17）。

　職場には、改善や改革の課題が山積している。「利用者サービスの質を高めるために」「業務の効率性を高めるために」という発想でこれまでのサービス実践や業務遂行のあり方を見直してみると、多くの解決しなければならない問題が「潜在」していることに気づくし、法人・施設経営の将来を見通してこれから取り組まなければならない課題は多い。

④経営管理の核心は問題解決である

　このように考えてみると、「経営管理は、問題解決の連続」であるということができる。経営管理者のマネジメント能力の核心は問題解決能力であるといってよい。

　「処置する問題」では、業務標準や方針・目標・計画の策定と徹底が必要になるし、「起こる問題」には適切に対応し、再発を防止しなけれ

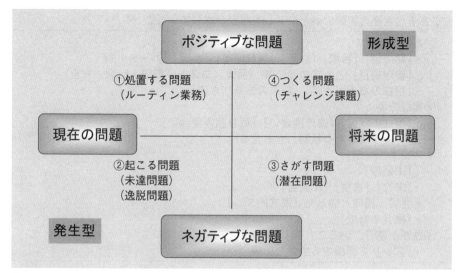

（筆者作成）

ばならない。そして「さがす問題」や「つくる問題」の領域では、リスクマネジメントや「利用者満足の実現」という視点が必要になってくる。

（2）問題とは何かを正しく理解する

　職場の問題解決を考える場合、"問題"とは何かを明確に定義づけ、意識化することが大切である。一般に、問題とは「あるべき姿と実際の姿とのズレを誰かが感じていること」と定義づける（**表2-6**）ことができる。

　定義には、①あるべき姿、②実際の姿、③ズレ、④誰かが感ずる、という4つのファクター（要素）がある。

①「あるべき姿」を描く

　第1の「あるべき姿」とは、期待値や目標、計画、業務標準等、目的集団としての職場の到達ゴールや運用の基準であり、具体的な管理項目としての「サービスの品質」「コスト」「納期（期限）」「安全」などがある。経営管理者は、法人・施設におけるサービスや業務の「あるべき姿」を描き、関係者に徹底しなければならない。

　また、「あるべき姿」には、現在の「あるべき姿」と将来の「あるべき姿」がある。一般職員のレベルでは前者が重要になるが、経営管理者や指導的職員は、将来の「あるべき姿」を構想することが重要である。

■ 表2-6　問題の定義と基本的要素

「あるべき姿と実際の姿とのズレを誰かが感じていること」
①あるべき姿： 　・「期待値」「目標」「計画」「業務標準」「手順」「ルール」等 　・「管理項目」としてのQCDS（品質／コスト／期限・時期／安全） 　・「現在のあるべき姿」「将来のあるべき姿」 ②実際の姿： 　・「現在の状態」「達成度合い」「取り組み度合い」 　・「将来予測される状態」をも含む ③ズレ： 　・「未処理」 　・「未達」「逸脱」「不具合」 　・兆候、傾向といった「潜在的ズレ」 　・「機会や脅威」 ④誰かが感じていること： 　・「ズレ」を認識する主体が必要

（筆者作成）

②「実際の姿」を直視する

　第2の「実際の姿」は、「現時点の状態」「達成度合い」「取り組み度合い」など、基本的には「現状」や「結果」を意味するものである。経営管理者としては「将来予測される状態」にも目を向けることが重要である。

③「ズレ」を認識する

　第3の「ズレ」は、「未達」「逸脱」「不具合」などでとらえられるものである。「定量的」に把握されるものと「定性的」に認知されるものがあり、「兆候」「傾向」といった潜在的「ズレ」、「機会」や「脅威」といった将来の「ズレ」に着目することも重要な視点である。

　職場では、「ズレ」の認識を最小化し、多くの関係者が共通の問題意識をもって問題解決にあたることが大切である。

④「感ずる主体」が重要である

　第4のファクターは「誰かが感ずる」ということである。「問題」は、「誰かが感ずる」ことによってはじめて問題解決的にとらえられることになる。健全な当事者意識が必要とされる理由である。

（3）経営管理者に求められる問題解決のスタンス

①マストの問題解決

　「処置する問題」「起こる問題」の2つの問題を解決することによって、チームや部門の業務は、とりあえず円滑に運営されることになる。業務

の管理や職員の管理の維持的側面が達成されることになる。経営管理者にとって、こうした問題解決は、MUST（避けられない）の課題であるといってよい。

②ウォント（WANT）の問題解決

　経営管理者は、単位組織の責任者として現状を維持するだけでなく、「さがす問題」や「つくる問題」への取り組みが期待される。潜在する問題や将来問題への対応である。こうした問題は、ウォント（WANT：期待される）の問題解決である。

　また、経営管理者は、職員を通じて問題解決を図る立場にある。職員一人ひとりが有する能力を活用して成果をあげるという発想に加えて、問題解決のプロセスで部下や後輩を指導育成し、組織活動の相乗効果を高める努力が期待される。

③職場に評論家は無用である

　問題解決においては、当事者意識が重要である。すでにみてきたように、問題とは「あるべき姿」と「実際の姿」との「ズレ」であると定義づけられる。そのズレを感じないかぎり、問題解決のアクション（活動）には結びつかない。ところが、職場には、問題意識（ズレを感ずる）はあっても実際のアクションに結びつかない、いわゆる"評論家"や"傍観者"、当事者意識の希薄な職員が見受けられる。

　現代は"一億総評論家時代"といわれる。多様な知識や情報が公開されている情報化社会の顕著な特徴の一つであるといってよい。

　しかし、職場に評論家は無用である。ネット裏や観客席で解説するのではなく、グランド（職場）で自らプレー（問題解決）する選手が必要とされるのである。

　職場の問題を関係者が常に主体的に受けとめ、当事者意識をもって解決にあたるよう経営管理者は、職員の当事者意識を育てる必要がある。

（4）合理的な問題解決の思考と手順を修得する

　適切に問題解決していくためには、合理的な思考と手順で解決にあたらなければならない。

　このステップは、誰もが日常的に体験しているものであるが、それぞれのステップの留意点を意識化して問題解決にあたることが問題解決能力の向上につながるものである。

　表2-7は、そのステップと留意点をまとめたものである。

■ 表2-7　合理的問題解決のステップと留意点

①問題を感ずる	・おや！これはおかしい 　「あるべき姿」と「実際の姿」のズレに着眼する ・目で確かめる、当事者に聞いてみる ・対応が急がれる問題現象を的確に把握する（すぐ解決 　すべき問題は何か）
②事実関係を診断する	・どうしてこうなったのか、よく調べる ・感情より、事実で ・「現物」「現場」「現状」の三現に身をおいてみる ・見る（事実）、聞く（意見）、考える（発想） ・基準やデータと比較する ・全体の構造を把握する
③問題解決の立場を 　明確にする	・誰の立場で問題をみるか ・直接解決するか、支援者となるか ・立場によって問題解決のあり方が異なる ・立場を替えて問題解決を発想してみる
④原因を究明し問題点を 　明確にする	・解決すべき問題点をリストアップする ・「なぜ、なぜ」を繰り返す ・問題現象ごとに原因を究明する ・「自責の発想」での原因究明を行う ・解決すべき問題点を明確にする
⑤複数の解決策を立案する	・複数の解決策を検討する ・まず、応急処置を検討する ・次に再発防止策（恒久対策）を検討する ・5W2Hの視点で検討する ・自信がなければ人に聞いてみる
⑥解決策を決定する	・評価基準に基づいて解決策を決定する ・実行の可能性を吟味する ・目標、方針を明確にする
⑦解決活動を行う	・関係者と解決策を共有化する ・役割を決定し、実行する ・小出しに実行することもある（アクション・リサーチ） ・ハドメ（再発防止）を徹底する
⑧成果を確認する	・結果を確認する ・問題があればフォローする ・マニュアルや手順書を作成する

（筆者作成）

（5）改善・改革のマネジメントを推進する

①改善と改革の違いを認識する

　改善とは"悪いことを改めてなくすこと"であり、現状の見直しを通じて、改善点を発見し、漸進的にゆるやかな改革を促進していくことである。一方、改革とは"仕組みや習慣、方法などを変えて新しくすること"であり、将来のあるべき姿を構想しながら、仕組みや方法を抜本的に変えていくことである（表2-8）。

　利用者サービスの向上や職場の活性化にとって、改善・改革の促進は避けて通れない課題である。特に、社会福祉法人・施設は今転換期を迎

■ 表2-8　改善と改革の違い

区　分	改　善	改　革
1．問題類型	さがす問題	つくる問題
2．時間軸	継続的、漸進的	断続的、漸進的
3．変化	ゆるやか	劇的
4．ペース	徐々に	大幅に
5．思考	発想の転換	基軸の転換
6．対象	オペレーション	マネジメント
7．主体	担当者	管理者

（筆者作成）

えており、変化に適合していくためには、改善・改革の課題は多い。

②業務のプロセスに目を向ける

　業務（サービス実践）遂行のなかで改善を推進し、よい成果をあげるためには、業務の要因に目を向け、常によい結果が得られるように業務をすすめることである。業務の結果の良否を判定するだけでなく、業務のやり方の良否に目をむけることによって、改善点が具体的に明確になってくる。「よい結果はよいプロセスから」である。改善にはプロセス指向が重要である。

　業務は、効率的、効果的にすすめなければならない。そのためには、「まず、正しく、次に速く、そして安く、楽に」というのが鉄則である。そのために業務標準の徹底が必要である。業務の手順や方法を標準化しなければ、「正しく」業務を行うという基準を共有化することができない。SDCAの管理サイクルの「スタンダード」を明確にし、共有化することによって業務は効率的、効果的に遂行する条件が整うのである。その上で「速く」、そして「安く、楽に」の発想が重要になってくる。

③ムダ・ムラ・ムリを無くす

　ムダ・ムラ・ムリを無くすことを"3ム"主義といい、業務改善の重要ポイントがここにある。業務を"ダラリ"とさせないコツである。

　まず、現在の業務のなかでムダなことやムダなものはないか、という視点で業務を見直してみることである。ムダといっても金銭的なもの、物的なものばかりとは限らない。「タイム・イズ・マネー」という言葉もあるように、時間のムダを無くすことも重要である。

　次はムラへの着眼である。ムラというのは、ものごとに一貫性がなく、統一されていないことをいう。例えば、1人であまりに異質の業務を処置するというのでは効率があがらない。また、極端に忙しいとか極端に

暇だというのでは、持続的によい仕事ができる体制にあるとはいえないだろう。業務に対する"気持ち"のムラもある。昨日はやる気満々だったが、今日はやる気がないというのでは困る。気持ちのムラにも十分注意しなければならない。

　第3は、ムリへの着眼である。いくら自分にやる気があったからといって、明らかに自分1人では処理しきれない業務を抱え込んでしまったのでは、自分も困るし、他の人の業務まで停滞させる結果になってしまう。また、どんなに能力があるからといっても、功をあせってあまり高い目標を立てたのでは、最後は目標未達で挫折するだけである。これでは折角のやる気や能力もかえってマイナスになってしまう。ムリへの着眼は、姿勢や心構えのことばかりではない。職場で活用するツールや機器類についても必要な視点である。効率のよいものを使っていくのが鉄則である。ムリなく仕事を処理するためには、チームワークも重要である。管理者は、こうした改善を職場で徹底していかなければならない。

（6）ナレッジ・マネジメントを推進する

　近年、知識やノウハウといった目に見えない経営資源が注目されるようになっている。ナレッジ・マネジメントとは、この目に見えない価値、特に知識を経営資源としてとらえ、その「獲得」「共有」「活用」「創造」等を通じて継続的な改善や改革（イノベーション）と価値創造を促進していこうとする考え方である。

　社会福祉法人・施設、特に歴史の長い社会福祉法人・施設には、福祉サービスに関するさまざまなノウハウや知識・知恵が蓄積されているはずである。こうしたナレッジに着目し、これを有効活用することが重要である。捨てるべきものと残すべきものとの峻別が必要である。

①ナレッジの特徴に注目する

　ナレッジ（ノウハウや知識）は無形の資産であり、物的資源や財務的資源といった固定資産とは異なるさまざまな特徴がある。ナレッジ・マネジメントにおいては、まずこの点を正しく認識しておくことが大切である。

　第1に、ナレッジは使っても減らないもの、売ってもなくならないという特徴をもっている。むしろ活用しなければなくなる（陳腐化する）というところに大きな特徴がある。

　第2に、ナレッジは移動可能な資産である。設備や機器等の有形資産は移動がむずかしいが、ナレッジは無形の資産であり、移動性の高い資

源である。情報ネットワークや人的ネットワークによって共有化することができる。

第3に、ナレッジは、活用と生産が同時に行われる。ナレッジをもつ人、創造する人が活用の主体である。ナレッジは活用することによって自動的に生産されることになる。

そして第4に、ナレッジは、新しい組み合わせで価値を生むものである。結合することによって新たなナレッジが創造されることになる。

②暗黙知（経験知）の形式知化を図る

ナレッジには、「暗黙知（経験知）」と「形式知」がある。前者は個人的・主観的な知識であり、後者は社会的で客観的な知識である。理論や科学的に立証された知識は後者に属する。前者は習熟的知識であり、後者は習得的な知識であるということもできる。

職場には、業務標準やマニュアル、手順書といったように言語化や文書化された知識がある。これが形式知といわれるものである。しかし、現実の業務やサービス実践は、こうした形式知だけで行われていることは稀である。むしろ形式知化されないノウハウや知恵といった暗黙知（経験知）が活用されている場合が多い。特に社会福祉法人・施設においてはこの傾向が強かったといってよいだろう。

暗黙知は主観的知識であり、時には本人でさえ自覚していない場合もある。しかし、実際の組織活動や問題解決においては、形式知を補完する機能をもつとともに、活動の厚みや信頼性の基礎となっていることが多い。

したがって、ナレッジ・マネジメントにおいては、こうした暗黙知の形式知化（言語化・客観化）と共有化が重要なテーマとなる。

例えば、新任職員研修を例にとって考えてみよう。マニュアルや手順書等に従って緻密な訓練を行ったとしても、新任職員がすぐに自信をもち、期待どおりに仕事に取り組んでくれることは少ない。業務やサービス実践には、形式知化されていない多くの暗黙知（経験知）があるからだ。経験のなかで培われてきた急所（ツボ）といわれるノウハウの伝承が必要になってくる。

③知的創造のサイクルを回す

ナレッジ・マネジメントにおいては、個人や集団のなかで蓄積されてきたナレッジ（知識）の共有や移転を適切に行うとともに、新しいナレッジの創造をめざすことが大切である。

■ 図2-18　暗黙知を形式知化し、発展させる

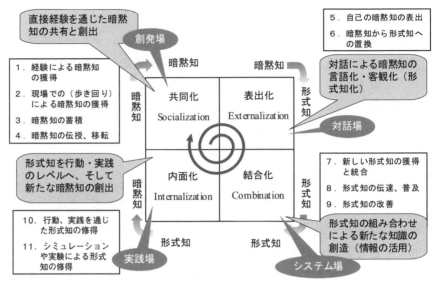

（野中郁次郎他『知識経営のすすめ』ちくま書房、1999年、図7を一部改変）

　そのプロセスは、①暗黙知の自覚と共有化 ⇒ ②暗黙知の形式知化 ⇒ ③新たな形式知の創造 ⇒ ④形式知の実践と新たな暗黙知の形成、といったステップをスパイラルに展開することである（図2-18）。次のような視点をもつことが重要である。

　　・自己（自部門）のなかで培ってきた暗黙知に目を向け、有効性の点検を行う。
　　・伝承すべきものと、捨てるべきものとの区分けを行う。
　　・言語化、客観化できるものは形式知化し、共有化する。
　　・形式知化できないものは、現場でフェイスツーフェイスの「体験」を通じて伝承する。
　　・他者や他部門、外部のナレッジにも目を向け、積極的に獲得する。
　　・上記については、形式知だけでなく五感を活用し暗黙知に触れる。
　　・言語化、客観化された形式知の見直しを行う。
　　・新しい形式知を創造する。
　　・形式知の徹底と実践を通じて新たな暗黙知の形成を図る。

② モチベーションと組織の活性化

（1）職員のやる気をどう引き出すか

　福祉サービスは、「生活の支援を必要とする人々に対する専門的サービス」である。担い手やそのチームの質がサービスの質を決定づけるといってよいし、業務の効率性や効果性の確保も人材マネジメントがうま

く行われているか否かによってその成果は大きく異なってくるものである。

　では、職員はどのような職場に定着し、やる気を出すのだろうか。低い賃金や長時間労働、未整備な職場環境といったような条件のもとでは、仕事への使命感や情熱があったとしても次第に不満が鬱積してくることだろう。したがって、労働環境を改善し、職員処遇の水準をあげていくことは、組織や職場が行わなければならない重要な施策推進の１つである。しかし、労働環境が整備されれば、職員は本当にやる気を出して仕事に取り組むようになるかといえば、必ずしもそうではない。不満はなくなるのだが、やる気は別の要因だということである。ここに、職員に対する「動機づけ」の問題がある。

（２）経営管理の基礎となる人間観

　組織が働く人々をどのようにみるかについては、20世紀初頭以来さまざまな考え方（人間観）が主張されてきた。ここではその主な考え方を概観したうえで、職員のやる気を引き出す動機づけについて原理的に考えてみよう。

①人間は経済合理主義で動くという考え方

　最も古典的な人間観として「合理的経済人モデル」がある。これは、F. W. テイラーが提唱した「**科学的管理法**[注3]」の基礎となる人間観で、「人間は、経済的刺激によって動機づけられ、経済的収穫を最大化するよう合理的に行動する」という考え方である。

　テイラーが、この考え方を提唱したのは20世紀初頭であったが、従来のなりゆきに依存する経営を計画的、組織的管理に切り替えて、能率を向上すると同時に、賃金問題の解決を図ることを指向したものである。

　労働者の作業や動作を時間研究や動作研究などの科学的な方法で分析し、それに基づいて「一日の公正な作業量」を算定し、これをタスク（課業）と名づけた。いわば「標準作業量」（ノルマ）である。そして、このタスクという基準に従って賃金の歩合（刺激賃金制度）を決めるというやり方をとったのである。

　こうした考え方は「科学的管理の５原則」としてまとめられている。
　i 労働者に明確な、しかし、ややむずかしいタスク（課業）を与えること。
　ii タスクの達成に必要な諸条件を標準化すること。
　iii タスク以上にできた場合は高い報酬を払うこと。
　iv タスク以下の場合は損失を負担させること。

注3）科学的管理法（Scientific Management）F. W. テイラーが1909年に「最近の科学的管理の哲学」というテーマの論文を提出したときに用いたのが最初であるといわれる。

　ⅴ　タスクは一流の労働者でもむずしい水準に設定すること。

　こうした科学的接近の考え方や「標準作業量」という概念を確立したことは大きな功績として残され、現代にも脈々と引き継がれているものである。しかし、この考え方はその後、「効率性を過度に追求するあまり、人間性が軽視されている」という批判を受けるようになった。

②個人的配慮や帰属意識の醸成が重要であるという考え方

　1920年代後半から30年代前半にかけて、E. メイヨー、F. J. レスリスバーガー等が行った "**ホーソン工場実験**[注4]" は、新たな人間観の提唱の基礎を築くことになった。

注4）ホーソン工場実験（Hawthorne Experiment）1929年から1932年にかけて、アメリカのウェスタン・エレクトリック社のシカゴにあるホーソン工場で行われたハーバード大学教授による実証研究。従来の経済人仮設に対する否定的命題としての「人間関係論」の端緒を開く研究となった。

　この実験は、アメリカのウェスタン・エレクトリック社のホーソン工場で行われたもので、給料も高く福利厚生も充実しており、労働条件はかなりよいほうであるにもかかわらず、工場の中には理由のわからない不満がくすぶっているということで、その原因を究明し、作業能率の向上を図ろうという意図ではじめられたものであった。

　最初にまず、電灯の明るさと作業能率との関係を調べようという「照明実験」が行われた。2つの部屋を用意し、1つの部屋では電灯の明るさを一定にしておき、もう1つの部屋では明るさをだんだん増していった。ところが、実験の結果は予想外であった。明るくしていった部屋での能率は予想どおりに上がっていったが、明るさを変えなかった部屋でも能率が上がったのである。さらに今度は照明を徐々に暗くしたところが、それでも能率は上がり続けたのであった。

　多くの実験や面接などの結果から得られた結論は、"人間は感情の動物であり、照明などの外的な条件よりも、人間の感情や態度、職場内のインフォーマル（非公式）な人間関係などのほうが作業能率に大きく影響する" というものであった。「合理的経済人モデル」が前提とした人間観とは異なる視点（「社会人モデル」の考え方）が発見されたのである。

　「人間関係論（ヒューマン・リレーションズ）」と呼ばれる理論や実践上の提案が相次いでなされ、30年代後半から第二次世界大戦後にかけて労働争議への対応に苦慮していた多くの企業は、この考え方を経営に導入することになった。

　日本においても第二次世界大戦以降、労務管理の一環としてこの考え方が注目され、提案制度、社内報、モラール・サーベイ、カウンセリング、職場懇談会、レクリエーション、従業員持株制度等の施策として推進されることになったのである。

③やり甲斐のある仕事や達成感が重要であるという考え方

　その後、1950年代に入ると、組織における人間問題の研究を中心課題とする**行動科学**^{注5)}という学問分野が形成され、科学的研究はいっそう深められることになった。

　「社会人モデル」を前提とする「人間関係論」が組織や職務を固定的に考え、人間の感情や社会的欲求に着目したのに対して、行動科学では「古典的な管理原則に基づく職務体系や管理機構、報酬体系は構成員と組織の対立を深め、その能力と意欲を圧殺するものである」と批判する。組織構成員の成長欲求、自己実現欲求を換起し、充足させることができるマネジメント体系に組織を変革する必要があると主張するようになったのである。産業における人間問題をより本質的に究明するという立場をとったといってよい。

　経営学、心理学、社会学等のさまざまな領域の人々から学際的な多くの研究成果が発表されることになった。ここではその代表的なものを紹介しておこう。

注5）行動科学
(Behavioral Sciences)
人間の行動を実証的な方法によって研究するすべての科学をさす。心理学や社会学、文化人類学等が中核となる。1950年代にアメリカで使われはじめた。

●マズローの欲求5段階説

　その一つは、A. H. マズローの「欲求5段階説」（**図2-19**）である。

　マズローは、「人間を人間たらしめている本質的価値は、すべての人のなかにある基本的欲求から生ずるものである」とし、その上で、人間のもつ無数の欲求も、相対的に優位なものとそうでないものとがあると主張した。

　最下段に生理的欲求をあげ、階層の段階に応じてある欲求が充たされるとより高次の欲求の重要性が増してくるというものである。

■ 図2-19　A. H. マズローの欲求5段階説

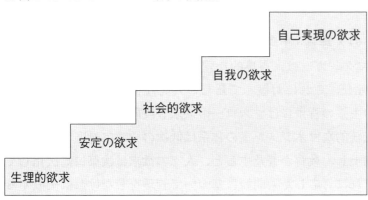

（筆者作成）

- 生理的欲求：最も基本となる欲求である。食欲、渇き、睡眠、性などのように、生命や種族を維持していく上で欠くことのできないものである。この欲求が充足されない間は、これを充足しようとすることが最も強い動機となる。しかし、生理的欲求がある程度満たされてくると、次の安定の欲求が強くなる。

- 安定の欲求：身体的な危険や経済的な不安から免れたいという欲求。身辺に異変など起こらず、立場が安泰で、明日もあさっても安心して暮らしていたいという欲求である。健康保険、雇用保険、年金等など一連の社会保障制度や組織内の各種の福利厚生制度は、いわば安定の欲求に応え、これを充足する役割を果たしている。経済全体が成長することで豊かな社会が実現し、社会保障制度等が整備されることによって、安定欲求はかなり満たされるようになったといってよいだろう。

- 社会的欲求：人との間に親密な関係をつくり、関心や愛情を得たいという欲求。いろいろな集団に所属し、仲間として受け入れられ、除け者にされたくないという欲求である。

- 自我の欲求：他人から認められ、称賛され、尊敬されたいという欲求である。重要な存在としての自分の値打ちを高く評価されたいというもので、経験を積むに連れてもっと自分の言い分を認めてもらいたいとか、もっとましな仕事をやらせてもらいたい、などという意向を示すようになるのは、こうした欲求の表れとみてよい。

- 自己実現の欲求：自分の潜在能力を余すところなく発揮し、自分自身を精一杯生かしたいという欲求である。知識や経験を生かし、腕をふるい、創意工夫をこらし、何事かをなし遂げたい、という欲求である。この欲求は、欠如を満たそうとする"充足欲求"ではなく、何事かをやり遂げたいという"表出欲求"である。

●マグレガーのＸ理論・Ｙ理論

　次に、D. マグレガーは、古典的な管理行動の根底にあった人間観を「Ｘ理論」と呼び、これに対置して新しい人間観を「Ｙ理論」と呼んだ。マグレガーの主張の背景にはマズローの欲求5段階説がある。つまり、これまでの伝統的なマネジメントの体系は低次の欲求に対応するもので、生活水準が向上し、教育が普及すると、人々の欲求は次第に高次化してくるため、それに対応した人間観に基づいて管理をしなければ失敗するというのである。Ｙ理論が前提とする人間観はマズローの「欲求5段階説」でいえば「自己実現人モデル」であるといってよい。

マグレガーが提起した２つの見方、Ｘ理論及びＹ理論の概要は次のとおりである。

【Ｘ理論の見方】

> ⅰ　人間にとって労働はいやなものであり、できることならやりたくないと考えている。
> ⅱ　多くの人は野心がなく、責任をとりたがらないし、命令されることを好む。
> ⅲ　多くの人は創造性がない。
> ⅳ　動機づけは、生理的欲求と安定の欲求が充足されればよい。
> ⅴ　多くの人は厳格に統制されるべきであり、組織の目標を達成するように強制されるべきである。

【Ｙ理論の見方】

> ⅰ　条件さえ整えば、労働は遊びと同じようにごく自然なものであり、やり方次第では楽しみともなり得るものである。
> ⅱ　人間は自分で設定した目標のためなら、骨身をおしまずに努力するものである。
> ⅲ　創造性は誰でももっている。
> ⅳ　動機づけには、生理的、安定の欲求の外に、社会的欲求、自我の欲求、自己実現の欲求が充足されなければならない。
> ⅴ　人は適切に動機づけられれば、仕事に対して自律的であり、創造的になる。しかし、多くの企業はそれをほとんど生かしていない。

　マグレガーは、これまでの人的資源管理がうまくいかずに行き詰まってしまったのはＸ理論に基づいていたからであり、これからはＹ理論に基づいて、個人の欲求と組織の要請とを調和させるような「目標と自己統制による管理」を戦略とすべきであると提唱している。

● Ｆ. ハーズバーグの動機づけ・衛生理論
　さらに、Ｆ. ハーズバーグは、「ホーソン工場実験」に基づいて提唱された人間関係論を発展させ「動機づけ・衛生理論」を提唱した。
　ハーズバーグは、「仕事を通しての真の満足は、賃金が多いとか職場

の人間関係がなごやかで楽しいというようなことで決まるのではなく、仕事そのものに自分を生かすことができたか否かによって決まる」という。基本的人間観は「自己実現人モデル」である。

ハーズバーグの理論は、彼とその同僚たちによるユニークな実証研究に基づいている。

彼らは、労働に従事する人間が仕事に対してやる気をなくしたり、やる気を出したりする要因は何かを調査しているうちに、この阻害要因と促進要因は、互いに独立した種類の異なるものであることを発見したのである。

前者の阻害要因を「衛生要因」と定義づけ、このなかには、福利厚生、給与、処遇、作業条件、人間関係、会社の方針、管理・監督のあり方などがあるという。衛生要因は、それが欠如すると不満を引き起こすが過度に満たされたとしても積極的満足感をもたらしはしない。

真の満足、積極的満足感はこれらとは別の要因で、そのなかには、仕事のおもしろさや複雑性、責任の増大、承認、達成などがあり、これらの促進要因を「動機づけ要因」と定義した。

動機づけ要因には次のようなものがある。

【動機づけ要因】

ⅰ　やりがいのある仕事を通して達成感が味わえること（達成）
ⅱ　達成した結果を上司や同僚に認められること（称賛・承認）
ⅲ　仕事のなかに自己の知識や能力を生かせること（仕事そのもの）
ⅳ　責任をもって仕事をまかされること（責任）
ⅴ　仕事をとおして能力を向上させ、成長できること（成長）

要するに、賃金や福利厚生や職場環境などについて、組織の側が十分な措置を講じなければ、働く人々の間には不満がはびこり、欠勤・退職や能率低下などを招くことになるが、さりとて、これらに十分に手を打ったとしても、不満はなくなるが意欲増進には役立たない。構成員を動機づけるためには、仕事そのものの与え方に配慮し、責任の幅を広げ、腕のふるえる余地を大きくし、やりがいが感じられるようにしなければならない、というわけである。

④欲求のレベルや成熟度に応じた対応が必要であるという考え方

これまで述べてきた３つの人間観は、経営学の歴史的な発展過程のなかに位置づけられるものであるが、どのモデルにも共通していえること

は一般理論、普遍妥当性を追求しているという点である。それぞれの研究成果を実務への適合という観点でみてくると、個別のケースにおいて適合性が実感できるものもあるが、現実は必ずしも一元的にとらえきれるものではないという疑問がわいてくる。

こうした疑問に対する答えとして注目しなければならない１つの人間観がある。人間を画一的にとらえるのではなく、多くの欲求や潜在能力を備えた複雑な存在であるという見方である。

E. H. シャインは、これまでのモデルは人間をあまりにも単純化し一般化し過ぎており、それぞれの考え方は部分的に正しいに過ぎないと述べ、次のようなモデルを提唱した。

【シャインの「複雑人モデル」】

> ⅰ　人間の欲求は多くのカテゴリーに分かれており、その発達段階や全生活状況によって異なる。
>
> ⅱ　社会的動機や自己実現の欲求は、いろいろな方法で満たされるし、発達段階によってその満たし方は異なる。
>
> ⅲ　従業員は、組織での経験をとおして、新しい動機を学ぶことができる。
>
> ⅳ　組織が違い、部署が違えば、人々の動機も異なるかも知れない。
>
> ⅴ　人はいろいろな欲求に基づいて組織に生産的に寄与するようになることができる。
>
> ⅵ　動機や能力や仕事の性質次第で、人々の反応する管理戦略は異なる。

このシャインの立場に立てば、人間は個性的な存在であるということになる。経営管理者に求められるのは、差異を感じとり、それを評価することができる共感的能力と診断能力、そして、違いに応じて自分の行動を変えることができる柔軟性と適合能力であるということになる。

価値観の多様化、個性化が著しい今日の状況に最もマッチする人間観だといってよいだろう。「複雑人モデル」を基本モデルとすれば、他の３つのモデルは、これを補強する「サブモデル」と考えることもできる。

（3）職員のやる気を引き出すための実践的知恵

組織や経営が働く人々をどのようにとらえ、動機づけを行うかということについて原理的にみてきたが、今日的には「複雑人モデル」を前提に考えるのが妥当であろう。つまり、職員を動機づける唯一絶対の方法

はないということである。大切なことは、職員の欲求のレベルや成熟度を適切に見極めながら、相手に応じた適切なアプローチを心がけることである。実践的知恵としては、次のような点を押さえておくことが大切である。

＜内的モチベーションの方法＞

① 職員一人ひとりの欲求水準や成熟度をよく見極め、興味や関心をもてるような仕事や課題を割り当てる──内的モチベーションとは、「理解・納得・共感を得た心の準備状態」であるといってよい。

② 目標を明確にする──目標を明確にすることによって行動は動機づけられる。一方的に割り当てるノルマではなく、よく話し合い（参画）、納得づくでめざすべき到達ゴールを明確にすることが重要である。

③ 責任権限を明確にし、自主性を尊重する──責任権限を明確にすることによって、自らすすんでやろうとする自主性が涵養される。

④ 結果をフィードバックする──行動の結果を正しく評価し、それをフィードバックすることである。そのことによって、職員は自分の現状を正しく認知することができるようになるし、次への見通しをもつこともできる。

⑤ 成功体験をもたせる──成功は努力を刺激し、失敗は意欲を減退させるものである。成功体験は、挑戦的な目標の達成や困難な問題を乗り越えるなかで実感されるものである。目標は職員の現在の能力よりやや高めに設定すること、当事者意識をもった問題解決を支援することが大切である。

⑥ ほめて強化する──人は、誰もが「認められたい」という承認欲求をもっている。成果を認められ、ほめられることによってその欲求が満たされ強化される。

⑦ 自己成長の機会を与える──自己成長は、自己実現である。自身のキャリア形成や専門性の習得等を促進できるような機会や積極的な指導・支援を行うことが重要である。

＜外的モチベーションの方法＞

① 強制──指示や命令を与え、強制する方法である。最も基本的な外的モチベーションである。

② 賞罰──人に認められたい、人から批判されたくない、罰を受けたくないという欲求を利用する方法である。一般的には、罰より賞のほうが効果的である。

③ 報酬──活動や行動の成果に応じた報酬を与えることである。成果や出来高に応じた報酬を与えることが効果的である。

④ 競争──競い合いには勝ちたいという欲求を刺激する方法である。ライバル意識を刺激する、チーム間の競い合いを刺激する等の方法がある。

⑤ 集団規範の徹底──集団規範を徹底し、仲間外れになりたくないという心理を刺激する方法である。軍隊等の組織にそのモデルがある。

外的モチーベションよりは内的モチーベションが効果的であることはいうまでもないことである。外的モチーベションは内的モチーベションを高めるための1つの手段として考えることが大切である。

③ チームワークを醸成する

（1）目的集団としての組織のチームワーク

チームワークとは、一般に「構成メンバーがお互いによく気心が知れていて、和気あいあいとした関係が形成されている状態である」と考えがちである。人間関係が円滑であり、困ったときにはお互いに助け合うという相互援助の関係が形成されていることは、確かに必要な条件であるといってよいだろう。

しかし、組織は目的集団である。目的集団としての経営組織のチームワークは、単なる「仲良しグループ（チーム）」ではなく、目的（目標）の達成に向けてメンバーが一体となり、相互作用でより高いシナジー効果をめざすものでなければならない。

産業組織心理学の古川久敬教授は、著書『チームマネジメント』（日経文庫）において、3つのレベルでチームワークを考えることを提唱している。これからの社会福祉施設のチームワークを考えるにあたって示唆に富む考え方である。

第1のレベルは、「メンバーの円滑な連携・協力関係が形成されているチーム」の状態である。メンバーがうちとけあい、ホウレンソウ（報告・連絡・相談）を通じた情報の共有化が行われ、協力的で円滑な人間関係が形成されているような状態を意味する。著者は、このレベルが経営組織におけるチームワークの基礎的レベルであるという。

第2のレベルは、「役割を超えた柔軟で建設的な動きが形成されているチーム」の状態である。メンバーは自己の役割を果たし、相互に密接な連携をとりながら、さらに組織全体のことを考慮し、「善意によって

■ 図2-20　チームワーク：3つのレベル

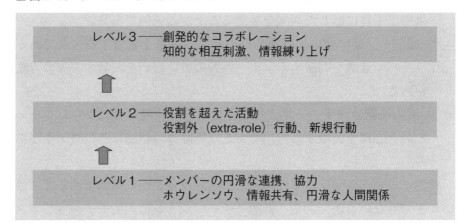

レベル3──創発的なコラボレーション
　　　　　知的な相互刺激、情報練り上げ

レベル2──役割を超えた活動
　　　　　役割外（extra-role）行動、新規行動

レベル1──メンバーの円滑な連携、協力
　　　　　ホウレンソウ、情報共有、円滑な人間関係

（出典）古川久敬『チームマネジメント』日本経済新聞社、2004年、図1-1

自分の既定の役割を超えるなど、柔軟にして建設的な行動（活動）を示しているような状態」である。チームは時間の経過や内外の環境変化に応じて活動内容を見直し、成長していく存在でなければならない。このレベルのチームワークには成長力があるといってよい。

　第3のレベルは、「創造的な連携（コラボレーション）が促進されているチーム」の状態である。「メンバーは緊密な協力や自己の役割を超えた行動を見せ合うだけでなく、メンバー相互の知的刺激や交流があり、それを通して新規の発想や創造的な知識が触発され、さらに独創的なサービスや製品が生み出されるようなチームワーク」である。

　これからのチームワークは、レベル1を基礎に置きながらレベル2、3へと成長させていくという視点が必要である（図2-20）。お互いの連携で創造的な成果を生み出していかなければならないからである。

（2）チームワークを促進するための実践的な知恵

　質の高いチームワークを促進するために、経営管理者は次のようなポイントを押さえておくことが大切である。

①課題や目標、規範の共有化を図る

　まず、目的集団である組織として、取り組むべき課題や目標、規範を明確にし、共有化しなければならない。特に、非営利組織である社会福祉法人としては、めざすべき組織の方向、活動の拠りどころとなる「経営理念」の共有化が重要である。そのためには、すでに述べたように「創設の理念」を前提にしながらも、利用契約制度や地域福祉の時代に相応しい求心力のある経営理念を具体化する必要がある。その上で経営

組織全体の方針や目標を明確にし、中長期のビジョンや計画を策定し、これを共有化することが大切である。

　また、日常的な業務遂行（サービス実践）については、業務標準を策定し、これを徹底することが望まれる。業務標準は、「誰がやっても、いつやっても、決まった時間で一定の成果が得られる」ための仕組みである。こうした基準を共有化することで各構成メンバーは自発的、自主的に活動ができる条件が整うことになる。

　職員やチームがめざすべき方向や「あるべき姿」を共有していない状態でチームワークを促進することはできない。

②オープンなコミュニケーションを徹底する

　遠慮や気兼ねがなく、お互いに自分の信念や考え方などを本音でぶつけ合える率直なコミュニケーションが必要である。

　問題に気づいたら、経験や立場、役割を超えて自由に意見を述べることができ、上司や仲間は、その意見に謙虚に耳を傾け、それを取り上げて検討する組織風土が求められる。時には、チームメンバーが、拡散思考（枠組みにとらわれない発想）で、「ワイガヤ（わいわいがやがや）ミーティング」を行うのも効果的である。

　ホウレンソウ（指示命令・報告・連絡・相談）のフォーマル（公式）コミュニケーションを活性化させるとともに、健全なインフォーマル（非公式）コミュニケーションが育つ組織風土を醸成することである。

③現実的な行動を重視する

　課題解決や改善については、人間関係や過去のいきさつにとらわれずに、事実に即して検討し、現実的行動を重視することが大切である。

　今ここで、何が必要かという観点で課題解決に向かう姿勢が求められる。できないことについては、できない理由を事実に即して明確にすることが大切である。

④個性や創造性を尊重する

　活性化した組織（チーム）では、一人ひとりの個性が認められ、各人がのびのびと創造性を発揮し、各人の能力や適性が十分生かされている。

　お互いの持ち味や強みに着眼し、それを積極的に引き出し、活用することで成果をあげている。

　違いを認め合いながら、その違いをポジティブ（前向きに）にフィードバックすることで個性や創造性が尊重される組織風土が醸成されてく

る。その上で、基準に基づく公正な評価とそのフィードバックを行いたいものである。

⑤「顧客満足の実現」を第一の価値基準にする

組織活動の成果は、最終的には「顧客満足を実現」することにあるといってよい。社会福祉法人・施設は、援助を必要とする人々に対する「専門的なサービス」を通じて、利用者満足の実現をめざす必要がある。

組織活動のなかで意見の違いや葛藤、対立があった場合には、常に原点に立ち返り「顧客満足の実現」の視点で何が重要であるかを吟味してみることが大切である。そこから、現状を打開する新たな選択肢が生まれてくるはずである。

「後工程はお客様」の発想で、組織内での日常業務に対応する姿勢が醸成されれば、さらに良質なチームワークと連携が形成されてくるものである。

第3節　組織におけるリーダーシップ

本節のねらい　経営管理者（組織のリーダー）であれば、誰もがある程度はリーダーシップを発揮しているものである。しかし、どれだけのリーダーが自分のリーダーシップについて自信をもっているだろうか。多くのリーダーがもっと卓越したリーダーシップを発揮したいと願っているし、またリーダーとしての葛藤や苦労をはやく克服したいと感じている人々が少なくない。

リーダーは孤独であるといわれる。自分の意思で未知の課題について決断しなければならないし、その責任は意思決定者であるリーダー自身が負わなければならないからである。しかも、リーダーの成果は、他者へのはたらきかけを通じ、協力をどれだけ引き出せるかによって決定づけられるのである。

効果的なリーダーシップを発揮するために、何に着目し、どのような行動をとればよいのか。本節では、公式組織のリーダーに求められるリーダーシップのあり方を検討する。

① リーダーシップの機能

リーダーシップという言葉は、日常的によく使われている。したがって、誰もがある程度のイメージをもっている。あるときはスポーツの世界で、学校や地域での活動において、またあるときは政治や社会運動等の場面において、さらには動植物の生態においてまでリーダーシップが問題にされる。

しかし、ここで問題にするのは、このような意味でのリーダーシップ一般ではない。公式組織におけるリーダーシップのあり方の問題である。

（1）公式組織におけるリーダーシップ

公式組織におけるリーダーのリーダーシップは、その立場と状況のなかで発揮されている。組織のリーダーとしては、自らが発揮しているリーダーシップ、すなわち影響力の源泉がどこにあるのかを、まず正しく認識することが大切である。

組織における影響力の源泉[注6]は、「ヘッドシップ」「マネジャーシップ」「リーダーシップ」の3つに集約できる。

注6）組織における影響力の源泉
組織における影響力の源泉について、①ヘッドシップ、②マネジャーシップ、③リーダーシップの3要素があることを提唱したのは、明治大学名誉教授の山田雄一である。

①地位やポストに基づく影響力

　第1は、地位やポストに基づく影響力である。組織は階層分化で構成されており、その階層（地位）から出てくる影響力である。企業でいえば、会長や社長、あるいは専務・常務といった役員から、部長・課長・係長といったようにヒエラルキー（階層性）ができている。社会福祉法人・施設においても、法人の理事長や常務理事といった役員から、施設長・事務長・課長・主任といったように一定の階層分化が行われている。それは役割の分化であると同時に権威や権限を象徴するものであり、地位やポストそのものに付随している影響力というものがある。この影響力のことを"ヘッドシップ"といっている。

　かつては"ヘッドシップからリーダーシップへ"といわれ、リーダーたるものは、こうした地位やポストに基づいて影響力を発揮するのではなく、実質的なリーダーシップでメンバーを統率しなければならないといわれていた。しかし、この影響力は相手が認知するものであり、リーダーがこの影響力を意図的に否定したからといって否定できるものではない。例えば、法人の理事長が新任職員に対して、お互いに人間としては対等だからといって「ざっくばらんなコミュニケーション」を期待したとしても、新任職員は法人理事長という肩書の影響力を受けてそう簡単にざっくばらんになることはできないのである。

　今日では、ヘッドシップは否定するのではなく、これを率直に自覚し"らしく"振る舞うことが重要であると認識されている。

②権限や公式の役割行動に基づく影響力

　リーダーがもつ第2の影響力の源泉は、権限や公式の役割行動から発生する影響力である。例えば、採用や人事配置、異動・昇進昇格といったような人事権の行使がその1つであるし、予算の決裁権や執行権といった組織内での裁量権限、日常的な指揮命令権限や服務規律の維持等、リーダーは一般職員とは違った責任を果たすために固有の権限をもっており、その権限の行使が所属メンバーに対する影響力の源泉となっている。この影響力のことを"マネジャーシップ"といっている。経営管理者や指導的職員がもっている固有の影響力である。

　マネジャーシップは、これを正しく行使できるかどうかが問題になる。権限があるからといって、これを傘に無謀な権限を行使するとかえって反発を招くことになるし、行使しなければならないときに適切に行使しなければリーダーとしての信頼性がむしろ失われてしまう。

　マネジャーシップは、日常のマネジメントそのものである。

③個人的要素に基づく影響力

第3の影響力の源泉は、リーダー自身の個人的要因に基づくもので、これがいわば狭義のリーダーシップである。それは、リーダー自身の人間的な魅力であったり、知識や情報の量や修得的能力、先見性や決断力、折衝力といった習熟的能力等の優位性、あるいは場面対応の柔軟性や創造的な展開力、バイタリティ、行動力といったように、さまざまな要素が重なっている。

こうした要素のなかで何が決定的な要素であるかをめぐってさまざまな研究がなされてきた。リーダーの資質能力に着眼する考え方、いわゆる「資質論」の考え方もあれば、リーダーの行動特性やスタイルに着眼する「行動理論」、そして部下の成熟度や置かれた状況の特性との関係でリーダーのあり方を考える「状況理論」まで、さまざまな考え方が主張されているのである。

④組織における影響力の実際

組織における影響力の実際は、この3つの影響力がミックスして成り立っていると考えるのが妥当である。問題は、それぞれの影響力が正しく自覚され、行使されているかということである。

ヘッドシップだけで影響力を行使していたのでは、地位やポストを外れたとき誰も相手にしなくなってしまうだろうし、また、役割行動としてのマネジャーシップだけに依拠していたのでは、役割人間としか認められなくなってしまう。それでは、狭義のリーダーシップ、つまりリーダーとしての個人的特性で影響力を発揮するのがよいかといえば、公式組織においてはこれも必ずしもよいとは限らない。

組織は人間関係で成り立っているという側面と同時に、機能的な役割関係があり、その面でのヘッドシップの自覚やマネジャーシップの正しい行使が必要になるからである。人間的な魅力でリーダーシップを発揮する親分肌、姐御肌タイプが必ずしも望ましいリーダーといえないのはそのためである。

また、地位やポストが高くなれば、それだけヘッドシップの威光やマネジャーシップの権限が増大するのだから、その点の自覚が必要になってくる。

（2）リーダーシップの対象

経営管理者等、公式組織のリーダーは、ウエ、シタ、ヨコの360度を対象に影響力を発揮しなければならない。組織（施設）の内側、つまり職

■ 図2-21　組織のリーダーの影響力の対象

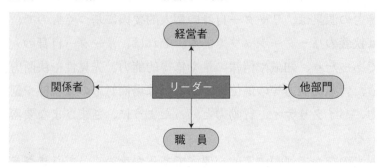

（筆者作成）

員に対してリーダーシップを発揮しなければならないのは当然のことであるし、組織内環境としてのウエやヨコ（理事会や法人経営者、他施設・他部門）に対して必要なはたらきかけができなければならない。また、組織のリーダーは、法人や施設・職場を代表して地域社会や関係機関等、対外的な面でも影響力を発揮しなければならない立場にある。

　"ウチにばかり強くてソトにはまったくダメ"というのでは、組織内での信頼さえも失われ、影響力を発揮することができなくなってしまう。

（3）2つの基本的機能

　組織のリーダーには、基本的に2つの役割機能が求められる。その第1は、課題達成機能といわれるものであり、集団や組織の目標を効果的に達成させるために、仕事の仕組みや役割を明確にし、指示・命令・統率を行い、成果を確実に達成していこうとする機能である。

　その第2は、集団維持機能といわれるものである。これは構成員に対する配慮や動機づけ、健全な対人関係やチームワークの醸成等を通じて、集団それ自体を維持強化する機能である。対人関係の調整や不満・葛藤の解決、相互援助や相互信頼の気風の醸成といった活動を行うことである。

　組織のリーダーは、この2つの機能をバランスよく発揮することが重要である。しかし、実際には、どちらか一方だけで影響力を発揮しているリーダーも少なくない。そこから「リーダーの資質論」や「リーダーシップのスタイル論」「リーダーシップの効果性」等が問題視されてくるのである。

　かつては資質論もさかんに研究されていた。しかし、同じような資質特性をもつリーダーであっても、一方はリーダーシップの効果性が高く他方は低いという事例が多くみられたこと、また仮に有能なリーダーに共通の資質特性が認められるのであれば、それは先天的なものであり、

学習や訓練で開発できないことになってしまうため、資質論は次第に主張されなくなってきた。代わって登場してきたのが「リーダーシップのスタイル論」である。

（4）リーダーシップ・スタイル

　リーダーシップ・スタイルとは、他人の行動に影響を与えようとしてリーダーがとる行動をとおして観察される行動の一貫性（パターン）のことであるが、前述したリーダーシップの2つの機能を組み合わせることによっていくつかのパターンに類型化することができる。

①専制型、民主型、放任型

　リーダーシップ・スタイルに関する古典的な研究として、K. レヴィンらによって行われたモデルが有名である。これは、リーダーのスタイルを「専制型」「民主型」「放任型」の3つに分けて、それぞれのタイプのリーダーがメンバーの満足や集団の凝集力、生産性などにどのような影響を及ぼすかを実証的に検証したものである。その結果は、メンバーの満足度、集団の凝集力の両面において「民主型」のリーダーシップが最も効果的であるという結論であった。

　この考え方はその後さまざまな形で発展してきたし、管理者研修などでも導入されることになった。つまり、3つのパターンの比較では「民主型」が最も望ましいスタイルであるといわれてきたのである。

　しかし、現実の職場のリーダーシップ行動としては、必ずしも「民主型」ばかりで対応できないことがある。例えば、危機的場面やメンバーの成熟度が低い場合などには「専制型」（指示型）のスタイルをとらなければならなかったり、成熟度の高いメンバーに対してはむしろ「放任型」（委任型）に近いリーダーシップ・スタイルが効果的であるといった場合がある。

　また、3つのスタイルの名称には、それ自体に明確な価値判断が含まれているため、リーダーシップ・スタイルの類型論としては不適切であるという批判も出されてきたのである。

②マネジリアル・グリット

　もう1つのモデルは、R. ブレイク、J. ムートンによって提唱された「マネジリアル・グリット」の考え方である。グリットとは格子とか枡目の意味であるが、この考え方は図2-22に示したように、横軸に業績に対する関心、縦軸に人間に対する関心をとり、それぞれに対する関心

■ 図2-22　マネジリアル・グリッドのスタイル

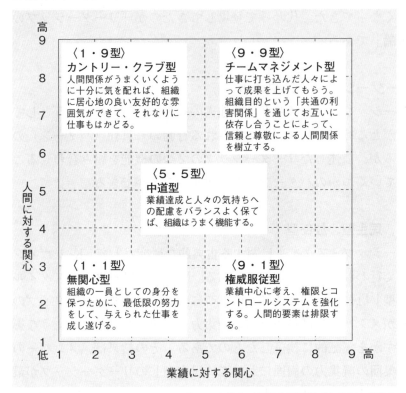

〈1・9型〉
カントリー・クラブ型
人間関係がうまくいくように十分に気を配れば、組織に居心地の良い友好的な雰囲気ができて、それなりに仕事もはかどる。

〈9・9型〉
チームマネジメント型
仕事に打ち込んだ人々によって成果を上げてもらう。組織目的という「共通の利害関係」を通じてお互いに依存し合うことによって、信頼と尊敬による人間関係を樹立する。

〈5・5型〉
中道型
業績達成と人々の気持ちへの配慮をバランスよく保てば、組織はうまく機能する。

〈1・1型〉
無関心型
組織の一員としての身分を保つために、最低限の努力をして、与えられた仕事を成し遂げる。

〈9・1型〉
権威服従型
業績中心に考え、権限とコントロールシステムを強化する。人間的要素は排除する。

(縦軸) 人間に対する関心　低1 — 高9
(横軸) 業績に対する関心　低1 — 高9

(出典) R. ブレーク／A. マッケーンス著、田中敏夫／小見山澄子訳『全改訂・期待される管理者像—新・グリッド理論』産業能率大学出版部、1992年、32頁

の度合いを1から9までの尺度で位置づけるものである。組織におけるリーダーの行動はその関心の度合いによって、典型的には1・1型、1・9型、5・5型、9・1型、9・9型の5つの類型にパターン化されることになる。この考え方では、こうした枠組みで示されたスタイルを学習することにより、理想型である9・9型をめざしてリーダーシップ行動の変容を図っていくことが重要であるとしている。「民主型」のリーダーシップ・スタイルと同様、リーダーシップの規範モデル（あるべき論）の考え方である。

　その他、三隅二不二氏によるPM理論[注7]もリーダーシップ・スタイル論として有名である。マネジリアル・グリットに近い考え方である。

（5）状況対応の考え方

　リーダーシップ・スタイルの規範モデルに対して、今日では、リーダーシップを状況との関係のなかでとらえていこうとする考え方が支配的になっている。

　リーダーシップは組織の置かれている状況や個人、集団の成熟度を見

注7）PM理論
九州大学の三隅二不二教授によって提唱されたリーダーシップの考え方。リーダーシップの機能を業績達成を指向するPerformance機能と集団維持を指向するMaintenance機能の2大機能から構成されているとし、両機能の強弱によってPM型、P型、M型、pm型の4タイプに分けて実証研究を行った（大文字は機能が強いことを示す）。その結果、多くの企業では業績との関係ではPM型→P型→M型→pm型の順に相関関係が強いことがわかった。

極めて、そのスタイルを柔軟に使い分けなければならないという考え方である。一般には、これを「状況対応のリーダーシップ」と呼んでいる。ここでは、その代表的な考え方を紹介しておこう。

　K. ブランチャードらは、横軸に「指示的行動（仕事のやり方や手順を綿密に指示・命令し、細々とした監督をしていく行動）」の高低を、縦軸に「援助的行動（部下の意見をよく聞き、参画させ、援助、助言、動機づけを与えていく行動）」の高低をとり、指示型、コーチ型、援助型、委任型の4種類を基本的リーダーシップ・スタイルとした。

　さらに、もう一方では、メンバーの成熟度を「個人の成熟度」と「集団の成熟度」に分けて4段階で類型化し、それぞれの成熟度に応じて適合するスタイルを明らかにしている。

　この考え方によると、指示型から委任型までのいずれのスタイルもメンバーの成熟度にマッチすれば効果性を発揮することになる。また、状況対応は人に対する対応だけなく、仕事や課題の不確実性の度合いによっても異なるという考え方、危機的場面と安定的場面でも求められるスタイルは異なるといったように、いずれも状況との関係でリーダーシップの効果性を考えるようになっている。

　こうした考え方に従えば、リーダーは、組織の置かれた状況や個人の成熟度、集団の成熟度などを見極めて、リーダーシップ・スタイルを柔軟に使い分けなければならないということになる。状況を診断できるセンシティビティ（感受性）と自分のスタイルを変更できるフレキシビリティ（柔軟性）が重要になってくるということになる。

（6）リーダーシップの開発と自己点検、自己覚知

　リーダーシップを開発するためには、リーダー自身が自らのリーダーシップについて自己点検を行い、自己覚知（認知）することが重要である。自身のリーダーシップの現状に率直に目を向け、自己の強みや弱みを自ら適切に認識する必要がある。

　こうした自己覚知は「関係のなかで」認識するものでなければならない。「関係的存在」としての自分自身を的確に認識できる能力が自己覚知能力というものである。その枠組みは図2-23に示したとおりであるが、パターン①の関係を目標モデルとすることが重要である。

　自由な関係形成には、オープンで率直な自己表現、他者や状況に対する感受性、受容的態度や傾聴能力等の開発が重要になってくる。

■ 図2-23 自己覚知の枠組み（ジョハリの窓）

		自分から見た自分	
		わかる	わからない
他人から見た自分	わかる	〈自由の窓〉 自分にも他人にもわかる	〈見えない窓〉 他人にはわかるが自分にはわからない
	わからない	〈秘密の窓〉 自分にはわかるが他人にはわからない	〈未知の窓〉 自分にも他人にもわからない

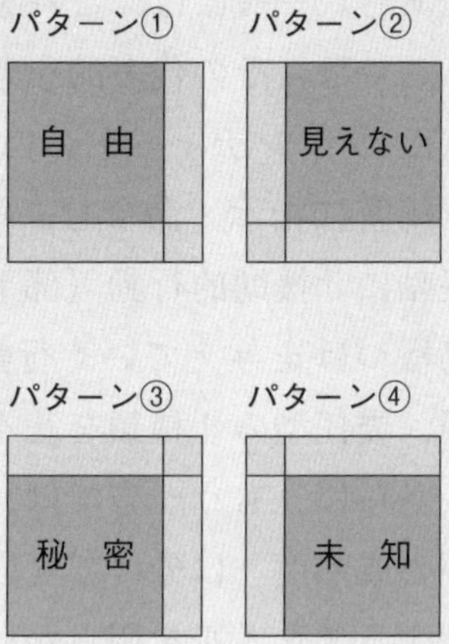

（筆者作成）

（7）求められるコンピテンシーの開発

公式組織のリーダーは、リーダーシップの発揮を通じて成果に貢献しなければならない。近年、アメリカでは、こうした成果に貢献する能力を“コンピテンシー”という新しい概念でとらえ、職務中心の人事基準の見直しが行われている。日本の企業においても「職能」に代わる概念として注目されている。

高業績貢献者の特徴としてのコンピテンシーは、次の３つの条件が必要であると言われる。

① めざす方向や目標が明確になっており、そこに至るシナリオが描かれている。

② 実現のための技術的能力と対人関係能力がある。

③ 実行の意思とバイタリティがあり、実践されている。

社会福祉法人・施設の経営管理者としても、こうしたコンピテンシーの条件を意識化し、開発をめざすことが大切である。そのためには、次のようなことを日頃から心がけることである。

① 事業や業務に関連する領域の動向に常に積極的な関心を示し、視野の拡充を図ること（「視野の拡充」を図る）。

② 組織の内外の関係者の期待が何であるかについて、常に積極的な関心を向け、他者期待を認識すること（「視点の転換」を図る）。

③ 置かれた状況のなかで、何が効果的な行動であるかを常に考え、シナリオを描きながら行動すること（「意図的行動習慣」を身につける）。

④ 行動結果や成果を常に振り返り、成功や失敗の要因を意識化する

こと（「意識化習慣」を身につける）。

② リーダーシップとネットワーク

社会の多様化や情報化（IT化）が進展するなかでネットワークづくりは、これからの組織のリーダーにとって不可欠の条件である。これができていなければ対外的なリーダーシップにも大きなマイナス要因となってくる。

（1）地域でのネットワークづくり

福祉サービスはもともと社会資源の活用を通じて実践されるものであるし、これからは地域福祉、コミュニティケアの時代である。また、福祉・医療・保健の連携が重要になってくる。リーダーは、ネットワークの形成、特に地域ネットワークの形成が重要な課題であると認識しておかなければならない。ネットワークは、リーダーシップ（影響力）の源泉であるという認識が必要である。経営管理者として押さえておかなければならないネットワークには次のようなものがある。

① 関連組織／団体——福祉事務所、保健所、児童相談所、社会福祉協議会、地域包括支援センター、コミュニティセンター、福祉センター、ボランティアセンター、他福祉施設、病院・診療所、訪問看護ステーション、老人クラブ、子ども会、母親クラブ　等
② 個人——民生委員・児童委員、ケースワーカー、生活指導員、児童相談員、婦人相談員、老人家庭相談員、各種福祉士、医師、看護師、保健師、医療ソーシャルワーカー　等

（2）異業種等多様なネットワークの形成

組織のなかで成功しているリーダーは、多様なネットワークをもっていることが多い。「井の中の蛙」になってしまったのでは発想が貧困になってしまうし、困難な課題に立ち向かうときのリソース（資源）も限定されてしまう。

ネットワークには公式なものと非公式なものとがある。どちらがよいというものではないが、公式のネットワークしかできていないというのではリーダーとして幅が狭い。インフォーマルなネットワークを含めて多様なネットワークの構築が望まれる。特に、これからは異業種とのネットワークが新しい発想や行動のきっかけづくりに役立つだろう。常識の枠組みで考えられることは、誰もが実現してしまう時代だからであ

る。プロの発想よりはアマチュア、門外漢の発想が生きてくることが多いのである。

　しかし、ただ闇雲に多くのネットワークをもてばよいというものではない。お互いにギブアンドテイクのコミュニケーションが可能なネットワークを太く形成していくことが必要である。

（3）インターネットや SNS の活用

　インターネットや SNS 等本格的なウェブ社会が到来している。こうした情報ネットワークを活用すれば、国内はもとより全世界とのコミュニケーションが瞬時に可能になる。アクセスできるネットワーク・リソース（資源）もますます多様化し、ツーウエイ（双方向）のコミュニケーションが可能になっている。

　こうした多用な情報ネットワークを活用することによって、新しい情報が入手できるだけでなく、社会参加が可能になっている。

　活用のためには、情報機器の習熟が不可欠であるが、こうした活動は単に情報を収集したり、効率的に情報を処理するためだけに行うものではない。そこから仕事の変革が起こり、戦略思考が生まれ、新しい仕事が創造されてくるのである。そのために欠くことのできないツールとなってくる。早期の対応が望まれる。

●引用・参考文献
　○P. F. ドラッカー編著、田中弥生訳『非営利組織の自己評価手法』ダイヤモンド社、1995年
　○M. ビアー他、梅津裕良・水谷栄二訳『ハーバードで教える人材戦略』日本生産性本部、1990年
　○E. H. シェイン、松井賚夫訳『組織心理学』岩波書店、1981年
　○E. メイヨー、村木英一訳『産業文明における人間問題』日本能率協会、1951年
　○A. H. マズロー、原年廣訳『自己実現の経営』産業能率短期大学出版部、1967年
　○D. マグレガー、高橋達夫訳『企業の人間的側面』産業能率短期大学出版部、1970年
　○F. ハーツバーグ、北野利信訳『仕事と人間性』東洋経済新報社、1968年
　○R. R. ブレーク/J. S. ムートン、上野一郎監訳『期待される管理者像』産業能率大学出版部、1965年
　○K. ブランチャード/P. ジガーミ/D. ジガーミ、小林薫訳『1分間リーダーシップ』ダイヤモンド社、1985年
　○三隅二不二『新しいリーダーシップ』ダイヤモンド社、1966年
　○山田雄一編著『組織心理学』有斐閣、1971年

○人事院事務総局編『監督者研修』日本人事管理協会

○野中郁次郎『経営管理』日本経済新聞社、1980年

○野中郁次郎・紺野登『知識経営のすすめ』ちくま書房、1999年

○古川久敬『チームマネジメント』日本経済新聞社、2004年

○福祉職員生涯研修推進委員会編『福祉職員研修テキスト』（全3冊）全国社会
　福祉協議会、2000年

○宮崎民雄『福祉職場のマネジメント』エイデル研究所、2002年

○京極髙宣『福祉法人の経営戦略』中央法規出版、2017年

第4章 サービス提供の過程と苦情の解決

第3章

社会福祉施設のサービス管理

第3章 社会福祉施設のサービス管理

第1節 サービス管理の必要性と検討の枠組み

本節のねらい 　介護保険制度の導入によって、ケアマネジメントが制度・政策に組み込まれ、技法として開発、展開されてきたが、それは個々の利用者に対するサービスの組み立てという、いわばミクロレベルの活動である。しかし、社会福祉施設をはじめとする福祉サービス提供組織としては、そのようなミクロレベルの活動とともに、経営管理の一領域としてマクロレベルでサービスを管理する必要がある。

　本節では、社会福祉施設においてサービス管理が必要とされる社会的背景、サービス管理の対象領域と検討の枠組みを概観する。

1 社会的背景

　少子高齢化の進展による生産年齢人口の減少は、たとえば、これまでの利用者獲得の競争（顧客市場）から職員獲得の競争（労働市場）への変化を生じさせている。人手不足などの問題が深刻化するなか、社会福祉施設がこれまでどおりの役割を果たし、多様化・複雑化する利用者ニーズへの対応など、求められる役割を果たし、さらなる期待に応えていけるよう、福祉サービス提供組織を維持・発展させていくために、サービスの管理は極めて重要である。

　製造業であれ、サービス業であれ、企業・組織が存続し、発展するためには、その製品・サービスによって顧客を満足させなければならない。とはいえ、社会福祉法人をはじめとする福祉サービス提供組織がその利用者を顧客として意識しはじめたのは、介護保険制度の導入を端緒とする一連の社会福祉基礎構造改革以降のことである。措置制度から契約制度への転換は、利用者を組織が提供する福祉サービスを選択し、購入し、その対価を支払う顧客へと変えた。もちろん児童養護施設や救護施設といった措置制度が残る事業においては、利用者を顧客と呼ぶにはなじまないものもある。

　また、深刻化する福祉人材不足により、福祉サービス提供組織は、す

でに自組織で働いてくれている従業者、これから自組織で新たに働いてくれる従業者を顧客として意識するようになった。

社会福祉法第24条に規定されるように、社会福祉法人には、提供する福祉サービスの質の向上が求められているが、それは今日、単に法令上の要請にとどまらず、社会福祉法人・施設をはじめとする福祉サービス提供組織の存続、発展のための条件となってきていることを理解する必要がある。

こうして、サービスをマネジメントすること、つまり、品質の高いサービスを生産し、そのサービス品質を顧客（利用者）に理解してもらい、この施設に入りたい、この事業所のサービスを使いたいと選択してもらい、受け取ってもらう。また、品質の高いサービスとそれを産みだすプロセスを顧客（従業者）に共感してもらい、ここで働きたいと選択してもらい、働き続けてもらう。これらの顧客（利用者・従業者）満足を獲得し、獲得し続けるための活動を組織的に推進することが重要になってきている。

② 検討の枠組み

本章で検討するサービス管理の全体像をあらかじめ概観すると**図3-1**のとおりである。

第1はマーケティングの領域であり、売り手の視点で4つのPと呼ばれる Product（製品）、Price（価格）、Place（立地・流通）、Promotion（販売促進）と買い手の視点で4つのCと呼ばれる Customer Value（顧客価値）、Customer Cost（顧客コスト）、Communication（コミュニケー

■ 図3-1

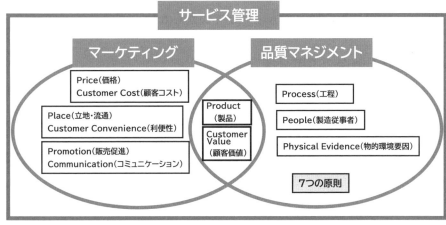

（筆者作成）

ション）、Convenience（利便性）に関する検討が含まれる。第2は品質マネジメントの領域であり、これには3つのPと呼ばれるProcess（工程）、People（従事者）、Physical Evidence（物的環境要因）に関する検討が含まれる。

　また、マーケティングと品質マネジメントとは、Product（製品）とCustomer Value（顧客価値）によって媒介されているが、製造業の場合には、マーケティングと品質マネジメントとはそれぞれ独立している。これは、製造業の場合、顧客はProcess（製造工程）、People（製造従事者）、Physical evidence（工場の建物や機械・設備等）からは切り離されているからである。これに対して福祉サービスを含む多くのサービス業では、顧客がProcess（サービス提供過程）、People（サービス従事者）、Physical evidence（サービス提供が行われる場所や使われる機器・用具等）と接点をもつため、マーケティングと品質マネジメントは相互に深く関わり合うという特徴がある。そして品質マネジメントを効果的、効率的に推進するために7つの原則がある。

　一般に、サービスには有形製品（家電品や自動車などのモノ）と異なる次のような特性がある。これらの特性は福祉サービスについても例外ではなく、サービスマネジメントを考える上ではこれらの違いを踏まえる必要がある。

（1）無形性

　サービスには「形」がなく、見えない、触れることができない（無形性）ために、顧客が事前にその内容や質そのものをチェックすることができない。製品＝モノであれば、たとえばテレビを買うときには家電量販店などで実際に映りなどを確認して購入することができる。サービスは使ってみなければその品質はわからない。たとえば、理髪サービスの品質は、実際に髪を切ってもらうまでわからない。

（2）生産と消費の不可分性

　サービスは、生産と消費が同時に発生し、分けることができない（同時性・不可分性）ために、サービス提供者と顧客が同じ場所に居合わせることになる。たとえば、食事介助サービスは、介助者によって食事介助サービスが生産されるのと、利用者によってそれが消費されるのは同時である。

　また、このことによって、サービスは顧客との協働性が必要となる。たとえば、利用者が食事介助を受けるためには口を開かなければならな

いし、食事しようとする意志が必要である。利用者は、介助者のはたらきかけに応じ、介助者に協力しなければならないし、介助者は利用者の協力を上手く引き出すことが求められる。

（3）過程の品質の重要性

生産と消費の不可分性の帰結として、サービス提供過程の品質の重要性という特性が生じる。有形製品の場合、多くの顧客は製造活動の結果として出来上がった製品そのものの品質に関心を持つ。サービスにおいては、顧客にとってサービス提供過程の品質も重要である。

入浴介助サービスは、身体が清潔になるという結果だけではなく、入浴が快適であるという過程も重要である。サービス提供前後の丁寧な説明や声掛けなども満足度に大きな影響を与える。

（4）不可逆性

一度提供されたサービスは、元に戻すことができない（不可逆性）ために、出荷前検査などの方法で品質管理をすることが困難である。一度提供されてしまったサービスは、たとえそれが「不良品」であっても、返品や取り換え、やり直しができない。

たとえば、誤嚥事故を起こしてしまった食事介助サービスはやり直すことはできない。

（5）消滅性

サービスは、保存することや在庫を持つことができない（消滅性・非貯蔵性）。昨日空床であったショートステイ用のベッドは、永遠に空床である。

（6）異質性

サービスを提供する「ヒト」のスキルによって質が変動する（異質性）。製品＝モノであれば、工場で品質管理を行えば、不良品が出る可能性はあるものの、ほとんど同じ質の製品ができあがる。サービスは、提供する個々の従事者の技量に依存する度合いが極めて高く、「ヒト」の違いによって品質にばらつきが生じやすい。

また、サービスを受ける「ヒト」によって、ニーズや期待が異なるため、同一のサービスでも顧客の満足度は大きく異なる。このほか、同じサービスでも提供される時期や時間、場所や環境によっても顧客の満足度は大きく異なる。

第2節　福祉サービスとマーケティング

本節のねらい　社会福祉基礎構造改革による「措置から契約へ」の転換により、契約化や市場化、自由化が大きく進展することとなった。この結果、社会福祉施設が行政を介することなく直接に顧客、市場と対面するようになったことから、社会福祉施設においてマーケティング戦略・活動の重要性が増大している。ここでは、マーケティングの基本的な概念、要素を習得し、福祉サービスにおけるマーケティングの手がかりを検討する。

① マーケティングとは

マーケティングの定義はさまざまあるが、ここでは、企業など組織が行うあらゆる活動のうち、「顧客が真に求める商品やサービスを作り、その情報を届け、顧客がその価値を効果的に得られるようにする。」ための概念と考える。

商品・サービスが「売れる」ようになるためには、特定のターゲット顧客のニーズを知り、ニーズを満たす商品・サービスを開発し、顧客がその商品・サービスの存在を知り、特徴を理解し、入手、利用できる場所がわかり、入手、利用できる適切な価格で提供されている必要がある。このことが「売れる」ことである。P. F. ドラッカーは、「マーケティングの理想は、販売を不要にするものである」と述べており、お客様に売り込まなくても勝手に売れるようにすることであり、「売れる仕組み」をつくることといえる。

市場は成熟し、「モノ」も「情報」も溢れている状況のなか、選ばれ、買ってもらわなければならない。たとえ、良い製品やサービスを作っていても、顧客がその製品・サービスにたどり着くことができなかったり、他と比べてはっきり良いと思えるような特徴がなければ、他社の製品やサービスが選ばれてしまう可能性がある。顧客が買いたい、使いたいと思う製品・サービスを作り、差別化しなければならない。新たな福祉人材としての顧客においても、ここで働きたいと思ってもらえる施設・事業所づくりが求められており、他の施設・事業所との差別化が求められよう。マーケティングは、企業・組織にとって、市場における顧客の支持を獲得し、拡大することを通じて、最終的には、企業・組織の発展をめざす戦略的な取り組みである。

マーケティングは、売り手の視点で４つのPと呼ばれるProduct（製品）、Price（価格）、Place（立地・流通）、Promotion（販売促進）と、買い手の視点で４つのCと呼ばれるCustomer Value（顧客にとっての価値）、Customer Cost（顧客が費やすお金）、Communication（顧客とのコミュニケーション）、Convenience（顧客にとっての利便性）の各要素を軸として、これらを組み合わせて展開される。

利用者が顧客となった福祉サービスにおいて、福祉サービス提供組織はマーケティングに取り組まなければならない。さらには、従業者を顧客として新たな従業者を獲得するためのマーケティングに取り組むことも必要である。

② マーケティングの要素

マーケティングの要素を**図3-2**に示す。社会福祉施設の経営を考えた場合、創設時にはその必要性や立地の調査検討、従業者や新規利用者の獲得のための広報活動などマーケティングは行われている。しかしながら、社会福祉施設の立ち上げが完了してしまうと、その後、日常業務を継続することばかりに注力し、再マーケティングは行われていないことが多い。時代、社会は変化しており、創設時のニーズと現在のニーズが変化していることに気づいていないこともあるのではないか。サービス利用者のニーズを的確に把握し、そのニーズに応えるサービス提供をし、顧客満足度を継続的に高めていく活動が必要であり、この活動こそ

■ 図3-2　マーケティングの要素（売り手の視点から買い手の視点へ）

（筆者作成）

がマーケティング戦略である。

（1）製品（Product）・顧客価値（Customer Value）

　企業が成長発展するためには、固定客を作り、再購入者を増加させたり、口コミ等によるファンの拡大につなげることが必要であり、そのためには、顧客に満足を与え、顧客に選択してもらわなければならない。そのために、企業は顧客のニーズに応える製品を開発し、製造し、市場に供給しなければならない。このことは、有形の製品のみならず、無形のサービスにおいても同様であり、契約による選択可能な福祉サービスにおいては重要な視点である。

　また、福祉施設においては、地域住民や地域社会、行政等の関係機関からの信頼が組織の継続・発展のために必要であり、地域住民や地域社会、行政等の関係機関もまた顧客といえる。それらの信頼の要となるものは、提供するサービスが利用者やその家族にとって満足を与えるものとなっていることが重要である。有形の製品であれサービスであれ、その開発において重要なことは、製品・サービスのコンセプトを明確化することである。ここでいうコンセプトとは、どのような顧客に、どのような価値を、どのような製品特性によって提供するのか、ということである。特にサービスは無形であるために、さまざまな顧客の働きかけ（意見、要望、苦情等）に対して、その場その場で顧客満足のために努力しているうちに、コンセプトが曖昧になってしまいがちであるだけに、製造業以上にコンセプトを明確化することに注力する必要がある。

　また、顧客の満足は、その製品・サービスが顧客の要求に合致している度合いが高いほどその満足度は高くなることから、顧客満足を高めるためには、顧客の要求（ニーズ）を的確に把握する必要がある。

①４つの顧客ニーズ

　顧客ニーズは４種類あるといわれている。１つめは「顧客が自覚していて、自発的に話してくれるニーズ」である。このニーズは企業であれば営業担当が容易に把握できるものであり、社会福祉施設であれば相談員や介護職員などが聞き取れるニーズである。

　２つめは「顧客があたりまえと思っているので、自発的には話さないニーズ」である。このニーズは顧客の当たり前と企業や施設の当たり前が異なっていることがあるので注意が必要である。この当たり前のズレは苦情につながることが多い。

　３つめは「顧客が自覚しているがうまく表現できないニーズ」である。

このニーズはたとえば、建築設計デザインなどにおいて専門的知識や経験を活かし、わかりやすい例を示すなど顧客の表現をサポートすることで、顧客ニーズを引き出すことが可能である。社会福祉施設においては、乳幼児や障害者、認知症高齢者等、意思表示することそのものが困難な利用者が多いことから、このニーズへの適切な対応は重要である。

　4つめは「顧客が自覚していない潜在的ニーズ」である。このニーズは、購入時にはまったく自覚していなかったニーズであり、企業側から提案されたり、実際に製品を使ってみて初めてニーズとして意識されるものであり、顧客は自覚していないので要望を聞いても回答は得られない。企業側から積極的に提案すべき内容であり、たとえば、住宅の新築にあたって将来を見越してバリアフリー設計にすることを提案したり、社会福祉施設においては、入所時には使用しないフルリクライニングの車いすや寝位入浴機器、身体状態の変化に対応できること、今は必要ないが必要になったときに対応できること、など将来の安心もこのニーズである。

　社会福祉施設においては、5つめとして「顧客は自覚しているが話さないニーズ」があると考える。これは「あきらめ」であり、「毎日お風呂に入りたい」「行きたいときに外出したい」など現実的に対応が困難なニーズもこれに含まれるのではないか。

　利用者・家族の視点に立って、利用者・家族のために、と言いつつも、社会福祉施設においては、従業者のためであったり、施設の都合であったり、顧客を意識できていない経営、マーケティングを展開している実態が少なからずあることに気づくことも重要である。

②どのような顧客に

　単一の製品・サービスですべての顧客ニーズに応え満足させることはできない。自施設・事業所が提供しようとするサービスが、どのような顧客をターゲットに絞る（セグメンテーション）のかを明確にする必要がある。一口に介護施設といっても、多床室の従来型特別養護老人ホーム、個室化されたユニット型特別養護老人ホーム、老人保健施設、ケアハウスをベースとした特定施設、高級な有料老人ホームをベースとした特定施設、都市部に立地する施設、農村部に立地する施設など、それぞれターゲットとなる顧客像は異なる。もちろん社会福祉施設・事業所には応諾義務があり、正当な理由なくして利用を拒否することはできない。しかし、自施設・事業所のセグメンテーションを明確化することで、顧客が納得して選択することにつながる。

　また、制度ビジネスといわれる福祉サービスにおいては、制度が一定のセグメンテーション機能を果たしている（たとえば、特別養護老人ホームは原則要介護度3以上でないと利用できないことや、特別養護老人ホームと老人保健施設とでは、顧客セグメントが異なるはずである）が、このようなセグメンテーションは、福祉制度に精通しているわけではない顧客が理解しているとは限らないことからも、社会福祉施設・事業所は自らの顧客セグメントを明確化することが求められる。

③どのような価値をどのような製品特性で

　限られた経営資源で、運営基準等を満たし、効果的に顧客満足を獲得するためには、ターゲットとした顧客の受け取る価値を設定することが必要である。大前提として、価値とは顧客にとっての価値であり、売り手にとっての価値ではない。その製品・サービスに価値があるかどうかを決めるのは顧客であることに留意が必要である。

　価値とは「自分自身が欲しいもの」であり、人間の欲求そのものであるといえる。マズローの欲求5段階説では、第1段階は生理的欲求（生命を維持したい）、第2段階は安全（安定）欲求（身の安全を守りたい）、第3段階は社会的欲求（他者と関わりたい）、第4段階は承認（自我）欲求（他者から認められたい）、第5段階は自己実現欲求（自分でやりたいことをしたい）となっており、これらが満たされることで顧客にとって価値あるものとなる。

　社会福祉施設においては、第1～2段階の生命を維持するための、睡眠、食事、入浴、排せつに加え、移動移乗など安全・安心で暮らせるという価値は提供されなければならない。第3～5段階の友人や地域との交流、余暇時間の充実などの価値の提供は、十分とはいえないのではないか。

　組織が顧客に提供しようとする価値は、製品特性のあり方に影響する。社会福祉施設においては、「運営基準」等で人員配置やサービス提供内容等の最低限の製品特性が規定されており、最低基準を満たすことに加えて、顧客のニーズに応えなければならない。特に、「顧客が自覚しているがうまく表現できないニーズ」「顧客は自覚しているが話さないニーズ」や、第3段階の社会的欲求、第4段階の承認欲求、第5段階の自己実現欲求が、求められる製品特性であり、注力すべき製品特性であろう。

④サービスコンセプトを明確化することの意義と留意点

　サービスの特性の1つである顧客の異質性（すべての顧客は一人ひとり異なる）は、サービスの品質マネジメントを困難にする要因の1つで

ある。福祉サービスではこの異質性に対応するために、ケアマネジメント等の技法を駆使して顧客1人ひとりの個別のニーズを把握し、個別サービス計画を立て、計画に基づくサービス提供を行っている。

　しかしながら、異なる属性の顧客に個別的に対応していくことはコストであり、そのコストが増大すれば、結果として企業・組織が提供するサービス品質の低下をまねくこととなる（誰にとっても最適なサービスを志向すれば、限られた資源のなかでは、誰にとっても満足度の低いサービス提供に陥ってしまう）。だからこそ、顧客ターゲットを絞り込むことが必要となる。

　たとえば、ある特別養護老人ホームが「極めて専門性の高い認知症ケアを提供すること」をコンセプトとした場合、経営資源を認知症ケアに集中することで、認知症ケアにおける高いサービス品質で、認知症高齢者の穏やかな暮らしを実現することができるかもしれない。ある有料老人ホームが、近隣の送迎付き透析クリニックと連携し、「人工透析ケアの必要な方々の住まい」をコンセプトとした場合、新たな利便性を実現することができるかもしれない。

　これらのように、コンセプトを明確化することが、選択したセグメントのターゲット顧客に対して訴求力のあるサービスをデザインすることにつながる。ただし、福祉サービスにおいては、顧客のセグメンテーションが社会的倫理に反しないようにすることに留意が必要である。セグメンテーションを検討するにあたっては、社会的に是認されない顧客差別が生じないことが前提である。

　サービスコンセプトは、外部環境の変化によって陳腐化する。顧客が変われば、顧客が求める価値も変わる。変化した価値を提供できるよう製品特性の見直しが必要となることから、顧客ニーズの変化を踏まえたサービスコンセプトの見直しを行うことが求められる。

（2）価格（Price）・顧客コスト（Customer Cost）

　モノであれ、サービスであれ、顧客にとっての価格が重大な関心ごとであることはいうまでもない。福祉サービスにおいては、措置制度の下での事実上の無料または応能負担制度が長く続いてきたために、事業者からも、利用者からも価格の問題にはほとんど関心が払われなかった。

　しかし、介護保険制度では原則1割の応益負担制度が導入され、さらに、食費、居住費が自己負担化された。さらには介護保険制度を持続可能なものとし、世代内、世代間の負担の公平負担能力に応じた負担を求める観点から2～3割の応益負担となったこと等によって、利用者に

とって価格は重大な関心ごととなっている。福祉サービスでは、公定価格の部分と自由価格の部分とが混在しており、事業によっては、自由価格部分のサービスが今後ますます拡大していくであろうことから、そうした分野の社会福祉施設も価格戦略を考慮していかなければならない。

　介護保険制度はこれまで1割負担でサービス利用が可能であり、利用者にとっての割安感があった。しかしながら2～3割負担となるとその負担感は大きく、これまで以上に慎重にサービス選択がなされ、サービス利用後もこれまで以上にサービス内容に対する目が厳しくなると考えられる。立地もあるが、老朽化した施設はリニューアルが求められるなど、施設・設備の維持更新に注力しなければならない。また、介護人材の確保が困難を極めるなかにおいても、サービスの質を低下させない取り組みが必要である。

　営利企業においては、「商品価値＝価格」を自由に決められるイメージがあるがそうではない。競合他社の存在により結果としてなるべく安価で提供することとなる。そこで、収益を上げるために、他社が出していない、出せない「高商品価値＝高価格」の新商品開発に注力している実態がある。

　公益性を求められる社会福祉施設において、いたずらに高価格路線に走ることは適当ではないが、経営主体である社会福祉法人としては、低所得者が利用できるサービスを確保しつつ、他方で、社会福祉事業以外の公益事業または収益事業として、たとえ高価格であったとしてもより充実したサービスを希望する顧客のためのサービスを提供することも、戦略上の選択肢として考えられる。

　自由価格部分については、自由な価格設定が可能であるが、それは自施設・自事業所のみならず競合する他施設・事業所にとっても同じである。自由に価格を決定するためには、自施設・自事業所が提供するサービスが競合の追随を許さないほど"ダントツ"に差異化されている必要がある。

　公定価格部分については、たとえば食事サービス費は、介護事業経営実態調査による1人あたりの1月分の平均費用よりも基準額が低く設定されているなど、提供しているサービスと価格が合っていないものもあるほか、特別養護老人ホームの約3割が赤字経営であるとのデータもある。公定価格の中にはおむつ代や洗濯代が含まれるなど利用者にとっては大きなメリットであるが、施設にとっては、労務負担に係る費用も負担は大きい。公定価格設定の在り方には大きな問題があることを指摘しておきたい。

（3）立地・流通（Place）・利便性（Convenience）

　社会福祉施設の立地について、これまでは、利便性よりもなるべく安価でなるべく広い土地が求められてきた経緯がある。

　サービスの特性の1つである生産と消費の不可分性は、立地を考えるうえで有形製品以上に重要な検討要素となる。なぜなら、有形製品の場合には生産拠点を変更しなくても、販売拠点や流通経路を容易に変更できるが、サービスの場合は生産拠点と販売拠点が同一であるからである。

　それにもかかわらず福祉サービスにおいては、社会福祉基礎構造改革前には顧客の選択が制限されていた（選ばれる必要がなかった）ために、社会福祉施設は辺ぴなところに多く存在する。この立地の問題はこれまで重視されてこなかった。しかし、デイサービスセンター等の通所施設では立地の良し悪しが経営に影響を及ぼしているほか、少子高齢・人口減少社会の急速な進展より、特別養護老人ホームや保育園でも利用者不足によりその存続そのものが危ぶまれているところもある。あわせて働き手不足も深刻であり、立地が重要な要素であることはいうまでもない。立地についてハンディキャップのある施設は、駅前にブランチ、街中にサテライトを設ける等、それらを克服するための取り組みをしているところもある。

　さらには、多発する自然災害も無視することはできない。社会福祉施設について、土砂災害警戒区域等での立地を抑制する指導が行われており、新設は難しい。既存施設においては、新たに土砂災害警戒区域に指定されると増改築等が困難となる。

　利用者にとっての利便性と合わせて、利用者の安全・安心を守るために新たな対応が求められる。

（4）販売促進（Promotion）・コミュニケーション（Communication）

　社会福祉法第75条に規定されるように、福祉サービスを利用しようとする者が、適切かつ円滑にこれが利用できるよう、その経営する社会福祉事業に関し情報の提供を行うよう努めなければならない。

　社会福祉法人には、現況報告書、貸借対照表・収支計算書の公表が義務化され、責務化された地域における公益的な取り組みに関する情報発信など、一連の制度改革に伴い、情報提供・公開が求められることとなった。より顧客を意識した積極的な情報発信は、利用者や地域社会との相互理解と信頼関係づくりをめざすものであるが、一方的な情報発信だけでは困難であり、双方向性が重視されている。情報発信し、情報収

集するコミュニケーションが求められる。

　措置制度の下では、福祉サービスの提供組織が自ら販売促進活動を行うことはあまり考えられなかったが、契約制度の下では、制度改革への対応を含め、自らのサービスを顧客に訴求することは極めて重要になってきている。

　ここで留意する必要があるのは、サービスは無形であり、サービスの品質は顧客にとって実際に使ってみるまでわからないということである。また、多くの福祉サービス提供組織は事業規模もさほど大きくはなく、個々の事業拠点のサービス提供範囲は狭い（サービス提供範囲が狭いのは、日常的に必要な福祉サービスを利用するのに遠距離移動はコストがかかりすぎるからである）。したがって社会福祉施設のプロモーションは、比較的狭い範囲の地域社会の評判や口コミが極めて大きな影響力を持つといえる。ゆえに、「地域に開かれた施設づくり」「地域に向けた公益的取り組みの推進」といった経営理念やその日常的実践は、プロモーションの観点からも大いに意味のあるものである。

　また、信頼を得た既存顧客等からの紹介や推薦は、新規顧客の購買決定に与える影響は極めて大きいといわれ、その点では、最良のプロモーションは良いサービスを提供し続けることといえる。

　なお、プロモーションにあたって気をつけなければならないことは、顧客の事前期待を過剰に大きなものにしないということである。言い換えれば、顧客がサービスについてできるだけ正確に認識することを支援するという姿勢が必要である。サービスは使ってみなければわからないため、事前期待と事後評価との落差が大きくなりがちである。できないことやリスク等についても丁寧に説明し、事前の期待値を上げすぎないことも重要なポイントである。たとえば、「特別養護老人ホームに入所すると転倒骨折はしない」は、100％保証できない話である。「夜間は利用者20人に夜勤者が1人であり、いくら気をつけていても居室での転倒を完全に防ぐことが難しい」と説明するなど、事故が起こる可能性があるといったマイナス情報も正しく伝えるようなプロモーションが、結果的に顧客の納得を得ることになる。

　福祉サービスにおけるプロモーションは、プロモーションするサービス提供者側とプロモーションされる側（利用者、家族、地域社会等）との間の情報共有やコミュニケーションによる信頼関係の向上、活動への参加促進、適切なサービスの選択と利用、サービスに対する評価や苦情を得る機会として機能しているかどうかが重要である。

第3節　福祉サービスの品質マネジメント

本節のねらい　品質マネジメントを行うためには、品質に影響を及ぼす①プロセス、②物的環境要素、③人的要素を管理しなければならない。これらの要素について、サービスならではの検討課題を概観する。

　品質マネジメントとは、①顧客の要求に合った品質の製品・サービスを提供すること、②製品・サービスの品質のバラツキを減少させること、③品質基準に適合しない製品・サービスの再発を防止すること、を目的として行う企業・組織の活動である。

　品質マネジメントは品質に影響を及ぼす、①サービス提供過程（Process）、②サービスの物的環境要素（Physical Evidence）、③サービス従事者（People）の3つの要素を中心にすすめられるが、それらの要素のあり方を検討する基盤となるのは、自施設・事業所のサービスコンセプトである。

1　サービス提供過程（Process）

　製造業においては、古くから製品の品質管理は経営上の重要課題であり、品質基準を満たしている製品であることを確認するために、出荷前検査を行っている。しかし、サービス業においては、前述のサービスの特性があるので、このような品質管理手法を用いることはできない。

　製造業においても、出荷前検査で不良品を排除しても、その段階で多くの不良品が検出されれば、その損失は多大である。そこで、製造工程（プロセス）そのものの適切性を確保しようとするプロセスアプローチという考え方が重視されるようになった。

　1つひとつのプロセスに着目し、それぞれのプロセスが適切に構築され、適切に運用されれば、そのプロセスから産出される製品の品質は適切なものであるはずである。しかし、産出された製品の品質が基準を満たさない不良品であれば、プロセスに問題があると考え、プロセス自体あるいはその運用を見直さなければならない。このように、プロセスを管理することによって製品の品質を管理することが可能となる。このようなプロセスアプローチの考え方に基づく品質マネジメントシステムの規格として、ISO9001[注1]がある。

注1）ISO9001
ISO9001は、国際標準化機構が定める品質マネジメントシステムに関する国際規格である。日本では翻訳し、JIS（日本工業規格）によりJISQ9001が発行されている。表題は"品質マネジメントシステム―要求事項"となっている。

　組織が効果的、効率的に機能するためには、数多くの関連し合う活動を明確にし、運営管理する必要がある。インプットをアウトプットに変換することを可能にするために資源を使って運営管理される活動は、プロセスとみなすことができる。1つのプロセスのアウトプットは、多くの場合、次のプロセスへの直接のインプットとなる。組織内において、プロセスを明確にし、その相互関係を把握し、運営管理することとあわせて、一連のプロセスをシステムとして運用することをプロセスアプローチと呼ぶ。

　たとえば、「夕食を作る」という大きなプロセスを、小さなプロセス（「献立を考える」「食材を購入する」「調理する」「盛り付けする」「配膳する」）に分解し、それぞれのプロセスに対してどうすればもっとうまくできるのかを考えると、改善しやすい。「食事時間にあわせてご飯を炊く」というプロセスのインプットは「お米と水」、アウトプットは「炊きたての美味しいご飯」となる。その際利用する資源は、「炊飯器、電力、必要な情報、マンパワー」となる（**図3-3**）。より具体的には、「1）何人食べるかの情報を得て、2）ご飯の炊く量を決め、3）必要なお米を計量し、4）お米を研いで、5）必要な水を計量し、6）炊飯器にセットし、7）夕食の時間に合わせて炊けるようタイマーをセットし、8）その時間に美味しいご飯が炊きあがる」というように、さらにプロセスは細分化することができる。美味しいご飯が炊けなかったとき、その原因が細分化されたプロセスのどこにあったのかがわかることで、改善が可能となる。

■ 図3-3　プロセスアプローチの例「夕食を作る」

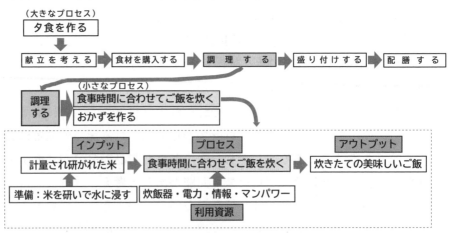

（筆者作成）

福祉サービスを含めて、サービス全般につきまとうサービスの特性からもたらされる品質管理上のリスク（やり直しができない、「ヒト」の違いによって品質にばらつきが生じやすいことなど）を低減するうえで、また、サービスの質を維持し、高めていくうえで、さらには介護現場の業務仕分け[注2]などに対応するために、プロセスアプローチの考え方は極めて有益である。

（1）標準化

標準化[注3]について、福祉サービスの分野においては、「標準化すると個別ケアができなくなる」との考えから、否定的に受け止められることが少なくなかった。ケアは、顧客（利用者）の個別性に配慮した個別サービス計画（ケアプラン）が策定され、文書化されるが、これは、顧客（利用者）へのケアを行うときに、そのケアサービスを提供する誰も（どの従業者でも）が、同様の配慮を行えるようにするための一つの標準である。このように、標準化とは、顧客（利用者）に画一的にケアするのではなく、サービス提供者側の仕事のバラツキを低減することである。ある標準が顧客（利用者）の個別性を阻害するものであるとすれば、それは、標準が策定されたことが問題なのではなく、策定された標準の内容に問題があるということであり、標準そのものの見直しが必要である。

福祉サービスの管理運営において、プロセスアプローチが重要であることは前述のとおりである。プロセスを管理するうえで必要なことは、プロセスを標準化し、マニュアルや手順書として文書化することであり、これが改善のベースとなる。

たとえば、特別養護老人ホーム等の介護施設では、職員の仕事（直接的な介護行為だけではなく建物・設備の維持管理なども含む）に起因する介護事故が少なからず発生する。その介護事故の発生原因を掘り下げると、プロセス自体に問題があったか、あるいはプロセスが正しく実行されていなかったといえる。したがって、これらの事故を防ぐためには、正しい標準（正しい仕事のやり方）を組織内に定着させる必要がある。

標準に求められる要素を以下にまとめる。

① 可視化（文書化）すること。誰もが実行できること。誰にもわかりやすい（標準は、必ずしも文字列の文書だけではなく、図表や画像、動画などさまざまな媒体が考えられる）ことが求められる。
② 文書において、「何を」「どのように」するかだけでなく、「なぜ」「何のために」を示すこと。標準どおり行わないことで起こるリスク

注2）介護現場の業務仕分け
介護人材不足への対応として実施されており、専門職が担うべき業務を重点化し、残る間接業務を元気高齢者やロボット等が担うことで介護現場革新をめざすもの。

注3）標準化
標準化とは標準に合わせること。また、標準に近づくこと。何もしなければ多様化・複雑化し、無秩序になってしまう事柄について、秩序が保たれる状態を実現するために、誰もが共通して使用できる一定の基準を定めること。製品やサービスの品質・性能・安全性・互換性の確保、利便性の向上、試験・評価方法の統一などを目的として、統一された規格をつくる過程をいう。
標準とは、判断のよりどころや行動の目安となるもの。基準。

が「なぜ」「何のために」と示されていることで、従業者の標準に対する納得度が高まり、標準の遵守につながる。誰にも守りやすいこと（守らなければならない根拠があること）が求められる。

③ 文書が仕事の複雑さや従業者の力量に見合った詳細さを備えていること。従業者の力量が高く、仕事の実行手順を従業者の属人的な要素に委ねることができる度合いが高ければ高いほど、文書化は簡単なもので良いだろうし、反対に、従業者の力量が低い場合にはより詳細なものが必要になる。外国人福祉人材や新入職員への対応のためには、具体的でわかりやすいものとする工夫が重要である。マニュアルは、仕事を覚えようとする新人の教材であり、指導する者にとっては指導の手引書となる。複数の指導者が関わる場合においても、指導内容のバラツキがなくなるなど教育の効率化につながる。

④ 文書の発行、配布、改定、廃止、回収等の管理が徹底されること。最新版の管理が行われ、最新版に基づいて仕事できるように管理されていないと、標準はあってないものとなる。

⑤ 文書化して、マニュアルや手順書として作成できたことが、標準化を完結したことではない。標準化された根拠を考えながら、そのとおり業務を行い、必要に応じて改善し続けることまでが標準化といえる。

注4）暗黙知
暗黙知とは、「ひと」が経験の中から習得し、実際に活用しているが、言語化、文書化されていないために、他の「ひと」へ伝えること、他の「ひと」が習得することが困難な知識をいう。

注5）形式知
形式知とは、文章、図表等の形式によって表現された知識であり、他の「ひと」へ伝えること、他の「ひと」が習得することができる知識をいう。

また、標準化を推進することは、暗黙知[注4]の形式知[注5]化につながる。どのような仕事でも、現場の従業者の中にはその仕事に関する優れたノウハウを会得している者が少なくない。しかしそれは、しばしばその人固有のものであり、組織によって共有されていない。このようなノウハウを暗黙知というが、それを標準化し、組織の構成員が共有することができれば、暗黙知が形式知へ転化され、組織が提供するサービスの品質は、そのことについて最も優れたノウハウをもつ従業者の水準に近づくことができる。

（2）プロセスの維持と継続的改善（PDCA サイクルと SDCA サイクル）

プロセスの適切さを確保することによって、プロセスのアウトプットとしてのサービスの適切さを確保することが期待できる。また、プロセスを改善することによって、サービスの改善が可能となる。

福祉サービス提供組織がサービスの質向上をめざすためには、プロセスの標準化による維持活動とプロセスの継続的な改善活動を行わなければならない。プロセスの継続的な改善活動は、PDCA サイクルに基づい

て管理することが効果的である。

　PDCAサイクルとは、「P（Plan）：計画＝目標を設定し、目標を達成するために必要な計画を立案する（何をするのか・誰に対してするのか・なぜするのか・どのくらいの量を行うのか・いつまでに行うのかなど５Ｗ１Ｈで考えるとよい）」、「D（Do）：実行＝立案した計画の実行（計画どおりに実施する）」、「C（Check）：評価＝計画どおり実行ができていたのか、目標に対する進捗を確認し評価する（評価できる指標が必要である）」、「A（Act）：改善＝評価に基づき、適切な処置を行う（実行した結果をもとに計画を続けるか・止めるか・改善して実行するかなどを考える。この時に次のサイクルの『Plan』を意識して考えることが重要）」。この「P-D-C-A」の４段階について螺旋を描くように回し続ける（スパイラルアップ）することで、継続的な改善が可能となる。良い品質の製品やサービスを生み出すプロセスをレベルアップし続けるための手法である。

　PDCAサイクルのなかで重要視すべきはCheck（評価）である。評価ができなければ次なるAct（改善）につながらないからである。Plan（計画）の段階においてCheck（評価）の方法を検討しておくことが極めて重要である。実行した結果が、良かったのか悪かったのかを判断する。その際、何を根拠にできたのか、できなかったのか判断できるように、具体的な数値目標が求められる。測れることが重要であり、定期的に進捗状況を確認することが求められる。

　一方、プロセスの標準化による維持活動は、SDCAサイクルで行う。SDCAサイクルでは、PDCAサイクルのP（Plan）がS（Standardize）に変わる。SDCAサイクルとは、「S（Standardize）：標準化＝誰でもいつでも同じ方法で作業や業務を行うことができる仕組みをつくる」、「D（Do）：実行＝標準どおりに実施する」、「C（Check）：評価＝標準どおり実行ができていたのかを確認し評価する」、「A（Act）：改善＝評価に基づき、適切な処置を行う」。この「S-D-C-A」サイクルを回すことが維持活動となる。標準化により成果を定着させるためのサイクルがSDCAサイクルである。

　改善活動として、PDCAサイクルを回しながら、１つひとつのサービス提供プロセスを改善し、１つひとつのサービス品質を高めていく。日常業務レベルにおけるPDCAサイクルを小さく・早く確実に回すことと、法人レベルでの実行管理として大きく・ダイナミックに回すことがポイントとなる。また、PDCAサイクルは別のPDCAサイクルに組み込まれることもある（図３-４）。維持活動として、改善した内容が定着す

■ 図3-4　別のPDCAサイクルに組み込まれるPDCAサイクル

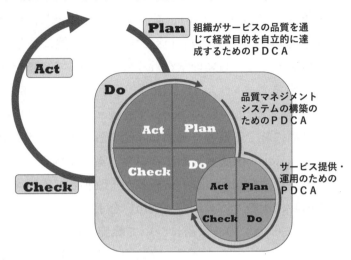

(筆者作成)

■ 図3-5　SDCAサイクルとPDCAサイクルによる継続的改善

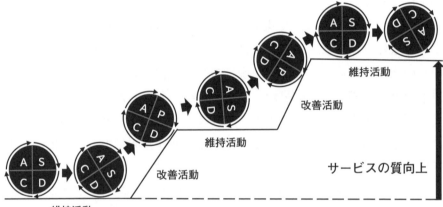

(筆者作成)

■ 図3-6　PDCAサイクルに組み込まれるSDCAサイクル

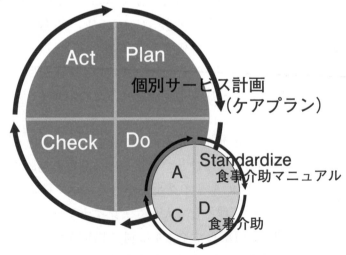

(筆者作成)

るように、SDCAサイクルで標準化した良いプロセスを維持管理することとなる。PDCAサイクルとSDCAサイクルを交互に回し続けていくことで、品質改善と維持管理が可能となり、継続的な改善につながる（図3-5）。また、時にSDCAサイクルはPDCAサイクルに組み込まれる（図3-6）。

わが国では製造業を中心に、1960年代からQCサークル活動と呼ばれる小集団の品質管理活動が展開されてきたが、その意義の一つは、現場の従業者がPDCAサイクルの一部ではなく、全局面にわたって関与することにある。福祉サービスの分野においてもQCサークル活動を活発に展開している組織もあり、日本福祉施設士会[注6]では、QCサークル活動の全国規模の発表会を開催するなど普及を推進している。

② サービスの物的環境要素（Physical Evidence）

サービスは無形性という性質を有するが、顧客が知覚するサービス品質には、有形の物的環境要素が影響する部分も少なくない。というのは、サービスには生産と消費の不可分性という性質があり、そのために、多くの場合サービスそのものとサービスが提供される場所とが不可分であるからである。

たとえば、食事介助サービスそれ自体と食事サービスを受ける場所は不可分であり、それらは顧客によってひとかたまりのサービスとして知覚される。食事介助自体は上手くしてもらえたが、その場所が不潔、暗い、騒々しい等の問題があれば、顧客が知覚する食事サービス全体としての品質は低くなる。

入浴介助サービスの快適性はそのサービスを受ける場所である浴室の環境のほか、入浴のための機器（寝位浴槽や座位浴槽など）の及ぼす影響も大きい。

また、物的環境要素がサービスそのものの提供の仕方に影響する場合も多い。たとえば、排尿のタイミングを知らせてくれる排泄予測デバイスの導入はこれまでの排泄サービスを変え、睡眠状態や起き上がりなどを把握することができるセンサーの導入は特に夜間帯における見守り業務を劇的に変化させるものとなる。ノーリフティングケア（持ち上げない、抱え上げない、引きずらないケア）を推進するために導入される床走行式リフトやスタンディングマシーン、スライディングボードなどにより、介護職員の腰痛予防、利用者の拘縮予防や表皮剥離防止などにつながるとの報告もある。

注6）日本福祉施設士会「福祉施設士」は、全国社会福祉協議会が「福祉施設長専門講座」の修了者に授与する称号である。「日本福祉施設士会」は、講座修了者により組織される団体である。

このように提供される場所や提供に活用される道具は、顧客のサービスに対する満足度に大きく影響する。サービス提供組織は、サービスコンセプトに照らしつつ、プロセスと物的環境要素との整合性に配慮する（プロセスを考慮して物的環境要素をデザインする、物的環境要素を考慮してプロセスをデザインする）ことが必要である。

③ サービス従事者（People）

　品質マネジメントにおいて、人的要素の管理は、サービス提供プロセスの管理、サービスの物的環境要素の管理と並んで重要なものであるが、人事管理、人材育成については第4章で詳述されるので、ここでは、サービスの特性によって生じる特徴的な問題に限って述べる。

　サービスにおける人的要素の重要性の第一は、サービスプロセスに「ヒト」の及ぼす影響が、有形製品の製造プロセスの場合に比べて大きいということに由来する。有形製品の製造プロセスはいくつもの機械装置よって構成されるシステムという特徴があり、極力人的要素を排除するようにデザインされる（そのことがヒューマンエラーを減少させ、同時に効率性を高める）が、サービスプロセスの機械化・自動化の余地は少なく、どうしても属人的なスキル等の人的要素に依存する度合いが高い。

　しかし、サービスにおける人的要素の重要性はそれだけではない。それは、サービスの特性である生産と消費の不可分性とそこから生じるサービス提供者と顧客との協働性に由来する。そこでサービス・エンカウンターが極めて重要となってくる。サービス・エンカウンターとは、顧客とサービス提供者が出会う場のことであり、サービスを商品として提供する場である。有形製品の製造従事者は顧客との接点がほとんどないことを考えると、このことはサービス労働の重要な特性である。サービス提供者側はサービス提供過程であり、顧客側はサービス消費過程であり、パートナーシップが求められる。品質マネジメントの視点から、顧客はサービス生産プロセスの一部であり、サービス生産過程にインプットされる資源の一部となることにも留意が必要である。

　サービス・エンカウンターが重要であることは、顧客とサービスの接点であり、顧客はその場面で、その内容について決定的な印象を抱き、個人的な評価を下すと考えられるためである。顧客がサービスの質を判断するのはこのサービス・エンカウンターにおいてであるため、そのサービス商品全体についての満足感や不満足感がそこで決まってしまう可能性があるといわれる。

このようにサービス・エンカウンターにおいて、サービス提供者には、高度な対人能力が求められることとなるが、このような対人能力の多くは、標準化することが困難である。介護や看護は「感情労働」といわれるが、介護サービスや看護サービスにおいて顧客が受け取っているのは、介護サービスや看護サービスに加えて、「やさしさ」や「思いやり」などのさまざまな感情的な要素である。管理者が、一人ひとりの従業者の１つひとつのサービス・エンカウンターを管理すること、１つひとつ指揮・命令したり、監視したりすることは不可能である。そのために、組織は、逐一の指示や監視なしに、１人ひとりの従業者が１つひとつのサービス・エンカウンターにおいて適切な対人行動をできるようにしなければならない。それを可能とするためには、専門性に裏打ちされた技術や判断という要素に加え、常に、顧客の最善の利益を実現しようとする顧客志向のメンタリティの高さが求められる。福祉サービス提供組織の人材育成にはその視点が欠かせない。法人の理念や方針、サービスコンセプトやマニュアルの理解等、どのような姿勢でサービスを提供すべきか、具体的な場面でどのように行動すべきかを、OJTやOFF-JTによる研修等で適切な対人行動ができるようにする従業者の教育訓練が極めて重要である。あわせて、従業者の相手を大切に思う気持ちを育むことが求められ、そのためには、組織が従業者を大切にしていること（従業者は、組織に大切にされていることを実感できていること）が求められる。

品質マネジメントの７原則

　品質マネジメント活動を効果的、効率的に推進するために７つの原則がある。

　　　原則１：顧客重視
　　　原則２：リーダーシップ
　　　原則３：人々の積極的参加
　　　原則４：プロセスアプローチ
　　　原則５：改善
　　　原則６：客観的事実に基づく意思決定
　　　原則７：関係性管理

①顧客重視
　顧客満足は組織を存続させていくための最終目的であるものであり、

組織は現在及び将来における顧客のニーズを理解し、顧客から求められる要求を満たし、顧客の期待のさらに上をいく努力をし続ける必要がある。

　ここでいう顧客とは、単に私達が日常的に「お客様」と呼ぶ人々だけでなく、組織が提供する製品やサービスに関わるすべての人のことをいう。利用者・家族だけでなく、地域住民、他事業者、行政、従業者など多岐にわたる。このため、顧客をステークホルダー（利害関係者）としてマネジメントシステムの一部として捉え、全てのステークホルダーの要求と期待に応える必要がある。利用者だけが顧客ではないことに留意が必要である。あらゆるリスクを想定し、突発的に発生するトラブルを想定して常に顧客が求めるものを提供できる状態というものをめざすべきであり、お客様から求められている最低限のことだけに応えるだけでは、真の顧客満足にたどり着くことはできない。真の顧客満足は、お客様の期待のさらに上をいくサービスを提供し続けることで実現することができる。

②リーダーシップ

　組織におけるリーダー（トップマネジメント）は、品質マネジメントシステムを構築し、実施し、有効性の継続的改善を行うすべての責任を負う。トップマネジメントは、組織が進むべき道を明確にし、それを組織や顧客に伝達する必要がある。品質マネジメントシステムにおいては、このようにトップマネジメントにはコミットメント（責任をもって関わること）が求められる。これらを明文化したものが「品質方針」（組織によって名称はさまざま）であり、組織の方向性を示すものである。

　トップマネジメントは、リーダーシップを発揮し、組織の先頭に立ち、夢や目標を熱く語り、自分たちが「登るべき山」を明確にしなければならない。加えて、登るべき山への合理的、現実的ルートを示すことが求められる。さらには、従業者の「登ろう」という意思を「登りたい」という意志に変えていく働きかけが求められる。

③人々の積極的参加

　マネジメントシステムは、ただトップマネジメントが言語化し、成文化するだけでは意味がない。マネジメントシステムは組織全体の構成員が参加して然るべきものである。顧客満足を高めるという目標に向かって、組織の構成員1人ひとりが何をできるかということを考え、実行していく必要がある。

　トップマネジメントは、前述の「登るべき山」に「登りたい」と強い

意志を持つ組織の構成員1人ひとりが最大限の成果をあげられるように、個性や資質、力量を踏まえて「組織図」等にて役割・責任・権限を割り当てる必要がある。全従業者がマネジメントシステムに参加して、従業者一人ひとりが目標達成のために汗をかくことで、初めてマネジメントシステムは機能する。

④プロセスアプローチ
（1　サービス提供過程（Process）で詳述）

⑤改善
　顧客の期待に応えるために、組織は絶え間なく「さらに品質を高める方法はないか」ということを考え、マネジメントシステムを改善していく必要がある。問題が起こったときのみではなく、上手く行っているときにこそ、さらに良くする方法がないか考えることが重要である。
　激変する社会環境の中で、組織を維持し発展させ続けるためには、「変化への適応」が必要である。存続してきた（存続している）組織は、いずれも変化に適応してきた（適応している）組織といえる。品質マネジメントにおいては、環境の変化に応じて適応していくことを「改善」ととらえることができる。改善は品質を維持し、組織が品質マネジメントの最大の目標である「顧客満足」を実現するために、また新たな顧客の獲得など新しい機会を生み出すためにも必須である。
（（２）プロセスの維持と継続的改善（PDCAサイクルとSDCAサイクル）で詳述）

⑥客観的事実に基づく意思決定
　意思決定は複雑なプロセスであり、常にある程度の不確かさを含む。意思決定は多様な情報源から行われ、それらの情報の解釈も主観的になる可能性が高い。原因と結果の関係や潜在的な想定外の影響を理解するのも重要であり、事実、証拠、データの分析で得られた「客観的事実」は、意思決定に高い客観性と信頼性を与えることとなる。
　組織の目的達成のためにはこの「客観的事実」に基づく意思決定が必要であり、KKDといわれる勘（Kan）、経験（Keiken）、度胸（Dokyou）による経営を行うのではなく、データを活用して確かな根拠のもとマネジメントシステムを改善することが求められる。データを蓄積し、科学的にデータを分析して問題解決を図ることで、確実に目標達成に近づくことが可能となる。現場で今起こっていることがすべてである。

⑦関係性管理

　利害関係者は組織のパフォーマンスに影響を与える。パフォーマンスに及ぼす影響を最適化する方向で利害関係者との関係を管理すれば、持続的成功を達成しやすいことから、信頼関係の構築や関係機関との連携が極めて重要である。

　組織とその利害関係者は対等で平等であり、製品やサービスに関わるすべての人が協力して顧客満足という目標を達成しようとする必要がある。組織の周りには、ステークホルダーが存在しており、さまざまな利害関係が組織を取り巻いていることは事実である。「金銭を支払っている買い手のほうが売り手より偉い」のではなく、互恵関係にあることを理解し、良好な関係を築いた上で顧客満足を高めることが求められる。

●参考文献

○小林久貴『ISO9001(JISQ9001品質マネジメントシステム入門)』一般財団法人日本規格協会、2015年

○近藤隆雄『サービスマーケティング［第2版］サービス商品の開発と顧客価値の創造』生産性出版、2010年

○白濱伸也、伊藤満『保健・医療・福祉サービスで始まったISO9001導入』中央法規出版、2002年

○棟近正彦・水流聡子『福祉サービスの質保証　職員の質を高めて利用者満足を獲得する』社会福祉法人全国社会福祉協議会、2009年

○日本規格協会『対訳ISO9004：2018（JIS Q9004：2018）品質マネジメント―組織の品質持続的成功を達成するための指針』一般財団法人日本規格協会、2019年

○日本規格協会『対訳ISO9001：2008（JISQ9001：2008）品質マネジメントの国際規格』財団法人日本規格協会、2009年

実 践 事 例 2 ─ISO 9001の取り組み

辻中浩司（社会福祉法人松美会事務局長）

1　はじめに

　社会福祉法人松美会は、特別養護老人ホームアイユウの苑を核に、さまざまな居宅サービスを地域密着の生活支援サービスとしてとらえ、高齢者介護サービスの提供を行っている。1999（平成11）年10月、介護保険制度における契約による選択される福祉が見えていたころ、スタッフの能力に左右されやすい、品質そのものがあいまいな介護サービスを、「24時間365日、あたりはずれのない均質かつ良質な、選択される介護サービスとして、利用者満足を追及し、実現できるシステムとして構築したい」との考えから、ISO9001の認証取得を実現した。

　ISO9001は、品質マネジメントシステムとして、品質計画・品質管理・品質保証・品質改善を実施することを求めており、法的要求に加え利用者の要求を満たすサービスを提供する能力を実証し、システムの効果的な運用を通じて、継続的に改善し続けることで利用者満足の向上をめざすものである。

2　アイユウの苑における品質マネジメントシステム

　当法人の品質マネジメントシステムを図3-7に示す。理念を実現するために、品質方針・品質目標を掲げ、利用者・家族とのコミュニケーションを図り、標準化したマニュアルに基づき、スタッフの管理・サービスの管理について、リスクマネジメントを踏まえ、計画を立て（Plan）、そのとおり実施し（Do）、結果を確認し、分析し（Check）、処置を行い、改善する（Act）というPDCAサイクルを回しながら、継続的改善を推進していくシステムであり、法人内の内部監査員による年2回の内部品質監査や、審査登録機関による1年ごとの定期維持審査、3年ごとの更新審査による外圧によって、システムの恒常性が担保される。

（1）年度事業計画の立案と進捗管理

　サービスごとに年1回SWOT分析を行い、内部環境（強み、弱み）、外部環境（機会、脅威）を明確化し、事業計画に反映させる。事業計画では、ありたい姿と大切にしていることを文書化するとともに、目的、目標（内容と達成基準）、具体的方策を示すとともに、目標毎に実施スケジュールを明確化している。事業計画は職員参画のもと行い、内部品質監査内容としている。事業計画は5か月後、10か月後の進捗管理と年度末評価を行う。

■ 図3-7

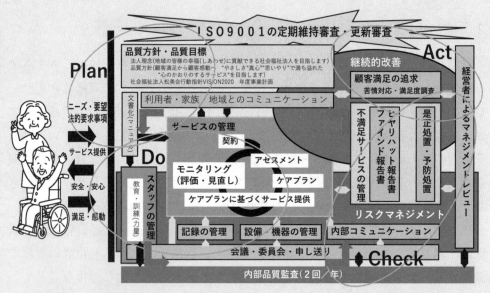

（筆者作成）

（2）利用者・家族とのコミュニケーション

　利用者とのコミュニケーションについて、すべてのサービスにおいて年１回満足度調査を実施している。また、特別養護老人ホームにおいては、より確度のある評価をいただく目的で退所された方に「退所後アンケート」を実施している。利用者、家族が声には出さない（出せない）「心の声」を汲み取り、共有し、さらなるサービスの質向上につなげる仕組みとなる。

（3）標準化したマニュアル

　標準化したマニュアルについて、「標準があるから個別化ができる」と考え、誰がやっても自分たちで決めたレベルのサービスの質が保証できるよう、そのことに関わるすべてのスタッフで吟味し、サービス手順を可視化している。介護リフトの適切な使い方など動画として作成し、教育ツールとしても活用している。これらの標準化したマニュアルの存在は、新人職員教育において、短期間での戦力化が可能となり、職員の安心にもつながっている。また、マニュアルや帳票は、年１回の更新および最新版管理を行っている。

（4）スタッフの管理

　スタッフの管理について、１人ひとりの年間個人目標カードを作成してい

る。勤務するサービス部署の年間事業計画の達成のために、個人として何をするのかを明確にしている。求める人材像を示し、接遇力を含めて必要な力量を明確化し、マニュアルに基づくサービスごとのチェックリストにより1人ひとりの力量を把握するとともに、勉強会実施後に行う理解度テストの結果などを教育・訓練に反映させている。また、職員満足が利用者満足につながると考え、全職員を対象に、職員仕事満足度調査を年1回実施し、職員仕事満足度を高める取り組みを行うとともに、管理職の360度評価と全職員の面談を行っている。

（5）サービスの管理

　サービス管理について、たとえば特別養護老人ホームアイユウの苑において、スタッフ側からは、勤務時間帯ごとの日課表により、職員が行うべき必須業務を時間ごとに示し、決められた時間に決められたサービス提供を義務づけている。利用者側からは、個別サービス計画表として、利用者に提供するサービスを時間ごとに示し、決められた時間に決められたサービスが受けられることを約束している。このことで、スタッフが提供できるサービス総量と利用者に提供を約束したサービス総量の比較が可能となり、自分たちで決めたサービスの質保証のために必要な配置スタッフ数を明確にすることができる。

（6）リスクマネジメント

　リスクマネジメントについて、介護事故は起こるもの、起こった事故から学ぶものとして、個人の責任ではなく、組織全体で取り組むべきものとし、サービスの質向上がリスクマネジメントにつながると考えている。ヒヤリハット・ファインド報告書の質・量からの表彰制度や、スタッフ1人ひとりのリスクを感じるセンスを高める危険予知トレーニングの取り組みに加えて、施設内環境監査（施設内危険箇所点検）などを実施している。さらには、リスクマネジメント情報共有のため、部門横断の委員会を開催している。

（7）内部品質監査・定期維持審査・更新審査

　内部品質監査について、それぞれの部署が運営管理している品質マネジメントシステムがどのような状況であるかを評価する仕組みであり、垣根を越えた議論の場として、お互いの部署を客観的に見ることで部署間の風通しが良くなり、組織間連携力が高まっている。また、これまでに17回の定期維持審査と8回の更新審査、12の新規事業に対する拡大審査を受審し、システムの維持・拡

大・向上に努めている。

おわりに

　社会福祉法人の存在意義やあり方が厳しく問われる中で、ISO9001は、顧客満足を踏まえた良質なサービスを継続的に提供するためのマネジメントシステムであることから、利用者・家族には選択されるサービスとして安全・安心・快適をお届けすることが可能となる。また、地域住民や市域を顧客と定義づけることにより、情報公開や地域貢献活動など、地域が求めるニーズにお応えすることが推進される。さらには、職員を顧客と定義づけることで、職員1人ひとりが大切にされていることを実感できる働きやすい理想の職場が実現し、結果として人材確保・定着につながる。このようにISO9001は、社会福祉法人としてやらなければならないこと、やったほうがいいことをシステマティックに実行し、「ありたい姿」を実現することができる「品質を管理するツール」である。

●引用・参考文献
　◦辻中浩司「福祉経営マネジメント　品質マネジメントシステム ISO9001認証の実践と展開①」『月刊福祉』全国社会福祉協議会、2003年7月号、74〜77頁
　◦辻中浩司「福祉経営マネジメント　品質マネジメントシステム ISO9001認証の実践と展開②」『月刊福祉』全国社会福祉協議会、2003年8月号、76〜79頁
　◦辻中浩司「ISO9001認証取得とサービスの質的向上」『介護人材育成』日総研出版、2005年、vol. 2、no. 3、127〜134頁

第4節　福祉サービスのリスクマネジメント

本節のねらい　　福祉サービスのリスクには、人事・労務管理、財務・会計管理、情報管理など広く組織経営全般に関わることや、事故・苦情対応、感染症や大規模災害対応などサービス管理に関わることなど、さまざまな側面がある。

　　本節では、サービス管理にともなうリスクマネジメントに焦点を当てて解説する。

① 福祉サービスのリスクマネジメント ―基本的視点と固有の視点―

（1）福祉サービスにリスクマネジメントが必要となった背景

①措置から契約への移行

　福祉サービスにおいて、リスクマネジメントに関する検討が本格的に始められたのは、1999（平成11）年頃からである。2000（平成12）年の介護保険法の施行にともない、福祉サービスのうち介護サービスの提供が、いわゆる"措置から契約"に移行したことがその背景にある。

　福祉サービス提供中に事故が発生した場合、措置制度下では、公立施設以外の社会福祉法人立の施設であっても、原則的には国家賠償責任法に基づき、措置権者である行政機関がその事故に対する一義的な責任を負う。同じく社会福祉法人に所属する職員も、民間組織の職員であるものの、その身分が地方公務員に準じて取り扱われているため、事故の被害者は職員の不法行為に対し、原則的には直接損害賠償を請求できない仕組みとなっている。しかし、契約に移行した介護サービス分野では、法人が福祉サービスの契約当事者となるため、法人が利用者の安全に対する直接的責任を負うようになった。

　そこで、新たに法人に求められるようになった、不法行為にともなう損害賠償責任等、法人の使用者責任に対する対応がクローズアップされ、リスクマネジメントが必要とされるようになった。

②医療過誤訴訟の増加

　1999（平成11）年、首都圏の病院において患者取り違え事故が発生し、医療過誤^{注1）}として大きく報じられた。その頃を境に、医療過誤訴訟が

注1）医療過誤
　事故とは、偶発的に生じるアクシデントのことをさす。過誤とは、事故のうちサービス提供側が原因で生じている事故のことをさす。

注2）医療過誤訴訟の新規受付件数は、1990（平成2）年の352件から1999（平成11）年の638件へと、10年間で約1.8倍となっている。民事訴訟全体では、10年間で1.4倍程度の増加にとどまっている状況と比較すると、医療過誤訴訟が急増していることがわかる。

注3）平成11年3月31日厚生省令第39号。

増加の一途をたどり、当時は民事訴訟の数以上に増加するなどの状況が生まれた[注2]。その影響もあり、介護サービス分野では「事故を起こし、訴訟にでもなったら大変」といった認識が広がった。通所介護事業所等で、転倒事故のリスクが高い日中活動プログラムの見直しや外出行事を自粛するなど、訴訟不安からくる過剰とも思える対応をとる例が見られ、利用者の楽しみや自由を一方的に奪いかねない状況が懸念事項となった。

③身体拘束禁止と安全確保

介護保険法第87条に定める「指定介護老人福祉施設の人員、設備及び運営に関する基準」[注3]第11条第4項には、身体的拘束等の禁止が明記され、福祉サービスにおける身体拘束廃止が事業者の責務として明確に示されている。加えて、2001（平成13）年には、厚生労働省により「身体拘束ゼロ作戦」が掲げられ、身体拘束をなくすための具体的方策として「身体拘束ゼロへの手引き」が発出された。

それまで、特別養護老人ホームなどの介護施設では、認知症高齢者等の行動抑制のために、ベッドへの束縛や介護用のつなぎ服着用、ミトン型の手袋の使用が広く行われていた。福祉サービス提供の現場では、身体拘束の廃止と利用者の安全確保を同時にすすめるためにはどうすればよいかが喫緊の課題となった。

（2）福祉サービスにおけるリスクマネジメントの基本的視点
①利用者の尊厳の保持を基本とする

福祉サービスの提供が措置から契約に移行するなかでリスクマネジメントが必要とされた背景には、前述のように、新たに負うこととなった不法行為責任や損害賠償責任に対する組織防衛的な側面が強かったことは否めない。事業者側がこれらの責任を恐れるあまり、活動的なサービスや外出の自粛などの制限を行う事例が見られたことなどから、国や社会福祉法人を中心として、利用者に提供する福祉サービスの質が低下してはならないとの危機意識がもたれるようになった。

そのようななか、他の産業とは異なる福祉サービス固有の視点に焦点を当てたリスクマネジメントの基本的な枠組みを示す必要性から、2002（平成14）年、厚生労働省に「福祉サービスにおける危機管理に関する検討会」が設置され、「福祉サービスにおける危機管理（リスクマネジメント）に関する取組指針〜利用者の笑顔と満足を求めて〜」が報告書として取りまとめられた。

同年、全国社会福祉施設経営者協議会（現 全国社会福祉法人経営者

協議会）においても、同様の視点に基づく「社会福祉法人・福祉施設におけるリスクマネジメントの基本的な視点」が報告書としてとりまとめられた。

　これら2つの報告書は、国と社会福祉法人がそれぞれの立場で福祉サービスにおけるリスクマネジメントについての考え方を示したものである。両報告書に記載されている考え方は、社会福祉法第3条[注4]に規定されている福祉サービス利用者の尊厳の保持を基本としている。

　リスクマネジメントの概念は、その組織（業界）の使命や理念によって、定義の仕方や適用範囲が異なるが、我われにとって必要な視点や取り組みは、これら2つの報告書に示された内容に基づくものとなる。

②サービスの質の向上をめざす

　社会福祉法第24条第1項[注5]には、福祉サービスの質の向上が事業者の責務として規定されている。サービスの質には、あらかじめ基準等で示されている保証レベルの質と、それを基本としつつ、さらによりよい質をめざそうとする向上レベルの質がある。保証レベルの質は、サービスの対価を得るための最低基準としての質であり、それを下回ると基準違反となるため、受け身的で規制的な質といえる。行政による実地指導等で監査の対象となるのがこの保証レベルの質である。一方、向上レベルの質とは、常にサービスの質の改善に取り組もうとする主体的なもので、社会福祉法第5条に定める、利用者の意向にそったサービス提供そのものでもある。つまり、福祉サービスの質は、保証レベルの質を確保するだけでは不十分と言える。社会福祉法第24条第1項の規定は、利用者の意向やニーズにそった、たゆまぬサービスの質向上をめざすことを求めていると解釈できる。

（3）苦情対応の視点
①事故と苦情の異質性と同質性

　事故の対応とともに重要なのが、苦情への対応である。事故は主に身体に傷がつくものであり、その多くが目で確認できるため、誰もが気づくことが可能である。一方、苦情は心に傷がつくものといえ、利用者等からの申し出がなければ気づくことができない。利用者・家族等が苦情を申し出ても、事業者側で適切な対応をとらないと「言っても無駄だ」と思われてしまい、それ以降苦情を申し出てもらうことができない可能性がある。苦情は、利用者との関係を構築するなかで、初めて得ることのできる"贈り物"だともいえる。

注4）（福祉サービスの基本的理念）福祉サービスは、個人の尊厳の保持を旨とし、その内容は、福祉サービスの利用者が心身ともに健やかに育成され、又はその有する能力に応じ自立した日常生活を営むことができるように支援するものとして、良質かつ適切なものでなければならない。

注5）（経営の原則等）社会福祉法人は、社会福祉事業の主たる担い手としてふさわしい事業を確実、効果的かつ適正に行うため、自主的にその経営基盤の強化を図るとともに、その提供する福祉サービスの質の向上及び事業経営の透明性の確保を図らなければならない。

後述するように、事故と苦情はいずれも、サービスに対する期待値と、実際に提供されたサービスとのずれによって生じるものである。そのため苦情が発生した場合の基本的な対応は、事故と同様である。

②福祉サービスの特性と苦情解決への取り組み

措置制度のもとでは、福祉サービスの提供が、行政処分としてのいわば"与えられる"ものであったため、そもそも苦情を申し立てるといった考えがはたらきにくかった。今では、多くの福祉サービスは対価に見合った権利としてとらえられるようになってきているため、これまで表面化しにくかった苦情が相対的に多く寄せられるようになったのは当然のことといえる。苦情の内容は、サービス提供内容に関することのみならず、職員の言葉づかいや組織に対することなど多岐にわたる。接客の基本などは、一般のサービス業から学ぶことも重要である。

一方で、福祉サービスは、人々が日常生活を送るうえで何らかの不都合が生じ、他者の支援を受ける必要性を検討するなかで利用が開始されるサービスである。したがって、一般のサービス業とは違った、福祉サービス固有の権利擁護の視点などを併せもつことが必要となる。社会福祉法第82条には、福祉施設等事業者が苦情解決に努めることが義務づけられている。「苦情」という言葉にはネガティブな響きがあるが、次の3つのレベルでとらえることができる[注6]。

要望（利用締結時に個人の希望などを事業者側に伝える時など）
請求（契約締結後、約束した要望事項の実施を求めるものなど）
責任追及（約束した要望事項が期限内に実施されなかった場合など）

請求や責任追及に該当する「苦情」は、できるだけ少ないほうがよい。一方、要望に関するものは、よりよいサービスを提供するためには不可欠なものであり、多く寄せられることが望ましい。事業所の玄関等でよく見られる意見箱の設置のみならず、日頃からさまざまな場面を通じ、利用者・家族等から多くの声を受け取ろうとする姿勢が重要となる。

（4）虐待・権利侵害防止の視点
①未然防止が不可欠

近年、福祉サービス提供に関わる虐待事案が、事件として報道される例が続いている。事故や苦情に関しては、未然防止に加え、発生してからの対応（クライシスマネジメント）も重要だが、虐待は未然防止の対

応が不可欠となる。

　未然防止の対応を確実なものとするためには、虐待や権利侵害を起こさない組織風土の醸成が必要となる。虐待は、発生した時点ですでに利用者の利益や尊厳を侵害していることから、事後の対応では手遅れという認識をもつことが重要である。理事長や施設長など経営責任者（以下、経営責任者）が、利用者の権利や尊厳を守ることの重要性を、職員に対し折にふれ語り続けるなどの姿勢が求められる。経営責任者の福祉観、人間観が大きく問われる部分である。

②さまざまな虐待防止法とハラスメント防止

　かつて、教育や指導あるいは更生と称し、土下座や顔の平手打ち（いわゆるビンタ）が横行していた時代があった。当時、それらが容認される社会的な風潮があったことは否めない。

　平成の時代になり、2000（平成12）年に児童虐待防止法[注7]、2005（平成17）年に高齢者虐待防止法、2011（平成23）年に障害者虐待防止法と相次いで虐待防止法が制定された。さらに、2001（平成13）年には、いわゆるDV防止法[注8]、ハラスメント防止のための各種法律[注9]も制定された。福祉サービス利用者のみならず、一般社会でも立場の弱い人に対するいじめや人権や尊厳を損なう行為は、厳しく禁じられるような認識に変化してきた。一方で、利用者・家族の側から職員がハラスメントを受けるカスタマーハラスメントも、問題視されるようになってきた。今や、家庭内や施設内など周囲の目が届きにくかった場所や、サービスを提供する側の職員への人権侵害等に対し、社会は相当厳しい目を向けるようになってきていると認識する必要がある。

　1990（平成2）年の福祉8法改正前、社会福祉事業法第3条では、援護・育成・更生の措置を要する者を正常な社会人にすることが社会福祉事業の趣旨とされてきた。しかし、その10年後の社会福祉事業法から社会福祉法への改正時、同じく第3条で、「利用者の尊厳の保持を旨とする」ことが、福祉サービスの基本理念として規定されるようになった。福祉サービスの利用者に対する見方が、短期間で大きく変わっていることに留意することが必要である。福祉サービスを提供する側が、いつまでも以前の福祉観から抜け出せずにいると、その認識自体が大きなリスクとなる。福祉施設等で虐待が起こる背景には、そのような認識不足もあるのではないかと考えさせられる。「我われの常識は世間の非常識」にならないよう、常に外部環境の変化を注視する必要がある。経営責任者の役割として最も重要な部分でもある。

注7）児童虐待防止法は昭和8年にも同様の名称で存在した。児童を見せ物にしたり、危険な芸をさせたりするなどの行為を虐待とした。昭和22年の児童福祉法制定時に、当該法律に統合された。

注8）正式名称は「配偶者からの暴力の防止及び被害者の保護等に関する法律」

注9）セクシャルハラスメントの防止に関しては男女雇用機会均等法等で2020（令和2）年に、パワーハラスメントに関しては、改正労働施策総合推進法等で2022（令和4）年に規定されている。

③公益通報者保護制度

　前述の各種虐待防止法には、虐待等を発見した養護者（家族など）や施設職員等に、通報義務が課せられている。通報したことで組織内において不利益な扱いを受けることを防ぐため、2004（平成16）年には、公益通報者保護法が施行され、事業者の義務や禁止行為が定められている。

② 福祉サービスにおける リスクマネジメントの体制づくりの視点

（1）組織全体で取り組む

①トップのリードで取り組む

　2000（平成12）年の社会福祉法改正時には、第24条に経営の原則が新たに規定され、第1項で福祉サービスの質の向上が我われの責務として規定されたことは前述の通りである。経営責任者が中心となり、組織におけるリスクマネジメントの体制づくりを主体的に行う必要がある。従来の措置制度下では、施設運営の実施方法や提供するサービスの内容など、国から示される基準（措置基準）に忠実に従うことが求められており、いわゆる指示待ちの体制であった。しかしながら、介護分野をはじめとして措置から契約に移行した事業種別では、今やそのような細かな指示は原則的にないことに留意が必要だ。

　経営責任者は、福祉サービスのリスクマネジメントに取り組む必要性やその意義を組織内に周知するとともに、自らが率先してリスクマネジメントの方針や具体的な対応策を決定し、実行することが必要となる[注10]。

注10）「指定介護老人福祉施設の人員、設備及び運営に関する基準」（平成11年厚生省令第39号）第35条第1項

②サービスの質の改善に取り組みやすい組織風土を醸成する

　措置制度下では、前述の通り措置基準を遵守し、その規定事項に対し忠実に業務を行うことが求められているため、組織のコミュニケーションスタイルは、行政の組織管理に見られるような、ピラミッド型の上意下達方式に倣う場合が多い（図3-1-1）。この方式は、あらかじめ定められた基準などを組織全体へ正確に速く伝達するには適したかたちである反面、ルールの改善などの話し合いを行う場合や、緊急時など素早い臨機応変な対応が求められる場合などには不向きともいえる。また、この方式は、何らかの不具合などが生じた際に、どのような理由でそうなったのかという原因追及より、関わった職員等の見落としの有無など、基準やルールからの逸脱に目が向きやすく、責任追及の視点にもつなが

りやすいといえる。そのため、事故報告書等の提出を求めても、職員が報告書を出し渋るなどの弊害を生む。

　事故等再発防止に向けた取り組みでは、起こった事故などから仕組みのエラーに着目してその発生原因を特定し、サービスの改善につなげるボトムアップのコミュニケーションスタイルが必要となる（図3-1-2）。それには、次のような事項を備えることが重要となる。

・実践現場の創意工夫が受け入れられやすい
・現場職員の気づきや改善提案を重視している
・リスクマネジメント委員会等において、異職種・異部署の参加が保障されている
・改善提案に関し、組織内で何でも言え、聞いてもらえる雰囲気が保たれている
・間違い探し、犯人捜しではない安心感がある
・マイナスな情報も含め、必要なことを組織のトップに伝えやすい

　福祉サービスのリスクマネジメントの取り組みを確実にすすめるためには、施設長等からのトップダウンのはたらきかけが必要である。その一方、生じた事故等から再発防止策の検討を行う時などは、改善提案が受け入れられやすいような、メンバーの協働・協力を重視した、ボトムアップ型の組織内コミュニケーションスタイルを用いるほうが効果的となる。場面に応じ、それぞれを使い分ける必要性がある。

■ 図3-1-1

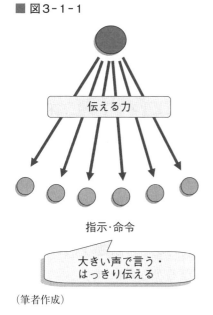

（筆者作成）

■ 図3-1-2

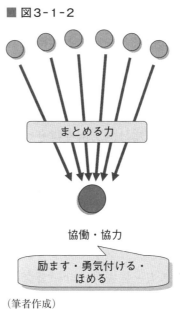

（筆者作成）

（2）利用者・家族等との的確なコミュニケーションの視点
① "言っていただく" から "聞きにうかがう" へ

　社会福祉法第8章は「福祉サービスの適切な利用」と題し、第75条第1項及び第76条において、福祉サービスの利用契約締結時に、提供する福祉サービスの内容について、情報の提供を行うことを求めている[注11]。福祉サービスの提供に際しては、これらの規定を単に義務としてとらえるだけではなく、利用者や家族等との積極的なコミュニケーションの機会ととらえ、利用者や家族の希望や思い、あるいは不安を真摯に受け止め、可能な限りサービスに反映させていくという視点をもつことが必要となる。

　福祉サービスをはじめ、医療、行政、教育などの専門機関が提供するサービスでは、利用者等がそれらの機関に出向く場面が多い。いわば、相手の「ホーム」に出向くということになる。福祉サービス提供時、利用者や家族に私たちがいくら丁寧な言葉や態度で接しても、それが施設などで行われる限り、利用者や家族にとっては発言しづらいことに気づく必要がある。

　利用者や家族との話し合いのコミュニケーションを図るうえで重要な視点は、我われ施設等の事業者側が利用者や家族の日常生活の場に出向くなどの工夫をし、利用者が緊張感をともなわない関係性のなかで話をうかがうといった "聞きにうかがう" 姿勢をもつことである。近年、駅やショッピングセンターなど人々の日常生活の場に行政などの専門機関の窓口があることは、利便性のみならず、言いやすい・聞きやすいといった、いわゆるアウェイ感を軽減させる効果もあるといえる。

②福祉サービスと期待値

　例えば、介護施設入居時に、施設側が利用者の安心を得ようと、食事メニューの豊富さや居室の広さや使い勝手、社会福祉士や介護福祉士などの国家資格保持者の配置状況をアピールしたとする。しかし、利用者や家族は、入浴や排せつ介助時にプライバシーが守られるのか、食事メニューが気に入らない時にはどうすればよいかを知りたいとすると、ここにサービス提供側の伝えたい情報と利用者の知りたい情報にずれが生じることになる。福祉サービスを提供する際には、利用者が提供される福祉サービスに何を期待しているのかを理解し、それに的確に応えることが、リスクマネジメントの観点からは重要となる。認識のずれは不満のもとになり、サービス提供上のリスクとなるからだ。

注11）（情報の提供）
第75条　社会福祉事業の経営者は、福祉サービスを利用しようとする者が、適切かつ円滑にこれを利用することができるように、その経営する社会福祉事業に関し情報の提供を行うよう、努めなければならない。（第2項省略）

（利用契約の申込時の説明）
第76条　社会福祉事業の経営者は、その提供する福祉サービスの利用を希望する者からの申し込みがあった場合には、その者に対し、当該福祉サービスを利用するための契約の内容及びその履行に関する事項について説明するよう努めなければならない。

（3）利用者像の的確な把握
①リスクアセスメントの重要性

　福祉サービスにおけるアセスメントは、福祉サービス利用者が望む生活（生活ニーズ）を実現するために、現在生じている問題や、その問題解決のための課題設定のために行う。具体的には、ADL（日常生活動作）やIADL（手段的日常生活動作）や発達状況、健康に関すること、生き方や価値観、日々の行動や嗜好などから生活ニーズを把握する。アセスメントシートは、この生活ニーズを把握するためのツールとなる。

　サービス提供の基本は、利用者一人ひとりの心身の状況に合った良質なサービスを提供することである。そのためには、利用者の抱えるリスクを含めた的確な情報収集のためのアセスメントは必須である。全国社会福祉施設経営者協議会（当時）の調査報告書^{注12)}によると、介護現場で事故やトラブルが増えている要因の1つとして、利用者像の的確な把握がなされていなかったことが指摘されている。利用者が年々重度化し、医療的なケアの必要性が多くなるなか、利用者の心身状況をアセスメントし、発生しうる事故を想定することが重要となる。

注12)「福祉サービス事故事例集―福祉サービスにおける危機管理（リスクマネジメント）に関する調査・研究事業報告書」2001年

②個別支援計画・ケアプランへの反映

　個別支援計画・ケアプランの記述は、より具体的に支援につなげられるものとなっているかを確認する必要がある。例えば、食事提供など単に「一部介助」と記述されているだけでは、介助がどの程度必要なのかが作成した関係者しかわからず、他者に伝わらない。アセスメントを行う過程で明らかになった転倒や誤嚥に対する防止策や配慮事項などは、具体的な対応の仕方がわかるように記述し、職員が共通認識をもてるようにしておくことが望まれる。

（4）サービスの標準化を図る
①標準化とは

　近年、福祉サービスにも、標準化という概念が用いられるようになってきた（第3節1-（1）参照）。福祉サービスの事故発生要因において「職員によってサービスの仕方が違っていた（サービスのばらつきが多い）」という指摘がある場合は、業務の標準化の必要性が示唆されているといえる。利用者は、事業者とサービス利用契約を締結している。つまり、どの職員がサービス提供を行っても、同じレベルのサービスを提供する責務が、契約上も生じている。標準化とは、ある業務に関し、最も標準的な手順を確立する過程であり、その標準的な手順を活用できる

ようにする取り組みのことをいう。その標準的な手順は、その業務の「標準」として位置づけられ、業務手順書として可視化され配布等される場合が多い。なお、業務手順書はマニュアルと表現されることもある。

　介護保険法施行後の見直しに向けて厚生労働省が設置した「高齢者介護研究会」の報告書「2015年の高齢者介護」[注13]では、ケアの標準化を個別ケアをすすめていくうえでも必要なものとして位置づけられている。認知症ケアにおいても、その教育プログラムや実践方法の標準化がすすめられてきた。業務のみならず、研修などもその内容が標準化されつつあるなど、標準化の概念は、福祉サービスの中でも重視されてきている。

②マニュアル（業務手順書）と標準化

　一方、「マニュアル通りには物事はすすまない」「マニュアル人間」というように、マニュアルは否定的にとらえられることがある。これは、マニュアルを画一的なものとしてとらえた表現でもある。マニュアルとは、誰が業務を行っても一定の水準の業務が行えるよう、基本となる手順やルールなどを体系化、標準化して示したもので、画一的に作業を行うものとして作成されるものではない。基本となる部分が一定であるサービスは、利用者だけでなく職員にとっても安心で安全である。

③ リスクマネジメントを推進するために必要な実務とツール

（1）リスクマネジャーを選任する

　リスクマネジメントに取り組むにあたっては、その推進役となるリスクマネジャーを設置することが必要となる。リスクマネジャーを、組織全体のリスクマネジメントを統括するために設置するか、施設等部門ごとに設置するかは、組織の規模や事業内容により異なる。いずれにせよ、福祉サービスのリスクマネジメントに関する専門的な研修を受けた者がその任務にあたることが望ましい。

　2021（令和3）年度の介護報酬改定では、介護保険施設の事故発生防止と事故発生時の適切な対応を推進する観点から、事故報告書の作成・再発防止策等の周知などとあわせ、施設系のサービスにおいて、安全対策担当者[注14]を定めることが義務づけられた。

　福祉サービスのリスクマネジメントには、管理責任者が関わる部分と、現場責任者が中心となって関わる部分といった2つの側面がある。リスクマネジャーはその双方の橋渡し的な存在となる（図3-2）。リスクマ

注13）2015年の高齢者介護「4 サービスの質の確保と向上」の項
（ケアの標準化）
○また、現在の介護サービスの内容については、現場の経験等のみに基づいて提供されているものが少なくなく、「ケアの標準化」が十分なされていない。「ケアの標準化」は、個々の要介護高齢者の状況に的確に応じた効果的なケア（根拠に基づくケア）の提供・選択を可能とするなど、個別ケアを推進していく上で必要なものであり、サービスの全体的な水準の確保・向上に寄与するようなものである。このような「ケアの標準化」のためにも、高齢者ケアを科学的アプローチにも耐えうる専門領域として確立していくことが求められる。

注14）安全対策担当者は、リスクマネジャーと同義。

■ 図3-2　リスクマネジャーの位置—利用者の急変時対応を例とした場合—

現場が行うこと　　　　　　　　　　　　　　　　　　管理側が行うこと

《例》
・救急措置
・利用者の保護
・仲間のフォロー
・消毒、清掃　　　　等

フィードバック

リスクマネジャー
（橋渡し）

《例》
・外部対応
・人員配置の検討
・設備、備品の検討
・面会制限の検討　　等

・双方の業務を理解できる知識と経験があること
・双方に働きかけができる調整力があること
・双方に関与できる権限が与えられていること

（筆者作成）

ネジャーは、図下部の四角の枠に示したように、サービス提供現場と管理者間の認識のずれが生じないよう、双方にはたらきかけることが重要となる。

　リスクマネジャーの果たす機能には次のようなものがある。

　i　情報管理機能——事故、ヒヤリ・ハット情報の収集と分析。再発防止策の構築等

　ii　コンサルティング機能——各部門における事故予防、問題解決、サービス改善の支援

　iii　コーディネイト機能——経営管理職層と現場職員とのつなぎ役

　iv　アドバイザー機能——迅速かつ適切な事故・苦情対応を実現する組織の意思決定の支援

　v　フィードバック機能—事故、ヒヤリ・ハット報告の内容や、再発防止策などの職員への周知、業務手順書の管理と周知

　これらすべての機能において重要なのは、これらが実際に行使できており、かつ有効に機能しているかであり、リスクマネジャーにはそのような点検を常に行うことが求められる。

（2）リスクマネジメント委員会を設置する

　リスクマネジメントの取り組みをすすめるにあたっては、委員会を設置し定期的に開催する必要がある。委員会で検討した事項は、組織全体で対応策を講じる必要があることから、委員会のメンバーは職種横断的な構成をとることが望ましい。必要に応じ、臨時の会議を開催することもある。委員会では、事故報告書等をもとにした事故発生要因の分析と再発防止策の検討が、主な検討課題となる。その際最も重要なことは、

スタッフの責任追及ではなく、業務手順書などのツールや仕組みなどのエラーを発見するといった、原因追及の視点で実施することである。また、開催した委員会は、議事録を作成し保存する。

（3）事故、ヒヤリ・ハット報告書を収集し活用する

①報告書作成の視点

報告書は、事故の再発防止に向けて、事故等の情報を収集するうえで重要なツールであると同時に、事故の状況を第三者に説明する際にも重要な証拠書類となる。報告書の様式は、職員の誰もが書きやすく、その記入項目の意味が職員に理解されていることと、事故発生状況とその後の対応の事実が、時系列でわかりやすく記載できるようになっていることがポイントとなる。

さらに、職員の誰もが記入にストレスを感じることなくすべての項目に漏れなく記入できること、外部に対してこれをもとに時系列で事実に基づく説明ができることも重要である。

②事故要因分析と再発防止策の構築

事故が起きた原因を分析するには、さまざまな要因分析手法があるが、どの手法を用いても、少なくとも職員要因・本人要因・環境要因の3つの面から整理することが求められる（**図3-3**）。要因分析の手法は、SHELL分析[注15]、4M4E分析[注16]、RCA分析（なぜなぜ分析）[注17]など多様に存在する。

注15）SHELLモデルによる分析
ソフトウエア（Software）、ハードウエア（Hardware）、環境（Environment）、ライブウエア：当事者と当事者以外の人間（Liveware）の側面から、事故の要因を分析する手法。

注16）4M4E分析
事故要因を4つのM（Man人間、Machineモノ、Media環境、Management管理）の側面から分析し、それぞれのMに対する対策を4つのE（Education教育、Engineering技術、Enforcement強化、Example模範）の視点から分析する手法。

注17）RCA分析
事故報告書をもとに、事故の要因分析を行う手法のひとつ。発生した事故について、「なぜそうなったのか」の検討を繰り返して考え、事故発生に至るプロセスを詳しく追跡する手法。

■ 図3-3 リスクマネジメント委員会で行う事故の再発防止に向けた検討方法の例

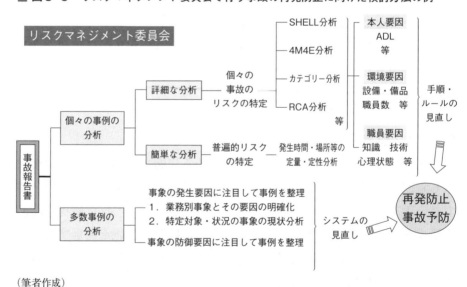

（筆者作成）

ア　職員要因の事故

　医療現場では、医師や看護師の医療関連業務が医療サービス提供の多くを占めるため、事故発生の要因は必然的に職員要因が多くなるため、医療関連業務に関する業務手順書やチェックリストの整備が重視されている。これらは職員要因の事故に対する再発防止策を講じるにあたり、有効となるからである。

イ　本人要因の事故

　福祉サービス提供現場は利用者の生活の場であるため、利用者の日常生活上の事故がめだつ。つまり、偶発的に生じる転倒事故など本人要因の事故が多くなるため、職員が事故につながる危険に気づくことが重要となる。そこで、転倒事故や誤飲・誤食など本人要因の事故の未然防止のために、前述の利用者のアセスメントに加え、**図3-4**のような日常における危険が想定される場面のイラストなどを用いた危険予知訓練[注18)]を用いることがある。

　この図では、一見、流し台の上に包丁が放置されていることや、コップを片手に歩く利用者、テーブルの上のティッシュボックスなどに危険を感じやすいが、実はスタッフの介助位置を変えることで、それら危険の要素は軽減される。このような図をもとにスタッフ間で危険な要素を

注18)　危険予知訓練
1974年に住友金属工業（株）で開発され、1978年から中央労働災害防止協会が主唱するゼロ災害全員参加運動（略称「ゼロ災運動」）の重点キャンペーンのひとつに取り入れられたもの。ヒューマンエラーの事故防止手法として、広く産業界に浸透した。

■ 図3-4　危険予知トレーニングのためのイラスト例

（出典）インターリスク総研『福祉施設の危険予知訓練』筒井書房、2003年、40頁

話し合うとよい。

ウ　環境要因の事故

　施設の設備上の問題や感染症等外部環境の影響により生じる事故などは、環境要因の事故と分類される。環境要因の事故の再発防止には、設備の更新や組織体制の変更など経営管理に関わる要素も含まれるため、経営管理者の関与と意思決定が必要となる。経営管理者が主体的にリスクマネジメントに関わる必要性は、環境要因への対応にもあるといえる。

（4）再発防止策を構築する
①業務手順書を作成する

　福祉サービス提供現場では、これまで業務手順書（マニュアル）を画一的なものとしてとらえ、業務手順書の作成そのものにも否定的な時期があったことは前述の通りである。しかし、提供するサービスの標準が決まっていないと、職員によってサービス内容のばらつきが生じやすくなる。さらに、事業所でサービスの質の向上をめざすにも、具体的な改善点を言葉だけでやりとりすることとなり、後から検証ができない。サービスの質の向上のためにも、業務手順書は必要不可欠なものととらえる必要がある。

②業務手順書の定期的な見直しを行う

　業務手順書は、常に現場業務の実情に合ったものが職員の手元にあるよう整備しなくてはならない。そのためには定期的な見直しが必要となる。職場環境や介助方法などは変化し続けるからである。したがって、業務手順書は作成すること以上に、適切な更新を行うことがより重要となる。現場の実態に合わない業務手順書は、適切な業務の妨げとなり事故につながりやすくなるばかりか、その業務手順書の存在によって管理のずさんさが問われ、過失責任のリスクにもつながりかねない。リスクマネジメントの観点では、確実に運用できる範囲で、業務手順書を作成・管理することが重要となる。業務手順書の作成方法や構造については、後述する。

（5）教育・訓練を実施する

　リスクマネジメントの観点で行う教育と訓練は、業務手順書にもとづいて行うことが重要である。それは、職員が業務手順書に記載されている文言や内容を正確に理解したうえでその業務手順書をもとに業務を遂

■ 図3-5　摂食に関する「教育」と「訓練」の関係

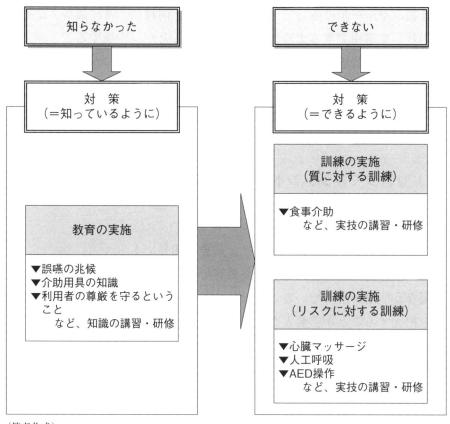

（筆者作成）

行することが求められるためである。自動車の運転免許を取得する時に、先に学科を受講し、その知識に基づき車輌を用いた運転講習を受けるのと同じ流れである。

　「摂食」を例にすると、はじめに食事介助に関して知っておくべき概念や方法について教育を行う。次に、その教育に基づき訓練を実施する（図3-5）。この訓練は、OJT として実施することが多いと思われるが、指導する職員は、いわゆる「自分のやり方を見て覚えさせる」といった方法ではなく、業務手順書をもとに実施することが重要となる。

　訓練には、通常のサービス提供に関する訓練と、事故発生などのリスクに関する訓練の2通りがある。

（6）継続的な改善を行う

　リスクマネジメントの取り組みを確実なものとするためには、業務手順書はもとより、リスクマネジメントの体制（システム）も常に実態に即して必要な見直しを行うなど、仕組みを最新の状態として保ち続ける

必要がある。

　仕組みやルールに関しても、業務手順書と同様に、常に最新・最適なものとして運用できるように管理しておくことが、作成すること以上に重要となる。管理を確実なものとするための手法の1つが、品質管理の分野で用いられているISO9001である。ISO9001には、常に一定の質を保ち続けるための仕組みとして、継続的改善をルール化したPDCAサイクルが内在されている。

（7）リスクマネジメントの取り組みをすすめるために必要な手法・ツール類

①アセスメント・アセスメントシート

　アセスメントシートに関しては、前述の通りである。

　転倒や転落による骨折等は、高齢者では特にその後の生活の質を大きく損なう危険が潜んでいる。アセスメントを通じ、事前にこれらのリスクを把握することが重要となる。

②業務手順書

　先に述べた業務手順書は、通常必要とされる業務の流れを図式化した形で作成する。複雑な業務はフローチャートのような形式で作成する一方で、迅速かつ簡便さが求められるものは、チェックリストとして整備する場合もある。福祉サービス提供現場で基本的なものとしては、例えば食事・排せつ・入浴等の3大介護などの手順書がある。業務手順書は、その業務を完結させるために、**図3-6**のように、必ずやらなければならないこと（手順）と、検証しなければわからないこと（業務としてもしなくても業務を終えることができるが、気をつける必要があること）を分けて記述するとわかりやすい。

③記録の概念と記録方法

　記録とは文書の一部であり、作成・保管に一定のルールがあるものをさす。具体的には、記録は無断で変更ができず、変更を加える必要が生じた場合には、一定のルールに基づく必要があるなどである。契約締結前の契約書は文書だが、署名あるいは押印した後は記録となり、変更を加える際には、双方の確認と押印等を行うことは我われの知るところである。1日ごとに作成される。業務日誌等も、日付が変わると文書から記録に取り扱いが変わる。つまり、後からむやみに追記や書き換えを行うことは好ましくない。

■ 図3-6　業務手順書（マニュアル）の例：「排せつ介助」

作業名	排泄介助		職員名	

≪目的≫
☐　排泄したいときに排泄ができる
☐　気持ちよく排泄ができる
☐　恥ずかしい思いをしないで排泄ができる

	必ずやらなければならないこと（手順）	検証しなければわからないこと（主な留意点）	想定されるリスク	実施チェック
1	ズボン・下着を脱ぐ	恥ずかしい思いをしないよう、まわりに配慮した声がけ、誘導を行う	本人のプライドを傷つける。羞恥心。	
		介助することを納得していただくため、説明をし了解を得る	説明不足による、混乱・不穏状態	
		機能維持のため、残存機能を生かした介助をする	機能レベルの低下	
2	トイレで便座に座る	事故が起きないよう、転倒に気をつけ介助する	転倒	
3	排泄する	気持ちよく排泄していただくため、プライバシーに配慮する	介助に対する抵抗感が生じる	
		健康状態の把握のため、排泄状況（におい、形、異常など）を確認する	異常の発見・対応が遅れる	
4	清拭する	精神、身体両面から配慮し、その方にあった適切な方法で清拭をする	皮膚炎、感染症、不快感が残り生活に影響が出る	
5	便座から立ち上がる	機能維持のため、残存機能を生かした介助をする	機能レベルの低下	
6	ズボン・下着をはく	事故が起きないよう、転倒に気をつけ介助する	転倒	
7		手を洗う（施設内感染に注意する）	感染症	

手順書有効期間　20●●年　4月1日〜9月30日

気付き

（筆者作成）

　福祉サービスの記録には、医療現場で作成される記録と同様、次の要件がある。

■**原本性**：本来、コピーなどの複写や副本の作成は無断で行えない。複写や複製物を作成する場合は、それらが複写物等であることがわかるように㊢の記号を付したり、副本であることを記録上に記したりする。

■**真正性**：記述した文字が簡単に消えないようにすることをさす。例えば、万年筆やボールペン等などの筆記具を使用することが求められるのは真正性に基づく。また、誤記等のため書き換えを行う際には、誤った文字の上に棒線を引くなど、元の記述内容がわかるようにする。修正テープや修正ペンの使用は記録では原則認められない。

■**見読性**：電子媒体で作成したデータは、いつでも目視で確認できる状態で保存する。

■**保存性**：記録ごとに保存年限を設定する。業務に必要な記録の種類と保存年限は、その業務の根拠となる法や基準等で特定されている場合が多い。

　記録は、これら要件を満たすとともに、記述方法として、①事実を書く、②判断を書く場合には、そのもとになる事実を書く、③１つの文（１センテンス）には原則として１つのことを書く、④接続詞は多用しないなどの記述上のルールもある。これらのルールに基づいて作成された記録は、後からサービス提供内容を検証する際、適切に状況を把握しやすい。記録は自分用のメモなどと違い伝える相手がいるため、このようなルールが定められていることに留意が必要である。

④事故と記録

　発生した事故は、リスクマネジメント委員会等で要因分析を行い、再発防止につなげる必要がある。そのためには、事故に関連した業務をどのように行ったのかがわかる業務手順書や、その業務を行った経過や結果がわかる記録が不可欠となる。

　検証のために必要な記録には、日常生活全般にわたる介護・支援記録や、直接的なサービス提供に関わる食事や排せつ等に関する記録、サービス提供に関する事故や苦情、身体拘束等、さまざまな種類がある。これらの記録は、その時に生じたこと（事実）、その時に感じたこと（判断・意見）など、「その時」を意識して記述することが重要である。生じてしまった事故に対し、あの時こうするべきであったといった過去にさかのぼっての評価は避けるべきと指摘されている[注19]。

注19）児玉安司『医療と介護の法律入門』岩波新書、2023年、58頁

事故の概念と事故発生時の対応

（１）基本認識

　福祉施設では、日頃から事故等の発生を想定したうえで、あらかじめ発生した際の被害の拡大防止を視野に入れた対応手順を定めておく必要がある。事故発生時の対応をその場任せにしていると、職員が対応に迷った際に大きな不安を抱えるだけではなく、被害の拡大を防ぐことができなかった場合には、社会福祉法に定める利用者の尊厳の保持に反することにもつながりかねず、福祉サービス提供の理念に反することになる。

（２）事故とは何か

　車が何かに衝突し壊れている状態は、事故だろうか。我われは車の衝突実験で車が壊れる動画等を見ても、実験の１コマだと認識し、事故とは認識しない。一方で、外出先の公道上で車が衝突し壊れている状態を

見ると、事故と認識する。つまり、車が壊れた状態そのものが事故ではないということがいえる。

　事故とは、人々がものやサービス等に期待している状態（期待値）と、実際に提供されたものやサービスが、大きく乖離（かいり）している状態のときに生じる"認識"のことをさす。車の衝突実験では、車が何かに衝突しても、乗員の保護が可能な状態で壊れることが期待されていることに対し、公道上では、そもそも車同士がぶつからないことが期待されている。

　福祉サービス提供中に発生する事故には、不慮の死亡等、誰の目からも明らかに事故と認識される事象がある一方で、自立歩行が可能な利用者の歩行中の転倒などのように、事故と認識する人もいれば、生活の場ではある程度避けられない事象と認識する人もいるなど、人によって事故の認識が異なるものもある。この違いは、期待値のずれと実際のサービスのずれの大きさとして生じる（図3-7）。

　したがって、福祉施設では、明らかに事故として認識されるものに対して未然防止策や再発防止策を講じることはもちろんのこと、期待値のずれにより事故と認識される事象を減らすことが重要である。認識のずれによる事故をなくすためには、第1に、施設で提供する福祉サービスのレベルを上げることが重要となる。転倒事故等は、事故報告書などの記録をもとに、転倒の発生しやすい場所や時間などを特定し、重点的に対策を講じることができる[注20]。次に、福祉サービス提供に対し、顧客から過大な期待がもたれている場合（施設では重大な転倒事故は起こらないなど）は、その期待値を下げることが必要となる。施設は、利用者が日常生活を送るうえで生じるリスク、なかでも施設内での転倒の発生状況やその背景などを、事故やヒヤリ・ハット報告書の集計データなどの事実をもとに、利用者やその家族等の関係者に示したうえで十分説明を行い、あらかじめ理解と納得を得ておく必要がある。

注20) 2007（平成19）年の三菱総合研究所による調査では、特別養護老人ホームでは、転倒事故が居室内で排せつ介助に関連する動作中に発生している割合が40%余りで最も高いと示されている。

■ 図3-7　期待値のずれ

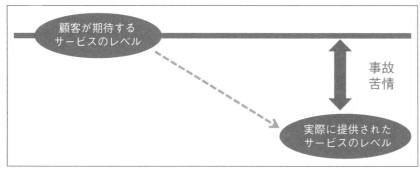

（筆者作成）

注21）高齢者では、骨粗しょう症等の理由で、転倒した場合に大腿部頸部骨折に至る危険性が極めて高い。我われは日常生活でそこまでの骨折に至るケースは少ないため、当該事例は家族等にとっては極めて異例のことと思われることがあり得る。

　福祉施設内で生じた転倒とそれにともなう骨折等[注21]で、家族の理解が得られずに訴訟にまで発展している福祉施設がある一方で、同様の事案が生じても、大きな争いごとに至らない施設がある。これは、転倒そのものにより生じる被害の大きさ以上に、福祉サービスへの期待と実際に提供された福祉サービスとの認識ずれの大きさによるものが強く影響しているといえる。

　社会福祉法第8章に情報の提供の責務が明記されていることは、前述の通りである。利用者の立場に立った福祉サービスに対する情報提供、なかでも被害が生じる可能性が予見されるマイナスと思われる情報提供は、期待値のずれによるトラブルを減らすうえでも重要である。事故同様に、苦情も利用者の期待するサービス内容と、実際に提供されたサービス内容のずれとしてとらえることができる。

（3）事故発生のメカニズム
①ハインリッヒの法則

　ハインリッヒの法則とは、軽微な事故への対策をそのつど実施することにより、大事故の発生を未然に防ぐことができることを示す法則とされている。アメリカの損害保険会社の調査研究者、ハインリッヒにより、労災事故の発生確率を導き出すために考案された。ハインリッヒの法則では、1件の死亡等重大事故の背景には、29件の障害等が残らない程度の事故があり、さらにその背景には、300件もの軽微な事故があるとされている（**図3-8**）。

　この法則によると、重大な事故は軽微な事故を防ぐ努力をし続けていれば発生しにくいとされ、軽微な事故は、さらにその前のヒヤリ・ハットに該当するような事案を防いでいれば発生しにくいといった教訓が導

■ 図3-8　ハインリッヒの法則

（筆者作成）

■ 図3-9　リーズンの軌道モデル（スイスチーズモデル）の例

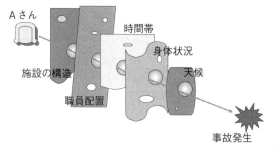

（筆者作成）

き出されている。生活の場である福祉サービス提供現場では、利用者の行動等で、ヒヤリ・ハットする場面が多々ある。ヒヤリ・ハット報告をもとに事故につながる可能性がある出来事の芽を摘む努力は、いつか遭遇するかもしれない重大事故を未然に防ぐためにも欠かせない。

②リーズンの軌道モデル（スイスチーズモデル）

　リーズンの軌道モデルとは、事故がさまざまな要素の弱点が重なって発生することを示したものである（**図3-9**）。

　図に示すAさんが転倒事故に遭遇したと仮定した場合、Aさんの右側に示された「施設の構造」「職員配置」そしてAさんの身体状況などのさまざまな要素が、事故につながる要素となる。図では、それら要素の弱点が「穴」として示されている。これら穴をすべて貫通した場合に事故が発生する。前述のハインリッヒの法則でいう「軽微な事故」や「ヒヤリ・ハットするような事例」とは、この穴の存在を示しているといえる。事故につながる可能性のある穴をふさぐ努力は欠かせない。

　これら2つの法則から、福祉サービス提供に関わる重大事故を防ぐためにも、職員からのヒヤリ・ハット報告等は欠かせない。経営責任者は、報告を行ってくれた職員に対しては感謝の気持ちを示すなど、職員がマイナス情報を報告しやすい雰囲気を日ごろから組織内に保っておくことが重要となる。事故が発生した際に、当事者となった職員の責任を追及することは、今後のマイナスの報告がされなくなることにつながり、事故等の予防がなされないばかりか、再発防止にも役立たないといえる。

（4）事故発生時の対応
①誠実に対応する
　福祉サービスは利用者の生活の場で提供されるため、生活行為にとも

なう事故の発生が避けられないことは、これまで繰り返し述べてきた通りである。常日頃から事故発生を想定し、その対応策を講じておく必要がある。なかでも、日頃から利用者や家族との円滑なコミュニケーションが図られている場合は、たとえ事故が発生しても、解決に向けての話し合いが双方の信頼のもとスムーズに運ぶ場合が多い。そのため、利用者や家族との信頼関係の構築にあたっては、次の点に留意する。

ア　嘘は言わない

　事故への遭遇は、誰にとっても避けたいことである。もしも自分が当事者となり、自分に非があると感じた場合など、その事実を隠したいという思いがはたらくことは、人の感情として自然のことといえる。しかし、事故を隠そうと嘘をつくと、その嘘の発覚を恐れ、さらにその言い訳を考えるなど、悪循環に陥ることは誰しも容易に想像がつく。嘘は道義的に言ってはならないことはもちろんであると同時に、嘘を言うとつじつまを合わせることに意識が向き、肝心の再発防止のスタートラインにいつまでたっても立てないことが懸念される。このことは、社会福祉法第1条に定める福祉サービス提供の目的である「利用者の利益の保護」につながらないばかりか、組織の信頼も大きく損なうことになる。

　また、「安易に謝ってはいけない」との認識により、事故が発生したにもかかわらず、お詫びをひと言も述べないことは好ましくない。発生した事故に対し、サービス提供側の過失責任の有無以前の問題として、福祉サービス利用中の事故であれば、道義的責任はすでに生じている。それに対しては、「痛い（嫌な）思いをさせてしまい、申し訳ございません」など、お詫びの気持ちを率直に伝えることが大変重要である。

　なお、安易に謝ってはならないのは、過失責任の有無に関してである。福祉サービス提供側の過失責任の有無は、組織内では、リスクマネジメント委員会など複数の関係者を交えたなかで、現場で生じた事実をもとに多面的な検証を行ったうえで明らかになる。事故発生直後に、発生した事故や被害に対し、お詫びの気持ちを相手方に速やかに率直に伝えることで、その後のスムーズな事故の解決につながるとともに、施設や職員の対応に対し、信頼を得るきっかけともなり得る。

イ　事実を伝える

　事故発生時は、関係者に事実を伝えることが重要である。事実を伝えるとは、嘘を言わないということのみをさしているのではない。事実とは、後から検証のできる客観的な事象のことをいう。例えば、事故の対

応について、「きちんと対応を行った」「徹底した」「確実に実施した」では、事実を述べていることにはならない。この場合の事実とは、きちんと対応を行ったと判断する根拠となる、「職員から手順通り業務を実施したとの報告があった」や「経過が記録に残されていて、実施を確認できた」などの具体的内容のことである。

　事故発生後に判断を述べたいのであれば、それら判断のもととなる事実もあわせ関係者に伝える必要がある。事実が確かなことであれば、関係者はおのずと判断を導き出すことが可能となるが、判断のみを聞かされたのでは、どんな事実かあったかがわからず、さらなる説明を求められたり、逆に追及を受けたりすることもあり得る。何より、事実がわからなければ、事故発生後に行う検証作業も困難となる。事故報告書などの記録類にも、日頃から判断ではなく事実を記述する習慣をつけることが重要である。

ウ　できることとできないことを明確にする

　利用者の自由を尊重すればするほど、日常生活を送るうえでの転倒などを完全になくすことが不可能であることは、これまでも繰り返し述べてきた。仮に利用者や家族から「どんな場合でも転倒を起こさないようサービスを提供してもらいたい」と望まれたとすれば、それは不可能であることを、事実をもとに真摯に伝える必要がある。利用者や家族のサービスに対する期待値[注22]を正しく把握したうえで、それらに対し、できることとできないことを率直に伝えることが重要となる。そのことが、結果として利用者の利益を守るとともに、職員を守ることにもつながる。

注22)　4-(2) 参照

②速やかに対応する
ア　ルールに基づき対応する

　事故が発生した際の対応は、遭遇した職員の属人的な力量に任せるのではなく、想定できるものはあらかじめ業務手順書などルールとして定め、それに基づき職員が対応できるようにする。そのことが事故発生に遭遇した職員の不安や迷いをなくし、速やかな対応につながる。

　かつて、通常の業務の実施方法や心肺蘇生などの救命救急の手順などは、ベテラン職員が新任者などにやって見せて教えるといった属人的な指導方法をとっていた時期もあった。そのベテラン職員のやり方を、業務手順書に書き表すなどして、個人ではなく組織のやり方として可視化し、どの職員も同様に実施できるようにすることが重要である。家族へ

の説明の際などにも、誰がどのレベルの説明を行うかなどをあらかじめルールとして定めておくことが必要である。万が一、対外的な説明が必要になった時など、次のように役割分担を行うことが考えられる。

現　場　管　理　者：生じた事実のみを説明
施設長等部門責任者：生じた事実と、自ら管理する部門の責任の範囲内で行えることに対する判断を説明
理事長等経営責任者：生じた事実と、法人全体に関わる判断・再発防止の宣言等の説明

イ　訓練を十分に行う

実務をスムーズに行うためには、訓練が不可欠である。訓練は、その手順を迷わず実施できるようになるまでは、何度も繰り返して行うことがより重要である。心理学の分野では、記憶にはすぐに忘れるものから思い出しやすいものまで段階があると指摘されており、認知症介護の分野では、無意識でも思い出せる記憶として「方法記憶」という概念が用いられている。緊急時の対応は、「知っている」だけではなく、「できる」ことを念頭に置き、訓練を重ねることが不可欠となる。

（5）臨機応変な対応の必要性

入浴介助を例にした場合、洗身や洗髪などの入浴介助そのものに関わる業務と、浴室の温度設定や浴室までの誘導など、通常は2種類の業務がそのつど提供されている。この2種類の業務を定常業務といい、前者をコアサービス、後者をサブサービスと呼ぶ。定常業務は、業務手順書に表すことができる（**図3-10**）。

一方、サービス提供中に浴室内で事故が発生するなど、何らかの予期せぬ出来事や、相手の申し出によりサービス内容を変更しなくてはならない事態が生じることもある。これらへの対応が業務手順書に書かれて

■ 図3-10

入浴介助を例としたサービス提供過程

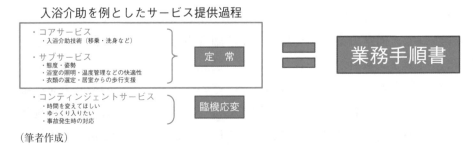

（筆者作成）

いることはなく、その場その場での臨機応変な対応が求められる。この臨機応変な対応のことを、コンティンジェントサービスと呼ぶ。

　コンティンジェントサービスを適切に提供するためには、あらかじめ組織がスタッフに自由に判断してもよい範囲を決め、周知しておくことが必要となる。予期せぬ出来事に遭遇しても、今何が必要かをサービス提供の目的に応じて判断でき、生じた問題を解決することは、究極のサービスの質であり、利用者の大きな満足や事業所の信頼獲得にもつながる。近年は、標準化されたサービス提供だけではなく、コンティンジェントサービスの重要性がサービス業のなかでも注目されている。

●参考文献
○全国社会福祉施設経営者協議会編『福祉施設におけるリスクマネジャーの実践』全国社会福祉協議会、2005年、12頁
○全国社会福祉協議会「社会福祉法人のリスクマネジメント―体制整備の視点とリスクマネジャーの役割（仮）」2024年
○近藤隆雄『サービスマネジメント入門―ものづくりから価値づくりの視点へ［第３版］』生産性出版、2007年

実践事例3—リスクマネジメントの取り組み

磯　彰格（社会福祉法人南山城学園理事長）

1　はじめに

　高齢者や障害者等と深くかかわる社会福祉施設は、サービス提供上、常に危険と隣り合わせといっても過言ではなく、事故が起こりやすい環境にある。そのため各法人・各事業所において、さまざまなリスクマネジメントの取り組みが行われているところである。

　利用者数が多ければそれに比例してヒューマンエラーも増加し、事故を未然に防ぐことはむずかしい。しかし、発生した事故が時として利用者の生命にかかわる場合もあり、現場における目標は「事故の再発防止と万が一発生した場合の定められた手順に基づいた速やかで正確な対応」でなければならない。

　そこで本稿では、誤与薬を例にして、社会福祉法人南山城学園におけるリスクマネジメントの取り組みについて報告する。

2　法人におけるリスクマネジメントの取り組み

（1）法人の概要

　社会福祉法人南山城学園は現在、障害者及び高齢者のための入所施設・通所施設・相談支援事業、並びに保育事業を経営している。利用定員は障害者支援施設（8施設）367人、障害者グループホーム（4施設）60人、介護老人保健施設（1施設、ショートステイを含む）100人、障害者・児及び高齢者通所系事業所（8か所）226人、認定こども園・保育園・小規模保育事業所（5か所）235人であり、1日あたり約1,000人の方が利用されている（令和5年4月現在）。相談支援事業利用者、ショートステイ利用者等を加えると、さらに多くの利用があり、それに対し約730人のスタッフがサービス提供にあたっている。

（2）事故・ヒヤリハットの活用

　当法人は事故発生に対して、軽微なものも含めスタッフに必ず業務改善提案書を提出するよう義務づけている。名称を業務改善提案書とすることで提出者への責任追及を避け、その要因を突き止め、マニュアル等の改善を含めた事故の再発防止を目的とすることを職場単位で徹底し、提出しやすい環境づくりに努めている。

　ここでは、例として、誤与薬の発生要因を分析する。過去に提出された誤与薬関連の事故報告書を拾い上げたところ、主な発生事例は以下のようなものであった。

・薬袋には「朝」「昼」「夕」「眠」と、いつ服薬すべき薬か明記されているものの、一見その違いがわかりづらく、別の服用時間の薬と取り違えた。

・薬袋に印字されている利用者の氏名がカタカナ表記で読みづらく、同姓の利用者の薬と取り違えた。

・薬を利用者に手渡して服薬の声かけをし、その場を離れたところ、実際には服薬していなかった。

（3）再発防止と手順（マニュアル等）の改善

　これらの問題点を解決するために、以下のような再発防止の取り組みを順次行った。

・いつ服薬すべき薬か明確にわかるように、薬袋上部に「朝」「昼」「夕」「眠」それぞれ異なる色の線を引いて区別した。

・薬袋に印字されている利用者の氏名を、カタカナから漢字表記へと変更した。

・投薬時には、利用者の顔と薬袋を見比べながら、薬袋に記載されている氏名・日にち・「朝」「昼」「夕」「眠」の別を単に「気をつける」ではなく、声を出して読むという「行動化」をマニュアルに追加した。

・利用者が服薬を完了したことを確実に確認してから、次の業務へ移ることとした。

　これらは、誰が見てもわかりやすいように、これまで定められていたマニュアルを改善するという方法により行った。

（4）取り組みに対する結果

	1年め	2年め	3年め
誤与薬発生数(件)	20	19	10
年間誤与薬発生率(%)	0.0095	0.0090	0.0048

※発生率＝発生件数÷総投薬回数

　上記改善策は、既存のマニュアルの改善を行い、それを周知して徹底するという方法により実行したが、翌年の誤与薬発生数及び発生率に大きな変化はみられなかった。なぜであろうかと、さらに分析をすすめたところ、

　①PDCA サイクルがうまく機能していない

　②根本的なスタッフの意識改革がなされていない

ということが原因ではないかという結論に至った。

3　継続的なサービス改善

リスクマネジメントをすすめる上で重要なことは、PDCA サイクルをしっかり確立し実行することである。つまり、再発防止のための手順を定めても、それが有効に活用されなければ意味がない。そこで、リスクマネジメントシステム（情報の収集→分析→再発防止策の構築）の流れをわかりやすく整理することで、より有効に機能するように努めた。

①施設内で、どのような事故がどのくらい起こっているか、現状を把握する。（業務改善提案書等によるデータ収集）

②なぜ事故が発生したのかを検証する。（データ分析）

③浮かび上がった要因を分析し、改善策を講じる。（マニュアルの作成・整備）

④改善策に基づいて業務を行う。（マニュアルの履行）

⑤マニュアルにそった業務が行えているかどうか検証する。

⑥マニュアルの不履行が確認されれば、なぜ実行されないのか、さらなる改善策を講じる。

つまり、これを継続的に繰り返すことで、サービスの維持向上及び事故発生の減少を図ることができ、結果、利用者満足度の向上につながり得ると考え、3年めから上記サイクルに基づいた業務改善を行うよう、法人本部より各施設へ発信し、同時にスタッフの意識改革を呼びかけたのである。その結果、3年めの誤与薬発生件数は10件（発生率0.0048％）と、前年度と比べて半減させることができた。

4　考察

（1）リスクマネジメントへの管理職のかかわり

管理職として成すべきことは、以下のとおりである。

①スタッフ全員にマニュアルの周知徹底を図り、マニュアルに基づいて業務が遂行されているという共通認識をもたせるよう努める。

②周知徹底されたマニュアルが、確実に実行され定着しているかどうかを見極める。定着していなければ、それがなぜなのか検証し、マニュアルそのものに問題がある場合は早急に差し替えを行う。

③スタッフの緊張感を持続させる。マニュアルにそった業務を行っていても、ふとした油断からヒューマンエラーが発生する可能性は多分にあ

■ 図3-23 服薬事故発生時の対応マニュアル

整理番号	01-01
社会福祉法人　南山城学園 本部リスクマネジメント委員会	

```
┌──────────────┐
│  服薬事故の発生  │
└──────────────┘
        ↓
┌──────────────┐  ┌───────────────────────────────────────┐
│  事故状況の把握  │  │①投薬情報シート等の資料確認　②勤務者との情報確認│
└──────────────┘  └───────────────────────────────────────┘
        ↓
```

施設管理職へ報告 (不通時は事業局長)	現場職員	①いつ・どこで　②対象利用者　③薬内容　④服薬量を把握
	管理職対応	管理職が対応を判断し指示（必要に応じ医師 or 看護師と相談）

```
        ↓
```

指示受け対応	2パターン（A：医療機関（外部）受診　B：様子観察対応）

（A）

A：医療機関受診	①精神科薬　②要注意者※1　③要注意薬剤　のいずれかが対象

（※1　既往・主疾患により事前に医師から特別な指示や注意を受けている者）

（B）

通院準備	確認事項	①服薬時間　②薬内容　③服薬量
	持ち物	①利用者情報　②投薬情報　③既往歴　④保険証　⑤携帯電話
	電話連絡	協力病院に通院連絡

医療機関受診	診療所・協力病院

受診結果報告	受診内容を、管理職及び勤務者に報告。Bの経過観察対応へ移行

B：様子観察対応	直接B対応に移行するケースは①内科薬誤与薬　②誤忘薬　③落薬のいずれか

経過観察	対応内容	①状態観察（意識・顔色・嘔吐）
		②バイタル測定（血圧／脈／検温）
		③十分な水分補給
	観察時間	30分後・1時間後・3時間後（以後3時間毎の観察）
	異常確認	①管理職へ報告　②必要に応じて通院

管理職への報告	経過と結果を、管理職に報告。関係者への報告を管理職が判断	
	管理職対応	①予後状況含め必要に応じ結果を、医師・看護師へ報告
		②保護者へ報告。管理職指示で、職員連絡の場合あり

記録作成	①ケース記録　②外部受診報告書　③業務改善提案書を提出

（筆者作成）

る。日々の業務が単なるルーティンワークに陥らないよう、スタッフに対し「自分の行動は利用者の安全に直結している」という意識づけを行うことが重要である。事故防止の強化月間をつくることも有効である。

（2）意識改革の必要性

リスクマネジメントにおいては、労働災害の発生確率を分析した「ハインリッヒの法則」が有名である。これは「1件の重大な事故（死亡、重傷）が発生する背景には、29件の軽傷事故、300件のヒヤリハットがある」というものである。つまり、重大事故は氷山の一角であり、その水面下には重大事故へとつながり得る出来事が数多く潜んでいるということである。事故を防止するには、ヒヤリハット事例を収集・分析してリスクを把握し、対策を講じる必要がある。

だが、「ヒヤリとした・ハットした⇒報告書を提出」という行為が機械的なものに陥ったり、報告書でなく反省文となったりすることがしばしばある。それは「収集したデータを分析して対策を講じ、事故予防を図るとともに、サービス改善及び利用者満足度の向上をめざす」という本来の目的を見失っていることと、報告書提出が本当に再発防止に生かされているのかがわかりづらいためであろう。何のために報告書を作成するのか、またそれが具体的にどのようにマニュアル等の改善につながったかなどを明らかにし、その目的と効果を深く理解し、納得することが重要である。

また、「ハインリッヒの法則」によるならば、330件のうち1件は重大事故となる。スタッフにとっては1/330の出来事でも、当事者にとっては1／1の出来事である、ということをしっかり認識しなければならない。リスクマネジメントを考えるにあたっては、マニュアルの遵守、PDCAサイクルの循環もさることながら、スタッフ一人ひとりがまさに今、現在の利用者の大切な人生にかかわっているという意識改革を行うことが求められる。

（3）事故発生後の対応

当法人において、誤与薬が発生した場合の手順は図3-23のとおりである。

事故発生後の対応については一連の流れとし、左側に「職員の行動」、右側に「留意すべき内容等」をシンプルに記載したわかりやすいマニュアルとした。

第5節　福祉サービスの評価

本節のねらい　社会福祉施設における経営管理者としての重要な役割の1つは、利用者に質のよいサービスを提供することである。
　社会福祉法においても、社会福祉施設の経営者は、福祉サービスの質の評価を行うこと等により、常に良質かつ適切な福祉サービスを提供するよう努めなければならない（第78条）とされている。サービスの質の向上のために行うサービス評価とは何か、また、福祉サービス評価の方法とその役割を知る。さらに、社会福祉法成立によって開始された「第三者評価」の意味について学習する。

① 社会福祉法における「サービスの質の向上」

　2000（平成12）年の社会福祉法の成立は福祉サービスの基本構造を大きく変革しようと意図して行われ、次の4つがその大きな柱であった（改正法案大綱）。

　　1　利用者の立場に立った社会福祉制度の構築
　　2　サービスの質の向上
　　3　社会福祉事業の充実・活性化
　　4　地域福祉の推進

　このなかで、「2　サービスの質の向上」に関連しては、第5条に社会福祉を目的とする事業を経営するものに対して、利用者の意向の尊重、関連サービスとの有機的連携、総合的な福祉サービス提供の原則をあげ、第24条に「社会福祉法人は……その提供する福祉サービスの質の向上……を図らなければならない。」と規定した。さらに、第78条においてサービスの質の向上の具体的な方法を示している。

　　第78条（福祉サービスの質の向上のための措置等）
　　「社会福祉施設の経営者は、自らその提供する福祉サービスの質の評価を行うことその他の措置を講ずることにより、常に福祉サービスを受ける者の立場に立って良質かつ適切な福祉サービスを提供するよう努めなければならない」

　社会福祉法施行に先立って、1998（平成10）年に厚生省（現・厚生労働省）社会・援護局長の私的懇談会として「福祉サービスの質に関する

検討会」が設置され、2001（平成13）年３月「福祉サービスにおける第三者評価事業に関する報告書」（以下「第三者評価報告書」）をまとめた。

② サービスの質の向上とサービス評価

（１）評価は業務改善のために重要な方法

　どんな仕事においてもその日常業務の推進においては、PDCA の管理サイクル（**図2-5**（第２章第１節２（３））頁参照）を徹底することが基本である。つまり、仕事をすすめるにあたって、まず計画（Plan）をたて、それに基づいて行動（Do）を起こす。その行動の結果を逐次計画に照らして評価（Check）し、必要に応じて改善（Act）を講じるという流れである。計画（P）は実行（D）が効果的に行われる条件であり、実行（D）の善し悪しは計画（P）に基づいて、経過と成果の両面で評価（C）され、必要な改善（A）がとられる。その結果をもとに新たな計画（P）がつくられ、以下この流れが循環する。利用者に対するケアマネジメントにおいて繰り返される「サービス利用申請→アセスメントの実施（ニーズの査定）→ケアマネジャーによるケアプランの作成→サービスを提供する個々の職種によるケア計画の作成→サービスの実施→モニタリング→再アセスメント（評価）」という流れは、PDCA の流れである。

　PDCA の管理サイクルが繰り返され計画（P）が定着した業務は、基本業務として標準化ができる。福祉サービスにおいても、基本業務を間違いなく維持していく方法として、標準化マニュアルできれば、同様のサービスを提供する複数の職員が一定の質を保ち、確実に、ミスなく業務を遂行できる。具体的には定型業務は SDCA、つまりマニュアル化された業務標準（Standardize）に従って実行（D）し、結果を評価（C）し、必要に応じて改善（A）するというサイクルで実践することで、誰でも確実に業務を遂行することができる。

　ところが、福祉サービスの最前線では、往々にして計画（P）→実行（D）のままになりがちである。日常業務に追われ忙しさのなかで評価（C）まで手が届かないこと、職員、特に指導的な役割を担う職員の能力開発がすすまないと、評価（C）の具体的な方法を学習していないこととなり、評価（C）がなおざりにされていることが多い。また、SDCA のサイクルに必要な具体的な業務標準（S）が十分整備されていないと、誰でも自らの仕事を評価（C）できる条件が整備されない。

　そこで、一定の標準によってつくられたチェックリストにより確認、

評価することが、サービスの質を改善し精度を高める有力な方法であり、これからの福祉サービスに求められるサービスの質の向上を確保する方法の一つとして、積極的に取り組んでいく必要がある。

（2）福祉サービス評価の主体とその役割

　福祉サービスの質を評価する場合、誰が何のために評価するのかを整理してみたい。つまり、評価する主体として以下の４つが考えられ、それぞれに独自の役割がある。

①行政による評価

　まず、第１に行政による評価がある。指導監査である。最低基準等の法的に守らなければならない最低限の規則が守られているかを評価するものである。社会福祉施設の監査は、今までの措置の委託という位置づけの場合には、事業全般が適正な運営であるかを細かく指導監査するものであったが、サービスの内容について制度に明記されていることはまれで、本来、施設の構造的な基準や、サービス提供の人的な基準などが主な対象である。なお、都道府県によっては、行政が主体になってサービスの質の評価をすすめようとしているところがあったが、本来行政による評価は法令に規定される最低限度のものにとどめ、サービスの具体的な内容については、より良いサービスを志向するものとして自己評価や第三者評価へと重点を移していくような役割分担が必要であろう。

②自己評価

　第２にサービス提供者自身による評価である。自らのサービス内容の妥当性を評価し、問題を早期に発見し改善するための方法である。たとえば、2000（平成12）年６月の「障害者・児施設のサービス共通評価基準」（厚生労働省障害保健福祉部）では、障害関係施設におけるサービスの自己評価基準を示し、その具体的な方法として管理者による評価と現場の職種、職場単位による評価を行い、その相違点を両者で検討するという方式で課題や改善点を明確にすることを提言している。この場合、まず自己評価することが求められる。自ら自己評価し問題意識をもって評価に取り組むことで、この目的も達成される。2009（平成21）年４月より施行された改定保育所保育指針では、保育士と保育所が自己評価を行い、その結果を公表することが努力義務化された。そのための評価方法を「保育所における自己評価ガイドライン」として示した。

③利用者評価

第3は利用者による評価である。これには、単に近所の評判程度の一時的・感情的なものから、汎用性のある客観的なものまで幅広いものが出てくるであろう。これに対して、サービス提供者が理論上で質が高いサービスだといっても、利用されないサービスでは意味はない。利用者自身がどのように評価しているかは最も基本的な評価といえよう。

介護保険制度の開始以後、介護保険関連サービス事業所に対する一般市民による評価活動が増加した。例えば、高齢者施設へアンケート用紙を郵送し、その回答をもとに報告書を整理するような団体である。これから利用者となる一般市民による評価は大切にすべきものではあるが、専門家が現場まで見て判断するような場合とは異なり、なかには誰もが参考にできるような客観性や専門的な側面に欠けるものもある。

④第三者評価

そして、第4に、第三者による評価である。契約当事者（事業者、利用者）以外の公正中立な第三者機関が、専門的かつ客観的な立場から評価するものである。個人的な印象などは排除され、大多数の人が信頼できるものであれば、事業者、利用者の双方に有意義なものとなろう。

第三者評価機関の例として、アメリカの医療機関の評価をしているJCAHO（Joint Comission on Accreditation of Healthcare Organizations「医療機関の認定に関する合同委員会」）の病院やナーシングホームの質を評価する事業は、世界的にも有名である。1951年にJCAHとして発足し、1987年にJCAHOとなった。その後2007年にJC（The Joint Commission）と名称変更し、その国際版JCI（Joint Commission International）は1994年に発足している。さらにアメリカでは、医療機関、障害者サービス機関、ホームケア、有料老人ホーム、保育所（チャイルド・デイケア）等、いずれも第三者による評価、認定を行っている機関がある。わが国では病院を対象に行われている（財）日本医療機能評価機構による評価等（表3-1）が第三者による評価である。日本医療機能評価機構による評価基準は、一般病院1・2・3、リハビリテーション病院、慢性病院、精神科病院、緩和ケア病院（7種）に分かれている。認定機関は全国に1機関で、2021（令和3）年11月現在2,000病院（全病院数の約4分の1）が認定されている。料金はサーベイヤーの体制によって異なり、本体審査は149〜559万円、認定書の認定期間は5年有効である。

■ 表3-1　わが国における主な医療・福祉サービスの評価の経過

1984	「老人専門病院評価表」（自己評価）
1987	厚生省、日本医師会「病院機能評価マニュアル」（自己評価）
1989	「社会福祉施設運営指針」（自己評価） その他、社会福祉施設種別ごとに検討されたものがある。
1991	日本病院会「病院機能標準化マニュアル」（自己評価） 「老人保健施設機能評価マニュアル」（自己評価）
1993	「特別養護老人ホーム・老人保健施設サービス評価基準」（自己評価・第三者評価）
1994	「改定新版　社会福祉施設運営指針」（自己評価）
1995	「『保育内容等の自己評価』のためのチェックリスト（園長篇）」（自己評価） 「高齢者在宅福祉サービス事業評価基準」（自己評価・第三者評価） 「日本病院評価機構」発足
1996	「『保育内容等の自己評価』のためのチェックリスト（保母篇）」（自己評価）
1997	「病院機構評価」開始（第三者評価）
1998	東京都「心身障害者（児）入所施設サービス評価基準」（自己評価・第三者評価）
1999	厚生省「福祉サービスの質の向上に関する基本方針」
2000	厚生省「福祉サービスの第三者評価に関する中間まとめ」 厚生省「障害者・児施設のサービス共通評価基準」（自己評価）
2001	厚生労働省「福祉サービスにおける第三者評価事業に関する報告書」 厚生労働省「福祉サービスの第三者評価事業の実施要領について（指針）」 厚生労働省「児童福祉施設等評価基準検討委員会」第三者評価事業評価基準
2002	厚生労働省「痴呆性高齢者グループホームにおいて提供されるサービスに対する第三者評価について」
2004	（社団）シルバーサービス振興会「利用者による介護サービス（事業者）の適切な選択に資する情報開示の標準化について（中間報告書）」 厚生労働省「福祉サービス第三者評価事業に関する指針について」 厚生労働省「福祉サービス第三者評価基準ガイドラインにおける各評価項目の判断基準に関するガイドライン」について
2005	厚生労働省「施設種別の『福祉サービス第三者評価基準ガイドラインにおける各評価項目の判断に関するガイドライン』及び『福祉サービス内容評価基準ガイドライン』等について」 （社団）シルバーサービス振興会「利用者による介護サービス（事業者）の適切な選択に資する『介護サービス情報の公示』（情報開示の標準化）について　報告書」（自己評価・第三者評価）
2006	「介護サービス情報の公表」開始（自己評価・第三者評価）
2009	「保育所における自己評価ガイドライン」（自己評価）
2010	厚生労働省「福祉サービス第三者評価事業に関する指針について」一部改正 厚生労働省「福祉サービス第三者評価基準ガイドラインにおける各評価項目の判断基準等について」一部改正
2011	厚生労働省「保育所版の『福祉サービス第三者評価基準ガイドラインにおける各評価項目の判断基準に関するガイドライン』及び『福祉サービス内容評価基準ガイドライン』等について」の一部改正
2012	厚生労働省「社会的養護関係施設における第三者評価及び自己評価の実施について」に 厚生労働省「『介護サービス情報の公表』制度における調査に関する指針策定のガイドラインについて」
2013	社会福祉懇談会「社会福祉法人の経営品質認定制度の構築に関する研究事業」（日本経営品質賞　社会福祉法人向け認証制度の研究）
2014	厚生労働省「『福祉サービス第三者評価事業に関する指針について』の全部改正について」
2018	厚生労働省「『『福祉サービス第三者評価事業に関する指針について』の全部改正について』の一部改正について」 厚生労働省「社会的養護関係施設における第三者評価及び自己評価の実施について」 厚生労働省「救護施設における第三者評価の実施について」
2020	厚生労働省「保育所における第三者評価の改訂について」
2022	厚生労働省「社会的養護関係施設における第三者評価及び自己評価の実施について」

（筆者作成）

③ 第三者による評価事業

（1）第三者評価事業の目的

　「第三者評価報告書」では、主として第三者によるサービス評価の具体的な方法についての提言を行っている。このなかで第三者評価の目的として次の2つをあげている。

　まず第1に、事業者が「具体的な問題点を把握し、サービスの質の向上に結びつけること」である。先に述べたC（確認、評価）の機能によって問題の所在を明らかにし、これに対処することによりサービスの質の向上を図るのである。第2に「利用者の適切なサービス選択に資するための情報となること」をあげている。サービス評価の結果を何らかの形で公表することにより、利用者のサービス選択に役立つ。

　目的のどちらも大切だが、第1の事業者が「具体的な問題点を把握し、サービスの質の向上に結びつけること」がより重要である。現に利用している人のサービスをいかによいものにするかが優先されるべきである。その際、第三者評価によって問題点が明らかになり、診断はついたとしても、その治療に結びつかなければ、つまり改善に結びつかなければ意味がない。具体的には、評価結果によって明らかになった問題点を、研修などを通じて職員の資質向上に役立てることである。この改善を確実に実行するためには、その組織内での方法だけでは十分でない場合は、事業者の改善を支援するシステムも必要となろう。

　厚生労働省は、社会福祉法の精神のもとにサービスの質の向上の具体的な政策として、「福祉サービス第三者評価事業」を本格的に実施するために、「福祉サービス第三者評価事業に関する指針について」（2004（平成16）年5月7日）でガイドラインを示した。さらにこの事業の一層の推進を図るために、この「第三者評価を受審し、その結果についても公表」をすることを措置費の弾力運用の条件の1つとした。

　このようにサービス評価の結果を何らかの形で公表することが第2の目的である。この結果を公表することは、「利用者のサービス選択に役立つ」ことは確かだ。そして、事業の透明性を高め、情報開示することにより、選択のために利用することができ、事業者と利用者との対等な関係が確保される。また、事業者にとっても正しく開示されればマーケティング戦略ともなり得る。

　2003（平成15）年3月の閣議決定を受けて、介護サービス事業者の情報公開及び第三者評価の推進のために「介護保険サービスの質の評価に関する調査研究委員会」による「利用者による介護サービス（事業者）

■ 図3-24　介護サービス情報の公表制度の仕組み

【趣旨】
　　○利用者が介護サービスや事業所・施設を比較・検討して適切に選ぶための情報を都道府県が公表する。
【ポイント】
　　○介護サービス事業所は年一回直近の介護サービス情報を都道府県に報告する。
　　○都道府県は事業所から報告された内容についてインターネットで公表を行う。また、都道府県は報告内容に対する調査が必要と認める場合、事業所に対して訪問調査を行うことができる。（都道府県は調査にかかる指針を定める）

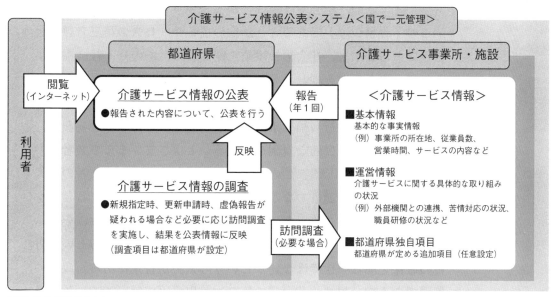

（厚生労働省資料より）

の適切な選択に資する『介護サービス情報の公表（情報開示の標準化）について　報告書』」（2005（平成17）年3月）が出され、2012（平成24）年一部改正して「介護サービス情報の公表制度における調査に関する指針策定のガイドライン」（**図3-25**）が出されている。これは、この第2の目的の「利用者のサービス選択」のために「情報開示の標準」を公表させることを目的としている。2006（平成18）年度以後、介護保険施設すべてに実施を義務づけられているが、サービスの具体的な内容を問うものというより、サービスが適正に提供されるための客観的文書や記録の有無等を問うものである。

　このように利用者の「サービス選択に資するための情報となる」ために、結果の開示はすべきであるということに異論はない。しかし、現在公表されている情報が、本当に利用者の知りたい情報となっているか、さまざまな利用者にわかりやすい情報の公表の方法となっているかは、まだ改善する必要がある。現在の評価の内容では、一般の利用者が自由にサービスを選択することができる状況までには至っていない。自由な

競争による淘汰をテコに質の向上を図る前に、事業者自身が積極的に利用者のサービスの質を向上しようとすることが利用者にとっても必要なことであり、第三者評価の当面の目的としては最も重要であるといえる。

　以上「第三者評価報告書」に示された2つの目的のほかに、第3の目的として、サービス評価結果によりサービス内容の悪い事業者を淘汰することを目的とした評価事業がある。2002（平成14）年にはじまった「認知症高齢者グループホームの第三者評価」である。全グループホーム事業者はこの評価を受けることが義務づけられた。

　この「義務づけ」であることが他の福祉サービスの第三者評価と異なる点である。本来、社会福祉事業を開始するにあたり、社会福祉事業者として必要な要件を課し、それを満たすことによって悪質な事業者の参入を排除するという方法で、質の確保を図ってきた。

　しかし、この、社会福祉事業者として認知するために必要な要件として、事前に多くの公的な規制をかけることはさまざまな事業者の参入を阻害している。むしろ、この参入規制を緩和し多くの事業者の参入を促進し、その自由な競争のなかで質のよいサービスを確保するとともに、そのサービス内容を第三者により評価することを義務づけ、その結果を公開することにより、質の悪い事業者が利用されなくなるという方法で質の確保を図るべきではないかという考え方が背景にある。政府の諮問機関である総合規制改革会議の第2次答申（平成14（2002）年12月）でも福祉分野について「介護サービス事業者の情報公開及び第三者評価の推進」と、上記の方法をすすめることを提言している。

　つまり、グループホームは事前に参入規制をすることなくさまざまな事業者の参入を認めているがゆえに、そのサービス内容の第三者評価と結果公開を義務づけ、質の確保を図ろうとしているものである。

　2012（平成24）年に厚生労働省は、乳児院、児童養護施設等の社会的養護関係施設について、最低基準に第三者評価の実施を加えた。これは、施設長による親権代理や被虐待児の急増等を背景に社会的養護施設内のサービスに第三者の眼を入れることを義務づけることにしたものである。これらは第三者評価の新たな必要性による第3の目的である。

　また、近年アメリカ、イギリス等でP4P（Pay for Performance）といわれるシステムが導入されている。医療機関が高質で効果的な医療サービスを提供した場合、高い報酬診療を支払うという制度である。本来の目的は医療の質の向上とともに、医療費を有効に活用するという視点で導入された。例えば、アメリカではナーシング・ホーム（長期療養施設）にも導入され、サービス提供過程と結果の双方にわたる評価結果

を客観的数値を使って示すものである。報酬の支払額を決める根拠となっている一方、評価結果が公表されることにより、利用者がサービス機関を選択する際の、ケアの質の評価にも使われているという。わが国でも、介護報酬にこの制度を導入するべきではないかとの意見もある。報酬の支払側という新しい第三者による評価で、しかも報酬の支払額に影響を与える第4の目的といえる。

　先に「サービスの質の向上」が第1の目的であることを示した。しかし、第三者評価事業はあくまで評価するところまでで、改善の実際についての具体的な動機付けや方法を示すわけではない。そこから先は各事業者が行うべきことだが、単に評価のままで終わっていたのでは第1の目的達成は望めない。先に示した医療機能評価では、そのための研修体制に力を入れている。福祉サービスにおいても、このような改善への具体的な動きが課題である。また、質の高い評価が行われるためには、実際に評価を行う評価項目の内容や評価者の質が重要である。多くの評価機関があり、評価者の質の確保は第一義的にはこの各機関の責任だが、評価者の質の担保はこの事業そのものの質にかかわる重要な課題である。

（2）第三者評価事業の視点
　サービス評価の具体的な内容を考える視点として以下の4点が考えられる。
　　①サービス提供のための機能、構造
　　②サービス提供過程
　　③サービスの結果（output）、成果（outcome）
　　④それらを保障する経営管理
　特に「②提供過程」を重視している評価にISO（International Organization for Standardization＝国際標準化機構）がある。ISOは1947年に設立された非政府組織機構でさまざまな分野の産業の標準化を推進する団体である。162か国（2017年12月現在）で採用されているという。医療や福祉サービスなどのサービス組織を対象にした9000シリーズのISO9001をすでに導入した社会福祉法人もある。技術や製品など仕事の結果の検査でなく、サービスをつくり出す品質保証と品質管理が標準化されているか審査認定するものである。「第三者評価報告書」では、評価項目の内容は、「①機能、構造」「②提供過程」を中心としている。具体的に示された基準のなかで特徴的なものは、利用者のアセスメントやケアプランなどのサービス提供過程を重要視しようとしている点である。ただし、よい結果を生むためには正しいプロセスが重要であるが、結果

■ 図3-25　利用者の認識の把握方法について

利用者の視点に立った12の質問項目を設定し、その認識を把握する。

生活全般の印象

ヒアリングのポイント：「安心感」「尊重」「自由」「楽しさ」
　1．この施設での生活は全体としてどのように感じていますか？
　2．この施設で特に良いと思われることはどのようなことですか？

健康面へのケア

ヒアリングのポイント：「普通の体調への配慮」「具合が悪くなったときの対応」
　3．健康面への配慮はよくしてくれていますか？

ADL（日常生活動作）のケア

ヒアリングのポイント：「ケアのやり方」「ケアの内容」
　4．介護は丁寧に、こちらの状態を配慮してくれていますか？

余暇活動

ヒアリングのポイント：「楽しさ」「参加のしやすさ」「要望への対応」
　5．レク活動やクラブ活動を楽しんでいますか？

その他の生活課題

ヒアリングのポイント：「悩み事への対応」「要望への対応」
　6．心配なことや、こうしたいと思うことに相談にのったり、十分に対応してくれますか？

職員の態度・対応

ヒアリングのポイント：「傾聴」「受容」「尊重」「解決」「連携（職員間）」
　7．職員の対応にはゆとりが感じられますか？
　8．こちらの言うことに十分耳を傾けてくれますか？
　9．約束したことを守ってくれますか？
　10．どの職員も同じようにあなたに対して丁寧に接してくれますか？
　11．ご自分ではできないことは、代わってやってくれますか？
　12．プライバシーは守られていると感じていますか？

（厚生労働省資料　「福祉サービスにおける第三者評価事業に関する報告書〈平成13年3月23日〉をもとに筆者作成）

はどうであってもよいというわけではない。そこで「③結果、成果」に関連して、利用者に直接質問して「利用者の認識」を把握する方法について示し（**図3-25**）、これを評価結果のとりまとめの参考とすることとしている。

　かつて、知人をとおして米国の障害者のグループの作成した"The Signs of Quality"という小冊子を手に入れた。グループメンバーが自分たちの受けているサービスに対して提案した、いわば利用者からのメッセージで、「リトマステスト」と記されている。9つのQ＆Aとそ

の説明からなる15ページほどの簡単なもので、公式に出版されたものではないようだ。以下、この小冊子に記されている質問のみをあげてみる。

Q1　私に聞きましたか？

Q2　私は安全ですか？

Q3　私の健康は守られていますか？

Q4　私のプライバシーはありますか？

Q5　私の権利や尊厳は守られ、個人として扱われていますか？

Q6　私の選択で時を過ごし、私の選んだ人と時を過ごしますか？

Q7　私が地域社会の一部となるのにどうしたらいいかを学ぶ手助けをしていますか？

Q8　私が受けているサービスや訓練には意味がありますか？

Q9　私の受けているサービスや訓練は他の人から見てよい印象のものですか？

　利用者にもたらされた成果を評価する、いわゆるアウトカム評価はむずかしい。福祉サービスのような生活に関するサービスのアウトカムは、個人個人によりその感じ方が違い、客観的な指標にすることがむずかしいからだ。したがって、サービス評価というのは、利用者にどのような成果がもたらされたかということこそが究極の目的であるはずなのだが、現在使用されているアウトカム評価はほとんどない。"The Signs of Quality" に示された9つのQは、アウトカムを評価する指標となり得る基本的な内容であり、作成した主体の特殊性に左右されない客観性をもった「③成果」の代表例といえよう。

　また、「第三者評価報告書」の重要な点は、第三者評価は行政の行う監査とは違うということである。行政の監査は「①機能、構造」が中心で、その最低基準を満たしているかを評価するものである。第三者評価の水準は行政の対象にすべき「最低基準」ではなく「『よりよいサービス水準』へ誘導するための基準」を示したものである。したがって、第三者評価は行政が主体となってすすめるべき内容ではない。さらに、ここでは福祉サービス全般を広く対象とし、例えば「排泄の介助」のような具体的なサービスの細部については、施設によって対象にならないものもあるので、別に施設種別等に分けて検討されるべき内容としていることである。

　「④経営管理」も重要である。サービスの質はよいのだが、経営的には赤字が重なっていて倒産寸前であるというような事業者では、安心してサービスを受けられないし、安定的なサービス供給も保証されない。経営管理が順調に行われ、安定した経営体質が維持されていることは、

全生活を預けようとする利用者にとっては、重大な関心事である。

（3）第三者評価事業の仕組み

　「福祉サービス第三者評価事業に関する指針について」（2004（平成16）年5月7日）では、第三者評価事業の推進体制を**図3-26**のように示し、国、都道府県、全国社会福祉協議会、都道府県推進組織、第三者評価機関にそれぞれに別の役割をもたせている。「第三者報告書」では直接第三者評価事業を行うのは、原則として法人格を有する第三者評価機関である。第三者評価機関に所属する評価調査者は「組織運営管理業務を3年以上経験している者、又はこれと同等の能力を有していると認められる者」または「福祉、医療、保健分野の有資格者又は学識経験者で、当該業務を3年以上経験」のいずれかの条件を満たす調査者を1名以上配置し、書類による事前審査、直接事業所を訪問して行う訪問調査、及びその報告を行う。調査を直接行う評価調査者の資質の向上が重要な鍵となるため、養成、研修のあり方が重要である。

■ 図3-26　福祉サービス第三者評価事業の推進体制

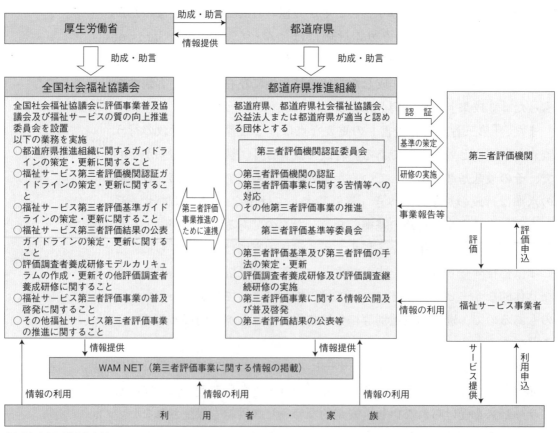

（出典）厚生労働省資料

また、評価決定委員会は10名程度で、「社会福祉事業経営者、従事者」、「福祉、医療、法律、経営等の学識経験者」「福祉サービスの利用者、一般市民」の３分野からおおむね３分の１ずつ選任することとなっている。第三者評価機関は、当面少なくとも各都道府県に１機関は必要としている。2002（平成14）年度より導入されている。

　上記指針の示す第三者評価の方法や評価基準は、福祉サービス全般を網羅する汎用的な内容であるが、施設種別に個有のサービスの評価を対象にできない。従って、障害関係施設、児童施設等施設種別に特有のサービス評価への取り組みもすすみ、介護保険サービスの「介護サービス情報の公表」も含めてさまざまな第三者評価が実施されている。

　これまでの福祉サービス第三者評価事業について、共通評価項目にばらつきがあること、各第三者評価機関や評価調査者により調査結果にばらつきがあること、福祉サービス第三者評価事業の受審件数が少ないこと、等の問題点が指摘されさまざまな見直しが進められている。例えば、社会的養護関係施設の第三者評価はその基準を３年ごとに見直すこととして、利用者ニーズの変化等に応じた基準の見直しにより適正化を図っている。また、救護施設は独自のガイドラインが策定されていなかったが、2018（平成30）年の第三者評価指針の改正を受け、救護施設独自の「救護施設版評価基準ガイドライン」が策定された。

　これらの事業を行うことにより、少しでもサービスの質の向上につながることが最も重要であるが、2001（平成13）年に指針が出されて以来20年となった今まだ広く実施される状況に至っていない。このため、2022（令和４）年全国社会福祉協議会が「福祉サービス第三者評価事業のあり方に関する検討会報告書（2022年３月４日）」をとりまとめ、現状の「福祉サービス第三者評価事業」をめぐる課題を整理し、制度の抜本的見直しを検討すべきであると提言した。

第6節　社会福祉施設における契約

本節のねらい　措置制度から、介護保険制度及び支援費制度（障害者総合支援法に改定）、認定子ども園制度の利用契約制度に至るまでの制度改革の経緯を知る。また、利用契約制度に至る社会情勢の変化と、なぜ利用契約制度が必要であったか、さらにそれに適用できる社会福祉の理念の変化の形成過程を知る。

利用契約制度による社会福祉法人の施設経営の変化を、支払方式の変化、資金の使途制限の問題、施設選択制によるサービスの質の変化、事務作業の増大等を理解する。また、社会福祉基礎構造改革による社会福祉理念の変化、及び明示の重要性を認識し、それを下支えする仕組みを理解する。

1　利用契約制度に至る社会福祉制度改革の過程

　1997（平成9）年12月の介護保険制度の成立、及び2000（平成12）年5月29日に成立した「社会福祉の増進のための社会福祉事業法等の一部を改正する等の法律案」、いわゆる社会福祉基礎構造改革により、日本の社会福祉制度における措置委託制度から利用契約制度等への変遷過程を、1989（平成元）年からの社会福祉制度改革・審議会等の検討状況から整理してみると以下のようになる。

　（1）1989（平成元）年3月に「福祉関係三審議会合同企画分科会意見具申」において、
① 公的在宅サービス等の供給主体の拡充の観点から、社会福祉事業の範囲の見直し
② 福祉サービスの供給主体のあり方
③ 在宅福祉の充実と施設福祉の連携強化
④ 市町村の役割重視
⑤ 措置制度は施設選択ができない
等、問題点を指摘しながらも、措置制度の必要性を述べる。
　（2）1989（平成元）年12月に「高齢者保健福祉推進10か年戦略（ゴールドプラン）」（目標年次：1999（平成11）年度）が策定され、10年間のサービス基盤の計画的整備が図られることとなった。

（3）1990（平成2）年6月に「老人福祉法等8法の法律改正（福祉関係8法改正）」が行われ、主にゴールドプラン実現のために、

① 在宅福祉サービスを社会福祉事業として位置づける
② 高齢者・身体障害者の措置権を市町村へ権限委譲
③ 施設・在宅サービスの決定・実施を市町村に一元化
④ 都道府県・市町村による老人保健福祉計画の策定の義務化
⑤ 障害者関係施設の範囲の拡大

等が行われた。

（4）1994（平成6）年4月に厚生省（現厚生労働省）が「高齢者介護対策本部」を設置し、介護保険制度の構築に向け始動する。また、同年12月に「高齢者介護・自立支援システム研究会報告」発表。

（5）1994（平成6）年12月に「新・高齢者保健福祉推進10か年戦略（新ゴールドプラン）」が策定され、ゴールドプランの目標数値の上方修正が行われ、

① 基本理念の一つとして、「利用者本位・自立支援」という事項が示される。
② 同年12月に「今後の子育て支援のための施策の基本的方向について（エンゼルプラン）」（目標年次：1999（平成11）年度）が策定される。

（6）1995（平成7）年2月に、老人保健福祉審議会が高齢者介護問題に関する審議を開始

（7）1995（平成7）年7月に、社会保障制度審議会が「社会保障制度の再構築に関する勧告」を行い、

① 市町村を中心とした福祉サービス提供体制の確立
② 利用者本位の福祉サービス提供（利用者の選択の尊重）
③ 民間活力の導入による効率的な福祉サービスの提供の必要性
④ 社会福祉施設入所は措置制度から契約に改める

提言を行う。

（8）1995（平成7）年12月に「障害者プラン～ノーマライゼーション7か年戦略～」（目標年次：2002（平成14）年度）策定され、新ゴールドプラン、エンゼルプランとともに、少子高齢化とノーマライゼーション推進のための基盤整備が同時期に推進された。

（9）1996（平成8）年6月に、厚生省（現・厚生労働省）が老人保健福祉審議会、社会保障制度審議会等に介護保険制度案大綱を諮問・答申する。

（10）1997（平成9）年8月に、厚生省（現・厚生労働省）社会・援

護局長の私的懇談会として「社会福祉事業等のあり方に関する検討会」が発足し、社会福祉の基礎構造改革に向けて始動する。また、同年12月に、同検討会から「社会福祉の基礎構造改革について（主要な論点）」が公表される。

(11) 1997（平成9）年12月に、介護保険法成立及び児童福祉法改正。保育所の選択制度の導入。

(12) 1998（平成10）年6月に中央社会福祉審議会社会福祉基礎構造改革分科会の「社会福祉基礎構造改革について（中間まとめ）」が公表される。

(13) 2000（平成12）年4月、介護保険制度施行にともない、介護保険施設・在宅サービスにおける利用契約制度の開始。

(14) 2000（平成12）年5月29日、「社会福祉事業法」改め「社会福祉法」となる。

(15) 2003（平成15）年4月、支援費制度施行にともない、障害者施設における利用契約制度の開始。

(16) 2006（平成18）年、障害者自立支援法施行。2013（平成25）年、「障害者総合支援法」に改定施行。

(17) 2012（平成24）年8月　子ども・子育て関連3法が成立し、認定こども園制度（幼保連携型、幼稚園型、保育所型、地方裁量型）及び地域型保育給付が施行。

　以上のような経緯を経て、戦後構築された福祉サービスの提供基盤である社会福祉施設の措置委託制度を根幹とする日本の社会福祉制度の再構築が行われてきたのである。

　日本の少子高齢社会を見据え、福祉需要の増大・多様化に対応するための基盤整備として、高齢者関係ではゴールドプラン、新ゴールドプラン、ゴールドプラン21と目標値を決めた整備をし、在宅サービスを社会福祉事業に位置づけてその拡充を図り、その実施主体を市町村に一元化した。福祉サービスの供給主体については、民間活力の導入を図り、効率的な福祉サービスの提供の必要性を示し、介護保険制度で明らかなように第二種社会福祉事業を株式会社等を含む多様な供給主体に開放し、サービスの選択が可能な量の基盤整備を図った。同様に児童及び障害者の分野においてもエンゼルプラン、障害者プランによる基盤整備を図った経緯がある。

　特に、利用者の視点に立っての福祉サービスの利用制度化については、福祉関係8法改正により高齢者・身体障害者の措置権を市町村に権限委

譲し、新ゴールドプランにおいて介護保険制度の利用契約制度の基本となる「利用者本位」の理念が出され、社会保障審議会の「社会保障制度の再構築に関する勧告」において、社会福祉施設入所は措置制度から契約制度に改める勧告がなされた。社会福祉基礎構造改革では、児童福祉法改正による保育所の行政処分による入所方式の廃止及び介護保険制度による利用契約制度の開始をふまえ、さらにそれを推しすすめ、高齢者のみではなく、サービスの利用を「サービスの利用者と提供者の対等な関係」を重視し、行政処分である措置制度から、個人が自ら選択し、提供者との契約により利用する制度への転換を基本とした。ただし、契約になじまない緊急保護的な場合のために措置という方策は残し、児童分野においては、この時点では時期尚早ということで措置制度が残された。

さらに、幼児教育・保育・地域の子ども・子育て支援を総合的に推進するため、サービス給付の基準を、それまでの「保育に欠ける」を「保育を必要とする」という要件に改め、保育の必要度を認定する仕組み（1号：教育標準時間認定、2号：満3歳以上保育認定、3号：満3歳未満保育認定）を導入し、専業主婦家庭を含むすべての子どもが利用できる制度が構築された。この改正により、認定こども園に移行した保育所は、保護者との直接契約となり、費用も委託費から保護者に対する個人給付となる契約制度に移行した。これにより、介護、障害福祉、保育のすべての制度に契約の仕組みが取り入れられたこととなった。

② 利用契約制度移行後の施設の変化

利用契約制度になった施設における変化を述べる。

（1）支払い方式の変更

措置制度では、直接施設に対して措置委託費として行政から支払われていたが、社会保険制度である介護保険制度になって、サービスの対価として利用者から費用が支払われる方式（利用者は原則1割負担及び食費・住居費等で、残りは国民健康保険団体連合会から利用者に代わって代理受領する方式）となる。

また同様に、認定こども園及び地域型保育においても公定価格（法定代理受領）、即ちサービスの対価として支払われる仕組みとなった。

措置費の性格が委託費であることが補助金適正化法とかかわり、措置費の使途制限につながっており、施設の再生産システムである施設整備費財源及び借入金の返済財源等で社会福祉施設経営法人である社会福祉

法人は、その弾力化を求めて交渉した結果、緩和されてきた経緯がある。

（2）資金使途制限の緩和

　利用契約制度にともなう利用料の支払い方式が、サービスの対価として利用者が支払うことになった結果、介護保険施設における利用料収入や、認定こども園及び地域型保育の公定価格は、原則使途自由になった。社会福祉法人としての制限はあるものの、この使途制限の緩和が事業の拡大と提供するサービス種類の増加、いわゆる多角化・多機能化につながり、経営基盤の強化に大きく寄与した。

（3）利用者の変化

　介護保険制度開始後、介護保険施設は要介護度1以上の人しか利用できなくなり（既利用者には経過措置あり）、利用契約制度による選択が可能になったとはいえ、施設利用者が介護を要する人に限定された。さらに、介護保険施設の機能として重度の人に限定する方向にすすんでおり、現実には要介護度3以上の人の利用が増大している。さらに、2015（平成27）年4月より、特別養護老人ホームの利用者が、原則要介護3以上に限定されるなど、利用者の重度化が進んでいる。

　また、保育制度においては、すべての子どもがサービス給付の対象となったこと、併せて、女性の就業の増加など社会参加がすすんだことにともない、幼稚園の認定こども園への移行や、預かり保育の充実を図る等の理由により、2号・3号認定児が増え、特に3歳未満児の就園率が増加している。

（4）施設選択性によるサービスの質の向上

　措置制度により行政が利用者を一部の施設に入所させる制度から、都市部では不足感はあるものの基盤整備もすすみ、多種多様な供給主体によるサービス施設（特別養護老人ホーム、老人保健施設、グループホーム、高齢者専用賃貸住宅、有料老人ホーム等）が整備されてきた。

　また、保育制度においても、子育て支援新制度からは実質的には幼稚園と保育所、そして、認定こども園が、同じ土俵で競合する仕組みとなった。このように、多様な種類の基盤整備がすすむにつれて利用者の選択の幅も広がり、各供給主体も利用者の選択に資するサービスの質の向上及びその内容が求められてきている。

（5）契約にともなう説明責任・書類作成

　契約による利用者・家族との重要事項等の書面締結、ケアプランの内容の説明及びその内容にそった援助の実行等が必要になった。科学的な根拠に基づくケアの実行は長く介護の世界に求められてきたことであり望ましいことではあるが、援助内容とともにその結果も求められてきている。援助内容を明確に説明する責任とともに、援助の実行記録もあり、利用者の援助以外の業務の増加が著しい。

　また、保育制度も同様に、書面締結、教育・保育の内容の説明及びその内容にそった指導・援助が必要となり、今後、保護者等に対してさらに分かりやすい説明や、教育・保育の質の向上が求められるところである。

③ 社会福祉基礎構造改革について

　1998（平成10）年6月17日、中央社会福祉審議会社会福祉構造改革分科会の「社会福祉基礎構造改革について（中間まとめ）」が公表された。ここに、社会福祉基礎構造改革の要点として、改革の基本的方向性と重要な社会福祉の新たな理念が下記のように示された。

（1）改革の基本的方向

①　サービスの利用者と提供者の対等な関係の確立

②　個人の多様な需要への地域での総合的な支援

③　幅広い需要に応える多様な主体の参入促進

④　信頼と納得が得られるサービスの質と効率性の向上

⑤　情報公表等による事業運営の透明性の確保

⑥　増大する費用の公平かつ公正な負担

⑦　住民の積極的な参加による福祉の文化の創造

（2）社会福祉の理念

○　国民が自らの生活を自らの責任で営むことが基本

○　自らの努力だけでは自立した生活を維持できない場合に社会連帯の考え方に立った支援

↓

○「個人が人としての尊厳を持って、家庭や地域の中で、その人らしい自立した生活が送れるように支える」

となっている。「これは、昭和25（1950）年社会保障制度審議会「社会保

■ 図3-27　社会福祉基礎構造改革の全体像

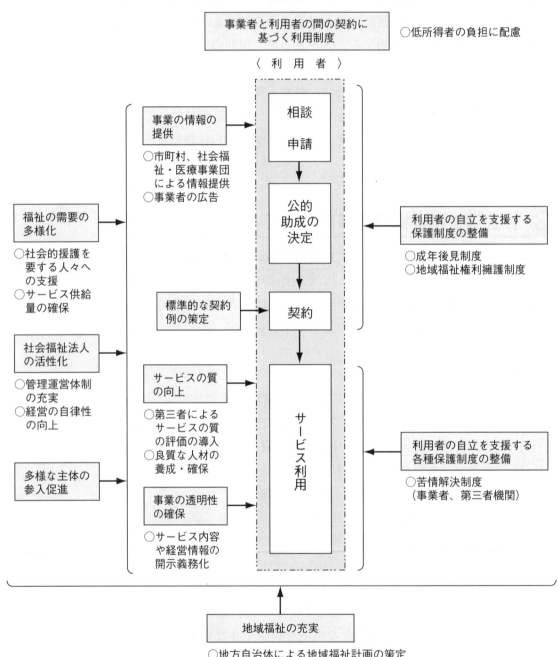

> 利用者本位の制度とするため、利用者保護・利用者の選択を支援する様々な仕組みを構築するとともに、事業主体の多様化・活性化及び事業運営の透明性の確保を図る総合的な改革を行う。

（出典）厚生労働省資料

障制度に関する勧告」において示された社会福祉の定義の考え方が見直され、社会福祉制度全体が、社会的弱者の援護救済から国民全ての社会的な自立支援を目指すものであることが基本理念として明示された事を意味している。」^{注25)}

注25）社会福祉法令研究会『新版 社会福祉法の解説』中央法規出版、2022年、29頁

　改革の基本的方向にあるように「利用者とサービス提供者との対等な関係の確立」によって、自らの責任で福祉サービスを選択できることが重要だと指摘している。

（3）利用契約方式とそれを支える仕組み

　利用者がサービスを選択・契約するにあたって提供者との対等な関係を保持するために**図3-27**のような支援する仕組みが社会福祉法に示された。

　以上のような仕組みを構築し、社会福祉制度における利用者のサービスの選択・契約制度の移行に向けて方向づけがなされた。

●引用・参考文献
○社会福祉法令研究会『新版 社会福祉法の解説』中央法規出版、2022年
○炭谷茂「社会福祉基礎構造改革の展望と課題～社会福祉システムの再構築を目指して」『社会福祉研究』第73号、財団法人鉄道弘済会、1998年10月、22～30項
○阿部志郎「第36回社会福祉セミナー基調講演　21世紀の福祉システムとパラダイム」『社会福祉研究』第76号、財団法人鉄道弘済会、1999年10月、18～28項
○古都賢一「社会福祉基礎構造改革の背景　社会福祉基礎構造改革①」『週刊社会保障』No2069（2000年1月10日）59項／同雑誌連載　社会福祉基礎構造改革②No2700（2000年1月17日）～⑬No2081（2000年4月3日）

第7節　社会福祉施設における権利擁護

本節のねらい　権利擁護という言葉は多義的に使用されてきた。社会福祉施設における権利擁護とはどういうことなのか。権利擁護について自己決定権の尊重という理念を中心に考えると、社会福祉施設が施設利用者の社会福祉施設内での権利擁護を図るのは利益相反になる可能性が高い。もちろん社会福祉施設外のさまざまな利害関係について、社会福祉施設が施設利用者の権利擁護を図ることは推奨されてよいが、そもそも権利擁護がどうして必要なのか、権利擁護を図るにはどのようなサブシステムが必要なのか、について知っておくべきであろう。

　そのような意味で、権利擁護の考え方と権利擁護のサブシステムのあり方を明らかにし、社会福祉施設が権利擁護を考える上での基本知識を整理しておくこととする。

① 権利擁護の背景と考え方

　権利擁護という言葉における「擁護する」とは、措置制度の時代、人権擁護の場合と同様に「保護する」という意味にとらえられていた。各種の権利擁護センターなどの設立趣意書などにも、「権利侵害から守る＝保護する」という視点が打ち出されていた。そのような権利侵害と闘う権利擁護のあり方（「闘うアドボカシー」）を否定する必要はない。今日でもそのような「闘うアドボカシー」は不可欠である。しかし、たとえ権利侵害の場面であっても、本人の意向を無視して「保護する」という発想では対応できないことが多い。例えば、消費者被害のように本人に被害意識がない場合や虐待事例のように本人が被害を隠蔽しようとする場合などが典型的である。

　また、社会福祉の領域では、福祉サービスを受ける場面でも、支援する側が一方的に「保護してあげる」というパターーナリズムが否定され、人間としての尊厳は一方的に保護されるだけでは確保されないことが明確にされてきた。特に、社会福祉サービスが契約によって提供される時代になると、利用者本人の意向を無視して保護することなどできないことが明確になる。そこで人間としての尊厳を確保するために、本人の自己決定権を重視すべきであり、本人の意向（＝自己決定）に即して支援

することが「権利擁護」の本質であると指摘されてきたのである。

　本人の意向（＝自己決定）に即した支援活動は、欧米ではアドボカシーと呼ばれてきた活動である。アドボカシーとは、一般的には、一定の立場を代弁する説得活動のことであるが、社会福祉の世界では、自己決定を表明することが困難な判断能力が不十分な本人、例えば、認知症高齢者、知的障害者、精神障害者、幼児などの意向（＝自己決定）を代弁する相談援助活動のことをさすことになった。したがって、「権利擁護」という言葉は、現在は「アドボカシー」の翻訳語として転用されて定着し、権利擁護＝アドボカシー（本人の自己決定に基づく代弁活動）と考えられてきたのである。

　ところで、本人の意向に即して支援することを社会福祉の視点でみると、上記のとおり２つの局面が問題となる。それは、①権利侵害が生じている局面、②本人の自立生活が困難になっている局面、の２つである。措置時代の権利擁護＝アドボカシーは、①に対する「闘うアドボカシー」という側面が強調されていた。なぜなら、その時代には、福祉サービスを受けることは本人の権利ではないとされており、私的な身体や財産に関する権利しかなかったため、そのような私的な権利の侵害と闘うことが支援として重要であったからにほかならない。この場合、個人的な権利が侵害されているのであるから、「権利救済・被害の回復という結果」が最大限に重視されなければならなかった。

　これに対して、契約時代の権利擁護＝アドボカシーは、「支えるアドボカシー」という側面が強調されることになる。なぜなら、福祉サービス契約とは、事業者と対等な関係において利用者が自己決定に基づく権利義務関係を形成するものであり、判断能力が不十分な人の意向を代弁する援助活動が必要不可欠になるからである。この場合、権利が実現・増進したかどうかという結果だけでなく、「自己決定の支援という過程」が最大限に重視されなければならない。

　したがって、権利擁護＝アドボカシーには、「闘うアドボカシー」と「支えるアドボカシー」という２つの側面が存在することになる。しかも、「闘うアドボカシー」であっても、意向を表明することが困難な人を代弁することがその中核にある以上、本人の自己決定を抜きにした一方的な保護活動は許されない。もっとも本人が意向を表明しえない場合には、代行決定という方法しか残されていないが、その場合でも本人の人格的統合という視点から、本人の意向をできる限り推定（「本人の合理的意思の推認」という方法）して代弁するというルールが必要となる。

❷ 権利擁護の制度

　権利擁護（「闘うアドボカシー」と「支えるアドボカシー」）の理念は以上のとおりであるが、この理念を実現するのは、自己決定権の尊重を中心とする権利擁護の実践である。そして、その実践の枠組みをつくるのが権利擁護の制度である。もっとも自己決定権の尊重という理念と要支援者の保護という理念を両立させるのは、実践上困難である（保護か自己決定か）。判断能力の不十分な人を現実にサポートする者にとっては、この両理念は紙一重であろう。なぜなら、自己決定権を尊重するとは、本人の意向をそのまま無批判に受け入れることではなく、本人の自己決定と専門家である第三者が最も適切と考えるところとをすり合わせ、説得と納得のもとに本人の新たな自己決定を生み出す試みであって、どこまで介入すればパターナリズムに陥り、どこで踏みとどまればアドボカシーといえるかは、なかなか客観的に明らかにしがたいからである。したがって、その紙一重の差を全く無視してしまうか、紙一重であることをあくまでも意識するかによって、具体的な実践のもつ意味は異なったものとなってしまうだろう。

　さらに、社会福祉サービスが契約によって提供されるとなると、制度的に本人の意向（＝自己決定）が保障されるようなサブシステムを設置しなければならないこととなる。なぜなら、契約とは基本的に自己決定のシステム（私的自治の原則）であるが、判断能力が不十分なままに自己決定をそのまま尊重するのは矛盾する考え方だからである。しかも、判断能力が不十分であるために社会福祉サービスを必要とすることも多いのであって、自己決定を保障するシステムがなければ、自己決定権の尊重とは欺瞞であるばかりか自己責任論を押しつける非常に政治的な道具に成り下がってしまうだろう。しかし、近代法における個人主義の原理（自己決定＝自己責任という原理）は、判断能力が不十分な人の自己決定権の保障とかみ合いにくい側面を有している（判断能力の不十分性）。だからこそ近代法では、「判断能力が不十分な人は保護すればよい」というパターナリズムが支配的となったのであるが、現代法では、もはやそのような発想は許されないのである。したがって、契約制度に移行するには、判断能力の不十分な本人の自己決定を支えるサブシステムである成年後見制度と日常生活自立支援事業が不可欠となる。

　また、本人の自己決定権を保障するには、自己決定のための情報が本人に伝わっていなければならない。情報がないまま選択させられた決定は、真の自己決定には該当しないからである。しかし、現実には、利用

者に必要な情報が簡単に伝わるという体制にはほど遠いといわざるを得ない（情報の非対称性）。そこで、利用者が自己決定するための情報を伝達するサブシステムである情報提供制度が必要となる。さらに、社会福祉の分野では、基盤整備の遅れ等をも原因として、事業者と利用者の力関係は、圧倒的に事業者のほうが強いといわざるを得ない（交渉力の不均衡性）。契約制度は、完全に対等な関係を想定しているのであるが、社会の現実は決して対等な関係ではあり得ないのである。そこで力の弱い利用者の自己決定の主張を支えるサブシステムである苦情解決制度が機能しなければならないこととなる。

　以上の考え方を図示すると、**図３-28**のようになる。

■ 図３-28

（筆者作成）

　以上のとおり、権利擁護の理念及び実践は、自己決定権の尊重という理念に正面から応える枠組みをもたなければならないが、現実の権利擁護の制度では、保護か自己決定かという紙一重の差を意識して、本人の意向をふみ越えないという制度的な保障がなされなければならない。そうだとすると、権利擁護の制度は、自己決定を最大限に尊重できるような現実の制度でなければならず、代行決定しかなし得ない場合であっても、本人の合理的意思の推認というプロセスが保障されなければならないこととなろう。以下では、情報提供制度を除いた権利擁護のサブシステムについて概要をみておくこととしたい。

（１）成年後見制度

　成年後見制度とは、成年後見・保佐・補助という３類型の法定後見制度及び「任意後見契約に関する法律」に基づく任意後見制度という、判断能力が不十分な成年者に対する代弁的な法的支援制度の総称である。従来の法定後見制度であった禁治産・準禁治産宣告制度においては、要支援者の保護という理念のもとに過度の規制を定めていたため、社会的偏見をともなう上に硬直的で利用しにくいことが指摘されていた。そこで成年後見制度においては、自己決定権の尊重・残存能力の活用・ノー

マライゼーションの達成という理念のもとに、柔軟かつ弾力的な利用しやすい制度にすべく法改正が行われたのである。

　成年後見制度は、従来の禁治産宣告制度のように、本人の判断能力（事理弁識能力）の低下の程度を基準として支援類型を、後見・保佐・補助の3段階と定めている。ただし、例えば、本人の能力低下の程度は著しくないものの（例えば、補助相当）、保有している財産が極めて多額で紛争性も高い場合などには、より支援に厚い方法（例えば、成年後見）がとられるべきであって、能力による段階的基準は本人のニーズと適合しない可能性があることは否定できない。したがって、能力低下の程度のみで支援類型を硬直的に区別して考えるべきではないだろう。むしろ能力低下の程度と本人のニーズの高さとを相関的に判断して支援類型が選択されるべきである。

　特に、消費者被害の場合や虐待の場合など、早急に介入して法的対応を講じるべきときには、成年後見開始審判に基づいて弁護士後見人などの専門家が最も適切な法的手段を選択することが望ましい。成年後見の場合だからといって本人の自己決定権が無視されてよいわけではなく、できる限り本人の意向が汲み取られなければならない。しかし、場合によっては、本人が判断能力を喪失していたり、あるいは、本人の生命・身体が危険にさらされていたりすることもあるため、現実に表明された本人の意向を尊重するだけではたりないこととなろう。そのような場合の権利擁護のための指標としては、先にも述べたように、本人の合理的な意思の推認という方法によるべきではないかと考える。

　成年後見・保佐・補助・任意後見の手続きの要件とおおまかなポイントは、それぞれ以下のとおりである。

　　　ア　成年後見
　　　　・要件：本人が事理弁識能力を欠く常況にあること
　　　　・一定の親族等が成年後見開始審判を申立てる。
　　　　・家庭裁判所が成年後見開始審判とともに成年後見人を選任し、成年後見人には自動的に包括的財産管理権・代表権が付与され、本人の行為の取消権も付与される。
　　　イ　保佐
　　　　・要件：本人の事理弁識能力が著しく不十分であること
　　　　・一定の親族等が保佐開始審判を申立てる。
　　　　・家庭裁判所が保佐開始審判とともに保佐人を選任し、保佐人には9つの類型的行為に関する同意権・取消権が付与され、家庭

裁判所によってそれ以外の一定の行為に関する同意権・取消
　　権・代理権が付与される。
　ウ　補助
　　・要件：本人の事理弁識能力が不十分であること
　　・一定の親族等が補助開始審判を申立てる。
　　・家庭裁判所が補助開始審判とともに補助人を選任し、補助人に
　　　は家庭裁判所によって一定の行為に関する同意権・取消権・代
　　　理権が付与される。
　エ　任意後見
　　・本人が公証役場で任意後見受任者と任意後見契約を締結する。
　　・本人の判断能力が不十分な状況となったら、任意後見監督人の
　　　選任を家庭裁判所に申立てする。
　　・家庭裁判所が任意後見監督人を選任する（＝任意後見契約の発
　　　効)。

　成年後見制度の運用は、禁治産宣告時代と比べて、権利擁護制度とし
ての実体を備えつつある。第1に、申立件数が2006（平成18）年度以降、
毎年2万件を超えている。第2に、成年後見人と本人との関係について、
親族後見人と第三者後見人の選任割合が2012（平成24）年度には逆転し、
第三者後見人の割合が5割を超えている。第3に、市区町村長の申立件
数も増加しつつあり、2011（平成23）年度以降、全体の1割を超えてい
る。これらの状況は、成年後見に関して、家族が負担すべき事務ではな
く、広く公的に支援が行われなければならないという意識が現れている
ものと考えていいだろう。しかし逆に、そうであるからこそ、そのよう
な制度の受皿の充実が課題となってくる。成年後見関係事件の申立件数
の推移は次のようになっている。

[成年後見関係事件の申立件数の推移]
（2000（平成12）年度〜2005（平成17）年度までは、毎年4月から翌年3
月までの申立件数。2006（平成18）年度以降は毎年1月から12月までの
申立件数)

	後見	保佐	補助	任意後見監督人選任
2000（H12）年度	7,451	884	621	51
2001（H13）年度	9,297	1,043	645	103
2002（H14）年度	12,746	1,521	737	147
2003（H15）年度	14,462	1,627	805	192

2004（H16）年度	14,485	1,634	790	220
2005（H17）年度	17,022	1,890	925	287
2006（H18）年度	28,887	1,998	889	351
2007（H19）年度	21,151	2,235	916	425
2008（H20）年度	22,532	2,539	947	441
2009（H21）年度	22,983	2,837	1,043	534
2010（H22）年度	24,905	3,375	1,197	602
2011（H23）年度	25,905	3,708	1,144	645
2012（H24）年度	28,472	4,268	1,264	685
2013（H25）年度	28,040	4,510	1,282	716
2014（H26）年度	27,515	4,806	1,314	738
2015（H27）年度	27,521	5,085	1,360	816
2016（H28）年度	26,836	5,325	1,297	791
2017（H29）年度	27,798	5,758	1,377	804
2018（H30）年度	27,989	6,297	1,499	764
2019（R元）年度	26,476	6,745	1,990	748
2020（R2）年度	26,367	7,530	2,600	738
2021（R3）年度	28,052	8,178	2,795	784
2022（R4）年度	27,988	8,200	2,652	879

　また、成年後見人等と本人との関係の割合については、次のように推移している。

［成年後見人等と本人との関係の推移］（%）

（平成）	親	子	兄弟姉妹	配偶者	その他親族	弁護士	知人	法人	司法書士	社会福祉士	その他
12年度	9.6	34.5	16.1	18.6	12.1	4.6	0.9	0.4	—	—	3.2
13年度	8.5	32.6	17.6	14.2	13.0	7.7	0.9	0.6	—	—	4.9
14年度	10.7	30.8	17.2	12.7	12.7	7.0	0.7	0.6	5.7	1.3	0.6
15年度	12.5	29.2	16.9	10.8	13.1	6.6	0.7	0.5	7.0	2.2	0.5
16年度	11.3	29.5	16.8	9.4	12.5	7.2	0.7	0.7	8.1	2.8	1.0
17年度	10.7	30.4	15.6	8.5	12.2	7.7	0.5	1.0	8.2	3.3	1.9
18年度	28.2	21.3	18.2	6.0	9.2	5.2	0.4	1.2	6.3	2.9	1.2
19年度	7.9	31.7	12.0	8.6	12.0	7.7	0.5	1.8	10.5	5.3	1.9
20年度	6.2	32.5	11.0	7.6	11.2	9.1	0.5	2.0	11.4	6.6	2.0
21年度	5.1	30.9	9.8	6.8	10.9	9.1	0.5	2.6	13.6	8.1	2.5
22年度	4.4	28.8	8.8	5.7	10.9	10.2	0.5	3.4	15.6	8.9	2.9
23年度	4.1	28.7	8.0	5.5	9.4	11.1	—	3.8	16.5	9.3	—
24年度	3.7	25.3	7.2	4.3	8.0	14.3	—	4.0	19.8	9.7	—
25年度	2.9	22.8	6.1	3.5	6.9	17.6	—	4.6	21.9	10.0	—
26年度	2.5	18.7	5.1	3.1	5.6	20.4	—	5.4	25.6	9.9	—

27年度	2.3	15.8	4.2	2.4	5.1	22.9	—	5.7	27.0	10.7	—
28年度	2.1	15.2	3.8	2.4	4.7	23.2	—	6.3	27.1	11.5	—
29年度	2.0	14.2	3.6	2.2	4.3	22.3	—	7.0	28.0	12.4	—
30年度	1.8	12.1	3.6	2.0	3.9	22.5	—	7.7	29.0	13.3	—
令和元年度	1.6	11.5	3.3	1.8	3.7	21.7	—	8.3	29.5	14.4	—
令和2年度	1.4	8.4	2.8	1.5	3.4	21.0	—	9.5	30.4	14.8	—
令和3年度	1.3	10.5	3.0	1.5	3.6	20.7	—	9.7	30.2	14.5	—
令和4年度	1.3	10.2	2.8	1.4	3.3	21.9	—	9.7	29.7	14.8	—

　なお、市民後見人については、2011（平成23）年度には92名、2012（平成24）年度には131名、2013（平成25）年度には167名、2014（平成26）年度には213名、2015（平成27）年度には224名、2016（平成28）年度には264名、2017（平成29）年度には289名、2018（平成30）年度には320名、2019（令和元）年度には296名、2020（令和2）年度には311名、2021（令和3）年度には320名、2022（令和4）年度には271名が選任されている。

　成年後見制度は、受皿が限界に近付きつつある。認知症高齢者の数だけ成年後見制度利用のニーズがあるのであれば、現状の利用者数（2022（令和4）年12月末日時点での利用者数は24万5,087人）はあまりにも少ないと言われている。もっとも、判断能力が不十分な人の生活課題にすべて成年後見制度が適合的であるわけではないが、成年後見制度に関するニーズもそろそろ対応できる受皿が飽和状態になってきているのは否定できないだろう。

　そこで期待されているのが市民後見という発想である。市民後見という発想には、広く成年後見による支援を地域で引き受けようという発想が含まれており、自己決定支援という発想を超えた地域福祉の観点からの意義が認められる。地域に市民後見人を経験した人が複数存在すれば、さまざまな権利侵害の事前的な抑制や事後的な救済にも力を発揮するだろう。ただし、成年後見人の法的責任は重いものであって、市民後見人を育成するだけでなく、市民後見人を支援する地域システムが必要である。なお、平成28年4月には「成年後見制度の利用の促進に関する法律」が成立し、今後の計画的な制度推進等について定めている。

　他方、成年後見人等によるいわゆる不祥事も報道されるようになってきた。受皿問題と不祥事問題とは表裏の関係にある。なぜなら、受皿を広げると、不祥事問題を引き起こしやすくしてしまうからである。不祥事問題に対処すべく導入された制度には、後見制度支援信託がある。これは、家庭裁判所が被後見人の金銭を信託銀行に信託させ、生活費を定期的に後見人の口座に振り込ませるものであって、この生活費以上の金

銭に成年後見人がタッチできないようにすることによって不祥事を予防しようとするものである。不祥事対策は、反面で、成年被後見人の自由も制限してしまうことになる可能性があるため、成年被後見人の自由をできるだけ制限しないような取り組みが必要である。

（2）日常生活自立支援事業

　日常生活自立支援事業とは、地域福祉権利擁護事業の名称が変更されたものである。地域福祉権利擁護事業は、認知症高齢者・知的障害者・精神障害者などの判断能力が不十分な人に対し、福祉サービスの利用援助・日常的な財産管理・書類の預かり・日常生活に必要な事務に関する手続きなどの支援を内容とする制度であった。この事業は、平成11年秋から厚生省の要綱事業として実施されたが、社会福祉法第81条で「福祉サービス利用援助事業」として位置づけられている。しかし、その後も、「地域福祉権利擁護事業の実施について」「地域福祉権利擁護事業実施要領」に基づいて事業が運営されていたところ、平成19（2007）年5月に通知が改正され、「日常生活自立支援事業」と名称変更されるに至ったものである。

　本事業による支援方法は、具体的には次のようなものである。例えば、認知症が発症している高齢者がアパートでひとり暮らしをしているところ、預金通帳を紛失したとして銀行に再発行をお願いすることがたびたびになったとすると、銀行としてもそのまま再発行を続けることはできなくなってしまうため、日常的な金銭管理を支援する人の存在が不可欠になってくる。そこで社会福祉協議会とこの事業の利用契約を締結し、社会福祉協議会に属する専門員が支援計画を策定し、現実の預金通帳の管理や預金の払戻しなどを生活支援員がお手伝いすることとなる。本人の自立生活を維持し、自己決定権を尊重するためには、当初は本人と一緒にそれらの事務を行うことが望ましいであろうが、本人が預金を払戻しに行くのも身体的に困難な状況になった場合には、本人から代理権を受けて、代理による預金払戻しの支援をすることとなろう。

　この事業の法的な枠組みは、都道府県社会福祉協議会を実施主体とし、市区町村社会福祉協議会などが利用者本人と利用契約を締結して、指定された生活支援員が定期的に本人のもとを訪問し、本人の了解のもとに日常生活を支援するものである。この事業は、判断能力が不十分であるために日常生活が困難となった人を支援するものであるから、成年後見制度と共通の目的を有している。しかし、この事業は契約によって開始し、日常生活に関する支援に守備範囲を限定している。したがって、①

本人に契約締結能力が全くない場合や②日常生活の必要性を超える財産の管理（例えば、賃貸不動産の管理や期日管理の必要な有価証券の管理など）が必要な場合には、成年後見制度を利用しなければならない。また、この事業では、施設入所のための契約を代理して支援することはできない。それは本人の意思に反する施設入所を防止するという視点からのセーフガード措置である。

　この事業のポイントは次のとおりである。
① 判断能力が不十分な人、あるいは不安になっている人を対象とする。
② 社会福祉協議会の専門員が支援計画を策定する。
　⇒できる限り、自己決定権を尊重する支援方式を選択する。
③ 本人が社会福祉協議会と利用契約を締結する。
　⇒本人に契約締結能力と利用意思が必要となる。
④ ③の点について問題がある場合、契約締結審査会でチェックする。
⑤ 適切な支援がなされているか、運営適正化委員会がチェックする。
⑥ 本人の状況の変化等に合わせて、支援計画を変更する。
⑦ 本人の意思を確認できなくなったら、成年後見制度に移行・連携する。

　この事業の中心的な内容としては、前述したように、福祉サービスの利用援助・日常的な財産管理・書類の預かり・日常生活に必要な事務に関する手続きなどの支援とされているが、実際上の機能としてはそれだけにとどまらず、消費者被害や虐待などの権利侵害に対する予防機能も担っている。権利侵害は、誰の目も届いていない孤立した人が対象とされることが多いため、日常生活を継続的に支援している人が存在しているというだけでも十分な抑止となることがあるためである。したがって、この事業は単なる日常生活支援だけではなく、まさに権利擁護をめざした制度であるといえよう。日常生活自立支援事業という名称は、現象的な支援形態に着目した名称であるが、地域福祉権利擁護事業という名称は、その権利擁護の精神に着目した名称であったと考える。

　この事業では、本人との契約に基づいて本人を支援することを定めているだけであり、家庭裁判所等の公的機関による介入方法は定められていない。しかし、本人には支援者を監督する能力が欠けている場合もあるため、都道府県社会福祉協議会のなかに契約締結審査会や運営適正化委員会を設置して、自主的に監督機能を遂行することとされている。これらの機関は、法律・保健・医療・福祉等の専門家によって構成されており、日常生活支援の場面における法律・保健・医療・福祉の接点上に

存する諸問題につき、各分野の専門家による助言機能と監督機能とを活用するという形態が工夫されている。

　以上のように、この事業は、本人の自己決定を最大限に尊重しながら、本人の日常生活に関する支援に守備範囲を限定している。そして、財産に対する代弁的支援よりも、むしろ本人を取り巻く生活状況に対する福祉的支援を重視している。確かに成年後見人は、本人の身上に配慮する義務を負っており（民法第858条）、権利擁護の視点からそれを軽視することはできないのであるが、最も力を発揮する場面としては、成年後見制度が「財産管理を中心とした法的支援」を中心とするのに対し、この事業は「具体的なケアを中心とした福祉的支援」を中心とするといえるだろう。

　この事業の問題点としては、本人の契約締結能力と利用意思が前提であることに基づくものがある。本人にこの事業の契約を締結するだけの能力があるかどうか、この事業を利用する意思があるかどうかについては、契約締結審査会でチェックすることとなる。それらのチェックには、法律面・医学面からのアドバイスが不可欠であるため、契約締結審査会が現実的に機能していなければ事業は信頼されないだろう。また、法律面・医学面からそれらを確認し得ない場合には、この事業を無理に推しすすめるべきではない。成年後見制度との連携が必要となる。

　また、日常的財産を超える財産管理が必要な場合にもこの事業は適していない。何が日常的財産なのかについては、本人の資産状況や時代状況に応じても変動するだろう。これらの判断についても契約締結審査会を通じてチェックすべきである。この事業で管理できない非日常的なものまで抱え込むと、本人にとって支援の可能性が減少してしまうばかりでなく、本人が死亡したあとに相続人とさまざまな法的トラブルにもなりうるため、注意が必要である。

　この事業が制度的な限界によって成年後見制度に移行しなければならない場合、この事業を終了して、成年後見制度に引き継いでいくこととなる。しかし、支援の安定性や継続性を念頭に置くと、直ちにこの事業を終了すべきでない事情も考えられる。そこで両制度を連動あるいは併用する場合、この事業を社会福祉協議会が担っていることから、さまざまな連携のバリエーションが考えられる。

　第1には、当該社会福祉協議会が法人後見人に就任して支援を継続するという選択肢がある。この方法には、安定性・継続性があり、お金がない人にも対応できるというメリットがあるが、反面、社会福祉協議会が本人を抱え込んでしまうと、本人にとっての支援ネットワークの不拡

大にもなりかねないし、そもそも社会福祉協議会が受任できる人数には限界があることを意識すべきである。

　第2には、第三者に成年後見人に就任してもらい、この事業を成年後見人との契約によって継続するという選択肢もある。この方法には、成年後見人の負担を軽減するため受皿を確保しやすいし、それぞれの守備範囲に即した支援が可能となるというメリットがある反面、成年後見人の無責任を誘発する危険性もある。

　第3には、市民後見人に就任してもらい、この事業を市民後見人との契約によって継続するという選択肢も広がるかもしれない。この方法には、受皿を拡大でき、地域福祉増進にも役立つというメリットがあるが、反面、市民後見人の育成・監督等の機能を誰が担うのかという根本問題が解決していない。

　これら以外にも、今後、さまざまな連携方法が工夫されなければならない。しかし、支援の安定性・継続性という視点を忘れるべきではないだろう。特に、若年の知的障害者・精神障害者の日常生活に関する自立支援では、支援担当者が人事異動などで常時変動することは好ましいことではないように思われる。支援体制のあり方を含め、権利擁護の根本から考えていかなければならない問題である。

（3）苦情解決制度

　社会福祉法上、苦情解決制度としては、2つのものが定められている。1つは、社会福祉事業者が自ら構築する苦情解決体制である。社会福祉法第82条は、社会福祉法第8章第2節「福祉サービスの利用の援助等」に置かれ、利用者の契約上の権利を補強するための制度として社会福祉事業の経営者に苦情解決の努力義務を課している。各事業者の苦情解決体制としては、厚生労働省のガイドラインで、苦情受付担当者・第三者委員・苦情解決責任者を置くように定められている。

　社会福祉事業の経営者が苦情解決の努力義務を負うのは、福祉サービス契約の付随義務として、説明義務が認められるからにほかならない。ここでの苦情とは、不平・不満をさしているのではなく、あらゆる利用者の声そのものをさしていると考えるべきである。利用者の声に応答する義務は、契約前の説明義務（これについては、重要事項説明義務として法令上明記されている）ではなく、契約後の付随義務としての説明義務なのである。したがって、社会福祉事業者の苦情解決体制は、全体として、契約制度の下で利用者の権利を実現するための補強的なサブシステムと位置づけることができる。福祉サービス契約においては、事業者

と利用者とが互いに対等な当事者として利益が対立する可能性もあるため、事業者自身が自己の提供するサービスについて利用者の権利擁護者になることはできない。しかし、事業者の行うサービスは利用者の自立を支えるものでなければならないため、事業者も適切な説明を行うことによって、利用者の自己決定を補強する機能を果たしうることになる。

　特に第三者委員は、事業者に頼まれて事業者の説明責任を補助する立場にあるが、その活動内容は利用者を代弁するという利用者の権利擁護活動そのものなのであって、理念的には非常に困難な位置づけとなる。しかし、第三者委員に求められているのは、事業者の具体的なサービス提供に関して、利用者が交渉力において弱いことを補強・補助するものであるから、必ずしも専門家でなければならないものではなく、よき市民としてのよき助言者たる役割である。そうだとするならば、よき市民感覚を発揮することをもって携わることによって、第三者委員が実効的な助言者としての役割を果たせることとなろう。社会福祉法の改正によって評議員会が議決機関となったことから、第三者委員の確保自体も課題となった。

　もう1つの苦情解決制度は、運営適正化委員会による苦情解決制度である。運営適正化委員会も、「福祉サービスの利用の援助等」の節に定められており（社会福祉法第83条以下）、都道府県社会福祉協議会に設置されることとなっている。運営適正化委員会は、利用者などに対する助言や事情調査を前提として、「あっ旋」という紛争解決の場の設定を中心とする体制となっている（社福第85条）。したがって、運営適正化委員会は、中立的な役割が期待されているのであるが、利用者が交渉力において弱い立場にある以上、中立的な立場で利用者を代弁する役割が期待されているといえよう。そうだとすると、運営適正化委員会は、純粋な中立的な第三者であるというより、ある程度中立的な立場を保持しつつも、利用者を代弁しながら、事業者との紛争を解決することが必要となる。そのような意味で、運営適正化委員会による苦情解決制度は、権利擁護制度の1つととらえることができよう。

　これらの苦情解決制度は、必ずしも十分に機能しているとはいいがたい。その原因にはさまざまなものがあるだろうが、第1には、事業者段階では、第三者委員が上記のようにむずかしい立場にあるにもかかわらず無報酬（実費の支給は可）とされているため、人材を確保できないということがある。しかし、第三者委員を報酬制度にしてしまうと、事業者から報酬を受け取りながら、利用者の代弁者とはなり得ないだろう。この制度は、時間をかけて地域における市民のかかわりを創出していく

役割を果たすべきではないかと考える。そういう意味で、監査等によって形式的な体制が整っていればよいという指導が行われている現状は、まさに悪循環を招いているといわざるを得ない。

第2には、事業者段階の苦情では、在宅・施設サービスを問わず、①職員の態度や言葉遣いが悪い、②職員の技術が未熟すぎる、③説明が不十分である、などが介護保険制度の開始後から一貫して多く、苦情が出てもなかなかサービス実態が改まっていないことも指摘できる。現在では、在宅サービスに関しては、①②の内容が若干減少し、③の声が増えて、それ以外に介護保険制度自体に対する苦情が増えているようである。

このような状況は、事業者の努力を反映している部分もあるのだろうが、社会福祉の現場で人材を確保しにくいことや制度そのものに対する不満が蓄積していることにも基づいているといわざるを得ないだろう。

実践事例 4 ─苦情解決の取り組み
～第三者委員と介護オンブズマン～

濱田和則（社会福祉法人晋栄福祉会理事長）

1 「苦情」、「要望」とサービスの質

　利用者自らが保険料負担を行い、また、各種の利用料を払うなかで介護サービス利用に関して権利性が芽ばえ、その対価に見合う質のサービスが提供されているかどうかを見極めることは、費用負担をする人にとっては重要なことである。そこには単に「利用者」としての意味合いだけでなく、「消費者」という立場がみえてくる。介護保険制度も施行されてから20年以上が経過するなかで、すっかり社会に定着した。供給が十分ある介護サービスについては、好きな店で物を買ったり食事をしたり、気に入ったホテルや旅館に宿泊するという世間一般で提供されているサービス業と同じように、「普遍的」サービスとなった。

　また、運営基準等で事業者に苦情解決が義務化されたが、こうして把握されていく苦情のなかには「広い意味での苦情」といえる要望事項や、利用者による主観的サービス評価、また、サービス改善のためのアドバイスや新しい企画立案へ向けたヒントのようなものまで含まれている。

2 第三者委員による「苦情の事前予防」としての苦情解決

　そういった意味で社会福祉法人晋栄福祉会では、個々の事業者による苦情・要望が解決されるためのシステムづくりは、選ぶための情報としての福祉サービス第三者評価と並べて、選んだのちにサービスの質向上のための「車の両輪」と位置づけている。この苦情解決のシステムには事業者である施設職員が直接窓口を設け行うものと、市町村保険者や都道府県、国民健康保険団体連合会や都道府県社会福祉協議会が設置する運営適正化委員会を含めた行政など、関係機関が窓口となるものがある。さらに、各法人単位で第三者委員を選任し、苦情解決システムを整備することが求められている（厚生省社援第1352号他「社会福祉法人の経営者による福祉サービスに関する苦情解決の仕組みの指針について」2000（平成12）年6月7日、2017（平成29）年3月7日付一部改正、以下「指針」と略す）。

　直接サービス提供を受ける施設でなく相談・申立先が第三者であるということで、「お世話になっているので言いにくい」「言い出せる雰囲気・環境ではない」等の意識が拭いきれない利用者・家族にとっては、苦情・要望の表明は行

いやすいといえる。指針で示された主な職務の内容に照らして、委員の業務を各法人でどう判断するかによって、その実効性には自ずと違いが出てくる。

つまり「日常的な状況把握と意見聴取」を委員の職務とするか否かによって、苦情等の「事前予防」的活動となるか、あるいは苦情が発生して施設等の担当窓口では解決困難なものとなってから相談を受ける、「事後救済」的なものとなるかという機能の違いが生じる可能性がある。通常、誰も好き好んで苦情を申し立てるはずがなく、不快なサービスを受けるなどして自ら消化できない不満が募った結果、苦情は発生する。

利用者・職員・法人それぞれが日々の憂いなく気持ちのよいサービス利用関係を築くためにも、不満や苦情はできるだけ早期の段階で解決されていくに越したことはない。しかしながら委員が利用者と直接面談する機会がなく、苦情の申し立て窓口が施設職員である苦情解決担当者に事実上限られてしまうと、「お世話になっているのに」などの思いから、早期の段階で不満や苦情が表明されないことがある。そのような場合は得てして、不満が溜まってよほど大きなものになって、双方の信頼関係がもはや修復不可能になった後で、苦情として事例が噴出することも予想される。特に特別養護老人ホームの場合、施設利用者（入居者）の大半が、認知症等により意思表示・判断能力に何らかの障害がある場合が多い。このため、サービス提供を受ける利用者本人自身が自ら判断し、施設に直接苦情や要望をいうことができにくいという実態があり、これら大多数の利用者が適切な（＝苦情のない）サービスを受けるための措置を講ずる必要も事業主である法人にはあると言える。

3　第三者委員と介護オンブズマン

以上のことから、当法人では介護オンブズマンとして契約を行った相談員に、あわせて第三者委員にも就任してもらっている。これにより、定期的に施設訪問が行われ、意思表示可能な利用者がもつ個別の苦情や要望が解決されていく。さらに加えて、意思表示困難な利用者については適切なサービスが提供されているかどうかが見守られることにより、向上・改善されたサービスが維持・継続し安定的に提供されるよう努力している。そしてそれは広い意味での「苦情化しないサービス」をつくることともいえるし、ひいては「顧客満足度（CS）が高いサービス」をつくることにもつながっていくと考えることもできる。

さて、当法人経営の特別養護老人ホームでは、介護保険制度施行前の1998（平成10）年12月頃より利用者の苦情・要望事項に対応するため、契約型の介護オンブズマン制度を導入し、あわせて第三者委員としての委嘱も行ってい

1．開始時期

1998（平成10）年12月（相談開始は1999（平成11）年２月）

2．第三者委員（以下「委員」と略す。）

弁護士、社会福祉士、介護福祉士（兼務）

福祉ボランテイアや研究などを行っている市民団体の代表

市老人介護者家族の会代表

（なお、人選については法人側で個別に依頼した。なお、近年新設した施設においては、介護保険市民オンブズマン機構・大阪へ派遣依頼を行っている。）

3．活動内容

（1）定期的な相談（専門相談）

月１回、１回当たり２時間程度上記の委員２名がペアとなり相談にあたる。相談は主として入居者の居室を委員が巡回する形で行われる。相談終了後、相談内容で特に急いで解決を必要とするものについて施設側に提言・勧告・情報提供等が行われる。

（2）運営会議

委員全員で４か月〜半年程度に１回、実施４か月間の相談等全般にわたる総括と施設側へ提言・勧告するものとしないものの整理、相談形態、スケジュールの確認、等。

（3）職員研修

介護職員と委員との対話形式で毎年１回実施。介護職員等が苦情解決システムに関する理解を深めることなどを目的に実施。

（4）利用者家族会との交流・意見交換

入居者家族と委員の交流と対話を目的に毎年１回実施。家族と第三者委員が直接顔合わせすることにより、家族からも相談しやすくすることを目的に実施。

（5）ぶらり訪問

委員による不定期、抜き打ちでの訪問

（6）機関紙の発行

苦情・要望相談内容と解決・処理内容などを家族等に郵送し、啓発を行う。

4．施設側の窓口

ソーシャルワーカー（生活相談員）、介護支援専門員が担当者となって利用者等・施設・委員との連絡調整を行っている。（2001年度より複数施設でのネットワーク型へ移行）

（出典）濱田和則「ナーシングホーム智鳥におけるオンブズマンシステムの概要について」大阪府社会福祉審議会、利用者本位の福祉サービス検討専門分科会資料、2000年６月、一部抜粋・改変

る。紙面の都合上内容の詳述は後掲の誌面を参考にしていただきたいが、その仕組みについて、以下に簡単に説明する。

4　第三者委員による苦情解決の効果と、満足度の高いサービス提供へ向けて

　事業開始当初、相談対象は苦情の表明（意思表示）が可能な利用者が中心であり、結果として直接相談可能な2～3割程度の利用者（当時）が対象ということになっていた。その後、今度は逆に意思表示・判断能力が不十分、または、全くできない利用者を中心に状況・実態が調査され、同時にそれらの利用者に対する介護サービスについても把握がすすめられたことと考える。

　その結果、具体的な苦情・要望に関する相談だけでなく、委員の目で見たサービス内容や提供過程、また施設全体及び利用者個々人に関するQOL（quality of life＝生活の質）向上のための意見・代弁・助言などがあわせて行われるようになった。

　これらは委員の主観的な意見ととらえることもできるが、それぞれの委員自身が一定のサービス適正基準を心得て判断しているものでもある。それ以外にも、委員自身の経験に基づき同種の施設との相対的な比較、また、利用者からの苦情・要望相談から把握される内容、さらに、意思表示・判断困難な利用者が「もしこの人が話すことができたら、何と言うだろうか」ということを考え、代弁（アドボカシー）が行われる。これらは委員が施設側へ、サービスについて意見等を行う際の判断材料にもしていると考えられる。また、「利用者本人の生活に関する意向」の一部として、施設サービス計画（ケアプラン）作成の際に一部反映させるようにもしている（図3-29参照）。

　要介護者でも健常者でも、日常生活のなかで言いたいことを誰にも話ができないことほどつらいことはない。利用者が長期にわたってそのような思いをすることがないように、第三者委員の取り組みは事前予防システムである定期訪問型が望ましいといえる。今後引き続き、福祉サービスの第三者評価事業と苦情・要望解決システムという「車の両輪」がバランスをもって回転し、さらに満足度の高いサービスが利用者に提供されるようになることを願ってやまない。

●引用・参考文献
○濵田和則「社会福祉法人が行う苦情解決の取り組み～第三者委員と介護オンブズマン～」『月刊福祉』（2001年10月号）、全国社会福祉協議会

■ 図3-29　施設サービス計画作成フローチャート

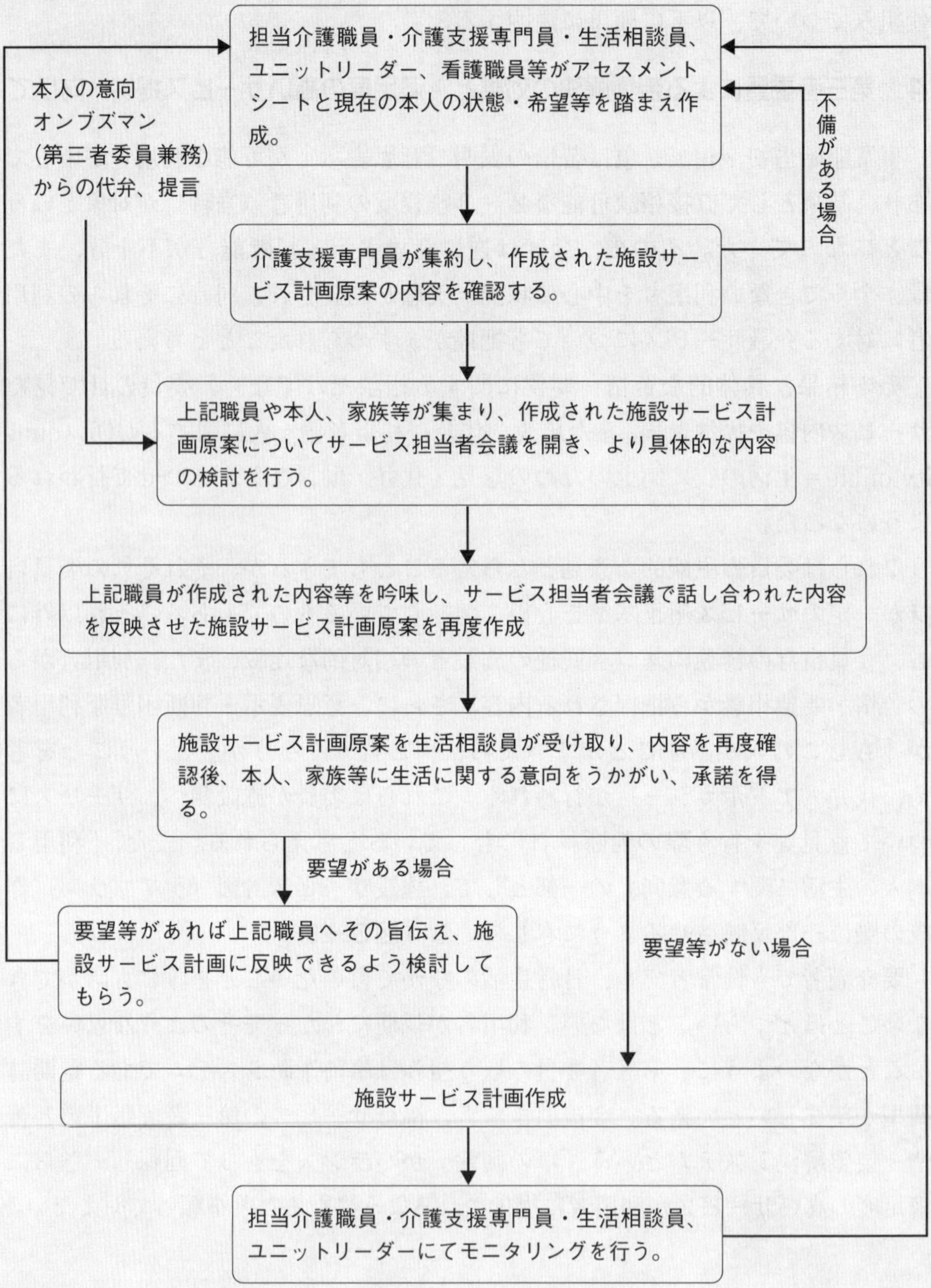

担当介護職員・介護支援専門員・生活相談員、ユニットリーダー、看護職員等がアセスメントシートと現在の本人の状態・希望等を踏まえ作成。

不備がある場合

本人の意向
オンブズマン
（第三者委員兼務）
からの代弁、提言

介護支援専門員が集約し、作成された施設サービス計画原案の内容を確認する。

上記職員や本人、家族等が集まり、作成された施設サービス計画原案についてサービス担当者会議を開き、より具体的な内容の検討を行う。

上記職員が作成された内容等を吟味し、サービス担当者会議で話し合われた内容を反映させた施設サービス計画原案を再度作成

施設サービス計画原案を生活相談員が受け取り、内容を再度確認後、本人、家族等に生活に関する意向をうかがい、承諾を得る。

要望がある場合

要望等がない場合

要望等があれば上記職員へその旨伝え、施設サービス計画に反映できるよう検討してもらう。

施設サービス計画作成

担当介護職員・介護支援専門員・生活相談員、ユニットリーダーにてモニタリングを行う。

（筆者作成）

第4章

社会福祉法人・施設の 人事・労務管理

第4章　社会福祉法人・施設の人事・労務管理

第1節　社会福祉法人・施設の人事管理

本節のねらい　社会福祉法人・施設にとって、人事管理は、経営管理のなかで最も重要な領域であるといってよい。福祉サービスは、「生活の支援を必要とする人々に対する専門的サービス」である。利用者サービスの質的向上という社会福祉法人・施設の使命を実現するためには、担い手である職員を確保し、適正な評価と育成を図り、人材の有効活用を図りながら、その処遇を合理的で公正なものとして実現するという人事管理の果たす役割は極めて大きいものがある。

　人事管理の仕組みや施策推進の良し悪しは、サービスの質の向上や効率性の確保に直接関係してくるものである。サービス管理と人事管理を密接不可分な関係と認識し、人事管理制度の整備や施策推進を行っていかなければならない。

　少子高齢化が急速に進展するなかで、人材の確保は至上命題となっており、キャリアパスの構築やキャリアアップ支援、ワークライフバランスに配慮した働き方改革、同一労働同一賃金等の実現にも取り組んでいく必要がある。

　本節では、社会福祉法人・施設における人事管理の基本的な考え方や具体的な施策推進の方向を検討する。

① 福祉サービス事業の特性と人事管理

（1）人事管理は「福祉経営」の要

　福祉サービスは、生活の支援を必要とする高齢者やハンディキャップのある人々に対して、必要なサービスを専門的に提供することを使命とするものである。そのためにハードウェア（施設や機器・備品等）としての生活環境を整え、ソフトウェア（サービス提供の仕組みや技術・ノウハウ等）の充実を図り、ヒューマンウェア（サービスの担い手である職員やそのチームによるサービス実践等）の質的レベルアップのための努力を続けなければならない。

ハードウェアの「利便性」や「快適性」「安全性」といったことは、利用者にとって重要なサービス「選択」の要素であり、ソフトウェアの充実度はサービスの「信頼性」や「的確性」を決定づけるものである。利用者の生活価値観や意識の変化、福祉ニーズの多様化と複雑化のなかで質の高い専門的なサービス提供への要請はますます強くなってきている。

　人事管理は、日々のサービス実践の担い手である職員を確保（採用）し、組織化（配置・育成・評価・活用）し、適正な処遇を行うことを目的とするものである。その良し悪しは、日々のサービス実践におけるヒューマンウェアを決定づけるものであり、まさに「福祉経営」の要であるといってよい。

　どのような人材をどれだけ配置するか、また、どのような育成やモチベーション施策を推進するかによって、ソフトウェアの充実にも影響してくることになるし、事業収入に占める人件費を適正化し、総枠人件費管理を徹底することによって適正な収支差額を残すことは、事業経営の継続や将来のハードウェアの拡充、リニューアルの財源を確保できるかどうかに大きく影響してくることになる。

（2）人事管理の基本的な枠組み

　人事管理は、個別的な管理の側面と集団的な管理の側面がある。かつて日本の産業界においては、ワーカーと呼ばれる労働者とホワイトカラーと呼ばれる職員との身分関係があった。この時代においては、労働者の勤怠管理や労使関係管理を労務管理の領域でとらえ、ホワイトカラーを対象とする人事管理と区分する考え方が支配的であった。大手企業では、労務部や勤労部と人事部という職能部門が別々に位置づけられ、それぞれの役割を果たしてきたのである。

　しかし、技術革新や情報化社会の進展、サービス産業化にともない、労職の身分関係がボーダレスとなり、今日では、労務管理と人事管理は一体的に考えられるようになっている。両者を区分するメリットが少なくなってきたといってよいだろう。社会福祉法人・施設における人事管理は、両者を包含するものと考えてよい。近年では、人的資源管理（HRM：Human Resource Management）や人材マネジメントという概念でとらえられることもある。

　いずれにしても、経営管理者は、人事管理を経営管理の一環に位置づけ、職員の採用から退職までの個別的な管理と労使関係を含めた集団的な管理の両面について適切な仕組みづくりと施策推進を行っていかなけ

れはならない。経営組織と職員との関係は、雇用関係に基づいて行われるものであるが、実際に市民社会の原理をそのまま適用したのでは雇用する側と雇用される側が「非対等性」の関係にあることから、さまざまな労働関係法規によって規制が行われている。人事管理においては、法令順守（コンプライアンス）を特に重要視しながら、人的資源の確保と効果的・効率的な活用を推進していかなければならない。

（3）新しい人事管理の理念と人事基準

社会福祉法人・施設における人事管理は、かつて措置制度のもとでは、措置権をもつ行政が基本的枠組みを決定し、必要な費用（人件費等）は、措置費として全額支給してきた。職員処遇の基準も公務員準拠が原則であり、法人・施設の裁量権はほとんどなかったといってよい。人事管理は、措置制度の基準に基づいて適正に「運営」することが求められる姿であり、「経営」的な発想をもつ必要はなかったのである。このことが、人事管理についてのノウハウの蓄積を遅らせてきた要因の1つであったといってよいだろう。

しかし、利用契約制度に移行した今、人事管理は、まさに経営管理の要と認識しなければならない時代となり、新たな人事管理の理念や人事基準の確立が求められるようになった。

また、福祉・介護ニーズの量的拡大や多様化・複雑化にともない、担い手の確保と養成が国民的な課題となっている。福祉サービス事業や福祉の仕事の社会的評価を高め、魅力と働きがいのある仕事・職場づくりの経営努力を行っていかなければならない。職員のキャリアパスの構築やキャリアアップ支援、職員処遇の改善が大きな課題となっている。

①人事理念や人事基準の明確化

利用契約制度に移行し、社会福祉法人・施設の人事管理をどのように行うかは、経営の裁量権に委ねられることになった。法令順守は当然の前提であるが、個別法人・施設の人事管理をどのような考え方や基準に基づいて行うかは、それぞれの法人・施設で決定できるものである。むしろ、これからは、個別的に特徴のある人事管理の仕組みづくりや施策推進を行うことが求められる時代である。

優れて特徴ある人事管理を行うことで利用者の満足を実現できるサービスづくりをめざさなければならないし、ひっ迫する人材市場においては「選ばれる」法人・施設づくりが求められる。

そのためには、まず、個別法人・施設としての人事管理に関する基本

理念や人事基準を明確にする必要がある。人事理念は、経営理念や方針、サービス目標等の実現をめざすための人事管理上の理念であり、人事基準とは、そうした人事理念を前提に、具体的にどのような基準で職員処遇を行っていくかの基準である。基本的には、法人単位で人事理念を策定し、人事基準は、法人全体の整合性に留意しながら、事業種別あるいは職種別に設定することが可能である。

②事業経営のパートナーとしての職員

　労働関係法規は、雇用主と被雇用主との「非対等性」を前提に法規制を行っている。また、個別法人・施設における人事管理は、本来経営の専権事項であると考えられるものである。実際に、採用はもっぱら経営管理者の裁量で行われるものであるし、職員の配置や異動についても、個別の労働契約に反しない限り、人事権の行使に職員は従わなければならない。また、職員は、就業規則等に定められた服務規律を順守しなければならないし、指揮命令にも従わなければならない。職員処遇については、就業規則や給与規程を定め、その基準をクリアしなければならないが、就業規則や給与規程等の見直し・改定の権限は、雇用主である経営管理者に留保されている。

　このようにみてくると、雇用主と被雇用主、つまり、経営管理者と職員との関係は、「権威-服従」の関係のようにもみえてくる。実際に、そうした考え方で人事理念を発想することも、あながち許されないことではない。法令を順守していれば、社会的に指弾をされることはない。

　しかし、このような「権威-服従」の関係として雇用関係をとらえ、人事管理を推進したのでは、職員の自発性や創造性を引き出し、発揮させることは困難である。職員は、指示されたことを指示どおりに実行しなければ不利益を被るから真面目に働くだろうが、それ以上になることは少ない。仕事（サービス実践）は、職員にとって生活の糧を得るための手段としてしか受けとめないだろうし、職員が組織に忠誠心をもつのは自身の雇用を守るためのものとなってしまうだろう。

　「経営組織は目的集団であり、協働の仕組みである」ことは、別の章で述べたとおりである。したがって、経営組織の進むべき方向やそこに参加する職員に期待する行動規範等は、経営管理者が示さなければならないものである。だが、これからの人事理念は、職員を経営のパートナーとして位置づけることが肝要である。職員の意見を引き出し、共に創意工夫をしながらより高い「シナジー（相乗）効果」が発揮されるような環境を整備していくことが望まれる。

　近年では、人事管理や「人的資源管理」の考え方のなかに、「人的資源開発」（Human Resource Development）の発想をもつことが重要であるといわれるようになっている。つまり、人的資源の可能性を最大限に引き出す人事管理の発想が必要であるということだ。

　職員やそのチームを事業経営（サービス提供）の手段（道具）としてとらえるのではなく、事業経営のパートナーとしてとらえることによって、職員はサービス実践や業務遂行の当事者として自身の能力を発揮し、可能性を追求しようとするモチベーションも高まるものである。経営組織にとっては、人的資源を最大限に生かすことができるようになるし、職員にとっては、働きがいを感じ、自己実現できる仕事の環境が条件づけられることになる。

③年功主義の人事基準に新たな人事基準を

　人事基準には、日本的人事管理の特徴といわれてきた「年功基準」があり、さらに、「能力基準」や「成果基準」「職務基準」「役割基準」等、代表的ないくつかの基準がある。

　産業界における人事基準の変遷をみると、戦後の復興期には生活保障を第一義とする「生活基準」であったが、その後、昭和30年代になって学歴・年齢・勤続・性差に着目する「年功基準」が導入されようになった。「年功基準」は職員の属性に着目する人事基準である。学歴や年齢・勤続といった誰がみても客観的な基準であること、また、同期管理であるためチームワークや「和の精神」を醸成されるというよさがあり、さらに世帯形成に対応した処遇管理を行うことで安定的な人事基準であった。昭和30年代からの日本の高度成長を支える人事基準として欧米からも注目されてきた考え方である。

　反面、「年功基準」は、職員の勤続年数に応じて人件費負担が重くなるため事業拡大を前提とした人事基準であること、やってもやらなくても同じという不公平感やモチベーションに役立たない、技術革新のなかで勤続と能力（習熟能力）との相関が低くなってきたこと、等から見直しが行われるようになった。昭和40年代に入り、職務遂行能力に着目する「能力基準」（具体的な人事制度としては職能資格制度）が導入されるようになり、多くの企業がこぞってこの基準を導入してきた。

　その後、経済が低成長の時代に入り、保有能力を評価する仕組みとしての「能力基準（職能資格制度）」の見直しの機運が高まってきた。能力は一定の経験を積むことによって習熟し、上位等級に昇格するという「職能資格制度」が年功的な運用になりやすいという弊害と、仮に保有

能力があっても発揮されなければ意味がないという考え方がとられるようになり、発揮された能力やその成果を重要視するという「成果基準」や職務や役割の難易度に着眼する「職務基準」「役割基準」等の多様な人事基準が取り入れられるようになった。「職務基準」を基礎においてきたアメリカでも「コンピテンシー」（高い成果に貢献できる能力）が注目されるようになり、いわゆる「成果主義の人事管理」を採用する企業が多くなってきたのである。

　しかし、どのような基準に重きを置くかは別として、日本の企業（経営組織）がとっている実際の人事基準は、依然として「年功基準」が基礎になっており、その比率を一定程度確保しながら、他の人事基準を導入するという、いわゆる「複合型の人事基準」が一般的になっている。

　社会福祉法人・施設の人事基準としても、年功基準の要素（性差による処遇は法令上禁止）を残しながら、能力（特に公的資格の有無）や職務・職責の難易度、成果や貢献度、等の多様な人事基準を加えながら法人・施設独自の人事基準を明確にしていくことが肝要である。

（4）サービス管理と人事管理の一体的運用

　社会福祉法人・施設のこれからの人事管理は、サービス管理と一体的に運用するという発想が必要である。福祉サービス事業が「競い合い」の時代となり、また、利用者のニーズや意識も大きく変化してきている事業環境のなかで、サービスの質的向上は、経営の至上命題である。しかも、一方では効率性の確保をめざさなければならない。

　そのためには、日々のサービスの担い手である職員やそのチームの力量（質量ともに）を高めていかなければならない。

　一人ひとりの職員やそのチームの専門性を高めること、職員の定着やモチベーションを促進し、日々の利用者との関係形成を安定的に持続すること、コミュニケーションや機能間の連携がよく、改善や創意工夫が自発的に行われるような職場風土をつくることなどは、これからの人事管理のめざす方向であり、これは、サービス管理のめざす方向でもある。

　また、サービス実践や業務遂行上の目標を設定し、その遂行プロセスや成果・貢献度等を適切に評価する仕組みを設定し、評価結果を職員にフィードバックし、処遇にも一部反映することが、職員のモチベーションや能力開発にも役立つものであり、処遇の公平性も担保されることになるはずである。

　サービス管理と人事管理は、いずれも経営管理の重要な領域であり、それぞれ固有の専門性をもって検討しなければならない課題であるが、

対人サービスを基本とする福祉サービス分野では、特に両者を一体的に検討していくことが重要である。サービス管理と人事管理が双方向の連携を強めることによって、健全な組織風土が形成されてくるのである。

（5）人事管理制度・施策の見直しと再構築

　人事管理制度の見直し・適正化は、プロジェクト・チームで検討する等、慎重な取り組みが必要である。

　第1に、人事理念や人事基準を明確にした上で、自法人・施設の人事管理の現状を正しく診断し、共有化する必要がある。その視点としては、次のようなポイントを押さえておかなければならない。

① 人材の構成や質（配置基準と実際の職員数の現状、現任者の年齢・勤続・有資格者等の構成、正規・非正規職員比率、過去数年間の入・退職者とその特徴、それぞれの将来見通し等）。

② これまでの人事管理施策（人事管理施策の基本方針やその透明度・共有度、人事管理・職員処遇体系の現状と見直しの経緯、職員のモラールの現状とモチベーション施策、評価制度・育成施策の現状、職制組織とミドルリーダーのリーダーシップの現状、職場のチームワークやコミュニケーションの現状、非正規職員の処遇・正規化ルール等）。

③ 人事管理施策がもたらした構造（職員の給与水準、年齢・勤続年数・職種・役職等による格差、人件費比率とその推移、人件費構成比の現状と推移、正規・非正規職員の処遇格差等）

　第2に、人事管理制度の仕組みや施策に関する見直しの基本構想を検討することである。自法人・施設の現状診断の結果を踏まえて、継承すべき事項と見直さなければならない事項とを峻別し、短期的に取り組まなければならない課題と中長期的な視点で取り組むべき課題との切り分けが必要である。いずれにしても、時限を設定しながら、基本構想を策定していくことが望まれる。

　基本構想においては、部分的な施策と仕組みの改革との整合性に十分留意しなければならない。後述するトータル人事管理制度の構築にあたって、特に大切な視点である。人事考課制度を導入したけれどもうまく機能しないとか、処遇にも反映できていないといった課題を抱えている事例の多くは、こうした整合性に問題があるといってよい。

　第3に、関係者との合意形成である。人事管理や職員処遇の見直し、再構築は、すでに述べたように基本的には経営の専権事項であるが、関係者、特に職員との合意形成がなければ、実効性のある見直し、改革は

むずかしい。

　そのために、職員参加のプロジェクト・チーム等を組織し、現状診断の段階から率直な協議を重ね、状況認識を共有化した上で具体的な仕組みの改革や施策推進を協議することが望まれるのである。

② 新しい人事管理の仕組みと施策推進

（1）人材の確保・定着をめぐる人事管理の課題

　福祉ニーズの量的拡大や多様化、複雑化のなかで福祉サービス事業においては、人材の確保と養成が大きな課題となっている。1992（平成4）年に「福祉人材確保法」が成立し、翌年「福祉人材確保指針」（厚生省告示）が示された。そして、「福祉人材確保指針」は14年ぶりに見直され、2007（平成19）年に「新・福祉人材確保指針」（以下「指針」という）が示され、将来に向かって人材の確保と養成に官民一体の取り組みが行われている。

①人材の量的確保

　人が集まらない、離職者が多いというのが多くの福祉職場の現実である。とくに、直接サービスの担い手である介護や保育、看護人材の不足は深刻であり、これからの超高齢社会において福祉人材の量的確保は国民的課題であると認識されている。

　高齢者介護を担う介護職員は、2000（平成12）年の介護保険制度の施行時に55万人であったが、2019（令和元）年には211万人（2000〈平成12〉年比で3.8倍）になっており、国の推計では2025（令和7）年には243万人、2040（令和22）年には280万人が必要であると言われている。

　65歳以上の高齢者人口が、2012（平成24）年には3,000万人を超え、高齢化率は24.1％になった。660万人を超える団塊の世代が高齢者人口となり、この大集団が後期高齢人口に入るのが2025（令和7）年であるという人口構造の変化から推計されるものである。

　個別法人・施設としては、今後一層厳しさを増すことが予測される人材市場のなかで必要で有能な専門人材の獲得競争に勝ち残っていかなければならない。

②指針が示す方向

　2007（平成19）年に見直し、告示された指針は、福祉・介護人材の確保のための具体的対策として、次の5点を講ずる必要があると指摘して

いる。

i　就職期の若年層から魅力ある仕事として評価・選択されるようにし、さらには従事者の定着の促進を図るため「労働環境の整備の推進」を図ること。

ii　今後、ますます増大する福祉・介護ニーズに的確に対応し、質の高いサービスを確保する観点から、従事者の資質の向上が図られるよう、「キャリアアップの仕組みの構築」を図ること。

iii　国民が、福祉・介護サービスの仕事が今後の少子高齢社会を支える働きがいのある仕事であること等について理解し、福祉・介護サービス分野への国民の積極的な参入・参画が促進されるよう「福祉・介護サービスの周知・理解」を図ること。

iv　介護福祉士や社会福祉士等の有資格者等を有効活用するため、潜在的有資格者等の掘り起こし等を行うなど「潜在的有資格者等の参入の促進」を図ること。

v　福祉・介護サービス分野において、新たな人材として期待されるのは、他分野で活躍している人材、高齢者等があげられ、今後、こうした「多様な人材の参入・参画の促進」を図ること。

③個別法人・施設としての対応

　2009（平成21）年度に行われた介護保険報酬や障害者自立支援費の改定では、指針が示した「労働環境の整備の推進」施策の一環として職員処遇改善をねらいとする報酬単価のプラス改定が行われ、さらに処遇改善交付金制度（現在は処遇改善加算）が創設された。人材確保がさらに深刻化することが見込まれるなかで、職員処遇の改善を行える財源を確保できる施策が具体的に推進されることになった意義は大きいものがある。

　個別法人・施設としては、将来を見据えた人事管理の仕組みづくりや施策推進、特に職員処遇の改善に積極的に取り組んでいかなければならない。今後は特に現任者の定着促進、専門人材に対する適切な評価と処遇の改善が重要である。

　指針が示した内容（特に、労働環境の整備の推進）の大部分は、基本的には個別法人・施設が対応しなければならない課題であり、国や地方自治体はその支援と条件整備を行うものであることにも十分留意しておかなければならない。利用契約制度下においては、経営の「自己責任」で解決していかなければならないのである。

（2）職員のキャリアパスの構築と処遇管理の適正化

　福祉や介護の仕事は、支援を必要とする人々に対し、必要な専門的サービスを提供するという「大切な」仕事である。しかし、同時に、1年365日24時間、間断なく必要とするサービスを提供しなければならないという「大変な」仕事でもある。

　介護保険制度が施行された当初は、介護サービスの仕事（職業）は、「対人援助」の専門的なサービスとして、社会的に意義のある仕事としての評価も高く、事業の将来も展望できる安定的な仕事であるという認知度があった。介護福祉士や介護支援専門員等の公的資格取得の道もあり、個人の努力によって将来が展望できる仕事であった。措置制度下において継続されてきた手厚い職員処遇体系（ほぼ公務員準拠の職員処遇体系）といった従来の福祉職場の労働条件も、魅力の1つであったといってよいだろう。

　しかしその後、この仕事の「魅力の低下」が社会問題になってきた。その要因は、労働の負荷と処遇のミスマッチにあったとみてよいだろう。規制緩和のなかで、在宅サービスを中心に多様な事業主体が参入し、厳しい市場原理が働くようになった。小規模事業体では、一人のサービス提供管理者のもとで、多様な利用者ニーズに対応するストレスの高いサービス実践（仕事）が負荷されてきた。仕事の負荷に比べて給与水準が低く、その後の報酬単価抑制の影響もあり、昇給停止や給与・賞与支給月数の切り下げを行う事業体も少なくないという状況が続いた。「介護の仕事は3K労働」といった報道もあり、将来の生活設計ができないという理由で転職の道を選択するという職員も少なくなかったのである。

　こうした状況を打破していくためには、職員にとって「魅力ある」職場づくり、将来の可能性を感じられる人事管理の仕組みづくりが求められる。特に将来を担う若い職員は、現状である程度満足できる処遇も必要ではあるが、将来を展望できる仕組みのないところで、ストレスの多い日々のサービス実践を継続してもらおうとしても無理なことである。

　第1に、考えなければならないことは、日本の人事処遇慣行となっている「定期昇給」の仕組みについてである。少なくとも世帯形成に対応し、生活を安定的に維持向上させていくためには、昇給システムが必要であり、月例の基本給や諸手当、賞与等を合算して40代、50代までキャリアを積んだ際に年収でどの程度の水準まで処遇条件が向上するかについて展望できる仕組みをもつことが大切である。

　第2に、専門性を基軸とする事業領域にあって、職員のキャリアアップの支援やキャリアパスを構築し、職務・職責やキャリアに応じた処遇

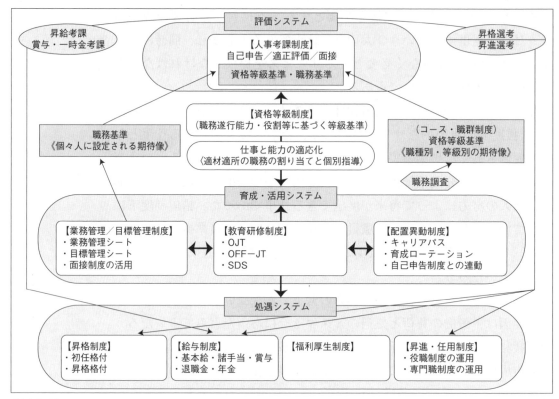

（筆者作成）

体系を整備することである。公的資格や職歴の評価基準を明確すること
も重要である。大規模法人は別として、中小規模の法人・施設では人事
異動の機会も少なくならざるを得ないが、ジョブローテーションの仕組
みを取り入れるとともに、キャリアに応じた役割期待を明確にし、将来
のキャリアパスを展望できるような人事管理の仕組みづくりや施策推進
を行う必要がある。

（3）トータル人事管理システムの構築

　これからの人事管理制度は、「評価-育成-活用-処遇」の一体的な運営
をめざすトータル人事管理システムの構築が必要である。

　図4-1は、トータル人事管理システムの概念図を示したものである。
「評価システム」「育成・活用システム」「処遇システム」の3つのサブ
システムで構成することになる。

　「評価システム」は、一定の人事基準に基づいて職員の格付けを行う
人事管理の基本的なフレームとなるものである。専門性や職務遂行能力、
雇用形態の違い等に応じて「コース・職群制度」や「資格等級制度」を
設定し、能力や職務職責、成果や貢献度等を評価する人事考課の仕組み

や基準を明確にすることになる。

「育成・活用システム」は、仕事と能力の適応化を図る「業務管理や目標管理制度」「教育研修制度」「配置異動制度」等の体制を整備することになる。また、「処遇システム」は、基本給や諸手当、賞与といった「給与制度」の基準を設定するとともに、「昇格制度」や「昇進・任用制度」、そして「福利厚生制度」等を整備することになる。

基準に基づく適正な評価を行いながら、適材適所の職務割当てと個別指導によって育成・活用を図り、その結果に基づいて合理的で公平な処遇を行うというのがトータル人事管理システムの基本的な考え方である。「評価システム」という人事管理の基本フレームを前提に、3つのサブシステムを双方向で関連させながら運用するところにトータルシステムとしての意義があるといってよい。

（4）コース・職群制度と資格等級制度の考え方

人事管理の基本フレームをどのような体系で設計するかは、これからの人事管理において極めて重要な課題である。一言で福祉サービスの担い手といっても、雇用形態や勤務形態の違いがあり、組織内で担うべき職種や役割が異なる。一人ひとりの職員の能力や専門性の違いにも着目しなければならないし、職員の職業観やライフスタイルも多様化している。

コース・職群制度や資格等級制度は、こうした職員の違いに着目しながら、一定の人事基準に基づいて適正な人事管理を行うための仕組みである。コース・職群や資格等級が異なれば、原則として異なる人事基準（ルール）や処遇条件を適用することになり、きめ細かな人事管理を実現することができるようになる。

制度設計にあたっては、コース・職群制度で職員を区分管理するかどうかを検討した上、資格等級制度を設定することになる。規模や事業種等を考慮しながら、適正な人事基準に基づいて制度設計を行わなければならないが、次のようなポイントを押さえておくことが肝要である。

① 福祉サービス事業においては、契約や短時間勤務等の職員を配置する必要性が高い。「正規」と「非正規」といった従来型の雇用区分ではなく、多様な働き方が選択できるダイバーシティ・マネジメントの考え方を取り入れる必要がある。短時間パート労働法等の主旨に則して、均等処遇および均衡処遇の基準を明確にするとともに、コース・職群転換のルールを明確にすることが望まれる。

② 福祉サービスの実践の中心的な担い手となる社会福祉士や介護福

祉士等の有資格者のコア人材（職員）と資格や経験をもたずに定形的な業務に従事する職員との区分管理が必要である。一般的には、前者を「総合職群」に格付けし、後者を「一般職群」に格付けすることになる。「一般職群」に格付けされる職員についても、一定の経験年数を積み、公的資格の取得を条件に「総合職群」へ登用するというルールを明確にすると、資格取得の奨励にもつながることになり、無資格者のキャリアアップを支援することにもなる。

③ 看護師等、医療系の職員については、ひっ迫する人材市場に対応し、採用条件等を柔軟に設定できるようにすることも重要である。「専門職群」を設定し、初任給与や中途採用における前歴評価の基準を柔軟に設定することが必要である。

④ 勤務シフトや夜勤等への対応、配置転換や勤務地変更への対応ができる職員であるかどうかを基準にコース・職群制度を設計するという視点も重要である。例えば、サービス実践の中心的担い手となる「総合職群」は、勤務シフトや夜勤への対応、配置転換等に応じられることが条件であり、これに対応できない場合は「一般職群」へ移行してもらうといったルールを設定するという方法もある。

⑤ 資格等級制度は、職務や職責の難易度に応じて設定するのが通例である。職務遂行能力を人事基準とする「職能資格等級制度」も、多くの企業や法人で導入されている制度である。この制度では、職能要件を明確にしながら、一定の滞留年数（習熟期間）を置き、職務遂行能力の保有度を評価することによって昇格する仕組みをとるのが原則である。資格等級の昇格と役職昇進とを別個の基準で行うことを原則とする制度であるため年功的な処遇になりがちであるという弊害が指摘されている。

⑥ 最近では、役職と資格等級とをタイトな関係に位置づける「役割資格等級制度」を導入する企業や法人が増えている。専門性を重視する福祉職員の資格等級制度としては、マネジメント機能を担う指導的職員や管理職員と福祉のエキスパートとして専任職等の資格等級を設定し、キャリアパスの考え方を資格等級制度に折り込むことを検討していくことが望まれる。

（5）配置・異動・昇格・昇進と人事情報管理

福祉サービス事業においては、職員配置の基準（常勤換算）が法令で定められている。事業経営においては、この配置基準は必ずクリアしなければならない。そのための人材の確保は、経営にとって不可欠の条件

となる。また、利用者に対して良質なサービスを提供していくためには、基準以上の職員を配置し、さらに今後は、有資格者等の有能人材を配置していかなければならない。しかも、制度ビジネスとして利用者定員があり、事業収入の上限が決まっているというなかでは、職員配置に関する要員管理は、人事管理の重要な管理項目となる。どのような人材をどのような仕組みのなかで配置し、サービス提供を行うかということを慎重に検討しておかなければならない。

　また、職員配置は、適材適所が原則ではあるが、法人・施設の人員構成を考慮し、効果的・効率的な配置を行っていかなければならないし、職員の希望を尊重しながら、経験や能力を適正に評価し、キャリアアップの視点にも配慮した配置や異動・昇格や昇進を検討していく必要がある。

　そのためには、計画的な職員配置が求められることになる。職員のキャリア等に関する人事情報管理を徹底していくことが必要である。

（6）人事管理の納得性・公平性・透明性を高める

　これからの人事管理は、人材市場の変化への適合性とともに、納得性と公平性、透明性が必要である。このことは、職員の採用や定着、配置や異動、モチベーションや能力開発等人事管理のあらゆる側面で重要になってくるものである。

　例えば、採用時の雇用契約では法令上労働条件の明示が義務づけられている。就業規則や給与規程に基づいて募集を開示し、契約時には具体的に文書等で明示し、合意を得なければならない。応募者は、開示された条件に納得性や公平性を感じなければ、入職モチベーションも形成されないだろう。

　また、職員の不満要因として「仕事の割に賃金が低い」ということが各種の調査結果としてあげられているが、退職の要因としては、処遇水準以上に納得性や公平性に欠ける面があるということや、将来を見通すことができないという基準の透明性に問題がある場合が多い。

　職員のモチベーションや能力開発もまた、納得できる方針や目標、支援施策があって促進されるものであり、その結果が適正に評価され、処遇にも公平に反映されるという基準が開示されていることが重要である。

　特に、公益性の高い組織としての社会福祉法人・施設においては、人事管理や職員処遇に関する仕組みや処遇基準の開示を積極的にすすめていかなければならない。

　福祉サービスの提供を受ける利用者もまた、自身のサービスの質を担保するのは担い手であるという意識をもつようになっており、人事管理

や職員処遇の情報開示に積極的な関心を向けるようになってきた。適合性、納得性、公平性、透明性のある人事管理を行うことは、職員に対するメッセージだけでなく、利用者に対するメッセージでもあると考えておかなければならない。

③ 目標管理・人事考課制度の導入と効果的な運用

（1）「期待する職員像」の明確化

　「期待する職員像」は、経営理念や方針、サービス目標等の実現をめざす人材像を定義（可視化）することであるが、具体的には、職員が大切にしなければならない価値観や行動規範を明確にすることでもある。組織内における立場や役割に応じて求められる能力や役割行動、権限や責任、求められる成果等を明確にしておかなければならない。人事管理の仕組みとしては、「資格等級基準」（職能資格等級制度では職能基準）として設定するものである。

　この基準に従って「評価-育成-活用-処遇」を一体的に推進するのが、トータル人事管理システムの考え方である。サブシステムとしての目標管理制度や人事考課制度もまた、この基準に準拠しながら運用することになる。

（2）組織目標と個人目標の統合をめざす目標管理制度

　社会福祉法人・施設においても目標管理の考え方を徹底する動きが高まっている。目標管理制度は、経営組織の全体目標と部門やチームの目標、さらには個人目標とを「目標の連鎖システム」として体系づけ、それぞれのレベルに応じて具体的目標を設定し、しかも、合意形成を得ながら業務（サービス実践）を行う仕組みであり、人事管理制度としては「育成-活用システム」に位置づけられるものである。職員のモチベーションを高めるための仕組みでもあり、人事考課制度と関連づけることによって「評価システム」をきめ細かく運用することが可能になる。

　職員一人ひとりのレベルで考えると、業務遂行（サービス実践）や能力開発について「努力の焦点」を明確にする制度であり、また、職員の「自主性」や「創造性」を尊重しながら、その「努力を生産的に」するための仕組みである。

①参加と目標による自己統制のマネジメント

　目標管理制度は、「参加と目標による自己統制のマネジメント」を実現する仕組みである。古典的なマネジメントでは、業務について何を、どのように行うかはもっぱら上司が考えるべきものであり、上司は指揮命令を通じてこれを職員に徹底するものであると考えられてきた。しかし一方的に割り当てられた業務は、職員にとっては「ノルマ」でしかなく、職員の自主性や自発性が育たない。したがって、経済的な刺激や監視・統制のマネジメントが必要であると認識されてきたのであった。

　しかし、業務の計画段階に職員を参加させ「納得と合意」のもとで到達ゴールを設定することによって、職員にとって業務は「ノルマ」ではなく「目標」と認識することができるようになる。自分が関与し、納得の上で決めた「目標」であれば、自らすすんで「自己統制のマネジメント」を行うことにもなる。目標管理は、PDCAの管理サイクルのすべての段階に職員参加を促進し、自己管理能力を高める仕組みでもある。

②組織の目標・方針を徹底し、個人目標を設定する

　目標管理では、組織の全体目標を達成するために部門（またはチーム）、個人がそれぞれのレベルに応じて個別の目標を設定することになる。そのためには、まず上位の目標・方針を十分周知・徹底する必要がある。経営管理者は、単位組織（施設）全体の目標・方針を示し、さらに部門（チーム）の責任者（リーダー）が、それを達成するための部門（チーム）としての目標や達成のガイドラインを具体的に示さなければならない。

　組織としての目標は、「何を、どのレベルまで、いつまでに」というように具体的に期待する成果（ゴール）を明確に示す必要がある。また、方針は、その目標を達成するために「守るべきこと」（条件方針）、「どのように達成するか」（方策方針）の２つについて示すことが大切である。

③達成可能な到達ゴールを鮮明に描く

　設定する目標にはいくつかのパターンがあるが、基本的には次のようなポイントを押さえておくことが大切である。
　ⅰ　目標は、目標項目、目標水準、目標期限の３つの条件を具体化しなければならない。特に、目標水準はできるだけ定量化し、できないものは定性化（到達ゴールを鮮明に描く）する必要がある。
　ⅱ　目標は、部分的なものに絞り込む。目標は業務と同一ではない。業務は、行うべき仕事のすべてをさすものであるが、目標はそのな

かで、何に重点を置いて、どの程度の水準まで実現するかを明確にしたものである（したがって、目標水準と目標期限とは相関関係にある）。

iii　目標は、努力すれば到達できる水準で、能力よりやや高めに設定する。チャレンジングであると同時に、成功体験が可能であることが条件である。

iv　目標は、「業務目標」と「能力開発目標」に分けて設定するのが望ましい。経営組織は目的集団であるから前者の目標設定が重要であるが、それを実現するために必要な能力開発目標を設定するのである。

v　複数の担当者が関与するような業務については、共同目標を設定し、協力関係を確立することも重要である。

④面接を通じたコミュニケーションの促進

　職員が設定する目標は、部門（チーム）の目標や方針との整合性が必要である。また、本人に期待されるレベルにふさわしい項目や水準でなければならない。したがって、目標設定にあたっては、「目標面接」（職員との個別の話し合い）を行い、必要な調整と修正を行った上で最終決定することになる。

　この場合、上司は、組織の目標や方針とともに本人の立場や能力を十分勘案した上で、適切な目標であるかどうかを吟味することが必要である。職員参加だからといって、職員の意向をそのまま追認したのでは、組織目標と個人目標の統合（目標の連鎖システム）を実現することはできない。

　上司が期待する目標と職員の設定した目標にズレがある場合は、お互いの考え方を理解し、合意が得られるまでじっくり話し合うことが大切である。

　目標面接（期初面接）にあたっては、特に次のようなポイントに留意しておきたい。

i　目標項目・水準は、「事業計画」やチームの方針、本人の立場や能力などからみて妥当なものであるか。

ii　組織的な目標を掲げる場合には、その目標のなかで本人が果たす役割が明確になっているか。

iii　目標は、質的、量的、期間的にみて実現可能性があるか。

iv　結果の確認（評価）が可能なレベルで具体的に設定されているか。

v　目標達成のための方法、スケジュールが、具体的に描かれている

か。

⑤自己管理を徹底し、やる気を促進する

　目標が設定されれば、その達成のプロセスは原則として本人の裁量に委ねられ、自己管理によって実行されることになる。これは、PDCAの管理サイクルのP（計画）への職員参加によって実現するものであるが、上司は支持的・援助的な姿勢で日常的に適宜適切な支援とフォローアップを行わなければならない。

　中間段階で、進捗状況を確認するための「中間面接」を行う。また、期末には、目標達成とそのプロセスを確認するための「年度末（期末）面接」を行い、目標達成度の評価とフィードバックを行う。

（3）人事考課制度の導入と適正な運用

①人事考課制度の目的

　個々の職員の立場に応じたサービス実践や業務遂行のプロセス、その貢献度や成果を適切に評価し、フィードバックする機会を設けることは、職員の育成と活用、公正な処遇を実現するために重要である。

　人事考課制度は、これを組織的に実施する仕組みである。前述した「期待する職員像」等を前提に、一方で目標管理制度を導入し、期間中に取り組むべき目標（「努力の焦点」）を明確にするとともに、人事考課制度では、「仕事の成果」や「取り組み姿勢」「職務遂行能力」等の評価要素を具体的に示すことになる。こうした仕組みを通じて職員は"何が期待されているか"を具体的に認識することができるようになるし、評価とフィードバックが行われることで現実的な強化点や改善点を明確に認識することができるようになる。

　業務遂行（サービス実践）のプロセスや成果の評価と振り返りは、もちろん職員自身が行うことが望まれるが、上司とともに行うことによって、職員が潜在的にもっている「承認欲求」が満たされることにもなる。評価結果を処遇に結び付けることによって公正処遇が実現し、モチベーションや能力開発も一層促進されることになるのである。

　人事考課は、前述した目標管理制度と一体的に運用する仕組みを構築することによって、より効果的な運用が実現するものである。人事考課というと、上司が独断と偏見で部下をこっそり評価するというイメージを想像してしまうこともあるが、これからは、評価の基準や評価結果をできるだけ開示し、透明性の高い人事考課制度を構築していくことが望まれる。

②人事考課制度の仕組み

　通常、人事考課は、職種や職位階層ごと（例えば、「一般職員用」「指導的職員用」「管理職員用」）に人事考課表を設定することになる。考課要素には、各人の担当する職務や役割に対する成果を評価する「実績考課」の要素、仕事のプロセス（仕事への取り組み姿勢や態度）を評価する「情意考課」の要素、そして、担当する職務や役割に必要な知識や技術・技能等を評価する「能力評価」の要素で構成するのが一般的である。

　「実績考課」としては仕事の量（迅速性）や質（正確性）、「情意考課」としては「責任性」や「規律性」「積極性」「協調性」等がある。また、「能力考課」では、学んで身につける「習得的能力」と経験のなかで身につける「習熟的能力」の２つの側面で評価要素を設定する。

　法人・施設の「期待する職員像」を具体的に考課要素に組み入れることによって、結果として法人・施設の経営理念やサービス目標、職員行動規範等の徹底を図ることができるようになる。また、前述した目標管理制度等と一体的に運用する仕組みを構築することによって、より効果的な運用が実現するものである。

③評価の基本的手順

　人事考課は、一定期間の職務行動（成果や取組み姿勢、発揮能力）を対象に評価を行うものである。評価期間は、例えば次のように定めるのが一般的である。

- ・上期の評価（10月）──４月から９月までを評価の対象期間とする（通常、冬の賞与に評価結果を反映）。
- ・下期の評価（４月）──10月から３月までを評価の対象期間とする（通常、夏の賞与に評価結果を反映）。
- ・総合評価（４月）──今年度上期・下期の評価結果を参考に４月に総合評価を行う（通常、昇給・昇格（降格）・異動等に評価結果を反映）。

　人事考課は、通常５段階もしくは７段階で評価を行う。例えば、次のように段階の定義を明確にする。

- ・Ｓ（７点）：上位者としても申し分ない。大幅に基準を上回った。
- ・Ａ（６点）：余裕をもって基準を上回った。
  - （5.5点）：基準をやや上回った。
- ・Ｂ（５点）：基準どおりの成果や取り組み姿勢であった。
  - （4.5点）：基準をやや下回った。
- ・Ｃ（４点）：十分とはいえず、基準を下回った。

・D（3点）：基準を大幅に下回り、支障があった。

　評価は「B」が基準となる。一部には、職員を相対的に比較して評価する「相対考課」をルール化しているところもみられるが、モチベーションや能力開発に役立てるためには、基準をクリアしたかどうかで評価する「絶対評価」が有効である（処遇に反映させる際には、賞与や昇給原資に限度があるため、一定のルールで絶対考課の結果を相対化することになる）。

　育成的な人事考課を実現するためには、問題点や改善点に着眼する「減点主義」の人事考課ではなく、強化点や持ち味に着眼する「加点主義」の人事考課の運用が望まれる。

④「福祉型」の人事考課制度

　民間企業等では、目標管理制度と人事考課制度を一体的に運用する仕組みのなかで人事考課を実施しているところが多い。社会福祉法人・施設においても今後はそうした方向で人事考課制度を検討する必要があるが、対人サービスという事業の特性や組織風土の成熟度から目標管理制度の導入は困難であるという職場も少なくない。

　そうした法人・施設では、図4-2で示したような「業務管理・評価シート（通称、「Do-CAPシート」）を活用した人事考課制度の運用も効果的である。図は、一般職員用の「業務管理・評価シート」の例である。図4-2-1（表面）のシート（Do-CAPシート）で考課期間中の業務への取り組みを振り返り、図4-2-2（裏面）のシートで要素別の人事考課を行うことになっている。いずれも本人が自己評価・自己申告し、上司と面接を行った上で、上司が評価するという仕組みで運用することになっている。「福祉型の人事考課」として有効である。

⑤公正な人事考課のために

　人事考課は、基準に基づいて評価を行わなければならないが、どんなに精緻な基準やルールを設定しても、人が人を評価するものである限り、評価のエラーが出てしまう。考課者研修を実施する等、公正な評価が実現できるような施策推進が望まれる。特に、考課者がよく陥りがちな考課のエラーについて留意する必要がある。ここでは、代表的な考課のエラーの特徴と予防策について触れておくことにする。

　i　ハロー効果
　　・ハローとは、仏像の後光、光背のことを意味するものである。
　　・このハローに幻惑されて評価にひずみが出てしまうことをハロー

効果という。

・全体的印象が部分に影響したり、部分（何か一つのプラス、あるいはマイナス）が、他の部分の評価に影響を及ぼしてしまう傾向をいう。

・最初に形成された印象がその後の評価につながる傾向も同様である。

＜予防策＞

・被評価者に対する感情、先入観を極力取り除く。

・具体的事実に基づいて、評価項目ごとに評価する。

ii　寛大化傾向

・評価には甘辛が生ずることがあるが、そのなかで甘く評価する傾向を寛大化傾向という。

・職員に対する感情、考課者の自信の欠如、観察不足等がその原因である。

・寛大化傾向の逆が「厳格化傾向」である。厳格な性格、潔癖性等が原因。

＜予防策＞

・評価段階の意味（特に「B」）をよく考える。

・具体的根拠をあげて、自信をもって評価する。

・甘く評価することは、結果的に職員のためにならないことを理解する。

iii　中心化傾向

・考課結果が標準レベル（中心）に集中し、優劣の差があまり出ない傾向をいう。

・いわゆる「どんぐりの背くらべ」の評価である。

・考課者が、極端な評価差を出すことをためらい、自信がない場合や職員をよく知らない場合に起きやすい。

＜予防策＞

・評価段階（特に「B」）の意味をよく考える。

・考課に自信と責任をもつ。

・職員の日常行動を注意深く観察する。

iv　論理的誤差

・考課者の論理的思考に影響される考課で、関連のありそうな評価項目について類似した評価を下す傾向をいう。

・大学出は知識がある、社交的であるから折衝力がある等である。

■ 図4-2-1 業務管理・評価シート（表面）

業務管理・評価シート（様式1：一般職員用）（　年　月～　年　月）

氏　名		印
資格・役職名		
職種名		
所属名		

面接日	年	月	日
第1次評定者			印
第2次評定者			印

※本人評価の評語
◎…高い成果をあげた
○…ほぼ期待通りの成果であった
△…期待を下回った

Do（実施）
①この6ヶ月間の主要業務を箇条書きに記述する

② ウェイト

③本人評価

Check（評価）
④具体的成果または問題点・反省点

Action（処置）
⑤当面の処置

100%

Plan（計画）
⑥業務上の重点取組課題（何を）

→⑦取組上の留意点（どの様に）

⑧能力開発上の取組課題（何を、どの様に）

	上司評価	一次		二次	
	ウェイト	素点	評点	素点	評点
A	10.0				

※上司評価の評語
7…上位者としても申し分ない。大幅に基準を上回った。
6…余裕を持って基準を上回った。（5.5…やや上回った）
5…基準どおりの成果や取組姿勢であった。（4.5…やや下回った）
4…十分とは言えず、基準を下回った。
3…基準を大幅に下回り、支障があった。

	上司評価	一次		二次	
	ウェイト	素点	評点	素点	評点
B	2.0				

■ 図4-2-2 業務管理・評価シート（裏面）

（様式1　一般職員用考課表）

→◎…高い成果、○…ほぼ期待通り、△…期待を下回った

評価要素	評価の着眼点	本人評価⑨	ウェイト	上司評価 一次 素点	一次 評点	二次 素点	二次 評点
1. 前期の業務管理シートのPlan（課題）達成度	前期に立案した業務取り組み重点課題は達成されたか／取り組み上の留意点に配慮したか／能力開発上の取り組み課題は達成されたか		3.0				
2. 部門目標達成への貢献	部門目標や方針を正しく理解しチームに徹底したか／部門目標達成のため部下への支援は適切だったか／部門目標達成への貢献度は期待どおりであったか		4.0				
3. 利用者本位のサービス実践	理念や目標に基づいてサービスを実践したか／利用者のニーズに適切に対応したか／住民、地域団体等関係者に適応に対応したか		4.0				
4. 部下、後輩の育成指導	部下、後輩の指導育成に熱心であったか（実習生を含む）／部下、後輩の相談相手になったか／部下、後輩の信頼を得たか		4.0				
5. チームの効果的な運営	チームの目標・方針・計画の徹底は適切だったか／部下への指示・命令は適切に行ったか／部下へのフォローは適切に行ったか		4.0				
6. 業務の改善・効率化	計画的・効率的な業務運営であったか／常にコスト意識をもち仕事に取り組んだか／仕事の改善に意欲的に取り組み、創意工夫を発揮したか		3.0				
7. 規律や規範の順守	率先して規律やルールを順守し、職場の秩序維持に努めたか／プライバシーの保護など利用者の人権を尊重したか／危険防止・事故防止等リスクマネジメントに努めたか		2.0				
8. 担当業務に対する責任性	担当業務や委員会等の責任を持って遂行したか／業務マニュアル、手順を守り、順守したか／5S（整理・整頓・清掃・清潔・躾）を徹底したか		2.0				
9. 他者や他部門（他チーム）との協調性	組織内の連絡としての役割を遂行したか／同僚や他部門の仕事にも協力的であったか／他者の意見にも耳を傾けたか		2.0				
10. 自己管理・自己啓発への取り組み	健康面、生活面の自己管理に努めたか／業務上必要な知識やスキルの習得に積極的だったか／研修会などに積極的に参加したか		2.0				
11. 業務に対する知識	担当業務に関する業務知識は十分であったか／専門知識は備えていたか／関連業務知識を備えていたか		3.0				
12. 業務に関する技術・技能	担当業務の技術・技能は十分であったか／専門技術・技能を備えていたか／関連業務に関する技術・技能を備えていたか		3.0				
			C 合計				

⑨本人評価

⑩記入時 本人コメント

⑪上司からのアドバイス（面接）

○評価点集計表

評価要素群	区分	評価点 第一次	第二次
仕事の成果の評価　業務管理・評価シート（半期の成果）の評価	A		
業務管理・評価シート（Plan）の評価	B		
仕事のプロセス（意欲・態度）の評価	C		
	D		
合計			

特別加点：

加点理由：

○一次評価者コメント（二次評価者へ）

（本シートは、（株）エイデル研究所が作成したものである）

<予防策>
・職務行動の観察を正しく行う。
・「自己啓発」への取り組みが「A」ならば、業務知識も「A」というような短絡的に評価しないようにする。

v　対比誤差
・考課者が自分の能力や特性を比べて評価する傾向をいう。
・几帳面な上司が職員の几帳面さを実際より低く評価する、逆にルーズな上司は職員を実際以上に規律正しいとみる、などに現れる。

<予防策>
・自分の能力、特性を再認識する。
・自分と反対の特性をもつ職員、あるいは自分と同じ経験を有する職員の評価について特に公平を心がける。

vi　遠近誤差
・考課実施直前の行動が数か月前の行動より評価に大きく影響する傾向をいう。
・考課期間のなかで、初期の行動が軽く評価される傾向がある。

<予防策>
・行動の事実を記録しておく。
・考課対象期間について正しい認識をもつ。

④ 職員処遇体系の見直しと適正化

（1）職員処遇の基本的考え方

　給与等の職員処遇の仕組みをどのような考え方で設定し、どう運用するかは、人事管理の重要な課題である。かつて、措置制度の時代にあっては、職員処遇のあり方も措置権者である国や自治体が指針を示し、指導監査の対象であった。法人・施設側の裁量権は極めて限られた部分でしかなかった。公務員準拠の処遇体系が一般的であり、必要な財源は措置費として支給されてきた。

　しかし、利用契約制度に移行し、法人・施設が独自の処遇体系を構築する時代になった。人材市場がひっ迫するなかで有能な人材を確保・定着できるよう職員処遇の適正化を図り、キャリアパスに応じた処遇体系を構築していかなければならない。

　また、近年の働き方改革関連法の改正等に対応する正規・非正規職員処遇格差の見直し、「同一労働同一賃金」の考え方に基づく合理的な処遇（均等処遇・均衡処遇）体系の実現が求められている。

　一方、職員処遇のための財源（人件費）には限度があり、従前の処遇体系のまま運用していたのでは、事業収入に占める人件費が年々増加するという法人・施設も少なくないのが現状である。総枠人件費管理を徹底し、財務的な経営基盤を確保しながら職員も納得できるような公平で、透明性の高い処遇体系を検討していかなければならない。

（2）給与の３つの側面に着目した処遇体系の見直し

　職員処遇体系の見直しにあたっては、給与のもつ３つの側面に着目する必要がある（図4-3）。

　第1は、労働力の再生産（働く者にとっては生計費）としての側面である。明治維新までの給与は「扶持」といわれていたように「米」を意味するもので、"仕えている間は、これを食べて生きていられる"ということを意味していた。給与は、受け取る側にとっては、文字どおり生活の糧であり、「生計費」にほかならない。支払う側からみると、継続して労働力の提供を受けるための費用、つまり労働力の再生産費用とみることができるのである。そのために必要な金額を支給していかなければならない。

　職員にとっては、年々少しずつでも生活の水準を上げたいという願いがあるし、世帯形成にともなって生計費も増えてくるものである。そうした側面に着目すると、定期昇給システムや扶養手当・住宅手当等の生活関連手当の確保は、合理的な給与支払いの仕組みであるとみることができる。

　第2は、労働力の需給価格（市場価値）としての側面である。一定の給与水準を確保しておかなければ人が集まらないし、流出してしまうもとになる。人材市場では、職種別に有効求人倍率が開示されている。求

■ 図4-3　給与のもつ３つの性格

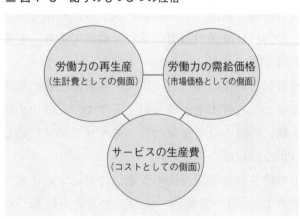

（筆者作成）

人に対する求職者の割合を示すものであり、「1」を超える数値になると求人難の状況となる。経済全体が活況を呈してくると、必然的に人材市場もひっぱくしてくることになる。

　福祉サービスに関する有効求人倍率をみると、医療系の看護師やリハビリテーションスタッフ、介護支援専門員等の水準が従来から高い数値を示していたが、近年福祉サービスの中心的な担い手である介護スタッフや生活支援員等についても有効求人倍率が高くなってきている。介護福祉士等の有資格者については、特に高い水準にある。

　事業の量的拡大にともない、必要人材が量的に拡大していることもその1つの要因であるが、もう1つは、仕事の割に給与が低いということが求職動機を低下させ、人材市場における人材確保難を増幅させる要因となっているとみるべきである。

　今後、後期高齢人口の急速な増加にともない、担い手不足は一層深刻になることが予測されており、個別法人・施設としても人材市場で必要人材の確保を真剣に検討していかなければならない。人材市場で「選ばれる」給与水準の確保が必要であるし、有能人材をヘッドハンティングされないためには、少なくとも地域のなかで一定の給与水準以上の給与を支払っていかなければならない。職員配置基準が決められている福祉サービス事業において、人材市場の変化に適合できることは、事業を継続するための基礎的条件になるものである。

　第3は、サービスの生産費（コスト）としての側面である。経営としては、職員に高い給与を支給しても、価格（サービスの売価）に転嫁できれば問題はないのだが、福祉サービスは売価が公定価格で決められており、しかも、利用者の定員も決められている。どんなに経営努力をしたとしても、事業収入には限度がある。そうした枠組みのなかでコストとしての給与を決定していかなければならない。

　生産費（コスト）が上がれば、それだけ支出がかさむわけであるから、一定の水準（人件費比率）を超えてしまうと、事業収支は赤字に転化してしまうことになる。これでは事業経営を継続していくことはできない。適正な人件費比率を確保しながら、限られた財源のなかで給与支払いの仕組み（配分等）を検討していかなければならないのである。

　給与のもつこうした3つの側面のバランスを考慮して職員処遇体系の根幹となる給与支給のあり方を検討していかなければならない。

（3）モチベーションや能力開発を促進する処遇体系

　職員処遇体系の見直しにあたってもう1つ重要な視点は、職員のモチ

ベーションや能力開発を促進できるような仕組みを検討することである。

　給与等の労働条件は、必ずしも直接的なモチベーション要因とはいえないが、職員の努力や貢献度を適正に評価し、それを処遇に結びつけることによって、間接的ではあるが、モチベーションやモラルの向上、能力開発に影響を与えるものであり、結果として定着の促進にもつながるものである。

　金銭的刺激をモチベーションの誘因とするという考え方ではなく、努力の度合いや貢献度を認めている（「承認欲求」を充足）ことの証としてメリハリのある処遇を行うというものである。

　昇給等の基準の透明性が確保されていなければ、職員としては、将来の生活設計を行うこともできない。世間水準並みの給与水準や年収を確保することは大切な視点であるが、将来を見通すことができるキャリアパスに応じた処遇体系を確立することが重要である。

（4）年功的な処遇体系の是正と公正処遇の実現

　学歴や年齢、勤続年数等、いわゆる属人的・年功的要素を重視するこれまでの処遇体系では「やってもやらなくても同じ」といった処遇になりがちである。

　サービス実践や業務遂行のプロセスやその成果等と無関係に職員処遇が行われるため向上へのインセンティブがはたらかないし、若手や頑張っている職員にとっては悪平等の印象を拭えない。

　結果として組織の沈滞を生み、また有能人材の流出につながるといった経営にとって大きなマイナス現象を発生させる要因になってしまう。「公正処遇」を実現するという観点からも能力や職務・役割の難易度、努力や成果への貢献等の要素に着目したメリハリのある処遇が求められるのである。

　具体的な給与体系には、職能給や職務給、役割給等さまざまなものがある。また、公務員俸給表も、人事院勧告によって抜本的な見直し（2005（平成17）年）が行われた。等級号俸制度の見直しが行われ、年功的なカーブになっていた給与水準の是正や昇給査定運用ができる制度に変更になっている。

　こうした給与制度を十分検討し、自法人・施設の人事理念や人事基準が具現化できる処遇体系を検討することが重要である。

（5）諸手当・賞与の見直し

　処遇体系のなかで、諸手当の適正化も重要な課題である。諸手当は、

基本給（本俸）ではカバーできない特定の条件、要素などをフォローするために支給されるものである。①生活関連手当、②職務関連手当、③稼働関連手当、③その他の手当、等に区分することができる。

　社会福祉法人における諸手当には、措置制度に根拠を置くものがある。直接処遇職員に支給することが慣例化してきた「特殊業務手当」は、その意義の見直しが必要であるし、地域性や官民格差是正の一環として支給されてきた「調整手当」についても見直しが必要である。

　また、諸手当等の処遇体系の見直しにあたっては、労働基準法の主旨に則して、労働条件の一方的な不利益変更にならないよう配慮が必要である。合理性のない諸手当を廃止する場合等には、一部を基本給に組み入れるとか、新制度移行時に「移行時保証手当」で対応する等、激変緩和策が求められる。職員の合意と納得が得られるよう十分な配慮が必要である。処遇の不利益変更は、退職の引き金になることが多いものである。

　職務や職責・役割に関連する手当は、その責任の度合いを踏まえ相応しい手当額の設定が望まれる。措置制度の名残で管理職・役職手当が施設長だけに支給されているケースもあったが、主任等の役職者に対しても、その責任度に応じた手当の支給が望まれる。その際、留意しなければならないのは、労働基準法上の時間外労働の対象者であるかどうか（具体的には時間外労働手当の支給対象者であるかどうか）によって、額の妥当性を検討することである。

　また、扶養手当や住宅手当等の生活関連手当についても見直しが必要である。こうした手当は、労働の対価として支給されるものではないため、廃止を検討する事業体も多い。しかし、一方で給与（月例給）は生活給としての側面がある。世帯形成等に対応できる給与水準が確保されていればよいが、それが確保できない現状のなかでは「生活保障」の観点から生活手当等を残していかなければ職員の生活を保障できないし、有能な人材の定着がむずかしくなる。納得できる合理的な水準で手当額を設定することが望まれる。

　夜勤手当等の稼働にともなう手当についても、その難易度や苦労に十分配慮した支給形態や支給水準を検討する必要がある。時間外・休日労働とともに、労働基準法の規制を当然クリアしなければならないが、定額制度を導入する等の工夫が必要である。

（6）賞与支給の弾力化と事業実績に応じた変動

　賞与制度の見直しも重要な課題である。かつては公務員の支給月数に

準拠し、全員に一定の月数を支払うなど、生計費の一部として固定費的に運用してきた事業体も多いだろう。しかし、「自立経営」が求められるこれからの賞与は、事業成果配分という側面を認識しておく必要がある。基本給や諸手当等を事業実績に応じて変動することはむずかしいが、賞与は人件費配分原資の調整や査定配分（人事考課査定）を行いやすいものである。

　人件費配分原資管理としては、まず賞与原資の変動費化からはじめるのが筋であるし、効果も期待できるものである。事業収入の伸びに応じて賞与支給額を決定するという「**スキャンロンプラン**[注1]」や「**ラッカープラン**」等の考え方を参考にするとよい。

（7）総枠人件費管理の考え方

　福祉サービスは、市場原理が導入されたといっても「制度ビジネス」であり、人件費に充当することができる財源には自ずと限度がある。したがって、総枠人件費管理の発想をもつことが重要である。

　事業収入は、基本的には利用者定員と報酬単価（利用者負担分を含め）の掛け算で決定づけられる。つまり、利用者定員に対し、稼働率が100％（または許容される100％を超えた上限率）で、合理性のある加算をすべて算定したときに得られる収入が、収入の上限ということになる。

　一方、事業支出をみると、基本的には「人件費」「事業費」「事務費」の三大支出で構成されている。人件費以外の部分について「経費節減」の取り組みは必要であるが、これにもやはり限度がある。特に利用者サービスの質に直結する「事業費」の削減には慎重を期す必要がある。また、事業収入のすべてを三大支出で使い切るわけにはいかない。将来の事業開発や設備投資のために一定額は内部留保しなければならない。

　つまり、総枠人件費原資は、次のような算式で考えなければならないということになる。

> 総枠人件費原資＝収入（ア）－人件費以外の経費（イ）－内部留保（ウ）

　算式において、（ア）には上限があり、（イ）と（ウ）には下限があるということは、人件費に充てられる原資にも上限があるということになる。問題になるのは、その人件費原資をどう配分するかということである。**図4-4**は、施設から職員に支給される給与・諸手当等の集計表をイメージしたものである。この総合計額（図の①の部分）に上限があるということは、各項目のどれかを増やしたければ、その分どれかを減ら

注1）スキャンロンプラン
　　　ラッカープラン
業績に応じて賞与等を変動させる成果配分方式の代表的な考え方。
スキャンロンプランは、売上高リンクによる成果配分方式で、その結果として人件費比率が平常より低下したら、その低下分を賞与として従業員に配分するという考え方。
一方、ラッカープランは、付加価値リンクの賞与配分方式である。
前者は流通業、後者は製造業で取り入れられてきた成果配分方式。

■ 図4-4　総枠人件費管理の基本的考え方

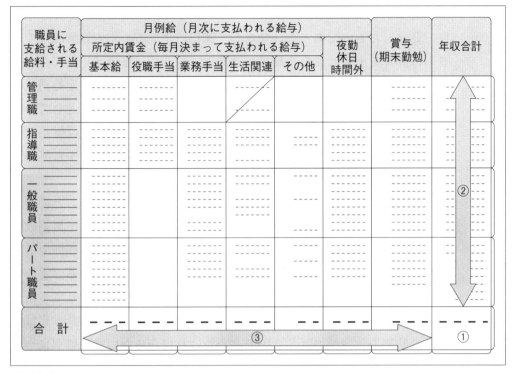

職員に支給される給料・手当	月例給（月次に支払われる給与）						賞与（期末勤勉）	年収合計
	所定内賃金（毎月決まって支払われる給与）					夜勤休日時間外		
	基本給	役職手当	業務手当	生活関連	その他			
管理職	-------	-------		-------		-------	-------	↑
	-------	-------				-------	-------	②
指導職	-------	-------	-------	-------	-----	-------	-------	
一般職員	-------	-------	-------	-------	-------	-------	-------	
	-------	-------	-------	-------	-------	-------	-------	
パート職員	-------	-------	-------	-------	-------	-------	-------	↓
合　計	←――――――――――― ③ ――――――――――→							①

（筆者作成）

さなければならない、ということになる。

　人材確保のためにどう配分するか。モチベーションをより高めるためにどう配分するか。その最適な配分のあり方を構想し、具体的にその方向へ導く取り組みが、総枠人件費管理の基本的な考え方である。

　配分の適正化には、職員の属性間のバランスの検討が必要になる。図の②の部分に着目し、役職者と非役職者、若手とベテラン、正規職員と非正規職員等の年収格差が適切であるか、等を検討することが必要になる。

　もう1つの着眼点は、給料・諸手当・賞与等の構成比のバランスである。図の③の部分に着目し、基本給と諸手当、所定内と稼働給、月例給と賞与（期末勤勉手当）などのバランスを検討することが必要になる。

　純粋人件費管理は、制度・報酬単価改定と密接に関連するものである。

　これは「制度ビジネス」としての福祉サービス事業の宿命である。時間軸で未来を展望し、中長期の視点から職員処遇のあり方、純粋人件費管理を発想していかなければならない。

（8）処遇改善加算への対応

　職員処遇体系の検討にあたって、もう1つ重要な制度として「職員処遇加算」がある。この制度は、2009（平成21）年に議員立法で成立した

「処遇改善交付金」を基礎に、2012（平成24）年の報酬改定で報酬単価に組み込まれ加算になった経緯があり、「臨時的・経過的措置」という条件で発足したものであった。しかし、2015（平成27）年の報酬改定ではさらに加算を上乗せする新加算へと発展し、2017（平成29）年にさらに拡充された。2019（令和元）年10月の消費税改定に伴い、「特定処遇改善加算」が、そして2022（令和4）年にコロナ対応の経済対策としての補助金が「ベースアップ等支援加算」として新たに創設され、「処遇改善加算」は3本立てとなった。保育事業においても運営費のなかに処遇改善加算制度が組み込まれている。

　加算制度の拡充によって対象職員の処遇改善は確かに進むことになった。しかし、一方では報酬単価が切り下げられることもあって処遇改善にかける自主財源は切り詰められることになり、加算原資の範囲で処遇改善を行えばよいといった発想を助長することにもなっている。また制度上、対象職員が限定されてきたことから法人が独自に整備してきた職員処遇体系のバランスを崩す結果にもなっているようである。本来は経営の自助努力、労使の話し合いで決めなければならない職員処遇について政策的に関与することになった結果の副作用である。措置から利用契約制度に移行し、経営の自律性が問われる制度になったはずなのに、これではその機能が作用しなくなってしまう危惧もある。「加算依存症候群」の体質を助長し、人材マネジメントに関する自己決定能力が失われてしまうことのないよう十分留意しておかなければならない。事務手続きが煩雑であるということもあり、2024（令和6）年には制度の見直しを行うという方向が示されている。

　もともとこの制度は、交付金の時代から「キャリアパス」の構築が要件になっていたものである。2017（平成29）年4月からの新加算制度では、①職位・職責・職務内容に応じた任用の要件と賃金体系を整備すること、②資質向上のための計画を策定し研修の実施又は研修機会を確保すること、③経験若しくは資格等に応じて昇給する仕組み又は一定の基準に基づき定期に昇給を判定する仕組みを設けること、④職場環境要件の整備を行うこと等が要件となっている。

　重要な視点は、こうした要件を形式的に整えるだけではなく、本格的な整備と運用をめざすことである。キャリアパスの「可視化」を図り、職員処遇の具体的改善についても初任給水準の見直しや定期昇給制度との連動等、職員にとって「納得性」と「透明性」の高い改善施策を講じていく必要がある。中長期の視点での「効果性」を担保していくことが重要である。

第2節　社会福祉法人・施設における職員研修

本節のねらい　人材育成や職員研修は、人事管理の仕組みや施策推進の一環と考えることができる。特に、育成型の人事管理を推進するためには基軸となるものである。

経営管理者としては、人材育成や職員研修の意義を正しく認知するとともに、これからは「職場研修」を主導的に推進するという考え方をもつことが望まれる。その上で、「職場研修」の推進体制を整え、組織的・計画的に職員研修を推進していかなければならない。

「職場研修」は、OJT、OFF-JT、SDS の 3 つの形態で推進するものである。それぞれの特徴を生かした研修施策の推進が期待される。本節では、経営管理の一環としての人材育成、職員研修のこれからのあり方と課題を検討する。

① 職員研修の意義と内容

（1）人事管理の一環としての人材育成

原理的にいえば、経営組織は目的集団であり、協働の仕組みである。経営資源を効果的効率的に活用し、組織の使命や目的・機能の実現をめざさなければならない。経営管理は、そのための組織的・計画的な営みであるといってよい。人材育成や職員研修は、人的資源の有効活用を図るための人事管理の一環である。トータル人事管理の枠組みのなかでとらえれば、「育成・活用システム」に位置づけられる。いくつかの基本的視点を確認しておくことが大切である。

①人的資源開発の発想

人的資源の活用は、他の経営資源の活用よりも相対的に重要であるといわれている。それは、例えば、物的資源としての設備や機器、備品等がどんなに完備され、あるいは財務的資源が豊富だったとしても、それを活用する主体としての人的資源が陳腐だったのでは、他の資源は十分に活用されることなく終わってしまうことが多いからである。特に今、経営資源として「機会（チャンス）」や「情報」が重要であるといわれているが、これらは人的資源によって生かされる経営資源である。

組織において人的資源管理が重要であることは上記の観点からわかる

ことであるが、これからはさらに**人的資源開発**[注2]（HRD）の発想をもつことが重要になってくる。「ある人材」を活用するという発想だけでなく「開発（育成）して活用する」という発想である。人的資源は、開発可能性のある資源であり、そのことを具体的に推進する施策が、経営組織にとっての人材育成や職員研修である。

②職員一人ひとりの自己実現をめざして

　一方、職員一人ひとりにとっては、自らの可能性を最大限に伸ばし、活用することが、自己実現への道である。職業人、組織人として求められる基本的な資質能力を修得し、担当業務や立場・役割に応じて期待される職務遂行能力を身につけなければならない。新任職員には基礎や基本の修得が必要であり、中堅職員には自律的に問題解決できる能力、指導的職員にはリーダーとしてチームをまとめ職員を指導できる能力が必要になる。また、経営管理者には、トータルなマネジメント能力が求められる。キャリアアップの目標でもある。

　職員研修は、基本的には組織の必要性と個人の必要性との両面からすすめられるものである。しかも、その成果は、利用者サービスの向上や社会のニーズ（必要性）に貢献することにつながるものである。

③福祉サービスの担い手の確保と養成

　急速に進展する人口の少子高齢化のなかで、福祉サービスの担い手の量的・質的確保が国民的課題になっている。担い手の確保と養成については、国や自治体においてもさまざまな施策が講じられている。

　1992（平成4）年に「福祉人材確保法」が成立し、これに基づいて1993（平成5）年に「福祉人材確保指針」が告示された。

　特に、人材育成面では「職場研修」の重要性や「生涯にわたる研修体系の確立」の必要性が指摘され、1994（平成6）年に行われた「社会福祉従事者の養成研修体系のあり方に関する調査研究」（全国社会福祉協議会）によって「職場研修」や「生涯研修体系」のあり方についてその基本的考え方がまとめられた。『福祉の「職場研修」マニュアル』『福祉職員生涯研修プログラム』（いずれも全国社会福祉協議会）等は、この考え方を具体化したものである。

　「福祉人材確保指針」は、2007（平成19）年に14年ぶりに見直しが行われた。「新・福祉人材確保指針」では、近年の福祉人材の就業の動向や将来の見通しを踏まえた上で、「人材確保のための措置」として、「労働環境の整備の推進」「キャリアアップの仕組みの構築」「福祉・介護サー

ビスの周知と理解」「潜在的有資格者の参入の促進」「多様な人材の参入・参加の促進」などについての方向性が示された。

　新指針を受け、職員の職業生涯の進路・道筋を示し、処遇の「見える化」をめざす「キャリアパス」の構築が積極的に推進されるようになり、キャリアアップを支援する『福祉職員キャリアパス対応生涯研修課程』（全社協）が実施されることになった。

　2015（平成27）年には「2025年に向けた介護人材の確保～量と質の好循環の確立に向けて」（社会保障審議会福祉部会福祉人材確保専門委員会）の報告書がまとめられ、人材の量的確保と質的確保を両輪とする方向性が示された。これまでの「まんじゅう型」から「富士山型」への構造転嫁の必要性を指摘し、今後の方向性として次の五つの「めざすべき姿」が示された。

　①「すそ野を拡げる」～人材のすそ野の拡大を進め、多様な人材の算入促進を図る

　②「道を作る」～本人の能力や役割分担に応じたキャリアパスを構築する。

　③「長く歩み続ける」～いったん介護の仕事についた者の定着促進を図る。

　④「山を高くする」～専門性の明確・高度化で、継続的な質の向上を促す。

　⑤「標高を定める」～限られた人材を有効活用するため、機能分化を進める。

④専門職としての養成

　一方、対人援助の専門職の養成を図るために、1987（昭和62）年には「社会福祉士及び介護福祉士法」が制定され、福祉サービス分野に公的資格制度が誕生した。1997（平成9）年には「精神保健福祉士法」が成立し、保育士についても、2001（平成13）年に児童福祉法が改正され、名称独占としての資格制度が法定化された。いずれも、福祉サービスの担い手を専門職として公的に位置づけ、良質な人材の確保と育成を促進しようとするものである。

　また、2007（平成19）年には、「社会福祉士及び介護福祉士法」の改正が行われ、両資格の定義及び義務規定、資格取得方法等の見直しが行われた。

　社会福祉士については、「相談援助」の業務として、他のサービス関係者との連絡・調整を行い、橋渡しを行うことが明確化され、義務規定

として、「ⅰ個人の尊厳の保持、ⅱ自立支援、ⅲ地域に即した創意と工夫、ⅳ他のサービス関係者との連携、ⅴ資格取得後の自己研さん等」が新たに明記された。

　介護福祉士については、「介護」業務の定義について「入浴、排せつ、食事その他の介護」という旧規定を「心身の状況に応じた介護」に改め、義務規定についても、「ⅰ個人の尊厳の保持、ⅱ自立支援、ⅲ認知症等の心身の状況に応じた介護、ⅳ他のサービス関係者と連携、ⅴ資格取得後の自己研さん等」が新たに加えられた。

　これらは、介護保険制度や障害者総合支援法の制定等、利用契約制度が浸透するなかで、福祉専門職としての位置づけを明確にし、質の向上を図ることをめざすものである。介護報酬体系等の改定においても専門職の配置を積極的に評価する方向が示されている。

　介護福祉士の資格取得については、取得方法を一元化することになり、2017（平成29）年度からすべての者が一定の教育プログラムを経た後に国家試験を受験することになった。

　個別法人・施設の人材育成、職員研修の推進にあたっても、こうした動きを踏まえた施策が期待される。

⑤人材による競争優位の確立

　制度改革にともない、福祉サービス事業にもいわゆる「市場原理」（需要と供給による調整）が導入された。サービスの供給主体は多元化し、否応なしに競争と競合の時代に対応していかなければならない。「サービスの差別化戦略」（競争優位の確立）を「経営努力」として推進していかなければならない。多様なサービスニーズに対応し、良質なサービスを提供しなければ利用者から選択されなくなるからである。

　「差別化戦略」とは、他の供給主体よりも優位性のあるサービスを創造し、提供することである。第２章でも述べたように「サービス（商品）の差別化」「価格の差別化」「流通の差別化」「販売促進の差別化」「組織イメージの差別化」等、さまざまな差別化戦略があるが、最終的には「人材と組織力の優位性」がなければ実現できないことである。人材育成や職員研修は、これからの社会福祉法人・施設にとってますます重要な戦略課題となってくるのである。

② 「職場研修」の主導的推進

　これからの社会福祉法人・施設の人材育成や職員研修は、「**職場研**

修^{注3)}」として主導的に推進するという考え方が重要である。「職場研修」は、"人材育成の責任単位は職場である"という認識に立ち、職員研修をとらえ直し、充実していくための目的意識的な考え方である。

もともと職員研修は、経営管理の一環をして行うものであり、法人や施設の経営理念やサービス目標に基づいて推進するものである。ところが、これまでの職員研修は、事業規模が零細で職員数も少ないということもあって、外部研修への派遣（参加）が中心であった。国や地方公共団体も、そのための支援施策を積極的に講じてきたところである。

外部研修への派遣は、もちろん重要な研修施策の1つであるが、これからは職場内外で行うさまざまな研修を「職場研修」の一環として系統的、一体的に実施することが望まれる。

今後は、新しい知識や情報を修得するというだけでなく、実践力の開発が必要である。また、個人の資質能力を向上するという視点に加えて組織力（チーム力）を開発することが重要になってくる。そのためにはサービス実践の場を基礎とした「職場研修」を推進することが重要であり、日常業務（サービス実践）と研修施策とを密接に関連づけながら推進していくことが求められる。

注3）職場研修
施設や職場が主導的に推進する職員研修の総体を意味する。経営管理の一環として「計画・実施・評価」の研修管理サイクルを徹底する必要がある。職場研修は、①OJT (On the Job Training) ②OFF-JT (OFF the Job Training) ③SDS (Self Development System) の3形態で行われる。

（1）推進体制の確立

「職場研修」を効果的に推進するためには、まず、推進体制の整備が必要である。経営者や管理者、指導的職員等の責務を明確にするとともに、研修担当者を選任し、担当者としての責任・権限を具体化しなければならない（図4-5）。

経営者は「職場研修」の推進責任者である。人材育成に積極的な関心をもち「職場研修」の理念や方針を示すとともに、仕組みを整備し「職

■ 図4-5　職場研修を担うそれぞれの基本的役割

経営者	管理者及び指導的職員	研修担当者
職員研修の理念・方針や仕組みづくり等、職員研修の環境整備を行う	職務を通じて日常的な指導を行う	職員研修の実務（研修管理）をすすめる
一人ひとりの職員 目標をもって自己啓発に努める 「専門性」や「組織性」の向上、人間的成長をめざす		

（筆者作成）

■ 図4-6　研修管理サイクル

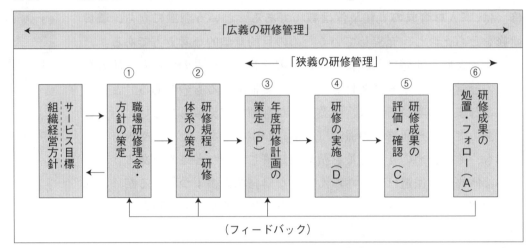

（『改訂　福祉の「職場研修」マニュアル』全国社会福祉協議会、2016年、図表9を一部改変）

場研修」を推進できる環境づくりを行わなければならない。

　管理者や指導的職員は「職場研修」の実践当事者である。職務遂行過程で職員を日常的に指導育成すること（職務を通じての研修＝OJT）が"本来の業務（役割）"であることを認識し、指導育成者としての姿勢を確立するとともに、指導技術の研鑽に努める必要がある。

　研修担当者は「職場研修」の実務（研修管理）者である。研修計画づくり、研修の実施や評価といった一連の研修管理を、経営者や管理者から権限の委譲を受け、連携をとりながら推進していくことになる。

　「職場研修」の原動力は、個々の職員が潜在的にもっている啓発意欲と成長の可能性である。研修活動はその意欲と可能性に対する組織としての意識的な働きかけであり、「職場研修」の主人公は職員自身である。

（2）研修管理サイクルの徹底

　「職場研修」は、経営管理の一環として「計画–実施–評価・確認–処置・フォロー」の研修管理サイクルで運営する必要がある（**図4-6**）。場当たり的、単発的に実施したのでは大きな成果は期待できない。

　研修管理には「広義の研修管理」と「狭義の研修管理」がある。前者は、①職場研修の理念や方針を策定、②研修規程・研修体系の策定といった「職場研修」の基礎づくりを行うことであり、後者は、③年度研修計画の策定（Plan）、④計画に基づく研修の実施（Do）、⑤研修成果の評価・確認（Check）、⑥研修成果の処置・フォロー（Act）、といったステップで具体的に年度研修管理を実施することである。

■ 図4-7　職場研修の３つの形態

（『改訂　福祉の「職場研修」マニュアル』全国社会福祉協議会、2016年、図表10を一部改変）

（3）３つの研修形態

「職場研修」は、次の３つの形態で推進するものである（**図4-7**）。

① OJT（On the Job Training：職務を通じての研修）

② OFF-JT（OFF the Job Training：職務を離れての研修）

③ SDS（Self Development System：自己啓発援助制度）

大切なことは、それぞれの研修形態の特徴に着目し、組織や職場の実情、研修ニーズ等に最も適した形態で実施すること、３つを相互補完的に位置づけ総合的に推進するという視点をもつこと、である。

OJTは、日常の業務に直結するものであり、実践的能力の向上に役立つものであるから「職場研修」の基本である。「日常の機会をとらえた指導」と特定の職員やテーマについて期間を定めて重点的に行う「意図的・計画的指導」とがある。また、「個別指導」と「集団指導」の両面からのアプローチが必要である。

OFF-JTは、基礎的な学習課題や専門的な知識・技術・技能等を集中的、系統的に修得するのに適した研修形態である。外部研修への派遣と職場内で実施する集合研修がある。外部研修への派遣は、研修目的に合致した研修プログラムを選択することが重要であるし、派遣する職員に対する事前の動機づけや研修後のフォロー（復命／伝達研修／実践への活用支援など）をきめ細かく行う必要がある。

また、職場内で集合研修を実施する場合には、職場の具体的な研修ニーズに立脚した研修プログラムを計画することが重要であるし、研修成果を高めるためには外部講師や多様な研修技法を有効活用するといった視点をもつ必要がある。事前準備を含めた研修の運営管理にも配慮が望まれる。

SDS は、職員の啓発意欲や成長の可能性に対する組織としてのはたらきかけであり、支援である。職員の自主的な学習活動や資格取得に対する費用の援助や施設の提供といった「ハード」面の支援施策と、自己啓発情報の提供や啓発的職場風土の醸成といった「ソフト」面の支援施策とがあり、両面の充実が期待される。

③ OJT の効果的な推進

（1）OJT 推進体制の整備

OJT は、どこの職場でも実践されているものである。職員に仕事を割り当て、日常のサービス実践や問題解決活動が行われていれば、そのプロセスで職員は経験を通じて育っていくものである。問題は、そうしたOJT をさらに効果的に実践し、どのように育成成果を高めていくかである。そのためには、OJT の活性化施策の推進が必要である。

①OJT 推進体制の整備

OJT は、管理職員や指導的職員が行うものであるが、なりゆき任せでは成果は期待できない。職場には、指導育成に熱心な上司もいるが、職員の育成にまったく無関心な上司や育成下手な上司も少なくない。そのため育成成果にバラツキが生じてしまう。

OJT を活性化するためには、まず、足並みを揃えた組織的な取り組みが必要である。個別の組織や職場の実態に則して、**図4-8**のような「OJT 推進体制」を整備することが大切である。「誰が、誰を対象に指導育成し、責任を担うのか」を明確にすることである。

新任職員に対する OJT は、主任等の所属長が責任をもつことになるが、専任の指導者（チューターやエルダー、プリセプター等）をつけて、きめ細かな指導ができる体制を整備するとよい。

②OJT コンセプトの共有化

次に、職場の上司や先輩が共通の考え方（コンセプト）をもって職員の指導育成にあたることが重要である。OJT の必要性は認識できたとしても、具体的に何をどのように指導することがOJT なのかということが共有化されていなければ、組織として一体的に推進することにならないからである。

図4-9は、これからの OJT の定義と実践の指針を示したものである

■ 図4-8　OJTの定義と実践の指針

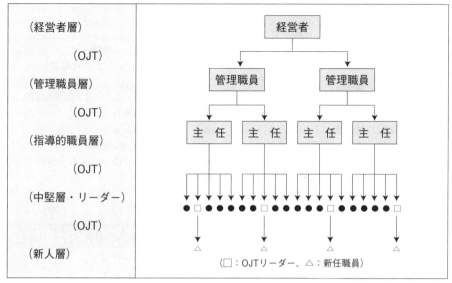

（筆者作成）

■ 図4-9　OJTの定義と実践の指針

> ＜OJTの基本定義＞
> 　OJTとは、上司や先輩が、部下や後輩に対して、仕事を通じて、仕事に必要な知識、技術・技能、態度・価値観等を指導育成するすべての活動である。
>
> ＜実践の指針＞
> 1. 「日常のOJT」に加えて、「意図的OJT」を実践する。
> 2. 「職務遂行能力の向上」に加えて、「人材育成」をめざす。
> 3. 職場単位の方針を示し、「集団指導」と「個別指導」の両面からアプローチする。
> 4. 育成面接を通じて上司－部下が、ニーズ・目標のすり合わせを行う。

（筆者作成）

が、特に、実践の指針の共有化が大切である。

（2）「日常のOJT」の活性化

　実践の指針で示したように、OJTには、「日常のOJT」と「意図的OJT」がある。まず、「日常のOJT」を意識的に活性化させることである。その視点は、日常の業務遂行のなかであらゆる活動を育成的にしていくことである。

　図4-10で示したように、OJTの機会はさまざまな場面の中にある。こうした機会を育成の機会としてとらえ直し、指導育成活動を意識的に行うことが期待される。

■ 図4-10　OJTの機会と方法

<OJTの基本的方法>	
・教える ・見習わせる ・経験させる	・動機づける ・特別の機会を設けて指導する （個別面談や研究レポートの付与等）
<日常のOJT>	<個別指導>
・職員と仕事の打ち合わせをするとき ・職員が実際に仕事をしているとき ・仕事の報告、連絡、相談にきたとき ・職員の仕事が完了したとき ・職員が出張や研修に行くとき ・職場外で接触するとき （飲みニュケーション等）	・業務上の指導、助言 ・個別スーパービジョン ・新人OJTリーダーの配置 ・職場巡回（ジョブローテーション） ・同行訓練
<意図的OJT>	<集団指導>
・指導育成も目標（何を、どのレベルまで、いつまでに）を明確にし、意図的・計画的に指導する。	・グループスーパービジョン ・ケースカンファレンス ・職場内勉強会、ミーティング

（筆者作成）

（3）「意図的OJT」の推進

　OJTを意図的に行うということは、計画的に実施するということである。基本的にはPDCA（計画-実施-確認-処置）の管理サイクルで指導育成を実践するということになる。

　指導対象者を特定し、OJTニーズ分析を行い、具体的に何が育成ニーズなのかを明確にした上で、OJTの重点目標を設定し、育成計画（OJT計画）を策定することになる。例えば、次期の職場リーダー候補を重点的に育成するとか、問題行動をよく引き起こす職員を対象に意図的OJTを行うといったことである。

　そうした特定の職員について、現在及び将来に向かってどのような能力の開発や行動の改善が必要であるかを明確にし、重点指導項目（目標）を決めて指導計画を立てる。「意図的OJT」とは、そういった指導育成計画に従って意図的・計画的・重点的・継続的に指導育成することである。

④ OFF-JT（集合研修）の効果的推進

（1）OFF-JTの特徴

　OFF-JTは、職務命令により、一定期間（時間）職務を離れて行う研修である。日常の職務のなかでは行いにくい新たな動機づけや視野の拡大、専門的な知識や技術・技能の習得を目的とする場合に適した研修形態である。

　OJTを「職場研修」の基本に置きながらも、節目ごとに適切なOFF-JTの機会を設けることで、研修施策に専門性や広がりをもたせ、また適度なリフレッシュ効果を加えることができる。

　OFF-JTは、①同一の研修ニーズ（課題）をもつ者が一堂に会して効率的に研修ができる、②職務を離れて研修に専念できる、③基礎的内容、専門的内容を問わず体系的・計画的に研修できる、④研修内容に最も適した講師や研修技法を設定できる、⑤他の研修生との交流や情報交換等によって相互啓発や視野の拡大が図れる、といった特徴をもっている。

　OFF-JTは、職場内で実施する場合と、職場外の外部研修に派遣する場合とがある（図4-11）。これからは、個々の職員の能力開発という観点だけでなく、組織全体の意識改革やチーム力の向上といった観点から組織開発（OD：Organization Development）に取り組む必要があり、職場ぐるみで研修会や勉強会を実施すると効果的である。価値観や行動指針、技術ノウハウ等のシェア（共有）や実践研究手法で「学習するチームづくり」を行うとよい。

■ 図4-11　OFF-JTの方法

＜OFF-JTの基本的方法＞	
・講義法 ・討議法（課題討議法等） ・事例（実例）研究法 ・ロールプレイング	・研修ゲーム ・自己診断法 ・理解促進討議法 ・その他、見学・実習等
＜職場内OFF-JTの例＞	＜職場外OFF-JTの例＞
・外部研修等の報告会（伝達研修） ・課題別勉強会（相互学習会） ・事例研究会 ・文献、資料の輪読会 ・講師を招聘しての研修会	・行政や研修実施機関が主催する研修会への派遣 ・種別団体等の主催する研修会への派遣 ・専門機関等が実施するテーマ別、課題別研修会への派遣 ・他職場との交流、交換研修、見学・実習

（筆者作成）

（2）研修技法の外部研修資源の有効活用

　職場内で研修会や勉強会を実施する場合には、研修の目的や内容、対象者の成熟度等にマッチする研修技法の活用が望まれる。研修技法には、①講義法、②討議法、③事例（実例）研究法、④ロールプレイング、⑤研修ゲーム、⑥自己診断法、⑦理解促進討議法、⑧その他見学や実習等、がある。

　社会福祉分野では、中央や地方の研修実施機関や種別協議会や職能団体等が実施する多様な外部研修が準備されている。「職場研修」の一環として、これらを系統的、計画的に活用していくことが期待される。外部研修への派遣と職場内研修とを組み合わせることによって、より効果的な OFF-JT を推進することが可能になる。

⑤ SDS の効果的推進

　SDS は、個々の職員の自己啓発を組織として支援するものである。自己啓発は、職員が自らを高めるための「自主的な活動」であり、「自己管理」ですすめられるものであるが、職場（組織）としてその意義を認め、積極的に支援し、促進しようとするものである（**図4-12**）。

　SDS の方法には、職員の自己啓発や自主的研修会活動に対する、①経済的援助、②時間的援助、③施設・設備の貸し出しや提供等がある。また、こうしたハード面の支援施策を推進するとともに、自己啓発の動機づけや活用できる資源等の情報提供といったソフト面の推進施策も重要である。とくにこれからは、公的資格取得の奨励や職員のキャリアパス支援のための SDS 施策の推進が重要である。

■ 図4-12　SDS の方法

＜SDSの基本的方法＞ ・職員の職場内外での自己啓発に対する 　①経済的援助（費用助成等）、②時間的援助（職務免除・職務調整や特別休暇の付与） 　③施設や設備の貸し出し・提供等	
＜職場内SDSの例＞	＜職場外SDSの例＞
・個人の研究活動への奨励や助成 ・学習サークルへの活動費助成 ・自主勉強会への施設や設備の貸与 ・福祉関係図書・資料・ビデオの貸し出し	・外部研修参加への費用の助成や職務免除 ・公的資格取得のための通信教育受講の奨励やその費用の助成 ・種別、職能団体等の大会、研究会への参加の援助 ・自己啓発資源のPR（広報）活動

（筆者作成）

個々の職員の自己啓発は多種多様であるから、職場としてどのような自己啓発に対して、どのような形態や範囲で支援を行うのか、一定の基準や優先順位に関するルールをあらかじめ定めておくとよい。

⑥ 「職場研修」推進の課題

（1）年度研修計画の策定とニーズ把握

　「職場研修」を効果的に推進するためには、年度研修計画の策定が必要である。法人・施設の現状及び将来を見据えながら研修ニーズを分析し、研修の重点課題や重点目標を明確にし、策定することである。

　研修ニーズは、「あるべき姿（求められる能力）」と「現状の姿（現有能力）」の差としてとらえられるものである。法人・施設の経営理念やサービス目標を前提にサービスの質の向上や効率性の確保にあたってどのような能力や意欲を開発しなければならないかを検討し、専門性（対人援助サービスの担い手として求められる専門的な資質能力）と組織性（組織の一員として立場に応じて求められる資質能力）の両面から把握することになる。

　実際のニーズ把握にあたっては、サービス実践の場で遭遇しているさまざまな困難事例や経営組織の運営にあたって取り組まなければならない課題に着目しながら、必要な能力開発のテーマを明確にすることになる。

（2）「職場研修」の重点課題を明確に

　これからの職員研修は、専門性の向上と組織性の開発の両面に焦点を当てることが重要である。また、個人のレベルアップと同時に組織力（チーム力）の開発をめざす必要がある。

①専門性の開発・向上はコアの研修課題

　利用者への専門的なサービスを提供することを使命とする福祉サービスにとって専門性はコアコンピタンス（中核能力）となるものである。福祉サービスに必要な基礎的素養としての知識や技術・技能、基本的な価値観や態度等の醸成が必要とされる。利用者ニーズの多様化や複雑化にともない、新たな専門性に関する研修課題も生まれている。無資格者に対しては、資格取得をめざした養成研修が課題となる。

　専門的な知識やスキルのレベルは、何人かの優れたベテラン職員がいればよいというものではなく、むしろ職員間の能力にバラツキがなく、

均質性が保たれていることが理想である。正規・非正規の雇用形態の違いを超えて、すべての職員の専門性を高め、チームとしての専門性を高めていく必要がある。

②組織性の強化は自立経営の基盤づくり

　これからは専門性と同時に組織性の開発が問われる。社会人、組織人としての基本的な考え方や行動規範を身につけ、強化していかなければならない。

　日常のサービス実践は複数の担い手によって構成するチームで行われるものである。チームにおける役割の担い手としての当事者意識を醸成すること、そして、責任性や規律性を順守するとともに、連携を促進するコミュニケーションやホウレンソウ（報告・連絡・相談）のスキルや協調性の醸成、効率的な業務遂行や業務の改善・改革を促進できるコンセプチュアルスキル（分析力や総合的判断力等）の開発が求められる。

　経営管理者や指導的職員には、リーダーシップや部下指導能力の向上が期待される。リスクマネジメントや財務的素養（効率やコスト意識の醸成）も、今後は重要な研修ニーズとなってくる。

（3）培ってきた知的ノウハウの共有化と創造

　職員研修が最終的にめざすところは、サービスの質の向上や問題解決に役立つ能力の開発である。また、個人の能力開発も重要であるが、むしろ関係する職員全体のレベルアップ（スキルやノウハウの共有化）が重要になる。

　職場には、業務遂行やサービス実践のなかで培ってきた"経験知"がある。そのいくつかは業務標準やマニュアル、手順書等にまとめられ伝承されていることだろう。標準的な実践能力を身につけてもらうためには、こうした"形式知"を伝承することが重要である。しかし、実際の業務遂行やサービス実践は、言語化され、客観化された"形式知"だけではわからない、いわゆる"暗黙知"がある。それは、例えば、ベテラン職員であれば自然に体や手が動き、目配りや配慮ができる事柄であっても、経験の乏しい新任職員や新たな担当者には、どれだけ"形式知"を学んだとしても習得できない部分として残るものである。

　これからは、経験的知識やノウハウを知的資産として伝承し、さらに開発・発展させることによって実践的な力量（個人及び組織の力量）を高めていくことが重要な研修課題となってくる。

（4）能力のタイプに応じた指導方法を徹底する

　専門性や組織性に関する職務遂行能力や役割行動は、それぞれ「知識」（Knowledge）、「技術・技能」（Skill）、「態度・意欲」（Attitude）によって支えられている。この３つのどの能力が不足しており、伸ばすべき能力なのかに着目することによって、具体的な育成方法がみえてくるものである。

　表4-1は、「能力のタイプに応じた指導育成のポイント」としてその視点を整理したものである。

　職員指導と同時に自己研鑽の指針として活用してほしいものである。

■ 表4-1　能力のタイプに応じた指導育成のポイント

K型職員 （技能、態度の不足） 評論家タイプ	・知識や理論を生かす場を与える。 ・目標を与え意欲を高める。仕事の当事者意識を養う。 ・技能訓練を行う。
S型職員 （知識、態度の不足） マンネリタイプ	・チャンスを与え、広い視野を養う。 ・いろいろな仕事を与え、自信をもたせる。 ・基礎的知識の教育を行う。
A型職員 （知識、技能の不足） 新人タイプ	・ステップバイステップで基礎教育を徹底する。 ・逐次仕事の幅をもたせ、権限を委譲する。 ・自己啓発の方向を示し、援助する。
KS型職員 （態度の不足） 出し惜しみタイプ	・課題や目標設定を適切に行う。 ・さまざまな動機づけを行う。 ・成果を正しく評価してやる。
KA型職員 （技能の不足） 勇み足タイプ	・実際にやらせてみて、経験させる。 ・ミスや失敗の体験を生かす。 ・見守りながら徐々に仕事を任せる。
SA型職員 （知識の不足） 伸び悩みタイプ	・基礎的知識の教育を行う。 ・OFF-JTを有効に活用する。 ・課題を与え、自主的に研究させる。
KSA型職員 （理想型） 優秀職員タイプ	・大幅に権限を委譲する。 ・高度な仕事にチャレンジさせる。 ・次のポストやローテーションを考える。
O型職員 （すべての能力が不足） お荷物タイプ	・「わかる」「できる」「その気になる」のいずれかにターゲットをしぼる。 ・自己認知を適切に行わせる。 ・本人の適性を判断する。

K：Knowledge　知識　S：Skill　技能、技術　A：Attitude　態度、意欲
（筆者作成）

●引用・参考文献

○『福祉職場の人事管理制度（導入編）』全国社会福祉協議会、2003年

○宮崎民雄監修『改訂　福祉の「職場研修」マニュアル』全国社会福祉協議会、2016年

○『福祉職場の人材マネジメント』エイデル研究所、2009年

○宮崎民雄『福祉職場の OJT とリーダーシップ』エイデル研究所、2008年

○京極髙宣『福祉法人の経営戦略』中央法規出版、2017年

○全国保育士会編『保育士等キャリアアップハンドブック』全国社会福祉協議会、2017年

実践事例 5 —人事管理・人材育成の取り組み

廣江　晃（社会福祉法人こうほうえん理事長）

1　はじめに

　人事管理・人材育成は、法人の基礎として、重要であるということに疑いをもつ経営者はいない。ただ、その膨大な労力に対してのアウトカムに関して否定的に考える人も少なくない。例えば、地方の福祉施設経営において、組合もなく労使の緊張感がないなか、お互いの信頼感で人事管理を行うことは十分に可能である。それは管理側にとって理想形の１つであり、そのような場合、わざわざ複雑な手間のかかる人事管理システムを入れようと思わないのが普通である。しかし、そういった形が可能であるのは、おそらく数十人ぐらいまでの組織であり、今日における増大する地域福祉ニーズを満たすために一定以上の規模の法人経営を考えなければならなくなると、社会福祉法人は、人事労務管理をしっかり行った上で、福祉施設に求められる温もりのある経営をしていくという非常に高度なスキルを要求される。

　今回、実践事例として紹介する事柄もすべてうまくいっているわけではないし、本当に効果があったかどうかはわからない。ただ、やらないで漠然と10年経過するより、やってみてもがいた10年のほうが価値があると思っている。本稿では、社会福祉法人こうほうえんにおける理念・基本方針の周知徹底から人事管理・人材育成への取り組みについて実例をあげながら考察する。

2　理念・基本方針の周知〜実践

・ISO から「互恵互助」へ

　開設当初より、理念と基本方針を作成し、各施設に目立つところに掲示していたが、開設から10年ほどは、ときどき理事長が挨拶訓示等でふれるだけで、職員は、理念と基本方針があることは知っていてもその意味を深く理解しているという状態ではなかった。きっかけは、1999（平成11）年、ISO9001シリーズの取得をめざしたときのことであった。審査員より「すばらしい理念や基本方針はつくられていますが、実際にどのように周知徹底していますか」と問われた。さらに、「職員の皆さんに理念と基本方針を聞いたとき全員がきちんといえますか」と尋ねられた。その当時、理念と基本方針があることを知っていても、暗唱できる職員が１割いたかどうか、特に新しい職員は、あまり知っていなかったように記憶している。この審査の後、その周知徹底のため朝礼での唱和をはじめた。組織として必要性を感じはじめていたというより、ISO の審

実践事例5　人事管理・人材育成の取り組み　287

査を通すためにやるという意味合いが強かったように思う。しかしながら、毎朝、念仏のように理念や基本方針を唱えるということは恐ろしいもので、数年すると職員の言葉の端々に理念や基本方針に書かれているという内容が出てくるようになり始めた。設立当初に掲げた理念や基本方針が、法人の血肉になりはじめた瞬間であった。

　2003（平成15）年頃より、法人として日本経営品質賞に取り組むことになった。日本経営品質賞が求める職員全体で同じ価値観に向かって日々仕事に取り組んでいく状態にするためには理念と基本方針を周知しただけでは大まかすぎて、職員が現場において実際の行動を行うときの指針として十分ではないことに、あらためて気づかされた。そこで、2006（平成18）年に理念と基本方針をより具体的に表にした「互恵互助」という40ページ余りの冊子を作成した（この互恵互助とは、お互いが恵みあい助け合うという気持ちを表した造語である）。高品質なサービスで有名なホテルリッツカールトンのクレドを参考に、法人が「大切にしたい価値観」「求める職員像」を明示した内容とし、現在、各職場の朝礼などにおいて読むことにしている。

　組織が結果を出していくためには、価値観に1つの方向性を持つことが必須

■ 表4-2　互恵互助の内容

・法人設立の思い
・理念と基本方針
・法人の目標
・大切にしたい価値観 　①個の尊厳 　②QOL（Quality of Life） 　③ご利用者本位 　④互恵互助 　⑤人財と苦情が2大財産 　⑥職員の和 　⑦変わる勇気、変える勇気
・求める職員像 　①「感性、思いやり」のある職員 　②「やってみよう！」とする職員 　③「向上心、探究心」のある職員 　④「挨拶、笑顔、掃除」のできる職員 　⑤「仕事に要求されるスキル・知識」を備えている職員
・言葉の統一

（筆者作成）

である。この小冊子を読むと職員は「何のために自分たちは仕事をしているのか」「自分たちはどういう方向をめざせばいいのか」ということを日々確認できる。この結果、法人の大きな価値観のもとに多様な個人による現場のさまざまな工夫がより質の高いサービスを生むようになる。それと同時に、働いている職員にとっても「互恵互助」という道標にそって働くことは、現場において判断が求められたときに迅速に対応できるだけでなく、大きな安心感と満足感を得ることができる。小冊子を作成して3年になるが、予想以上に浸透し、「互恵互助」という言葉自体も法人の理念の1つになってきているように思われる。

3　職員育成

・職員育成の重要性

　サービス業は、人と人がふれ合う瞬間でサービスと引き換えに料金をいただく。したがって、我われの社会福祉の仕事においても人財の育成こそが、サービス力、商品力を高める最重要課題であり、かつ最短距離であるといえる。

　しかし、一口に職員育成といっても、挨拶・接遇にはじまり、介助技術やアセスメント力、幹部になれば、会計の知識からリーダーシップを発揮することなどさまざまな階層・場面において必要とされるものが違い、それをすべて網羅するのは至難である。また、費用をかけて育てた職員が、辞職して他法人にいくことも少なからずあり、つい職員育成にかける費用と時間が無駄に感じることもないわけではない。しかし我われの法人では、明確な戦略として人財を育成し、人財のブランド化をねらって費用をかけている。

　数年前、近隣の専門学校の学生の間で「こうほうえんに行くと勉強させられて大変だ（だから、よそに行く）」といううわさがあったと聞いたが、「職業人としてプロなのだから、研修をするのは当たり前」「日進月歩する世の中で、研さんを積まずして給与が上がるはずはない」と言い続け、今では、「あそこは研修がしっかりしているから」ということで学生に選んでもらえるようになってきた。こうほうえんで勤め学んだ職員が、仮に他の法人に行ったとしても、そこで通用するだけのスキルを身につけ、どこに行っても重宝される存在であってほしいと心から望んでいる。それは、本人のためであるし、地域のためであるし、回りまわっていろいろなものが法人に戻ってくる。

　具体的には、法令改定や人権意識向上など法人全体で取り組むものと、**表4-3**のように階層別で分けて行う研修に分けられる。現場からは、「研修に行く時間がない」「離れられない」という声も少なくないが、時間を工夫しなが

年間教育計画			
対象	研修名	月	講師
1年め （エルダー制度）	1．新採用者研修	3月	内部講師
	2．新人チェックリスト（基本ケア）	12か月間	エルダー
	3．体験学習・発表	11月〜3月	
	4．排泄ケア	5月〜11・2月	排泄委員会
	5．コミュニケーション	5月〜毎月	担当者
2〜3年め・ （エルダー） 中堅（3〜12年め）	1．2〜3年目チェックリスト	12か月間	内部講師
	2．ユニットケア研修	4・6・7・1月	
	3．中堅実践課題評価表（NO1）	12か月間	
	4．終末期（看取り）ケア	8・10・12月	内部講師
	5．認知症ケア	5・9・10月	内部講師
	6．コミュニケーション	5月〜毎月	
	7．生活支援計画（3つの価値観）		
	8．感染予防		
	9．排泄ケア	5〜11・2月	
ユニットケアリーダー・ 小規模施設管理者	1．ユニットケアリーダー研修	4・6・7・1月	内部講師
	2．実践課題評価表（NO2）	12か月間	
	3．終末期（看取り）ケア	8・10・12月	
	4．認知症ケア	5・9・10月	
	5．人事考課と人財育成		外部講師
	6．排泄ケア	5月〜11・2月	
主任以上　複数ユニット 事業所管理指導管理者	1．実践課題評価表（NO3）		内部部講師
	2．人事考課と人財育成	12か月間	外部講師
	3．運営と経営	外部講師	
リーダー（主任層）研修	コミュニケーションリーダーシップ 組織の中でのありたい姿	6月19日 9月16日 10月23日	外部講師
法人・事業所全体の統括 部門の責任者 （指導者　管理者）	1．実践課題評価表（NO4）	12か月間	外内部講師
	2．人事考課と人財育成		外部講師
	3．運営と経営基盤強化		外部講師

（筆者作成）

ら行っている。

・エルダー制度とOJT

　我われの法人では、新人職員には、一人ずつ必ずエルダーという2〜4年ぐらいの経験のある職員が配される。エルダーは、担当の新人職員に手取り足取り現場の仕事についてありとあらゆることを教える役割をもつ。初期段階で味わう新人職員の仕事に対する悩みなども相談できる存在で、現在、新卒者において離職者が少ないのはこの制度も大きく寄与していると考えている。また、エルダーのほうも、人に教えるためにはもう一度初心にかえり勉強をし直す必要が出てくる。そして、新人職員をリードし、パートナーの成長とともに自分自身も成長していき自信を深めていく結果となっている。エルダーと新人職員の人間関係がうまくいかない場合が一番の問題となるが、どうしてもうまくいかない場合はパートナーの交代をして対応することもある。

　また、新人の仕事の習熟度を確認するため、新人チェックリスト（**表4-4**）を用いる。例えば、夜勤などのシフトに単独で入るレベルに達したかどうかということについても、このチェックリストを活用する。

・研究会・発表会

　人材育成の柱の1つが、研究発表である。研究発表を積極的に行うことは、職員のレベルアップに確実につながる。当法人では、毎年春に学会も行えるコンベンションセンターを借りて、法人研究発表会を行っている。演題は、口頭発表とポスター発表に大別され、介護現場におけるケースレポートから事務的な疑問点まで、職場において職員が疑問に思ったこと、調べてみようと思ったことなど、なんでもよいということになっている。年々、発表数も増え、かつ、外部からの発表もいただくようになり、個人的にも年々勉強になる発表が増えてきていると感じている。ここで発表したものについては、日本国内のみならず海外においても発表してもよいということになっている（費用は法人負担）。学会や研究会にて発表し、質問を受けたり、他法人の発表を聞くことは、職員にとって大変刺激になるとともに、職場の活性化につながっている。学会、研究会のほかにも、現在、米国とデンマークに年1回職員を派遣している。米国においては、提携している法人のマネジメントを含めた経営や組織づくりについての研修を行い、デンマークにおいては、介護を中心とした社会福祉施設を中心に研修を行っている。国が変われば制度も違うなかで、自らの

■ 表4-4　新人チェックリスト　1か月の到達目標

到達目標（1か月間） 1．こうほうえん概要がわかる。 2．1日の暮らし方がわかる。 3．職業人としての基本を学ぶ。 　（プロ）	自立度基準	自立度点数
	1．未経験 仕事の認識が不十分・能力に問題あり	0
	2．絶えず指導や援助が必要 　（認識レベルに多少不安・サポートが必要）	1〜3
	3．部分的指導や援助が必要 　（仕事の認識は普通・能力には問題なし）	4〜6
	4．ほとんど自立して行える 　（よく認識している・十分な能力がある）	7〜9
	5．自立して行える 　（非常によく認識している・非常に優れた能力がある）	10

		到達目標	2W	1か月	備考
採用時から1か月目の到達項目	法人概要	こうほうえんの概要を理解している。			
		施設内構造が分り複合施設概要がわかる。			
		所属部門のサービス提供機能を理解している。			
		勤務体制が理解できている。			
		こうほうえんの理念・目標・スローガンが言える。			
		ほうほうえんの「互恵互助」を読んでいる。			
		火災報知器の設置個所・火災時対応の概要がわかる。			
	接遇	勤務10分前には出勤している。			
		誰よりも先に明るい挨拶ができる。			
		身だしなみが良い（髪形・髪の色・ひげ・服装・靴）。			
		名札をきちんとつけている。			
		私語を慎んでいる。			
		不快を与えない言葉遣いで対応できる。			
		笑顔を絶やさない。			
		靴の音に気をつけている。			
	生活環境・掃除	物品の保管場所がわかる。			
		ごみの処理方法がわかる。			
		整理整頓、後片付けまできちんとできる。			
		汚れやゴミを自ら除去できる。			
		利用者の生活環境に配慮できる（危険な物品・場所等）。			
		室温・湿度に気をつけている。			
		換気ができる。			
	勤務姿勢	出勤時まず、「介護管理記録」「連絡帳」等で利用者の状態を把握してから仕事を始めている。			
		メモをとる習慣がついている。			
		不明な事は必ず聞くことができる。			
		報告・連絡・相談が確実にできる。			
		利用者に寄り添う時間を大切にしている。			
		個人情報・プライバシー保護（守秘義務）について理解している。			
		ナースコールには素早く対応している。			
		自分の健康に気をつけている。			
		手洗いの重要性がわかり、実施している。			
		出勤簿に押印している。			
	介護の実際	チーム利用者の名前と居室がわかる。			
		チーム利用者の1日の過ごし方がわかる。			
		チーム利用者の状況が大まかにわかる（食事・排泄・入浴など）。			
		各種チェック表の見方がわかる（介護管理記録・ケア実施表・排泄チェック表等）。			
		全ての介助前には必ず声をかけ、利用者の了解を得ている。			
		入室する時にはノックをし、挨拶をしている。			

		到達目標	実施日	指導者氏名
演習項目		【食事】		
		1．食事の形態別の試食体験をする（嚥下食・刻み食・軟采食等）。		
		2．トロミ剤の水分・お茶ゼリー等の試食体験をする。		
		3．食事介助の疑似体験をする。		
		【排泄】		
		おむつの擬似体験をする。（おむつ内への排泄・濡れたパッドの着用3時間）		
		【日常生活動作に関すること】		
		1．車椅子で30分過ごす（自操・介助を受ける）。		
		2．ベッドギャッジアップにて30分過ごす。		
		3．リハビリスタッフから基本動作介助の講習（麻痺を考慮した）。		
		①寝返り		
		②起き上がり		
		③立ちあがり		
		④移乗		
		⑤杖歩行		
特記事項				

（筆者作成）

サービスを比較することにより視野も広がり、いろいろな感想や考え方をもって帰る職員が多い。

・福祉サービス第三者評価事業の受審と活用法

　平成16（2004）年に出された「福祉サービス第三者評価に関する指針」に基づき、第三者評価事業を行っている施設は多いと思う。職員にとって、上司でも利用者でもない第三者から、日頃自分たちが行っているサービスを評価されるのは、精神的にきついものがある。また、第三者といってもその能力にも当然ばらつきがあり、指摘事項をすべて鵜呑みにするわけにもいかない。しかし、一定の客観的な立場から福祉サービスをみてもらうことは、職員の刺激になり、さまざまな学びにつながる。できている、できていないにこだわるのではなく、「謙虚に自分たちの足らないところに気づき改善のきっかけにしていこう」という思いで利用していけば、職員がどんどん伸びてくるものである。

4　人事制度・人事考課の実際

・Do-CAP シートによる自己成長

　当法人では、人事考課に Do-CAP シートを使っている。Do-CAP とは、Do（実行）してみて C（チェック）して、A（行動）をして P（計画）をつくるという一連の流れから名づけられたシートである。

　社会福祉の現場において、サービスの良し悪しの定量化がむずかしく個人の仕事の成績を判断することはとてもむずかしい。例えば、介護福祉施設において介護サービスの評価をしようとすると、利用者は年々身体的機能が衰えていくのが普通であり、その改善を指標とすることはできない。また、非常に忙しく職員が動いていたとしても、それが本当に利用者のためになっているかは不明であるし、むしろバタバタとした環境より、時間の流れがゆっくりであるほうが望ましかったりする。とすれば職員の運動量でも評価することはできない。ケアプランの出来不出来について客観的な判断は可能かもしれないが、それが実際にできていなければ意味がない。結局、サービスの質自体の評価を個々の職員で行うことはむずかしく、目標管理という形にせざるを得ない。

　すなわち、個々人で目標を立て、その目標に対してどのくらい達成できたかということを評価する方法である。どのくらい達成したかということもとても重要であるが、それ以上に重要なのが上司と部下のコミュニケーションの場の提供である。普段、職場で接していても、なかなか踏み込んだ話はしづらいも

のである。こうした、人事考課制度の導入により、本人の仕事に対する気持ちや悩みを聞く場とすることもできる。

　当法人の場合、人事考課の結果、賞与及び給与の昇給部分について基準額と比較して±10％の差をつけている。具体的な例をあげると、例えば、その年の基準昇給額が5,000円とするとS評価で5,500円、D評価で4,500円の昇給という1,000円の差となる。この方法では、10年経過しても大企業のような、給与格差はつかない。これは、目標達成を評価する仕組みで大きな差をつけるのはむずかしいと判断していることに加えて、チームワークが重視される職場特性に配慮しているためである。

　人事考課をする場合、大きな問題になるのが考課の公平性である。考課者によって判断のばらつきが多いようでは、信頼される制度になり得ない。年に数回の考課者研修を行っているが、それでもまだ十分とはいえない。人が人を評価することはとてもむずかしい。A評価のものがD評価になるということはあり得ないのだが、ボーダーラインは常に存在し、例えば、B評価とC評価の差がわかりにくいときがあるのが現状である。

5　終わりに

　現在の人事制度における一番の悩みは、完全ではない人間がつくる完全ではない仕組みによって人が評価されることがある。常に職場の状態は変わるし、求められる能力も変わり、その人の能力ですら時間とともに伸縮する。そういった意味において、経過年数をものさしとする年功序列をベースとした人事制度は、「ものさし」については正確であるが、昨今の時代の流れにとても対応できるのもではないし、そもそもの終身雇用という前提も崩れてきている。

　そうしたことをふまえ、模索しながら人事制度の構築を行ってきたわけだが、いまだトンネルから抜け出したという気がしない。ただ、当たり前のことであるが法人に対する信頼がなければ、どんな公平な人事制度をつくったとしても組織はうまくいかなくなる。「民は之に由らしむべし、之を知らしむべからず」という孔子の言葉があるが、この言葉は、為政者がその施策についてすべての民衆に信頼してもらい従ってもらうことは可能であるが、すべてを民衆に理解してもらうことはとてもむずかしいという意味とされる。そういった意味においては、本稿の内容と矛盾するようであるが人事制度の完全性を深く追求するより、少し不公平と思われるところがあっても、職員が信頼してついてきてくれるような経営をめざすほうが近道なのかもしれない。

その際にまとめていく力は、やはり法人の理念をどこまで大事にするかだと思われる。さらに言えば、経営幹部がどのくらい裏表なくその理念を実施しているかということになる。人事制度は、完璧が求められるが、完璧にはできない。しかし、理念や基本方針の徹底は、時間がかかるがやろうとすれば必ずできるし、よい組織風土を醸成する重要な要因である。教育は、費用もかかり時間もとられるが先行投資と思ってやれば必ず還ってくる。人智を超えた不確実な部分を人間の力が及ぶ確実な部分で日々補い、努力する姿勢こそが、職員の信頼をうみ、ひいては地域の信頼を得られるのだと思う。

第3節　社会福祉施設の労務管理

本節のねらい　　社会福祉施設における使命は、事業の主体や形態に違いは
あっても、基本的には個人の尊厳と生存権の確保を踏まえつ
つ、福祉サービスの利用者が心身ともに安心して、日々、自立
した生活を営むことができるよう、利用者一人ひとりにとって
良質で満足のいくサービスを提供していくことにあるといって
よい。このようなサービスの提供は、施設職員が各自の職務に
対して自覚と責任そしてなによりも誇りをもちつつ、サービス
利用者の多様なニーズに対するきめ細かな対応を心がけること
によって可能となる。そのためには、職員一人ひとりが満足感
をもって勤務することのできる職場の環境と待遇が確保される
必要があり、施設長をはじめ施設の管理運営責任者は、法令の
遵守はもとより、職員に対する普段からの適切な労務管理が不
可欠となる。

　　こうした観点から、本節では、職員の労務管理上留意すべき
問題として、採用管理をはじめとして、就業規則による労務管
理の重要性、労働時間の適正な管理、非正規職員の労務管理、
女性職員の労務管理、安全衛生管理等を取り上げる。

① 社会福祉施設と職員の労務管理

（1）社会福祉施設・福祉事業の意義と役割

　国や地方公共団体等公営の社会福祉施設あるいは私営の社会福祉法人
等運営組織の主体を問わず、また高齢者介護をはじめ児童養護、障害者
福祉等事業の形態を問わず、社会福祉施設とその事業は、その基底に組
織の公共性と運営の公益性があることはいうまでもない。すなわち、社
会福祉施設における事業は、憲法第25条の生存権保障の具体化の観点か
ら、福祉サービスを必要とする国民・地域住民に対し納得性の高い満足
のいく福祉サービスを提供するところにあるといってよい。そのために
は、社会福祉施設ならびにそこに勤務する職員は、福祉サービスの利用
者のニーズを的確に見極め、これに適切・効果的に対応することを心が
け、きめの細かいサービスを提供することにより福祉サービスの利用者
に安心と満足（感）を得てもらうことが重要となる。

（2）社会福祉サービスの提供と職員の労務管理の重要性

　福祉サービスの利用者に対する良好で満足のいくサービスの提供は、施設（職場）の環境とともに職員一人ひとりの資質や勤務状況とも不可分に結びついている。福祉サービスの中核は、基本的には「人（職員）による人（入所者等）に対するサービス」であるといえる。それだけに、職員の資質や勤務の状況が良質のものであればあるほど、サービスの質や内容もより良好なものとなっていく。そのことは、とりもなおさず福祉サービスの内容や質は、そこに勤務する職員の勤務条件や環境に大きく左右されることを意味している。実際、職員は、サービスを必要とする人（利用者）がいれば、これを放置することはせず、自ら休憩時間を減らしたり、時間外労働（残業）をしてでも、また自身の直接の仕事ではなくても、できる限り利用者のニーズに応えようとしがちである。その結果、職員の勤務状況は、人員不足をはじめとして、休憩時間や休日が取れない、時間外労働（残業）が多い、労働災害の発生率が高いなど肉体的、精神的ストレスの多いものとなりがちとなる。

　こうした勤務状況が見られるなかで、施設利用者のニーズや期待に適切・効果的に応え、福祉施設そして福祉事業の使命や社会的役割を実効あるものとしていくためには、職員一人ひとりが、安心して気持ち良く働ける職場環境を構築し、日々の勤務に対する満足度を高めていくことが必要であり、また重要となる。したがって、福祉施設の側も福祉事業を利用者にとって、より満足のいくものとしていくためにも、施設におけるコンプライアンスの意識を高め、職員の労務管理を適切に実施していくことが非常に重要となる。こうした観点から、以下では社会福祉施設における職員の労務管理上考慮すべき問題点に的を絞って留意点を確認しておきたい。

② 採用管理

（1）職員の採用─労働契約の締結

　職員を採用するということは、法律的には労働契約を締結するということである。この点に関して、2008（平成20）年3月1日に施行された「労働契約法」（以下、労契法）第6条は「労働契約は、労働者が使用者に使用されて労働し、使用者がこれに対して賃金を支払うことについて、労働者及び使用者が合意することによって成立する」として、労働契約が「使用されて労働すること」と「賃金の支払い」を基本的内容とする労使の合意によって適法・有効に成立することを明記している（ちなみ

に、民法第623条も同様の内容を定め、こうした契約を「雇用」と呼んでいる）。すなわち、労働契約は、あくまでも労使当事者の自由な意思表示（合意）のみによって成立する諾成契約であり、契約書の作成等は要件とされていない。この理は、正規職員の採用であっても、パート職員や契約職員等非正規職員の採用であっても異ならない。とはいえ、現実には正規・非正規を問わず、採用後の勤務において待遇等具体的な労働条件をめぐって使用者との間に認識や理解が食い違い、トラブルが発生することが少なくない。それ故、こうしたトラブルを防止するためにも可能な限り労働契約書（労働条件通知書）を作成し、基本的な労働条件については明記しておくことが大事である。労契法第4条第2項も、こうした観点から労働契約の内容について、書面による確認を求めている。

（2）労働契約の締結と労働条件の明示

　労働契約は、「労働すること」と「報酬（賃金）の支払い」について、労働者と使用者が合意することによって成立する。しかし、労働契約の締結時にあらかじめ労働条件が明示され、合意が得られることが望ましいことはいうまでもなく、なにより無用な紛争の防止につながる。そのため「労働基準法」（以下、労基法）は、その第15条第1項で使用者に対し基本的な労働条件の明示を義務づけている。これを受けて、労働基準法施行規則（以下、労基法施行規則）第5条第1項は、明示すべき労働条件の具体的内容を14事項にわたって列挙している（ちなみに、職業安定法施行規則第4条の2も、求人の際の労働条件明示として、労働契約の期間に関する事項、従事する業務に関する事項、就業の場所に関する事項、始業及び終業の時刻、所定労働時間を超える労働の有無・休憩及び休日に関する事項、賃金に関する事項、健康保険をはじめ労災保険、雇用保険の適用に関する事項等13事項に関する明示を求めている。なお、「職業安定法」（以下、職安法）施行規則については、その一部が改正され、2024（令和6）年4月1日より求職者等に対して明示すべき労働条件に①従事すべき業務の変更の範囲、②就業場所の変更の範囲、③有期労働契約を更新する場合の基準が追加されている）。その内容は、後述するとおり、労基法第89条が一定の要件を満たす使用者（一の事業場で常時10人以上の労働者を使用する使用者）に対して作成を義務づけている就業規則の必要的記載事項とほぼ同様であるが、それよりもやや広い内容となっている。

　労基法及び労基法施行規則により明示すべき労働条件のうち、特に①

労働契約の期間に関する事項、②有期労働契約を更新する場合の基準に関する事項、③就業の場所及び就業すべき業務に関する事項、④始業及び終業の時刻、所定労働時間を超える労働の有無、休憩時間、休日、休暇ならびに労働者を2組以上に分けて就業させる場合に就業時転換に関する事項、⑤賃金の決定、計算及び支払方法、賃金の締切り及び支払時期ならびに昇給に関する事項、⑥退職に関する事項（解雇の事由を含む）については、「書面による明示」が義務づけられている（現行では労働者が希望する場合にはFAXや電子メール等による明示も可となっている。ただし、書面に出力できるものに限る）。なお、パートタイム労働者については、パートタイム労働法（正式には「短時間労働者の雇用管理改善等に関する法律」）が、1993（平成5）年に制定されている。なお、同法は2018（平成30）年に改正され、新たに「短時間・有期雇用労働法」（正式には「短時間労働者及び有期雇用労働者の雇用管理の改善等に関する法律」）となっている。その第6条第1項（及び同法施行規則第2条）が、労基法第15条による規制に加えて、明示すべき特定事項として「昇給・退職手当・賞与の有無、相談窓口」を定めている。ちなみに、違反については過料の制裁が課せられるので注意が必要である。

（3）労働者に関する記録の作成・保存

　職員の労務管理に当たり、使用者は、労働者名簿や賃金台帳をはじめ、雇入れ、解雇、災害補償、賃金その他労働関係に関する重要な書類を5年間（当分の間は3年間）保存しなければならない（労基法第109条、労基法施行規則第56条）。

　労働者名簿に関しては事業場ごとに、各労働者（日々雇い入れられる者は除く）について記載し、労働者の氏名、性別、生年月日、住所、雇入れ年月日、従事する業務の種類等を記入しなければならないこととなっている（労基法第107条、労基法施行規則第53条）。

　また、賃金台帳についても、事業場ごとにすべての労働者（日々雇い入れられる労働者を対象）についての氏名や性別、賃金計算期間、労働日数、労働時間数、基本給・手当その他賃金の種類ごとにその額等を記載しなければならない（労基法第108条）。さらに、出勤簿や使用者が自ら始業・終業時刻を記録した書類、労使協定書、各種許認可に係る書類等労働関係に関する重要な書類についても同様である。ちなみに、いずれの書類も必要事項が記載されていれば様式は問わない。

③ 就業規則による労務管理

（1）就業規則の作成は労務管理の要

　社会福祉施設の職場であっても、職員らの労働条件を決める方法としては、個々の職員と使用者の個別同意（個別の労働契約）による方法のほか、使用者が定める就業規則による方法、さらには労働組合との団体交渉を経ての労働協約による方法等がある。しかし、わが国の職場では労使個別の交渉により労働条件を設定することはまれであり、また個別の交渉ということで雇用・就業形態が同一の場合でも職員間で労働条件の格差が生じ得ることから差別をめぐるトラブルも生じやすい。また、労働協約による場合、そもそも職場に労働組合がない場合、またあったとしても組合員が少数の場合には、職場の統一的な労働条件の設定という観点からは必ずしも実効あるものとはならない。

　社会福祉施設も１つの事業組織（経営体）であり、多数の職員を使用して円滑・効率的に事業経営を進めていくためには、職場の規律を維持するルール（服務規律）を設け、また始業や終業、休憩時間、休日、賃金の支払い、人事、さらには退職に関する事項等職場の職員全体に対して適用される労働条件を統一的に設定することが必要となる。就業規則は、こうした事業経営上の必要性から、使用者が、職員が就労するにあたって守るべき服務規律や統一的な労働条件について定めた規則類をいう。同じ職場に勤務する職員全体を対象に労働条件の集団的・統一的処理を図る方法として、法律上も実務上も重要な意義と機能を有し、労務管理の要となるものである。

（2）就業規則と労基法
①就業規則の作成・届出義務

　こうした事業の効率的運営や労働者の人事その他労務管理に及ぼす就業規則の意義や機能の重要性に鑑み、労基法は、就業規則の作成や内容そして変更等について重要な法規制を行っている。すなわち、労基法第89条は、「常時10人以上の労働者を使用する使用者」に対して、就業規則の作成義務と所轄の労働基準監督署（長）への届出を義務づけている。上記10人には、当該職場に雇用される正規職員のみならず、パート労働者や契約社員等の非正規職員も含めすべての労働者が含まれる。こうした義務づけは、使用者が就業規則の内容を変更した場合も同様である。なお、就業規則の作成・変更の手続に関して、労基法第90条第１項は、使用者に対し当該事業場の過半数代表（職場の過半数組合、これがない

場合には職場の労働者の過半数を代表する者）の意見を聴取する義務を負わせている。ここにいう意見聴取とは、あくまでも過半数代表の意見を聴くことにとどまり、協議や同意までも要求されるわけではない（ただし、労基法第90条第2項は労働基準監督署（長）への届出には意見書の添付が必要としている）。その意味で、労基法は、実質上、使用者による就業規則の一方的作成・変更を認めている。なお、過半数代表の選出に関しては、単に職場の管理職に一任するというのではなく、客観的で公正な手続による方法がとられていなければならないので留意しなければならない（労基法施行規則第6条の2）。

②就業規則の内容

　労基法第89条は、就業規則に記載すべき事項を定めている（同条第1〜10号）。本条は、前述したように労働契約の締結に際して使用者に労働条件の明示を義務づけた労基法第15条に対応して、明示すべき事項を就業規則により具体的に明記するものである。就業規則で明示・記載すべき事項については、常に明記しなければならない「絶対的必要記載事項」と記載するか否かは任意・自由であるが記載する場合には就業規則上の定め（制度）としなければならない「相対的必要記載事項」とに区分される。前者については、同条の第1号から第3号に記載する事項がこれに該当し、また後者については同条の第3号の2から第10号に記載する事項がこれに該当する。これら以外の事項について、就業規則の記載事項とするか否かについては、特に規制はない（ちなみに、こうした事項については「任意的記載事項」と呼ばれる）。

　なお、労働条件の内容や性質によっては、就業規則本体以外に、別規則を設けることも可能である。たとえば、賞与（一時金）や退職手当金、安全衛生、災害補償等に関して別規則を設けるような場合である。法的には、これら別規則も就業規則の一部であることに変わりなく、全体として就業規則に関する法規制が及ぶ。

　さらに、同一の職場であってもパートタイム労働者や契約社員のような雇用形態や待遇を異にする職員について、正規職員とは別の就業規則を作成することも可能である。むしろ、福祉施設には正規職員のほかパートタイム労働者をはじめアルバイト、契約社員、嘱託社員等非正規の臨時職員らが多く勤務している実態があることからすると、これら雇用や就業の形態の違いから正規職員と非正規職員との間の労働条件格差をめぐるトラブルを防ぐためにも、別建ての就業規則の作成が望ましいといえる。また、訪問介護事業のホームヘルパー等は、通常、利用者の

家庭を訪問してサービスを提供するため労働時間等勤務状況を把握することが困難となる場合が少なくないことから、これらの勤務や処遇に関しても別途の就業規則の作成が望ましい。ただし、その場合には非正規職員に対する本規則の適用除外と別規則の適用に関する委任等について明示しておくことが大事である。ちなみに、パートタイム労働者等非正規職員についての就業規則作成であっても、作成の際の意見聴取義務の相手方は当該職場の職員（労働者）全体の過半数代表であり、パートタイム労働者等非正規職員の過半数代表ではない。しかしながら、非正規職員に適用される就業規則ということからすれば、当該パートタイム労働者等非正規職員の意見を聴取することが望ましいことはいうまでもない。こうした観点から、短時間・有期雇用労働法の第7条は、短時間労働者に関する就業規則の作成・変更につき、パートタイム労働者に対する過半数代表からの意見聴取を使用者の努力義務としていることに留意が必要である。

③就業規則の周知義務

　労基法第106条第1項は、法令や労使協定とともに、当該事業場に適用される就業規則の周知義務を使用者に義務づけている。周知の方法としては、同条に基づき、①常時各作業場の見やすい場所への掲示、②書面による交付のほか、厚生労働省令（労基法施行規則第52条の2）で定める方法（たとえば、磁気ディスク等に記録した内容を常時確認できる機器の設置）が示されている。しかし、後述の就業規則の個別労働契約を規律する民事的効力との関係では、学説・裁判例の多数は、「実質的な周知（労働者が見ようと思えばいつでも見ることができる状態にしておくこと）」でたりると解している。この周知義務は、実質上、使用者の一方的作成による就業規則所定の労働条件（基準）の定めが労働者との個別労働契約の内容となり、労働者を拘束する要件として非常に重要となる。

（3）就業規則と労働契約法
①就業規則の個別労働契約に対する効力

　従来、学説や判例法理においては、使用者が労基法の手続に従いつつも、実際上、一方的に作成できる就業規則で定めた労働条件が、何故に労働契約の内容となって、個々の労働者を拘束するのかについては、いわゆる「法規説」と「契約説」といった見解の違いが見られ、「就業規則の法的性質論」として多くの重要な学説や裁判例が示されてきた。し

かし、現在、こうした議論を収斂する形で労契法が就業規則の労働契約に対する効力関係について明文規定を設けている。

　まず、労契法第7条は、労働契約締結時の労働条件に関して、「労働者及び使用者が労働契約を締結する場合において使用者が合理的な労働条件が定められている就業規則を労働者に周知させていた場合には、労働契約の内容は、その就業規則で定める労働条件によるものとする。」として、内容の合理性と周知を要件に就業規則の労働契約に対する効力を肯定している（「労働契約規律効」と呼ばれる）。

　また労契法第12条は、「就業規則で定める基準に達しない労働条件を定める労働契約は、その部分については、無効とする。この場合において、無効となった部分は、就業規則で定める基準による。」として、いわゆる労働契約に対する「就業規則の最低基準効」を定めている（逆に言うと、就業規則で定める基準を上回る労働契約の内容は無効にはならない）。

②就業規則の変更と労働契約

　以上に加えて、労契法は、その第8条で労使の合意による労働契約の内容となる労働条件の変更を定めるとともに、他方でその第9条で労使間の合意によることなく、就業規則を変更して労働契約内容を不利益に変更することができない旨を明らかにしている。しかしながら、労契法第10条は就業規則の変更が「労働者の受ける不利益の程度、労働条件の変更の必要性、変更後の就業規則の内容の相当性、労働組合等との交渉の状況その他の就業規則の変更に係る事情」に照らして「合理的な」ものである場合には、変更後の就業規則を「周知」することにより、就業規則の変更による労働契約の不利益変更の効力を認めている。

　こうした就業規則の効力をめぐる労基法ならびに労契法の規制は、就業規則による職場の労務管理において、きわめて重要な意義と機能を果たすことになるので、使用者は就業規則法理について十分な知識と理解を有することが必要であり、大事となる。

④ 労働時間管理

　社会福祉施設では、一般に24時間体制で利用者へのサービスが提供されることから、休憩時間や休日がとりにくい、時間外労働（残業）が多くなりがちなど労働時間管理をめぐる問題が少なくない。労働時間をめぐる問題は、日々勤務する職員にとっては、賃金をめぐる問題等となら

んで、労働条件をめぐる重要な問題となる。とりわけ、労働時間の「長さ」や「時間帯」については、職員にとっては日々の健康で文化的な生活の維持に影響を及ぼし、他方、使用者にとっても日々の業務遂行にあって時間的、経費的コストの無駄をなくしていくといった観点から重要な問題となる。それ故、使用者としては、労基法等関係法規を遵守しつつ、日々の労働時間を適正に把握し管理することが職員の就業意識を高めるとともに、事業運営の円滑な遂行を確保していくために重要となる。以下、労働時間管理に関して留意すべき問題を検討する。

（1）労働時間の適正管理

　周知のとおり、労基法は、法定労働時間をはじめ、休憩や休日、時間外・休日労働、年次有給休暇等労働時間に関する規制を設け、使用者に対しその遵守を義務づけている。すなわち、使用者には職場の労働時間管理を適正に行う法律上の義務がある。この点に関連して、2017（平成29）年には「労働時間の適正な把握のために使用者が講ずべき措置に関するガイドライン」（2017〈平成29〉年1月20日）が策定されている。その後、2018（平成30）年の働き方改革関連法の成立による労働安全衛生法の改正により使用者の労働時間の適正把握が法律上で義務化されている（労安衛法第66条の8の3、労安則第52条の7の3）。それによると、使用者は基本的に労働者の労働日ごとの始業・終業時刻を確認し、これを記録しておく必要がある。これらの確認、記録については、使用者が自ら確認するか、タイムカード、ICカードによる客観的な記録を基礎として確認するかのいずれかによる方法によることが望ましい。他方で、労働者による自己申告制は望ましくなく、これを行わざるを得ない場合には、適正な自己申告等について労働者に十分な説明をし、自己申告と実際の労働時間が合致しているか必要に応じて実態調査を実施する、また時間外労働の時間数に上限を設定する等の措置をとることにより適正な申告を阻害しないようにすることが必要とされている。なお、時間外労働の上限規制に関しては、2018（平成30）年の「働き方改革関連法」の成立による労基法の改正により、新たに法律による規制が行われることとなった。具体的には、（1）原則として、時間外労働は1カ月45時間、1年360時間（1年単位の変形労働時間制を採っている場合は1カ月42時間、1年320時間）とすること（労基法第36条第3、4項）、（2）特別条項がある場合でも、①1カ月の時間外労働は休日労働を含めて100時間未満、②1年間の時間外労働の上限は720時間とすること、③月45時間を超える時間外労働は年6カ月まで、④複数月（2カ月から6カ

月）の平均で時間外労働と休日労働の合計時間は80時間以内とすること（労基法第36条第5、6項）、と定められた。

　そして、適正に把握した労働時間数に関する記録書類を3年間保存し、さらに労務管理の責任者は、当該職場における労働時間の適正な把握・管理に関する事項を管理し、労働時間管理上の問題点の把握及び解消を図ることが求められている。

（2）労基法の労働時間と休憩時間について

①法定労働時間規制

　労基法第32条は、「1週40時間」（同条第1項）、「1日8時間」（同条第2項）の原則を定めている。いわゆる「労基法の法定労働時間」と呼ばれるもので、この原則は社会福祉施設であっても基本的に同様である。ただし、常時10人未満の労働者を使用する事業（商業、映画・演劇業、保健衛生業、接客娯楽業）にあっては、「特例措置対象事業場」として1日8時間、1週44時間の労働が可能とされている（労基法第40条、労基法施行規則第25条の2第1項）。

　労基法の労働時間、すなわち法定労働時間とは、休憩時間を除いた「実労働時間」を意味し、実労働時間とは「使用者の指揮命令下に置かれている時間」をいう。この「指揮命令下に置かれている時間」とは、実際に職場での本来の予定された具体的な作業・仕事（本務）を行っている時間に限られず、本務に関連しての会議や打ち合わせの時間、さらには作業・仕事を行うべく待機している時間（たとえば、入所者の来訪や送迎に備えて待機している時間で、一般に「手待ち時間」と呼ばれる）や在宅サービスの場合の移動時間も労働時間に含まれる。また、施設内で実施される各種行事や研修等についても、その参加があくまでも職員自身の自由な意思に委ねられている場合は別として、使用者の指示等による場合には労働時間に該当する。

　労基法第36条に定める手続きを踏むことなく、法定労働時間を超えて労働させた場合、労基法第32条違反として、罰則（労基法第119条）の対象となるほか、割増賃金の支払義務（労基法第37条）が生じる。

②休憩時間

　労基法第34条第1項は、「使用者は、労働時間が6時間を超える場合においては少くとも45分、8時間を超える場合においては少くとも1時間の休憩時間を労働時間の途中に与えなければならない。」旨を明記している。休憩時間とは、法的には「使用者の指揮命令から完全に離れて、

労働者が自由に利用することのできる時間」を意味する。その点に、「手待ち時間」との法的性質の違いがある。とはいえ、すでにしばしば指摘してきたように、福祉施設での勤務は入所者に対する人的サービスであることから、時間を問わない相手の事情に左右されがちな場合が少なくない。それ故、休憩時間中であってもサービスを必要とする入所者がいれば、たとえ短時間であったとしても勤務を余儀なくされることが多い（たとえば、利用者の食事介護や入浴介助等）。しかし、こうした勤務実態を「入所者の要求（ニーズ）に応える必要があるから」とか「入所者の安全等に配慮する必要があるから」、「職員がたりないから」、「少しの時間だから」等を理由に、職員に休憩時間中の勤務を求めることは、労基法違反もさることながら職員の勤務に対するモチベーションにも悪影響を及ぼし、労務管理上おおいに問題であり、改善が求められるところであろう。

（3）休日について
①週休1日制と変形休日制
　労基法第35条第1項は、「使用者は、労働者に対して、毎週少くとも1回の休日を与えなければならない。」として、いわゆる「週休1日」の法定休日制を定めている。ただし、この週休制の原則は、同条第2項により「4週を通じ4日以上の休日」を付与する変形休日制に緩和されている（この場合、4週間の起算日を就業規則等で明記する必要がある）。また、法文上は法定休日の特定は要求されていないが、通常は就業規則等により特定される。さらに、労基法上は、原則、週休1日の付与を義務づけるにとどまり、それ以上の休日（たとえば「国民の祝日に関する法律」が定めるような祝日や就業規則所定の週休2日制等）は法定外の休日となり、これを付与するかどうかは、あくまでも就業規則等の定め次第である。また、休日は、原則として「歴日（午前0時から午後12時）」を意味し、たとえば交代制勤務が実施されている場合の夜勤明けの日は法定休日とはならないので注意が必要である。ただし、①番方編成の交代制が予め就業規則等に定められ、制度として運用されていること、②各番方の交代制が規則的に定められ、勤務割表等によりその都度設定されるものではないこと、が認められる場合には、継続24時間の休憩により休日とする特例が認められる。

②休日の振替と代休
　法定休日が特定されている場合に生じ得る問題に、「休日の振替」と

「代休」をめぐる問題がある。実際の職場では両者の法的違いについて必ずしも正しく理解されていない状況がある。すなわち、休日の振替とは、業務上の必要から休日に出勤を命じ、その代わりに他の労働日を休日とすることをいう。まず、このような休日の振替を職員に命じ得るためには就業規則上の定めや職員の個別の同意等契約上の根拠が必要である。その上で、休日の振替とは、本来の週休日が到来する前に別の労働日を週休日としたうえ、本来の週休日に勤務を命じること（「事前の休日振替」）をいう。事前の休日振替の場合、あくまでも労基法第35条所定の1週1日もしくは4週4日の休日原則を満たしておく必要がある。この場合には、本来の週休日の勤務は休日労働ではなく、労基法第36条所定の休日労働協定（いわゆる「36協定」）の締結や休日労働に関する割増賃金の支払いも不要となる。しかし、事前の振替をすることなく、週休日に勤務を命じ、その後の労働日を代休とする場合（「事後の休日振替」）があるが、このような措置（対応）は、ここにいう休日の振替とはならない。したがって、本来の法定休日（週休日）に勤務させているので、当該勤務は法定の休日労働となり、割増賃金の支払いとともに、休日労働協定の締結なしにこれを行った場合には労基法第35条違反も成立するので注意しなければならない。なお、代休の日を有給にするかどうかは、あくまでも労使の契約解釈の問題である。

（4）年次有給休暇制度
①年休権の発生

　労基法第39条第1項ないし第3項は、雇い入れの日から6カ月間継続勤務し、その間の全労働日の8割以上出勤した労働者に対して10日、以後継続勤務年数が1年増すごとに1日（2年6カ月を超える継続勤務1年については2日）ずつ加算した日数（最高20日）の有給休暇を与える義務を使用者に課している。この要件は、毎年の年休の成立について要求される。年休の権利（年休権）は、法定要件の充足によって当然に発生し、使用者の承認や許可は不要であるということに留意する必要がある。なお、出勤率の算定にあたって「全労働日」とは、労働者が労働契約上労働義務を負っている日をいい、労働者が業務上の傷病により療養のために休業した期間や育児・介護の休業期間、産前産後の休業期間は労働日に含め、かつ「出勤」したものとみなされる（労基法第39条第10項）。また、パートタイマーやアルバイト等の労働時間や労働日数の少ない労働者についても、所定の労働日数に応じて比例付与される（労基法第39条第3項、労基法施行規則第24条の3）。

年休付与日数の分割は、従前、一労働日を原則としてきた。しかし、使用者が認めるのであれば半日単位の取得も許される（昭和63.1.1基発150号）。また、実際には通院、家族の病気、子どもの学校行事等仕事と生活の調和を図る必要も少なくないことから、2008（平成20）年の労基法改正により、労使協定（事業場の過半数労働者を組織する労働組合又は過半数労働者を代表する者との書面による協定）の締結を要件として、1年に5日の範囲内で年休の時間単位の取得が認められるところとなっている（労基法第39条第4項）。

②年休の取得時季と時季変更権の行使

労働者は、その有する休暇日数の範囲内で具体的な休暇の始期と終期を特定して休暇の時季を指定することができる。文言上は「時季」の指定となっているが「日」の指定でもかまわない。年休権行使の時季指定権は労働者にあり、使用者は、原則として労働者が請求する時季に年休を与えなければならない。しかし、労働者が年休を請求した時季に、年休を与えることが「事業の正常な運営を妨げる場合」には、使用者は他の時季にこれを与えることができる（労基法第39条第5項ただし書き）。これが使用者の時季変更権と呼ばれる権利である。ちなみに、「事業の正常な運営を妨げる場合」とは、単なる繁忙とか人手不足というだけではたりず、当該年休取得希望者の業務内容、取得日数、代行者の確保の難易等の諸事情を考慮して判断される。

③計画年休の制度

わが国では、労働者の年休取得については、上司や同僚への気がねや職場の雰囲気への配慮などから、消化率が低い状況がみられてきた。そこで、年休の取得促進を図るべく、1987（昭和62）年の労基法改正において、労使協定の締結により年休を与える時季についての定めをすれば、その定めに従って計画的に年休を与えることができることとされた（労基法第39条第6項）。いわゆる計画年休（年休の計画的付与）の制度である。もっとも、労働者各自の個人的使用も必要なことから、これについて5日の年休を留保し、5日を超える年休日についてのみ計画付与の対象としている。労使協定で計画付与される年休日が具体的に定められた場合には、労働者は当該日を年休日とせず、他の日を年休日とすることはできなくなる。すなわち、当該計画年休日は、これに反対の労働者にとっても年休日となることに留意しなければならない。

計画年休制度の実施については、実務上、就業規則に定めを設け、労

使協定により年休を与える時季に関する定めをする必要がある。計画年休付与の具体的な方式としては、①事業場全体の休業による一斉付与の方式（たとえば、夏季一斉休業等）、②班別の交代制付与、③年休付与計画表による個人別付与がある。いずれの方式を利用するかは、事業の運営や労働者の希望等を十分に配慮するなどして決定することが望ましい。

④年5日の年次有給休暇付与の義務付け

年次有給休暇の付与については、2018（平成30）年の働き方改革関連法の成立により労基法の年休規定に注目すべき改正が行われた。それによると、使用者は年10日以上の年次有給休暇取得が可能な労働者に対して、時季を指定して年5日の年休を取らせることを義務づけられることとなった。その場合、使用者は労働者が自発的に年休を取得するのを待っているだけでは義務を果たしたことにはならず、積極的に労働者と話し合い、労働者の希望する期間中に年休を取得させる必要がある（労基法施行規則第24条の6第1、2項）。もっとも、労働者が自ら年休を取得した場合や計画年休付与制度の利用により年休を取得させた場合には、使用者はその日数分について上記義務づけを免れる（労基法第39条第7、8項）。

（5）福祉施設と交代制勤務等
①交代制勤務

社会福祉施設での勤務は、基本的に人（施設利用者等）に対するサービスということから、とりわけ入所型の施設ではいわゆる24時間365日フルタイムの勤務が求められる。それゆえ、労基法所定の1日8時間、1週40時間といった一律の労働時間管理では十分に対応しきれない状況が生じ得る。

そのため、特に入所型の福祉施設では、交代制勤務（シフト勤務）がとられることが多い。この交代制勤務とは、「日勤（通常勤務）」、「半夜勤（準夜勤）」、「深夜勤（夜勤）」といったように、労働時間に区分（シフト）を設けて、職員を交代で労働させる勤務形態をいう。交代制勤務については、労基法第89条第1項第1号の絶対的必要記載事項であり、これを実施する場合には就業規則にその旨を明記しておく必要がある。また、交代制のシフトによっては、法定労働時間を超え、さらに勤務時間帯によっては深夜業務となるため、時間外労働や深夜業の法定割増賃金の支払義務が生じ得る。なお「育児休業、介護休業等育児又は家族介

護を行う労働者の福祉に関する法律」（以下、育児・介護休業法）において、小学校就学前の子を養育する労働者及び要介護状態にある対象家族を介護する労働者が請求する場合には、事業の正常な運営を妨げる場合を除き、使用者は1カ月24時間、1年150時間を超えて時間外労働をさせることはできず（育児・介護休業法第17条第1項、第18条）、また深夜勤務については以上の労働者のほか（育児・介護休業法第19条、第20条）、労基法では「妊産婦（妊娠中及び産後1年未満の女性）」についても、その請求により深夜勤務が禁止されている（労基法第66条第3項）ので、注意が必要である。

②変形労働時間制

　交代制勤務だけでは、深夜勤務とともに、必然的に法定時間外や法定休日の勤務が多くなり、割増賃金の支払等人件費の高騰を余儀なくされがちとなる。こうした状況を改善していくためには変形労働時間制の柔軟・効果的な活用が考えられる。変形労働時間制とは、一定期間を単位として、当該期間内の労働時間を平均して法定労働時間内に収めることを条件に、1日及び1週の法定労働時間を超える労働を認める制度である。労基法上、この変形労働時間制には1カ月単位の変形労働時間制（第32条の2）、1年単位の変形労働時間制（第32条の4）そして1週間単位の非定型な変形労働時間制（第32条の5）がある。福祉施設においては、1カ月単位あるいは1年単位のいずれかの変形労働時間制の利用が考えられる。制度導入の法的要件としては、1カ月単位の場合、職場内の過半数組合又は過半数労働者の代表との書面による労使協定又は就業規則その他これに準ずるもので、1カ月以内の一定期間を平均して、1週間当たりの労働時間が40時間を超えないよう所定労働時間を定めることが必要である。ちなみに、労使協定による場合は所轄の労働基準監督署（長）への届出も必要となる（第32条の2第2項）。その上で、留意すべきは、就業規則、労使協定その他これに準ずるものにより、起算日を明らかにし、あらかじめ各週及び各日の労働時間を具体的に特定しておかなければならないことである（第32条の2第1項）。なお、その際、1週及び1日についての上限はおかれていない。他方、1年単位の変形労働時間制については、使用者は、職場内の過半数労働組合又は過半数労働者の代表者との書面協定を締結し、1年以内の一定期間を平均し、1週間当たりの労働時間が40時間を超えない定めをした場合には、特定された週において40時間、特定された日において8時間を超えて労働させることが可能となる。この制度の下では、労使協定により対象労

働者の範囲、対象期間、対象期間における労働日と労働日ごとの労働時間、労使協定の有効期間等を明記しておく必要がある（第32条の４第１項）。なお、その際の労働時間の上限は１日について10時間、１週について52時間、および連続して労働させることのできる日数は原則６日である（労基法施行規則第12条の４第４、５項）。

（6）労働時間規制の例外

　労基法は、職場の労働者の労働時間管理に関して、法定労働時間をはじめ休憩、休日等の法規制を行っている。他方で、事業の形態や労働者の地位等何らかの事情（原因）による法定労働時間規制の例外を認め、あるいは法定労働時間に加え休憩、休日・深夜業の法規制を除外している場合がある。具体的には、労基法第41条に定める農業、畜産・水産業従事者（同条第１号）、管理監督者・機密の事務を取り扱う者（同条第２号）、監視断続労働者（同条第３号）、さらには「高度プロフェッショナル制度」の下で働く労働者（第41条の２）などである。ここでは、そのうち、福祉施設における労務管理との関係で留意しておくべき場合として、特に「管理監督者の労働時間」問題（第41条第２号）と、それから労使協定に基づく「時間外・休日労働規制」問題（第36条）を取り上げておく。

①管理監督者

　労基法第41条第２号は、「事業の種類にかかわらず監督若しくは管理の地位にある者……」（管理監督者）については、「労働時間、休憩及び休日に関する規定」は適用しない旨定めている。これとの関係で、福祉施設をはじめ実際の職場では、現場の管理責任者やリーダーといった肩書や名称を有した職員を、本条にいう「管理監督者」として労働時間や休憩、休日規制の適用を除外しつつ、「管理職手当や役職手当」等特定の名称で一定額を支払っている場合がみられる。しかし、職場で管理職の肩書きが付いているからといって、当然に当該職員が労基法上の労働時間規制が外される「管理監督者」に該当するわけではないので留意が必要である。すなわち、労基法上の管理監督者とは「労働条件の決定その他労務管理について経営者と一体的な地位にある者」とされ、これに該当するか否かについては肩書きや名称にとらわれずに判断され、具体的には①実質的に管理監督者としての権限と地位を与えられている、②出社退社等労働時間について厳格な制限を受けず、③地位にふさわしい賃金面での処遇がなされている、等の厳格な判断基準が示され、総合的

に判断されている（昭和22.9.13発基17号、昭和63.3.14基発150号）。

上記の観点から、労基法上の管理監督者と判断された場合には、労基法所定の労働時間規制は外され、時間外労働に対する割増賃金の支払等は免除される。しかし、これに該当しない場合には、たとえ管理職手当や役職手当を支払っていたとしても、労基法（第37条）所定の手続に従った時間外割増賃金の支払いが義務づけられることになる。

なお、たとえ当該管理職が労基法上の管理監督者に該当する場合でも、深夜業（第37条第3項）や年次有給休暇（第39条）は適用除外にならないので注意を要する。これらの点に関して、無用なトラブルを防止するためにも、労務管理上、職場での管理職の権限や勤務態様等について明確にしておくことが求められる。

②労使協定に基づく時間外・休日労働

すでに見てきたように、労基法第32条は、1週40時間、1日8時間の法定労働時間原則を定めている。しかし、他方で労基法第36条は、当該事業場の過半数労働者を組織する労働組合若しくは過半数労働者の代表との間で時間外・休日労働に関する書面協定（いわゆる36協定（さぶろく））を締結し、これを所轄の労働基準監督署（長）に届け出た場合には、法定労働時間を超えて労働させ、あるいは法定休日に労働させることができる旨定めている。ちなみに、いわゆる「法内残業・法外休日労働」については、36協定の締結は必要ではなく、また後述の割増賃金を支払う法的義務も生じない。36協定で定めるべき事項としては、①時間外労働・休日労働の対象労働者の範囲、②対象期間（1年に限る）、③時間外・休日労働をさせることができる場合、④対象期間における1日、1カ月及び1年のそれぞれの期間について時間外労働ができる時間または休日労働させることのできる日数、その他⑤厚生労働省令で定める事項である（労基法第36条第2項）。ちなみに、厚生労働省令で定める事項については労基法施行規則第17条がこれを個別・具体的に明記している。

時間外労働の限度については、従前は強行的な法規制はなかったが、2018（平成30）年の働き方改革関連法の成立による労基法の改正によって、36協定で定める時間外労働に罰則付きの上限規制が設けられることとなった。すなわち、具体的には時間外労働の限度時間は、1カ月につき45時間、1年につき360時間（1年単位の変形労働時間制を採っている場合で対象期間が3カ月超の場合は、1カ月42時間、1年320時間）と法定された（労基法第36条第3、4項）。なお、2018（平成30）年の改正法でも臨時的な特別の事情があって労使が合意する場合には年に6回ま

で限度時間を超える時間外労働を設定することが許容されている。しかし、こうした特別条項による場合でも１カ月の時間外労働は休日労働を含めて100時間未満、１年720時間、複数月（２カ月から６カ月）では休日労働を含んで平均80時間以内と上限が絶対的に規制されている（労基法第36条第5、6項）。

　36協定に基づく時間外・休日労働は、本来は一時的・突発的な業務の繁忙等への緊急的な対応として予定されたものであったが、実際には恒常的に実施されているところに問題が生まれており、とりわけ福祉施設等では人材の不足や業務の性質上から時間外・休日労働が恒常化しがちとなり、職員の労務管理上改善すべき課題を抱えているといってよい。

　なお、時間外・休日労働に関して留意すべきは、この36協定の締結は、あくまでも労基法違反の責任を免れる（協定が定めた範囲内であれば、時間外・休日労働をさせても労基法に違反しない）という刑事免責の効果（免罰効果）が認められるにとどまり、職員各人に当然に時間外・休日労働の義務を負わせるものではない。したがって、個々の職員を36協定で定めた時間外・休日労働に従事させるためには、別途、労使の個別同意を得るか、就業規則あるいは労働協約でその旨の定めを設けておくことが必要になる。

③割増賃金と定額払いの可否

　労基法所定の時間外労働や休日労働が行われた場合、使用者は、労基法の手続きにしたがって所定の割増賃金（時間外割増賃金・休日割増賃金）を支払わなければならない（第37条）。この場合において、実務上、多くの職場では、割増賃金の支払いに代えて一定額の手当を支払う方法がとられたりすることが少なくない。いわゆる「割増賃金の定額払い制」とか「固定残業制」、さらには「定額残業制」とか呼ばれている。

　問題となるのは、このような方法による割増賃金の支払いの適法・有効性についてであるが、①当該定額払いの手当てが実質的に労基法が予定する割増賃金としての性質を有し、それに代わる手当として支払われていること、②当該定額手当が、労基法所定の手続と計算により算定される額を下回らないこと、③労基法所定の割増賃金額が支払われていることが確認できるよう通常の賃金部分と割増賃金の部分とが区別して判別できること（たとえば、単に「基本給20万円に固定残業代を含む」といった定めは違法・無効）、が適法・有効の要件とされているので留意が必要である。

非正規職員の労務管理

（1）非正規雇用の拡大と労務管理の重要性

　今日のわが国の職場では、いわゆる正規雇用で勤務する労働者のほかに、非正規で勤務する労働者が数多く存在している。社会福祉施設でも、人材確保の困難さや人件費コスト等の諸事情から、多くの非正規職員が勤務している実態が見られる。

　ところで、労使間で締結される労働契約としては、期間の定めを設けないで締結する労働契約（無期労働契約）と期間を定めて締結する労働契約（有期労働契約）とがある。通常、正規職員の雇用については無期労働契約が締結され、非正規職員の雇用については有期労働契約が締結される。また、正規職員の場合には就業規則で定めた労働時間（所定労働時間）をフルに勤務するのが通例である（フルタイム労働者とか通常の労働者とか呼ばれる）が、非正規職員の場合には、正規職員よりも労働時間が短い勤務をする場合も少なくない（パートタイム労働者とか短時間労働者とか呼ばれる。いわゆる契約社員もここに含まれる）。したがって、使用者との間で直接雇用され、非正規で勤務する労働者には、大別して有期労働者とパートタイム等短時間で勤務する労働者（ちなみに、アルバイトと呼ばれる働き方もここに含まれる）がいる。加えて、こうした有期雇用労働者や契約社員さらにはパートタイム労働者等非正規で働く労働者の多くが女性であることも少なくない。その意味で、非正規労働をめぐる労務管理問題は女性労働をめぐる労務管理とも密接な関係があることに留意する必要がある。以下、有期労働契約ならびにパートタイム労働（短時間労働）をめぐる労務管理について留意点を挙げておく。

（2）有期労働契約をめぐる労務管理上の留意点
①労働契約の締結と期間の定め

　労働契約に期間の定めを設ける場合、労基法第14条第１項は、原則としてその上限を３年としている。ただし、専門的知識等を有する労働者あるいは満60歳以上の労働者を採用する場合には、その上限は５年とされている（同条第１項第１、２号）。期間中は、労働者及び使用者とも自由に当該労働契約を解除することができない（労働者については拘束効果、使用者については雇用保障効果）。また、期間の満了によって労働契約は当然に終了する（労使双方については自動終了効果）。ただし、期間途中に「やむを得ない事由」が発生したときは、期間途中であって

も労使いずれからも当該労働契約を解除（法的には、労働者については辞職、使用者については解雇）することができる（民法第628条）。もっとも、使用者による期間途中の解雇については、「やむを得ない事由」がある場合でなければ認められない（労契法第17条第1項）。ここにいう「やむを得ない事由」については極めて厳格に解され、たとえば「不況による業績の悪化」等の解雇理由は、通常、ここにいう「やむを得ない事由」には該当しないと解されているので留意が必要である。また、有期労働契約を締結する場合、使用者は、必要以上に短い期間を定めることにより、その労働契約を反復して更新することのないように配慮しなければならないとされる（労契法第17条第2項）。

②有期労働契約に関する告示・通達

　有期労働契約の締結に関しては、しばしば契約更新が繰り返された後、一方的に更新が拒否され期間満了を理由に労働者が退職させられるなど、期間の設定とその更新拒否（雇止め）をめぐって労使間にトラブルが発生することが少なくない。こうしたトラブルを防止すべく、労基法第14条第2項は、使用者が講ずべき労働契約の期間の満了に係る通知に関する事項その他必要な事項についての基準を厚生労働大臣が定めることができる旨を定めるとともに、同条第3項により、行政官庁が使用者に対し必要な助言や指導を行うことができる旨定めている。これらについて、厚生労働省では「有期労働契約の締結、更新及び雇止めに関する基準」を告示（平成15.10.22厚労告357号）及び通達（平成15.10.22基発1022001号）で示している。これらによると、基本的に使用者は、契約締結時の明示事項として、当該有期労働契約の期間満了後における更新の有無を明示すること、更新があり得るとした場合、更新するかしないかの判断基準、この基準の変更の場合における労働者への変更内容の速やかな通知、3回以上の更新又は雇い入れの日から1年を超えて継続勤務している労働者に対し、更新しない場合における期間満了30日前の予告、労働者の求めに応じての更新拒否の理由に関する証明書の交付等行うべきものとされている。

③有期労働契約の反復更新と雇止めの法規制

　上記のように、有期の労働契約が反復更新されたあと業績不振等を理由に「雇止め」が行われることが少なくない。法理的には、あくまでも「期間の満了」を理由とする労働契約の終了であり、「解雇」ではないので、これを直ちに違法・無効ということはできない。しかし、有期の労

働契約であっても更新が繰り返されることにより、設定された期間が形骸化し、実質的に期間の定めがない労働契約と同視し得ることができたり、あるいは雇用の継続への合理的な期待を認めることができたりする状況が生まれたりすることがある。こうした場合について、労契法第19条は、労働者が当該雇止めに異議をとどめ、有期労働契約の締結の申込みを行った場合には、使用者がかかる雇止めにつき客観的・合理的で、社会的相当性のある理由の存在を明らかにできない場合には、従前の有期労働契約と同一の労働条件で労働者の上記申込みを承諾したものとみなされる旨を明記している（同条第1、2号）。

④無期労働契約への転換申込権

さらに、2012（平成24）年の労契法の改正は、有期労働契約が通算5年を超えて反復更新された場合（たとえば、1年の有期労働契約が4回更新されて5年を超えた場合）、有期労働契約労働者が当該有期労働契約が期間満了により終了する日までの間に無期労働契約への転換への申込みを行えば、使用者は当該申込みを承諾したものとみなされ、その労働契約は無期労働契約に転換されることになる旨を法文化している（労契法第18条）。ただし、更新の途中に6カ月以上の空白期間がある場合（1年の有期労働契約の場合）には、当該空白期間前の有期労働契約は5年の計算には含めない（クーリング期間と呼ばれる）。留意すべきは、この権利行使はあくまでも無期労働契約への転換申込の権利にとどまり、その権利から当然に無期労働契約労働者と同一の労働条件まで要求できるものではないということである。

このように、非正規の職員等を有期で雇用する場合には、多くの重要な規制が存在するので、使用者は留意が必要である。

（3）短時間・有期雇用労働者の労務管理
①パートタイム労働者等非正規雇用の拡大とパートタイム労働法の制定

社会福祉施設では、今日、パートタイマーや嘱託職員等非正規労働者が数多く勤務している。こうした労働者は、もはやフルタイムの正規労働者の代替あるいは予備としての臨時的・補充的な労働の担い手といった位置づけは当てはまらない。いうまでもなく、パートタイム労働者等非正規の労働者といえども、基本的には労基法や労組法等労働関係法規が適用される労働者であり、フルタイムの通常の労働者と同様に労働法上の保護を受ける。具体的には、労基法をはじめ最低賃金法、労働者災害補償保険法、労働安全衛生法、均等法、育児・介護休業法等の個別労

働関係法規、さらには労働組合法等集団的労働関係法規の適用を受ける労働者である。しかしながら、現実にはパートタイム労働者に代表される非正規の労働者は、フルタイムの通常の正規労働者に比べて労働条件の内容が不明確かつ不十分な場合が多く（正規・非正規労働者間の労働条件・処遇格差の存在）、さらには雇用自体も不安定な実態が多くみられた。そこで、こうした状況を改善すべく1993（平成5）年に、いわゆるパートタイム労働法（正式名称は「短時間労働者の雇用管理改善等に関する法律」）が制定されるところとなった。しかしながら、同法は、当初、パートタイム労働者の雇用管理改善を目的とするものの、規制内容は事業主の努力義務しか定めておらず実効性に乏しいものであった。

②2007（平成19）年パートタイム労働法の改正

1990年代後半以降になると、パートタイム労働者等非正規雇用の労働者が大幅に増加し正規雇用の労働者との間で賃金に代表される処遇格差が広がるなかでパートタイム労働法の改正が強く叫ばれるようになり、2007（平成19）年2月には同法の改正案が第166通常国会に上程され、同年5月25日、改正法が成立した（平19法72号）。同改正法は、特にパートタイム労働者等短時間の労働者に対する通常の労働者との均等・均衡待遇のルールを法制化した。すなわち、（ⅰ）職務の内容及び責任が当該事業所の通常の労働者と同一の短時間労働者であって、（ⅱ）期間の定めのない労働契約を締結しており、（ⅲ）雇用の全期間において職務の内容・責任の程度・配置の変更範囲が通常の労働者と同一と見込まれるものについて、賃金、教育訓練、福利厚生施設その他の待遇について差別的取扱いを禁じた（8条）。

③2014（平成26）年パートタイム労働法の再改正

2014（平成26）年、2007（平成19）年改正のパートタイム労働法は、通常の労働者と同視すべきパートタイム労働者（短時間労働者）に対する差別的取扱い禁止規定の要件（前掲3要件）についての緩和が提言された。他方で、有期雇用労働者と無期雇用労働者の労働条件格差に関する適用範囲の拡大につき新たな規制が叫ばれるなか、2012（平成24）年3月末にはこれに従った労働契約法の改正法案が上程されるところとなった。これにより、2007（平成19）年改正のパートタイム労働法も同様に再改正が求められるところとなり、2014（平成26）年に改正された（平26法第27号、2015〈平成27〉年4月1日施行）。

この改正法は、労働契約法における有期・無期雇用労働者間の不合理

な労働条件の相違を禁止する規定（労契法旧第20条）と同旨の規定を短時間労働者と通常の労働者との間の労働条件の相違に関する原則規定として挿入したうえ（パートタイム労働法第8条）、2007（平成19）年改正における通常の労働者と同視すべき短時間労働者の労働条件の差別的取扱い禁止規定における3要件のうち、無期労働契約の要件（前掲要件の（ⅱ）の要件）を削除する（第9条）等の改正を行った。

④短時間・有期雇用労働法への改正

さらに、2018（平成30）年には働き方改革関連法成立の一環として、パートタイム労働法は、新たに有期雇用労働者も含めて規律し、パートタイム労働者（短時間労働者）と有期雇用労働者の双方についての雇用管理改善と均衡・均等待遇の確保等を図るべく、名称も「短時間労働者及び有期雇用労働者の雇用管理改善等に関する法律（短時間・有期雇用労働法）」として改正されるところとなった（2019〈平成31〉年4月1日施行。ただし、中小事業主については2021〈令和3〉年4月1日より施行）。同法は、法の適用対象となる「短時間労働者」を基本的に当初のパートタイム労働法において定義したのと同様、「1週間の所定労働時間が同一の事業主に雇用される通常の労働者 ＜中略＞ の1週間の所定労働時間に比し短い労働者」（同法第2条第1項）と定義、また有期雇用労働者を「事業主と期間の定めのある労働契約を締結している労働者」（同第2条第2項）と定義したうえ、両者を合わせて「短時間・有期雇用労働者」（同第2条第3項）としている。

（4）短時間・有期雇用労働者の雇用管理改善等に関する措置

短時間・有期雇用労働法は、以下、短時間・有期雇用労働者の雇用管理改善等のために事業主が講ずべき個別的な措置等を定めている。

①就業規則の適用と労働条件の明示・文書の交付等

実際の職場では、正規職員のための就業規則はあっても、非正規のパートタイム労働者等への適用を予定しておらず、その意味でパートタイム労働者には適用されるべき就業規則がない場合が少なくなかった。労基法上、職場で就業規則の適用を受けない労働者が存在することは違法な状態であることから、改正前のパートタイム労働法は職場の就業規則の作成・変更に際しては当該職場のパートタイム労働者の過半数代表からの意見聴取を努力義務としていた。短時間・有期雇用労働法は、基本的にこれを引き継ぎ、さらに有期雇用労働者にも準用している（第7

条第1、2項）。

　さらに、短時間・有期雇用労働法は、労基法上の労働条件明示事項に加えて、「昇給、退職手当、賞与」の有無といった特定の事項について、文書の交付を義務づけている（第6条第1項、短時則第2条）。ちなみに、文書の交付のほか労働者が希望する場合にはFAX、電子メールによる送信も可としている。

②待遇差についての説明義務

　短時間・有期雇用労働者の雇い入れ後、使用者たる事業主は短時間・有期雇用労働法の第8条から第13条までの規定（通常の労働者と同視すべき短時間・有期雇用労働者との差別的取扱いの禁止や賃金、教育訓練、福利厚生施設、通常の労働者への転換）により構ずべき雇用管理上の措置についての説明義務がある（第14条第1項）。

　さらに、事業主は、雇い入れ後に短時間・有期雇用労働者から求められたときは、通常の労働者との間の待遇差の内容やその理由等待遇を決定するに当たって考慮した事項について説明しなければならない（同条第2項）。

　事業主は、短時間・有期雇用労働者が前項の求めをしたことを理由として、解雇その他不利益取扱いをしてはならない（同条第3項）。

③均衡待遇の原則（不合理な待遇差の禁止）

　2014（平成26）年改正のパートタイム労働法は、新たにパートタイム労働者と通常の労働者との待遇の相違が不合理なものであってはならないとして、パートタイム労働者であることを理由とする「不合理な待遇の相違」を禁止する規定を新設した（第8条）。その後、2018（平成30）年、同法は、改正前の労契法旧第20条を削除して、新たに同規定を短時間・有期雇用労働法に取り込む形で改正された。その上で、同法は、新たに短時間労働者と有期雇用労働者の双方について「均衡待遇の原則[注4]」を内容とする第8条を明文化した。すなわち、同条は、同一の企業における通常の労働者との間で（ⅰ）職務内容（業務の内容及び責任の程度）、（ⅱ）職務内容・配置の変更の範囲（人材活用の仕組み）、（ⅲ）その他の事情を総合考慮し、個々の待遇ごとに、その性質・目的に照らして不合理な相違と評価される場合には、これを違法・無効とするものである。均衡待遇が求められるのは、基本給、賞与、手当、教育訓練、福利厚生、安全管理等すべての待遇についてである。同一企業内の通常の労働者との間で、いかなる待遇差が不合理なものであるか否か

注4）均衡待遇
短時間・有期雇用労働者と通常の労働者との間で、職務の内容、職務の内容・配置の変更の範囲、その他の事情を考慮して不都合な待遇差を禁止すること

の評価は実際には微妙であり、その具体的判断はなかなか容易ではない。そのため、不合理な待遇差の解消に向けて原則となる考え方や具体例を示すガイドライン（「短時間・有期雇用労働者及び派遣労働者に対する不合理な待遇の禁止等に関する指針」）が示されている（平成30・12・28厚労告430号）。

④均等待遇原則（差別的取扱いの禁止）

同一企業内に勤務する通常の労働者と①職務の内容（業務の内容及び責任の程度）が同じで、②雇用関係終了までの全期間における職務内容・配置の変更範囲（人材活用の仕組み）が同じである短時間・有期雇用労働者（「通常の労働者と同視すべき短時間・有期雇用労働者」と呼ばれる）については、均衡待遇原則におけると同様、賃金、教育訓練、福利厚生等のほかすべての労働条件についての差別的取扱いが禁止される（第9条）。注意すべきは、ここにいう差別的取扱いの禁止とは、「通常の労働者と同視すべき短時間・有期雇用労働者」に対して通常の労働者に適用されているのと同じ待遇基準を適用しなければならないという意味であって、すべて同じ待遇にするという意味ではない。したがって、勤務時間の長短や実績や経験の違い等に基づく待遇格差は違法ではない。

⑤その他―均衡待遇の努力義務・実施義務・配慮義務

職務の内容（業務の内容及び責任の程度）が通常の労働者と同じ短時間・有期雇用労働者については、「職務関連賃金（基本給、賞与、役付手当等）」については、職務の内容、成果、意欲、能力、経験等を勘案して「通常の労働者」との均衡のとれた待遇を確保すべく努力義務が事業主に課せられる（第10条）。また、事業主は、「教育訓練（職務遂行に必要なもの）」及び「福利厚生施設（健康の保持又は職務の円滑な遂行に資する施設―食堂、更衣室、休憩室）」については「通常の労働者」と同様に取り扱う実施義務を負う（第11条、第12条）。

他方、通常の労働者と職務の内容も人材活用の仕組みや運用も異なる、いわば本来の短時間・有期雇用労働者については、「職務関連賃金（基本給、賞与、役付手当等）」及び「教育訓練（職務遂行に必要なもの）」については、事業主は、通常の労働者と同じ扱いをする努力義務を負う（第11条第1項）。また、「福利厚生施設（健康の保持又は職務の円滑な遂行に資する施設―食堂、更衣室、休憩室）」については、通常の労働者と同様に利用機会を与えなければならない（第12条）。

⑥通常の労働者への転換

事業主は、短時間・有期雇用労働者の通常の労働者への転換を推進するため、次の措置、すなわち①通常の労働者を募集する際には、その募集内容を既に雇っている短時間・有期雇用労働者に周知する、②通常の労働者の「配置（ポスト）」を新たに社内公募する際には、短時間・有期雇用労働者に対しても応募機会を与える、③短時間・有期雇用労働者が通常の労働者へ転換するために「試験制度」等を設ける、のいずれかを講じなければならない（第13条）。

⑥ 女性職員の労務管理

有期雇用労働者や短時間労働者に代表される非正規雇用に従事する職員の多くが女性である。また、正規雇用の場合であっても福祉施設には多くの女性が職員として勤務している。それゆえ、福祉施設における労務管理の留意点として、女性労働管理をめぐる問題点ないし課題が少なくない。以下、労務管理上の留意点や課題について確認しておく。

（1）一般女性の平等促進と母性保護との区別

1985（昭和60）年の「男女雇用機会均等法（均等法）」制定前までは、女性の労働は全体として保護の対象であったが、男女雇用平等の推進のなか、1979（昭和54）年の国連「女子差別撤廃条約」の批准そして均等法の制定後は、女性労働に関しては「一般女性」と「母性保護」を区別した上、前者については規制を緩和ないし撤廃して男性との雇用平等を推進し、後者については保護を拡大する方向で、いわゆる女性労働に対する法的対応が大きく変更された。

①一般女性の就業

その結果、現在では一般女性の就業に関しては、労働時間（時間外労働）・休日（休日労働）・深夜業に関する規制は撤廃され、男性と同様の勤務が可能となっている。なお、女性の深夜業については、「深夜業に従事する女性労働者の就業環境の整備に関する指針」（平成9・9・25厚労告105号、平成19・3・30厚労告94号）が出され、「深夜業における防犯面での安全の確認」や「男女別の仮眠室・トイレ・休養室の設置」等が求められている。

②妊娠、出産等母性の保護

妊産婦（妊娠中の女性及び産後1年未満の女性）ならびに育児・介護を行う必要のある労働者については、その請求により、深夜業が免除されている（労基法第66条第3項、育児・介護休業法第19条・第20条）。

そのほか、危険有害業務に対する就業制限として、妊産婦については重量物取扱業務、有毒ガスを発散する場所における業務、その他妊産婦の妊娠、出産、哺育等に有害な業務に対する就業制限（労基法第64条の3第1項）があり、一般女性についても準用されている（同条第2項）。

女性の就業に関して、労基法及び均等法は、母性保護等の目的から、各種の規定を設けている。具体的には、労基法上の保護規定として、①産前産後の休業（第65条）、②育児時間（第67条）、③生理休暇（第68条）、④前記の妊産婦等の危険有害業務の就業制限（第64条の3）、⑤軽易業務への転換（第65条第3項）、⑥妊産婦の変形労働時間制、時間外・休日労働、深夜業の制限（第66条）、また均等法上では妊産婦の通院時間の確保、通勤緩和（均等法第12条、第13条）等がある。

③不利益取扱いの禁止

均等法は、前述の女性労働者に対する婚姻や妊娠・出産したこと、労基法上の産前産後休業その他母性保護措置を受けたこと等を理由とする不利益取扱いを禁じている（第9条）。

④職場のハラスメントの防止措置

多くの女性が勤務する職場ではセクシュアルハラスメントや妊娠や出産等を理由とするマタニティーハラスメントが発生しがちである（その他、パワーハラスメントをめぐるトラブルもある）。このことは、社会福祉施設においても例外ではない。

均等法は、職場のセクシュアルハラスメントについては、既に事業主に対し、その防止のための措置義務を定める（第11条第1項）とともに、講じるべき措置義務の具体的内容を「指針」において示している（第11条第2項、平成18厚労告615号）。さらに、同法は、2016（平成28）年に改正されて、「職場のマタニティーハラスメント」の防止に関する第11条の3が新設され、「職場において女性労働者に対する妊娠、出産等を理由に就業環境が害されることのないよう雇用管理上必要な措置を講じること」が義務づけられるとともに、そのための具体的な措置については、第11条の3を受けて策定された、いわゆる「マタハラ指針（平成28厚労告312号）」で明示されている。

なお、「パワーハラスメント」に関しては、労働施策総合推進法が職場のパワーハラスメントの定義やその行為類型を明確にしたうえ、その防止のための措置義務を使用者に課している（第30条の２）。

⑦ 安全衛生管理

（１）職員の安全・健康管理の必要性

　社会福祉施設においては、高齢者や障害者等施設利用者に対して、職員による日々の食事や入浴の世話、リハビリ介助、その他の生活支援を通じて、施設における安心・快適な生活の確保に取り組んでいる。しかし、こうした生活支援は必ずしも必要・十分な数の職員により行われているとは限らない。そのため、個々の職員には結果として時間外労働を含む長時間の労働や深夜勤務による疲労の蓄積、腰痛等労災リスクの増加等その健康や安全に重大な支障をもたらしかねない。しかし、施設での安全や健康に関する問題は、単に個々の職員の勤務に係る問題（被災職員の労災問題や他の職員に及ぼす勤務負荷の増大等）にとどまらず、施設の対外的評価（施設利用者の減少）にもつながり、その運営に重大な支障をもたらしかねない。したがって、事業者・施設側にとって、個々の職員が健康で安全に働くことができるよう職場環境を整備し、労働災害の発生を防止することは、労務管理上の重要な課題であることはいうまでもない。他方で、職場の安全・衛生を確保するためには、実際に職務に従事する職員各人の自覚や協力も必要となる。このような職員の労働災害防止への協力も求めつつ、職員の安全や健康を確保するとともに、事業者と職員双方の安全に対する意識を高めつつ、快適な職場環境の形成を促進することを目的としているのが「労働安全衛生法」である。以下、同法の下での基本的な制度を概観しておく。

（２）安全衛生管理体制の整備
①安全管理者・衛生管理者の選任等

　職員が常時50人以上の事業場では、まず「安全管理者」や「衛生管理者」を選任しなければならない（第11条、第12条）。また、安全管理者・衛生管理者の選任を義務づけられていない小規模事業場（職員10人以上50人未満の事業場）では、「安全衛生推進者」又は「衛生推進者」を配置しなければならない（第12条の２）。さらに、事業場での安全衛生管理に職員の意見を反映させるべく、一定の業種で100人以上（特定業種においては50人以上）の職員を使用する事業場では「安全委員会」

を、そしてすべての業種で常時50人以上の職員を使用する事業場では、職員の健康障害の予防をはじめ健康の保持増進、労働災害の原因や再発防止対策等について審議する「衛生委員会」を設置しなければならない（第17条、第18条）。

②産業医の選任

　常時50人以上の職員を使用する事業場では、当該事業場の職員の健康管理・保健指導をはじめ、作業環境の維持管理、衛生教育等を行う産業医の選任が義務づけられている（第13条）。50人未満の事業場では産業医の選任義務はないが、医師又は保健師に職員の健康管理等の業務の全部又は一部を行わせる努力義務があり、そのために国が必要な援助を行う旨定められている（第13条の2、第19条の3）。

③危険又は健康障害防止措置

　労働安全衛生法では、「労働者の危険又は健康障害を防止するための措置」について定めている（第20条〜第25条）。この「健康障害防止措置」の内容として、「事業者は、労働者を就業させる建設物その他の作業場について、通路、床面、階段等の保全並びに換気、採光、照明、保温、防湿、休養、避難及び清潔に必要な措置その他労働者の健康、風紀及び生命の保持のため必要な措置を講じなければならない」としている。

④安全衛生教育

　職場において職員が安全かつ健康に職務に従事するためには、事業者が設備や作業環境等について安全を確保するとともに、職員自身も自らの職務に付随する危険性等を認識し、適切に対応する中で職務に従事することが必要となる。そこで、事業者には、新たに職員を雇い入れたときや職務内容を変更したときには、遅滞なく職員が従事する職務に関して必要な安全衛生教育を行うことが義務づけられている（第59条）。

⑤健康診断

　事業者は、職員に対して医師による健康診断を実施する義務を課している（第66条）。社会福祉施設では、この健康診断には、主として①常時使用する職員を雇い入れたとき、及びその後1年以内毎に行う1回の健康診断（定期健康診断）、②深夜業に従事する者に対しては6カ月以内毎に行う1回の健康診断（特定業務従事者の健康診断）、③食堂又は炊事場で給食の業務に従事する職員に対して、雇い入れの際又は給食業

務への配置換えの際、検便による健康診断（給食従業員の検便）がある。事業者は、これらの健康診断の結果に基づき職員の健康を保持するために必要な措置について医師の意見を聴取し、必要があるときは、職員の就業場所の変更や作業の転換、労働時間の短縮、深夜業の回数の減少等の措置を講じなければならない（第66条の5）。

　さらに、時間外労働等長時間の労働を行った職員については医師による面接指導の実施も義務づけられている（第66条の8）。具体的には、週40時間を超える労働が1月あたり80時間を超え、かつ、疲労の蓄積が見られる職員が申し出たときは、事業者は、医師による面接指導を行わなければならない。なお、それ以外の職員についても、長時間の労働により疲労の蓄積が見られる者や健康上の不安を有している職員についても、医師による面接指導又はこれに準ずる措置をとる必要がある（第66条の9）。

第5章

社会福祉施設の
会計管理・財務管理と経営

第5章　社会福祉施設の会計管理・財務管理と経営

第1節　社会福祉施設の会計管理と財務管理

> **本節のねらい**　**1．社会福祉法の財務に与える影響**
>
> 　社会福祉法では財務規律の強化がうたわれ、「会計監査人の設置」、「関係者への特別な利益供与の禁止」「役員報酬基準の設置」「社会福祉充実残額の明確化」及び「計算書類等の公表」が求められている。
>
> **2．社会福祉法人の財務の公開要請の高まり**
>
> 　社会福祉法人の計算書類（貸借対照表、資金収支計算書、事業活動計算書）のホームページへの掲載が求められている。ホームページへの掲載については公衆の閲覧を想定し、不整合等がないように細心の注意が必要である。
>
> 　かかる社会福祉法人の財務内容に関する社会の関心に意を払いつつも、持続可能で自主的な財務の運営が必要という観点から、社会福祉法人の会計管理と財務管理に必要な知識の習得を学習のねらいとする。

① 財務管理に関する通知の体系

（1）財務管理の通知の体系

　財務管理には、会計処理に関する通知と資金使途等に関する通知の2種類がある。

（2）会計処理に関する通知

　社会福祉法人は計算書類作成にあたり、社会福祉法人会計基準に拠らなければならない。社会福祉法人会計基準は、会計処理に関するルール、計算書類の様式を定めたものであり、すべての社会福祉法人のすべての事業（社会福祉事業、公益事業、収益事業）に適用される。社会福祉法人会計基準は省令として発出されているが、その他、日本公認会計士協会から会計処理に関するQ＆A、業界団体から経理規程に関するひな形がそれぞれ発出されている。一覧にまとめると**表5-1**のとおりである。

2023（令和5）年11月1日現在

発出者		日付	基準等
厚生労働省	厚生労働省令　第79号	平成28年3月31日 令和3年11月12日　最終改正	社会福祉法人会計基準
厚生労働省	雇児発0331第15号、社援発0331第39号、老発0331第45号	平成28年3月31日	社会福祉法人会計基準の制定に伴う会計処理等に関する運用上の取扱いについて
	子発1112第1号、社援発1112第3号、老発1112第1号	令和3年11月12日　最終改正	
厚生労働省	雇児総発0331第7号、社援基発0331第2号、障障発0331第2号、老総発0331第4号	平成28年3月31日	社会福祉法人会計基準の制定に伴う会計処理等に関する運用上の留意事項について
	子総発1112第1号、社援基発1112第2号、障障発1112第1号、老総発1112第1号	令和3年11月12日　最終改正	
厚生労働省	事務連絡	令和3年3月26日　最終改正	社会福祉法人会計基準の運用上の取扱い等について（Q&A）
日本公認会計士協会		平成31年3月27日　最終改正	社会福祉法人会計基準に関する実務上のQ&A
全国社会福祉法人経営者協議会		平成29年1月31日	社会福祉法人モデル経理規程
全国社会福祉法人経営者協議会		平成29年1月31日	社会福祉法人モデル経理規程細則
厚生労働省	事務連絡	令和2年11月30日	「小規模社会福祉法人向け経理規程例」等の策定について

（筆者作成）

（3）資金使途等に関する通知

　会計処理に関する通知とは別途、施設種類の財源ごと（介護報酬、委託費、措置費、支援費等）に資金使途、積立預金の種類と限度額等を定めた通知がある。これらは、施設の財源ごとに異なっているため、施設ごとに適用される通知を判断し、理解しなければならない。

　資金使途等とは、使用対象経費、積立資産の種類と限度額、繰入（法人内の他施設への資金拠出）、繰替使用（法人内の他施設への資金貸付）及び繰越金の使用対象と限度額である。一覧にまとめると**表5-2**のとおりである。

■ 表5-2 資金使途等に関する通知の体系

2023（令和5）年11月1日現在

発出者		日付	基準等
厚生労働省	社援施第7号・共通	平成12年2月17日	「社会福祉法人における入札契約等の取扱いについて」
	雇児総発0329第1号、社援基発0329号第1号、障企発0329号第1号、老高発0329号第3号	平成29年3月29日最終改正	
厚生労働省	老発第188号・介護	平成12年3月10日	「特別養護老人ホームにおける繰越金等の取扱い等について」
	老発0630第1号	平成26年6月30日最終改正	
厚生労働省	障発第1018003号・障害	平成18年10月18日	「障害者自立支援法の施行に伴う移行時特別積立金等の取り扱いについて」
	障発0330003号	平成19年3月30日最終改正	
厚生労働省	府子本第254号、雇児発0903第6号　保育	平成27年9月3日	「子ども・子育て支援法附則第6条の規定による私立保育所に対する委託費の経理等について」
	府子本第367号、子発0416第3号	平成30年4月16日最終改正	
厚生労働省	府子本第255号、雇児保発0903第1号　保育	平成27年9月3日	「『子ども・子育て支援法附則第6条の規定による私立保育所に対する委託費の経理等について』の取扱いについて」
厚生労働省	府子本第256号、雇児保発0903第2号　保育	平成27年9月3日	「『子ども・子育て支援法附則第6条の規定による私立保育所に対する委託費の経理等について』の運用等について」
	府子本第228号、雇児保発0406第1号	平成29年4月6日最終改正	
厚生労働省	雇児発0312001号、社援発0312001号、老発第0312001号・措置	平成16年3月12日	「社会福祉法人が経営する社会福祉施設における運営費の運用及び指導について」
	雇児発0329第5号、社援発0329第47号、老発第0329第31号	平成29年3月29日最終改正	
厚生労働省	雇児福発第0312002号、社援基発第0312002号、障障発0312002号、老計発0312002号・措置	平成16年3月12日	「社会福祉法人が経営する社会福祉施設における運営費の運用及び指導について」
	雇児福発第0329第4号、社援基発第0322第2号、障障発第0329第1号、老高発第0329第2号	平成29年3月29日最終改正	別紙（問答形式）

（筆者作成）

② 計算書類の意義

（1）社会福祉法人における計算書類

①計算書類の構成

社会福祉法人会計基準では、資金収支計算書、事業活動計算書、貸借対照表を「計算書類」としている。また、「附属明細書」は計算書類を補足する書類と位置づけされ計算書類と附属明細書を「計算関係書類」としている。財産目録は計算書類に含まれず、計算書類等として位置づけされた。

②会計の区分と計算書類の構成

社会福祉法人会計の特徴は会計の区分にある。会計を事業区分、拠点区分及びサービス区分の3つに区分する。計算書類のうち事業毎に区分されたものを「○○内訳表」、拠点毎に区分されたものを「事業区分○○内訳表」とし、これらを計算書類としている。サービス毎に区分されたものは「拠点区分○○明細書」とされ、計算書類には含めず附属明細書とされる。以上の会計の区分と計算書類、附属明細書の関係を示した

■ 表5-3　会計基準省令による計算書類

		資金収支計算書	事業活動計算書	貸借対照表
計算書類	法人全体	第一号第一様式	第二号第一様式	第三号第一様式
		法人単位資金収支計算書	法人単位事業活動計算書	法人単位貸借対照表
	法人全体（事業区分別）	○○第一号第二様式	○○第二号第二様式	○○第三号第二様式
		資金収支内訳表	事業活動内訳表	貸借対照表内訳表
	事業区分（拠点区分別）	◎△第一号第三様式	◎△第二号第三様式	◎△第三号第三様式
		事業区分　資金収支内訳表	事業区分　事業活動内訳表	事業区分　貸借対照表内訳表
	拠点区分（一つの拠点を表示）	第一号第四様式	第二号第四様式	第三号第四様式
		拠点区分　資金収支計算書	拠点区分　事業活動計算書	拠点区分　貸借対照表
附属明細書	サービス区分別	☆別紙3（⑩）	☆別紙3（⑪）	
	（拠点区分の会計をサービス別に区分表示）	拠点区分　資金収支明細書	拠点区分　事業活動明細書	

○　事業区分が社会福祉事業のみの法人は、作成を省略できる。
◎　拠点区分が一つの法人の場合、作成を省略できる。
△　事業区分に一つの拠点区分しか存在しない場合、作成を省略できる。
☆　介護保険サービス及び障害福祉サービスを実施する拠点は、☆別紙3（⑪）を作成するものとし、☆別紙3（⑩）の作成を省略することができる。
　　子どものための教育・保育給付費、措置費による事業を実施する拠点は、☆別紙3（⑩）を作成するものとし、☆別紙3（⑪）作成を省略することができる。
　　上記以外の事業を実施する拠点については、☆別紙3（⑩）か☆別紙3（⑪）のいずれか一方の明細書を作成するものとし、残る他方の明細書の作成は省略することができる。
（筆者作成）

ものが**表5-3**である。

③会計期間

　社会福祉法人をはじめとして、すべての「法人」には、会計期間が定められている。「法人」の活動は、永続的に行われることが前提とされているが、その財政状態や経営成績を定期的に把握するためには、人為的に区切った会計期間が必要となる。社会福祉法人の会計年度は、4月1日に始まり、翌年3月31日に終わる、と定められている。

④決算スケジュール

　計算書類の機関決定に関する改正は次のように定められ、法の施行日は2017（平成29）年4月1日であったことから、2016（平成28）年度決算（2017〈平成29〉年3月31日終了会計年度）から適用された。社会福祉法人は、毎会計年度終了後3月以内に、計算書類及び事業報告並びにこれらの附属明細書を作成し、監事の監査（会計監査人設置法人の場合は会計監査人の監査）を受けなければならない。監査済み計算書類及び事業報告並びにこれらの附属明細書は理事会の承認をへて、定時評議員会の日の2週間前の日から5年間、主たる事務所に備え置き、計算書類については定時評議員会の承認（又は報告）を受けなければならない。

■ 図5-1　計算書類、事業報告の監査・機関決定スケジュール

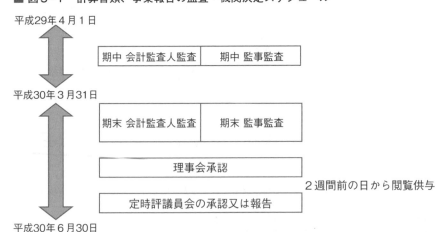

平成29年4月1日

| 期中 会計監査人監査 | 期中 監事監査 |

平成30年3月31日

| 期末 会計監査人監査 | 期末 監事監査 |

理事会承認

2週間前の日から閲覧供与

定時評議員会の承認又は報告

平成30年6月30日

注：会計監査人を設置していない法人は、会計監査人監査は該当がなく、定時評議員会では承認手続きが必要。
（筆者作成）

⑤統括会計責任者、会計責任者及び出納職員

　会計を管理する組織上の役職として、次のような役職が一般的には任

命される。

１）統括会計責任者

法人の経理事務に関する統括責任者である。

２）会計責任者

各拠点区分の経理事務の責任者である。会計責任者としての業務に支障がない限り、１人の会計責任者が複数の拠点区分の会計責任者を兼務することができる。

３）出納職員

各拠点区分の会計責任者に代わって一切の経理事務を行う職員である。出納職員としての業務に支障がない限り、１人の出納職員が複数の拠点区分又はサービス区分の出納職員を兼務することができる。

③ 資金収支計算書

（１）資金収支計算書の役割

資金収支計算書とは、支払資金の１年間の動きを収入と支出に分けて記載した計算書類である。ここでいう支払資金は、運転資金のことであり預金の収支ではない。支払資金は、

$$支払資金 = 流動資産^{注1）} - 流動負債^{注2）}$$

と定義されているので、資金収支計算書の収入は、

●支払資金の増加を伴う取引

となり、一方、資金収支計算書の支出は、

●支払資金の減少を伴う取引

となる。資金収支計算書は現金預金の増減を示しているわけではなく、支払資金の増減を示していることに留意が必要である。支払資金とは、運転資金ととらえ、現金預金の残高に近い将来の入金（未収金）と近い将来の支払い（未払金）を加減して把握する、というのが「支払資金＝流動資産－流動負債」の意味するところである。

資金収支計算書の大まかな仕組みは、**表5-4**のとおりである。

注1）徴収不能引当金、貯蔵品以外の棚卸資産及び1年基準により固定資産から振り替えられたものを除く。
注2）引当金及び1年基準により固定負債から振り替えられたものを除く。

資金収支計算書

自○年4月1日　至○年3月31日

		勘定科目	金額
収入の部		1年間の流動資産の増加 又は流動負債の減少	(A)
支出の部		1年間の流動負債の増加 又は流動資産の減少	(B)
1年間で増加した（減少）した支払基金			(C) = (A) − (B)
前期末の支払資金残高			(D)
当期末の支払資金残高			(E) = (C) + (D)

（厚生労働省資料をもとに筆者作成）

　1年間の支払資金の増加と減少の差額により、1年間で増加または減少した支払資金を計算し（**表5-4**のC)、さらに前年度末の支払資金残高（**表5-4**のD）を足して、当年度末における支払資金の残高がいくらかを示している（**表5-4**のE)。
　当年度末の支払資金の残高は、貸借対照表においても確認できるので、資金収支計算書と貸借対照表の関係は**表5-5**のとおりとなる。

資金収支計算書

自○年4月1日　至○年3月31日

	勘定科目	金額
収入の部	1年間の流動資産の増加 又は流動負債の減少	(A)
支出の部	1年間の流動負債の増加 又は流動資産の減少	(B)
1年間で増加した(減少)した支払資金		(C)＝(A)－(B)
前期末の支払資金残高		(D)
当期末の支払資金残高		(E)＝(C)＋(D)

貸借対照表

○年3月31日現在

資　産　の　部	負債及び純資産の部
流動資産	流動負債
	支払資金←
固定資産	

（厚生労働省資料をもとに筆者作成）

（2）資金収支計算書の構造

　会計基準では、資金収支計算書において、収入の部及び支出の部を、それぞれ、

　　　　●事業活動による収支

　　　　●施設整備等による収支

　　　　●その他の活動による収支

に区分し、その構造は**表5-6**のようになっている。

■表5-6

収支	事業活動による	
		事業活動収入計（1）
		事業活動支出計（2）
		事業活動資金収支差額（3）＝（1）－（2）
施設整備等による収支		
		施設整備等収入計（4）
		施設整備等支出計（5）
		施設整備等資金収支差額（6）＝（4）－（5）
その他の活動による収支		
		その他の活動収入計（7）
		その他の活動支出計（8）
		その他の活動資金収支差額（9）＝（7）－（8）
予備費支出（10）		
当期資金収支差額合計（11）＝（3）＋（6）＋（9）－（10）		
前期末支払資金残高（12）		
期末支払資金残高（11）＋（12）		

（厚生労働省資料をもとに筆者作成）

（3）資金収支計算書の区分の意味するところ

　事業活動による収支は、経常的な事業活動から生じた収入・支出から構成されている。そのため、事業活動による収入・支出の差額である事業活動資金収支差額は経常的な事業活動から獲得された支払資金の増減額を意味している。

　施設整備等による収支は、設備投資活動から生じた収入・支出から構成されている。そのため、施設整備等による収入・支出の差額である施設整備等資金収支差額は設備投資活動から生じた支払資金の増減額を意味している。

　その他の活動による収入・支出は、財務活動から生じた収入・支出および事業活動による収支、施設整備等による収支に属さない収入・支出から構成されている。そのため、その他の活動による収入・支出の差額であるその他の活動資金収支差額は財務活動および事業活動・施設整備等以外の活動から獲得された支払資金の増減額を意味している。

　資金収支計算書の様式は、会計基準において第一号第一様式として示されている（**表5-7**を参照）。

法人単位資金収支計算書

(自)　　　年　月　日　　(至)　　　年　月　日

(単位：円)

勘定科目			予算(A)	決算(B)	差異(A)-(B)	備考
事業活動による収支	収入	介護保険事業収入				
		老人福祉事業収入				
		児童福祉事業収入				
		保育事業収入				
		就労支援事業収入				
		障害福祉サービス等事業収入				
		生活保護事業収入				
		医療事業収入				
		○○事業収入				
		○○収入				
		借入金利息補助金収入				
		経常経費寄附金収入				
		受取利息配当金収入				
		その他の収入				
		流動資産評価益等による資金増加額				
		事業活動収入計 (1)				
	支出	人件費支出				
		事業費支出				
		事務費支出				
		就労支援事業支出				
		授産事業支出				
		○○支出				
		利用者負担軽減額				
		支払利息支出				
		その他の支出				
		法人税、住民税及び事業税支出				
		流動資産評価損等による資金減少額				
		事業活動支出計 (2)				
	事業活動資金収支差額 (3) = (1) - (2)					
施設整備等による収支	収入	施設整備等補助金収入				
		施設整備等寄附金収入				
		設備資金借入金収入				
		固定資産売却収入				
		その他の施設整備等による収入				
		施設整備等収入計 (4)				
	支出	設備資金借入金元金償還支出				
		固定資産取得支出				
		固定資産除却・廃棄支出				
		ファイナンス・リース債務の返済支出				
		その他の施設整備等による支出				
		施設整備等支出計 (5)				
	施設整備等資金収支差額 (6) = (4) - (5)					
その他の活動による収支	収入	長期運営資金借入金元金償還寄附金収入				
		長期運営資金借入金収入				
		長期貸付金回収収入				
		投資有価証券売却収入				
		積立資産取崩収入				
		その他の活動による収入				
		その他の活動収入計 (7)				
	支出	長期運営資金借入金元金償還支出				
		長期貸付金支出				
		投資有価証券取得支出				
		積立資産支出				
		その他の活動による支出				
		その他の活動支出計 (8)				
	その他の活動資金収支差額 (9) = (7) - (8)		△××××		×××××	
予備費支出 (10)						
当期資金収支差額合計 (11) = (3) + (6) + (9) - (10)						
前期末支払資金残高 (12)						
当期末支払資金残高 (11) + (12)						

(厚生労働省資料をもとに筆者作成)

（4）資金収支計算書による経営管理

　資金収支計算書では、予算の執行状況と資金構造（CF モデル）を管理する。資金収支計算書が予算対比とされていることからも、資金収支計算書では予算の管理が予定されていることが明らかである。資金構造の管理とは、資金収支計算書が３区分の収支を計算していることに着眼し、良い資金構造か悪い資金構造かを把握し管理することである。**図5-2**では、良い資金構造（CF モデル）と悪い資金構造（CF モデル）の例を記載している。事業活動の収支がプラス、施設整備等の収支、その他の活動による収支がそれぞれマイナスというのが良い資金構造である。すなわち、事業で獲得した資金を施設整備、その他の活動（借入金返済や積立資産の積立）に投入しているという構造である。一方、事業活動の収支、施設整備等の収支がそれぞれマイナス、その他の活動による収支がプラスというのが悪い資金構造である。すなわち、事業と施設整備で不足した資金を、その他の活動（借入や積立資産の取り崩し）で調達しているという構造である。

■ 図5-2

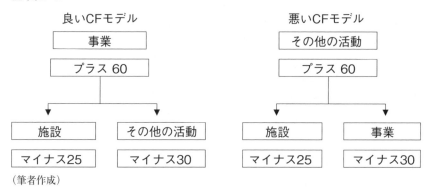

（筆者作成）

④ 事業活動計算書

（1）事業活動計算書の役割

　事業活動計算書とは、社会福祉施設における１年間の活動の成果を収益と費用に分けて明らかにした計算書類である。１年間の活動の成果が良好か否かは、純資産[注3]が増えるか減るかにより判断する。すなわち、１年間の活動の成果が良好であれば、純資産は増え、逆に１年間の活動の成果が良好でなければ、純資産は減少する。事業活動計算書と貸借対照表の関係は**表5-8**のようになっている。

注3）純資産とは、貸借対照表の資産総額から負債総額を控除した金額をいう。

■ 表5-8

事業活動計算書

自○年4月1日　至○年3月31日

	勘定科目	金額
収益の部	1年間の純資産を増加させる取引（※1）	(A)
費用の部	1年間の純資産を減少させる取引（※2）	(B)
1年間で増加した（減少）した純資産		(C)＝(A)－(B)
前期末の純資産残高		(D)
当期末の純資産残高		(E)＝(C)＋(D)

貸借対照表

○年3月31日現在

資　産　の　部	負債及び純資産の部	
流動資産	流動負債	
	固定負債	
固定資産	純資産（※3）	(E)

（※1）国庫補助金等特別積立金取崩額を除く。
（※2）資本金組入額、国庫補助金等特別積立金積立額を除く。
（※3）基本金、国庫補助金等特別積立金、その他の積立金はないものとする。

（厚生労働省資料をもとに筆者作成）

（2）事業活動計算書の構造

　会計基準では事業活動計算書は収益の部及び費用の部を、それぞれ、

　　　●サービス活動増減の部
　　　●サービス活動外増減の部
　　　●特別増減の部

に区分することとしている。そして、その構造は**表5-9**のようになっている。

■ 表5-9

サービス活動増減の部	サービス活動	サービス活動収益計（1）
		サービス活動費用計（2）
		サービス活動増減差額（3）＝（1）－（2）
サービス活動外増減の部	サービス活動外	サービス活動外収益計（4）
		サービス活動外費用計（5）
		サービス活動外増減差額（6）＝（4）－（5）
経常増減額（7）＝（3）＋（6）		
特別増減の部	特別	特別収益計（8）
		特別費用計（9）
		特別増減差額（10）＝（8）－（9）
当期活動増減差額（11）＝（7）＋（10）		
繰越活動増減差額の部	繰越活動	前期繰越活動増減差額（12）
		当期末繰越活動増減差額（13）＝（11）＋（12）
		基本金取崩額（14）
		その他の積立金取崩額（15）
		その他の積立金積立額（16）
		次期繰越活動増減差額（17）＝（13）＋（14）＋（15）－（16）

（厚生労働省資料をもとに筆者作成）

（3）事業活動計算書の区分

　会計基準では、事業活動計算書を、「サービス活動増減の部」「サービス活動外増減の部」「特別増減の部」「繰越活動増減差額の部」に区分することとしている。事業活動計算書の様式は、会計基準において第二号第一様式として示されている（**表5-10**参照）。

　サービス活動増減の部は、サービス活動から生じた収益・費用から構成され、サービス活動増減差額はサービス活動から獲得された損益を意味している。

　サービス活動外増減の部は、サービス活動以外の原因による収益及び費用であって経常的に発生するものから構成され、サービス活動外増減差額はサービス活動以外の活動から経常的に生じる損益を意味している。

　サービス活動から獲得された損益たるサービス活動増減差額に、サービス活動以外の活動から経常的に生じる損益たるサービス活動外増減差額を加減して経常増減差額が算定され、経常増減差額は法人経営にあ

たって経常的に獲得される損益を意味している。

　特別増減の部は、臨時的な収益・費用から構成され、特別増減差額は臨時的に発生する損益を意味している。経常増減差額に、臨時的に発生する特別増減差額を加減して算定する当期活動増減差額は、1年間の事業活動損益を意味している。

　繰越活動増減差額の部では、1年間の事業活動の結果である当期活動増減差額に前期繰越活動増減差額等を加減して、法人設立から当期末までの累積損益である次期繰越活動増減差額を算定する。

■ 表5-10

法人単位事業活動計算書

（自）　　年　月　日　（至）　　年　月　日

（単位：円）

勘定科目			当年度決算(A)	前年度決算(B)	増減(A)－(B)
サービス活動増減の部	収益	介護保険事業収益			
		老人福祉事業収益			
		児童福祉事業収益			
		保育事業収益			
		就労支援事業収益			
		障害福祉サービス等事業収益			
		生活保護事業収益			
		医療事業収益			
		○○事業収益			
		○○収益			
		経常経費寄附金収益			
		その他の収益			
		サービス活動収益計（1）			
	費用	人件費			
		事業費			
		事務費			
		就労支援事業費用			
		授産事業費用			
		○○費用			
		利用者負担軽減額			
		減価償却費			
		国庫補助金等特別積立金取崩額	△×××	△×××	
		徴収不能額			
		徴収不能引当金繰入			
		その他の費用			
		サービス活動費用計（2）			
		サービス活動増減差額（3）＝（1）－（2）			
サービス活動外増減の部	収益	借入金利息補助金収益			
		受取利息配当金収益			
		有価証券評価益			
		有価証券売却益			
		投資有価証券評価益			
		投資有価証券売却益			
		その他のサービス活動外収益			
		サービス活動外収益計（4）			
	費用	利息支払			
		有価証券評価損			
		有価証券売却損			
		投資有価証券評価損			
		投資有価証券売却損			
		その他のサービス活動外費用			
		サービス活動外費用計（5）			
		サービス活動外増減差額（6）＝（4）－（5）			
経常増減差額（7）＝（3）＋（6）					
	収益	施設整備等補助金収益			
		施設整備等寄附金収益			
		長期運営資金借入金元金償還寄附金収益			
		固定資産受贈額			
		固定資産売却益			

特別増減の部		その他の特別収益			
		特別収益計（8）			
	費用	基本金組入額 資産評価損 固定資産売却損・処分損 国庫補助金等特別積立金取崩額（除却等） 国庫補助金等特別積立金積立額 災害損失 その他の特別損失	△××× 	△××× 	
		特別費用計（9）			
		特別増減差額（10）＝（8）－（9）			
当期活動増減差額（11）＝（7）＋（10）					
繰越活動増減差額の部		前期繰越活動増減差額（12）			
		当期末繰越活動増減差額（13）＝（11）＋（12）			
		基本金取崩額（14）			
		その他の積立金取崩額（15）			
		その他の積立金積立額（16）			
		次期繰越活動増減差額（17）＝（13）＋（14）＋（15）－（16）			

（厚生労働省資料をもとに筆者作成）

（4）事業活動計算書による経営管理

事業活動計算書では、経営成績を管理する。事業活動計算書が前年対比とされていることからも、経営成績は前期との比較でおこなわれる。一般に、経営成績モデルは**表5-11**のように示される。

■ 表5-11

	増加	減少
サービス活動収益	増収	減収
当期活動増減差額	増益	減益

（筆者作成）

すなわち、サービス活動収益というサービス提供量を示す財務値と、経営の効率性の成果である当期活動増減差額が前期に比べ、それぞれ増加したか、減少したかという把握の仕方である。指標2×増減2で4つの経営成績モデルである。例えば、サービス活動収益が増加し、当期活動増減差額も増加という増収増益モデル、サービス活動収益が減収したにもかかわらず当期活動増減差額が増加という減収増益モデル（リストラモデル）等である。

⑤ 貸借対照表

（1）貸借対照表の役割

貸借対照表は、社会福祉施設の会計期間末日現在の財政状態を表す。これには、会計期間末日現在の資産、負債及び純資産の金額がすべて記載されており、複数の会計期間の貸借対照表は並列的に分析することに

より、各項目の増加もしくは減少を把握し、財政状態の変化の内容を分析することができる。会計基準では、貸借対照表は当期末と前期末を比較するスタイルになっており、また、その増減欄があるため、分析するのに相応しい形である。

（2）貸借対照表の構造

会計基準では、貸借対照表を、「資産の部」「負債の部」「純資産の部」に区分することとしている。貸借対照表の様式は、会計基準において第三号第一様式として示されている。貸借対照表は前述の資金収支計算書、事業活動計算書と有機的な関連があり図示すると**表5-12**のとおりである。以下、各区分の具体的な内容を説明していく。

①資産の部

借方には、「資産」が計上される。社会福祉法人は、事業の運営に必要な土地、建物、現預金等を所有しており、これらのうち金額で表示することができるものを「資産」という。この資産は流動資産と固定資産の2つに分類される。

②負債の部

貸方には、「負債」が計上される。社会福祉法人は、借入金や未払金など、将来、金銭を支払い、あるいはものを引き渡さなければならない債務を負担する場合がある。これらの債務を「負債」という。負債は、さらに流動負債と固定負債の2つに分類される。

③純資産の部

貸方には、「負債」のほかに、「純資産」が計上される。

この純資産は次の算式で計算することができる。

$$純資産 ＝ 資産 － 負債$$

「純資産」はさらに基本金、国庫補助金等特別積立金、その他の積立金、次期繰越活動増減差額の4つに分類される。

（3）貸借対照表による経営管理

貸借対照表は財政状態を示すものとされ、財政状態とは事業継続を支える財務基盤か否かということを示している。事業継続を支える財務基盤、財政状態は純資産の部で表示され**表5-13**のように3つに分類でき

■ 表5-12

資金収支計算書

収入の部	××	
支出の部	××	
当期資金収支差額	××	
前期末支払資金残高	××	
当期末支払資金残高	××	→ (ア) 同額

法 人 単 位 貸 借 対 照 表
年　月　日現在

（単位：円）

資　産　の　部	当年度末	前年度末	増減	負　債　の　部	当年度末	前年度末	増減
流動資産				流動負債			
現金預金				短期運営資金借入金			
有価証券				事業未払金			
事業未収金				その他の未払金			
未収金				支払手形			
未収補助金				役員等短期借入金			
未収収益				1年以内返済予定設備資金借入金			
受取手形				1年以内返済予定長期運営資金借入金			
貯蔵品				1年以内返済予定リース債務			
医薬品				1年以内返済予定役員等長期借入金			
診療・療養費等材料				1年以内支払予定長期未払金			
給食用材料				未払費用			
商品・製品				預り金			
仕掛品				職員預り金			
原材料				前受金			
立替金				前受収益			
前払金				仮受金			
前払費用				賞与引当金			
1年以内回収予定長期貸付金				その他の流動負債			
短期貸付金							
仮払金							
その他の流動資産							
徴収不能引当金							
固定資産				固定負債			
基本財産				設備資金借入金			
土地				長期運営資金借入金			
建物				リース債務			
定期預金				役員等長期借入金			
投資有価証券				退職給付引当金			
				長期未払金			
その他の固定資産				長期預り金			
土地				その他の固定負債			
建物							
構築物							
機械及び装置				負債の部合計			
車輌運搬具				純　資　産　の　部			
器具及び備品				基本金			
建設仮勘定				国庫補助金等特別積立金			
有形リース資産				その他の積立金			
権利				○○積立金			
ソフトウェア				次期繰越活動増減差額			
無形リース資産				（うち当期活動増減差額）			
投資有価証券							
長期貸付金							
退職給付引当資産							
長期預り金積立資産							
○○積立資産							
差入保証金							
長期前払費用							
その他の固定資産							
				純資産の部合計			
資産の部合計				負債及び純資産の部合計			

(ウ) 同額

事業活動計算書

収益の部	××	
費用の部	××	
当期活動増減差額	××	
前期繰越活動増減差額	××	
次期繰越活動増減差額	××	→ (イ) 同額

（厚生労働省資料をもとに筆者作成）

る。すなわち、次期繰越活動増減差額という経営成果である黒字の累積値がプラスで、純資産全体もプラスの「正常」という状態。次に、次期繰越活動増減差額がマイナスであるが、基本金、国庫補助金等特別積立金が次期繰越活動増減差額のマイナスを上回っているため、純資産全体がプラスの「欠損法人」という状態。この状態は、次期繰越活動増減差額のマイナスが基本金、国庫補助金等特別積立金を上回った時に、純資産全体がマイナスとなるためいわば黄信号のような状態である。最後に、次期繰越活動増減差額がマイナス、純資産もマイナスという「債務超過」の状態である。債務超過は、事業継続を支える財務基盤にはないということ示している。

■ 表5-13

	純資産	次期繰越活動 増減差額
正　　常	プラス	プラス
欠損法人	プラス	マイナス
債務超過	マイナス	マイナス

（筆者作成）

⑥ 施設の種類と資金使途の制限及び弾力運用

　2000（平成12）年度の介護保険制度、2003（平成15）年度の支援費制度及び2015（平成27）年度の子ども・子育て支援法の施行により、資金使途、積立資産の範囲と限度額、繰入れ等についての取扱いが、施設の種類、すなわち指定介護老人福祉施設、指定身体障害者更生施設等、保育所（認定こども園を除く）及び措置費支弁対象施設等により異なっている。施設種類別に弾力運用の内容、使用対象施設及び要件をまとめると表5-14のようになる。

施設種類別の資金使途と積立資産					
	弾力運用等	内容	使用対象施設等	要件	
				個別	共通
特別養護老人ホーム（平成12年3月10日）老発第188号・介護（平成26年6月30日最終改正）老発0630第1号 身体障害者更生施設等（平成18年10月18日/平成19年3月30日最終改正）障発第1018003号・支援・授産	移行時特別積立預金取崩	当該事業の用に供する施設及び設備の整備並びに用地の取得に要する経費並びに当該事業の運営に要する経費	第一種社会福祉事業、第二種社会福祉事業及び公益事業	理事会承認	
	移行時減価償却特別積立預金取崩				
	資金の運用	原則として制限はないが、次の経費に充当することはできない			
		①収益事業に要する経費			
		②当該社会福祉法人外への資金の流出（貸付を含む）に属する経費			
		③高額な役員報酬など実質的な余剰金の配当と認められる経費			
	資金の繰入れ	（ア）他の社会福祉事業等への繰入については、事業活動資金収支差額に資金残高が生じ、かつ当期資金収支差額合計に資金不足が生じない範囲内において可能			
		（イ）当該法人が行う当該施設以外の同種事業への資金の繰入れについては、当期末支払資金残高に資金不足が生じない範囲内において可能			
	資金の繰替使用	一時繰替使用は可能だが、年度内に補填する必要がある			
措置施設（平成16年3月12日）雇児発第0312001号、社援発第0312001号、老発第0312001号・措置 （平成29年3月29日最終改正）雇児発第0329第5号社援発第0329第47号、老発第0329第31号	運営費の積立	人件費積立預金、施設整備積立預金に積立可能	当該施設		適切な法人運営、適切な施設運営、計算書類の閲覧供与、第三者評価又は苦情解決の制度導入、4つの要件を満たす
	民改費加算額の使用	借入金の償還、利息の支払に充当可能	同一法人の経営する第1、第2種社会福祉事業		
	前期末支払資金残高の使用	①当該施設での取崩使用②本部運営費への繰入③他の社会福祉事業運営費への繰入④公益事業運営費への繰入	同一法人の経営する第1、第2種社会福祉事業及び公益事業	当期末支払資金残高は運営費収入の30%	
子ども・子育て支援法附則第6条の規定による私立保育所に対する委託費の経理等について（平成27年9月3日／平成30年4月16日　最終改正）府子本第254号・雇児発0903第6号	委託費の積立	人件費積立預金、修繕積立預金、備品等購入積立預金に積立可能	当該保育所		児童福祉施設最低基準をはじめ7つの要件を満たす
	処遇改善等加算・基礎分の使用	借入金の償還、利息の支払、施設整備積立預金に充当可能	他の保育所の借入償還に充当可能	特別保育の実施	
	処遇改善等加算・基礎分の使用（対象施設拡大）	借入金の償還、利息の支払、施設整備積立預金に充当可能	同一法人の経営する第1、第2種社会福祉事業に充当可能	計算書類の閲覧供与、第三者評価又は苦情解決の制度導入	
	委託費の積立（拡大）	人件費積立預金、施設整備積立預金に積立可能	当該保育所	計算書類の閲覧供与、第三者評価又は苦情解決の制度導入	
	前期末支払資金残高の使用	①当該施設での取崩使用②本部運営費への繰入③他の社会福祉事業運営費及び施設整備費への繰入④公益事業運営費への繰入	同一法人の経営する第1、第2種社会福祉事業及び公益事業	当期末支払資金残高は委託費収入の30%	

（筆者作成）

社会福祉法改正による財務規律の強化

（1）財務規律の3本柱

　改正社会福祉法は、経営組織の見直し、財務規律の強化、事業運営の透明性の向上等、幅広いものであるが、本稿では、財務に関する改正について紹介する。

　社会福祉法人は、財務規律の強化が求められる。公益性を担保する財務規律は、次の3本からなる、すなわち①適正かつ公正な支出管理、②余裕財産の明確化、③福祉サービスへの再投下である（**図5-3　財務規律の強化**）。とりわけ、余裕財産の明確化と福祉サービスへの再投下は社会福祉法人の行動を大きく変えることになる。なぜなら、余裕財産を所有する法人は、社会福祉充実計画を作成し、①社会福祉事業への投資、②無料又は低額な料金で行う公益事業、③その他の公益事業への投資を行わなければならないからである。

■ **図5-3　財務規律の強化**

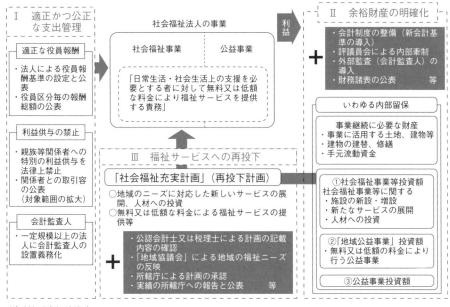

（資料）厚生労働省

（2）余裕財産の明確化
①余裕財産とは

　社会福祉充実残額の明確化（余裕財産額の有無の判定）、はすべての社会福祉法人が毎年行わなければならない（承認社会福祉充実計画の実施期間中は除く）。そのうえで、余裕財産を有する法人は、社会福祉充実計画を作成しなければならない。余裕財産の明確化のプロセスは次のようにおこなう。すなわち、内部留保から控除対象財産額を控除した額が再投下対象財産（余裕財産）、とされる。内部留保は一般的な考え方と同様、稼得利益の蓄積である次期繰越活動増減差額とその他の積立金の和とされる。

　控除対象財産とは、A：社会福祉事業用の不動産等　B：再生産に必要な財産（建替、大規模修繕の資金）C：運転資金とされる（**図5-4**）。

■ 図5-4　余裕財産の求め方

> 　余裕財産　＝　内部留保　—　控除対象財産額（A+B+C）
>
> 内部留保＝次期繰越活動増減差額＋その他の積立金
> A：社会福祉事業用の不動産等
> B：再生産に必要な財産（建替、大規模修繕の資金）
> C：運転資金

（筆者作成）

（3）適正、公正な支出管理
①適正、公正な支出管理が求めるもの

　財務規律の強化は第1に、適正、公正な支出管理を求めている。これは、余裕財産の計算の前段階として求められるものであり、具体的な内容としては「役員報酬基準の制定」と「関係者への特別な利益供与の禁止」が法律上明文化される。これらは、公益法人の基礎的前提であり、いまさら要請されずとも当然、対応していなければならない。

②求められる役員報酬基準の作成と公開

　求められる役員報酬基準の要素は事前性と客観性である。事前性とは、法人の内部留保の多寡によって役員報酬を決めるといった事後操作をみとめないことであり、客観性とは役員報酬の算定にお手盛りの要素を排除することである。客観性ある役員報酬基準の一例として、①同規模の民間役員報酬の水準、②法人職員の給与水準、③法人の利益水準それぞれを指数化する方法がある。役員報酬基準は、役員報酬総額とともに公

開することが求められている。そして、公開する役員報酬総額には使用人給与を含めること、とされている。

③関係者への特別な利益供与の禁止と取引の公開

社会福祉法人は、評議員、理事等の関係者に対し特別の利益を与えてはならないことが法律上明文化される。当然のことではあるが、法人の調達の公正性や妥当性を担保する仕組みとしては禁止規定とともに利害関係者との取引の内容をあわせて公開することが求められる。役員等の関係者ばかりではなく、「社会福祉法人と支配、あるいは被支配の関係にある法人」を新たに関連当事者として位置づけ、取引内容を開示することが求められる。

④計算書類の公開

社会福祉法人は、事業の概要と財務諸表をインターネットを活用し公開しなければならないことが法律上明文化される。これは利用者を対象とした閲覧供与から国民全般を対象とした公開への情報開示の方向性の大きな変更である。国民を対象とした情報公開により、公益性の高い社会福祉法人の運営を社会的監視下におき、適正な法人運営を担保することがねらいである。公開制度は、閲覧と公表の2つの制度からなり、2016（平成28）年4月1日に施行された。

閲覧とは、事務所で閲覧に供すること等であり、下記の書類が対象となる。公表とは、インターネットによる公表であり、下記の閲覧対象書類のうち「公表」と記載された書類が対象となる。

1）事業報告書及び附属明細書
2）財産目録
3）計算書類（公表）及び附属明細書
4）監事意見を記した書面
5）現況報告書（公表）
6）定款（公表）
7）役員報酬基準（公表）
8）事業計画書

⑤会計監査人による監査

会計監査人設置社会福祉法人とは、会計監査人を置く社会福祉法人又は会計監査人を置かなければならない社会福祉法人と定められている。

特定社会福祉法人は、次のいずれかに該当する法人とされ会計監査人を置かなければならない。

1）最終会計年度の法人単位の事業活動計算書におけるサービス活動収益が30億円をこえる

2）最終会計年度の法人単位の貸借対照表における負債額が60億円をこえる

　会計監査人設置法人か否かにより、監査対象、監査報告記載内容が次のように変わる。会計監査人設置法人においては、計算関係書類の監査は会計監査人が行い、監事は会計監査人の監査の方法又は結果を相当と認めるか否かを判断することになる。会計監査人非設置法人においては、監事が計算関係書類の適正表示に関する意見を述べることになる。事業報告等の監査については、会計監査人設置法人か否かにかかわらず、監事の行う業務とされる。

実践事例 6 ―管理会計と財務分析の事例―

渡部　博（公認会計士渡部博事務所所長）

1　経営管理のための会計

（1）制度会計と管理会計

　通知で定められた一定の会計ルールと様式で計算書類を作成する会計分野を制度会計といい、計算書類あるいはそれ以外の財務値から経営管理において有益な経済的情報を提供する会計分野を管理会計という。制度会計の主たる目的は、ディスクロージャー、すなわち法人の利害関係者に財政状態及び業績を開示することである。利害関係者に開示する情報の質を担保するという意味で、一定の会計ルールと様式が必要になり、それらは通知化されている。他方、管理会計の主たる目的は、経営管理において有益な経済的情報を提供することであり、そのための理論と技術が必要になる。

■ 表1　制度会計と管理会計

会計の分野	制度会計	管理会計
機能	計算書類を作成	有益な経済的情報を提供
目的	ディスクロージャー	経営管理
必要条件	一定の会計ルールと様式が必要	理論と技術が必要

（筆者作成）

（2）経営管理者と管理会計

　計算書類を作成することは、法令、通知等で定められた社会福祉法人の義務である。他方、経営管理者が有益な経済的情報を活用し経営管理をすることは、法令、通知等で定められた義務ではなく、経営管理者の職能である。経営管理者の職能プロセスは、意思決定、計画、組織化[1]、統制である[2]。経営管理者の職能プロセスの各局面において有益な経済的情報を提供することが管理会計であり、問題発見のための会計、業績管理のための会計、経営意思決定のための会計、経営戦略実行のための会計がある。

1　組織化とは、業務を個人に割当て、業務遂行の権限と責任を委譲することをいう。
2　岡本清他『管理会計第2版』中央経済社、8頁参照。

（3）問題発見のための会計

　問題発見のための会計とは、主に、意思決定という経営管理者の職能プロセスにおいて、計算書類分析により、法人の現状と問題点を把握することをいう。法人の現状と問題点は、収益性に関する分析（収益性分析）、財務の安全性に関する分析（安全性分析）、一人当たりの指標に関する分析（生産性分析）を行うことにより把握することができる。

（4）業績管理のための会計

　業績管理のための会計とは、主に、計画と統制という経営管理者の職能プロセスにおいて、予算編成と予算統制を行うことをいう。予算編成においては、業務量、費用、利益の関係に関する分析（CVP分析）が、予算統制においては、業績測定と予算と実績の差異の分析（予算差異分析）が行われる。

（5）経営意思決定のための会計

　経営意思決定のための会計とは、主に、意思決定という経営管理者の職能プロセスにおいて、意思決定に有益な経済的情報を提供することをいう。新規事業の実施、あるいは既存事業の廃止に関する業務的意思決定に有益な経済的情報を提供すること、設備投資計画の採択に関する意思決定に有益な経済的情報を提供すること等がある。

（6）経営戦略実行のための会計

　経営戦略実行のための会計とは、経営戦略目標を達成するために鍵となる指標（以下、「パフォーマンス・ドライバー」という）は何かを発見し、経営戦略目標とパフォーマンス・ドライバーを有機的に関連づけ、それらを組織メンバーに示すことをいう。経営戦略目標、成果の指標、パフォーマンス・ドライバーの有機的関連を示し、管理するツールとしては、バランスト・スコアカード[3]がある。以上の経営管理者の職能プロセスと管理会計の理論と技術の関係を図示すると次のようになる。

3　ハーバード・ビジネス・スクールの会計学担当教授 Robert S. Kaplan と David P. Norton が開発したマネジメント・システム。

■図　管理会計と経営管理者の職能プロセス

経営管理者の職能プロセス	管理会計の目的	管理会計の理論と技術	
意思決定	問題発見のための会計	収益性分析	安全性分析等
	経営意思決定のための会計	業務的意思決定	設備投資意思決定
計画と統制	業績管理のための会計	予算編成	CVP分析
		予算統制	予算差異分析
組織化			

経営戦略実行のためのツール（バランスト・スコアカード等）

（筆者作成）

（7）社会福祉法人の財務諸表等電子開示システムにおける指標

　国が行っている「社会福祉法人の財務諸表等電子開示システム」においては、**表2**の指標の平均値、中央値が公表されている。網掛けした代表的な指標について意義と経営管理への役立て方を、2．以降で解説する。

■ 表2　財務諸表等電子開示システムにおける指標一覧

			経営指標	指標算式	指標の意味
1	経営状態	収益性		サービス活動増減差額率	サービス活動増減差額 ÷ サービス活動収益計(％)	サービス活動収益に対するサービス活動増減差額の割合である。
2				経常増減差額率	経常増減差額 ÷ サービス活動収益計(％)	本指標は、法人の収益性を理解する上での基本的な指標である。
3				職員一人当たりサービス活動収益	サービス活動収益計 ÷ 総職員数	職員一人当たり、どの程度の事業収益を得ているかを示し、収益獲得の効率性の理解に資する指標である。
4		安定性	短期安定性	流動比率	流動資産 ÷ 流動負債 (％)	本指標は、短期支払義務に対する支払能力を示す指標である。
5				当座比率	現金預金 ÷ 流動負債 (％)	現金預金による支払能力を示す指標である。
6				現金預金対事業活動支出比率	現金預金 ÷ (事業活動支出計÷12) (か月)	現金預金残高が、事業活動支出の何か月分に相当するかを示す指標である。
7		継続性	長期継続性	純資産比率	純資産 ÷ 総資産 (％)	借入金など負債に対する安全度を見る指標である。
8				純資産比率(正味)	(純資産−国庫補助金等特別積立金) ÷ (総資産−国庫補助金等特別積立金−将来入金予定の設備資金借入金償還金)	純資産及び総資産に含まれる国庫補助金等特別積立金残高の影響を除外して、借入金など負債に対する安全度を見る指標である。
9				固定長期適合率	固定資産 ÷ (純資産+固定負債) (％)	固定資産の整備に関わる資金調達のバランスを示す指標である。
10				固定比率	固定資産 ÷ 純資産 (％)	固定資産の整備に関わる資金調達のバランスを示す指標である。
11				借入金比率	借入金残高合計 ÷ 総資産(％)	総資産に対して借入金残高がどの程度あるかを示す指標である。
12			資金繰り	借入金元金償還余裕率	借入金元利払額 ÷ 事業活動資金収支差額 (％)	法人にとっての元利金返済の負担の大きさを示す指標である。
13				借入金償還余裕率(正味)	補助金収入控除前借入金元利払額 ÷ (事業活動資金収支差額−借入金利息補助金収入) (％)	補助制度の見直しによって、補助金が支給されないとした場合の元利金返済の負担を示す指標である。
14				債務償還年数	借入金残高合計 ÷ 事業活動資金収支差額 (年)	当期の資金収支差額を基準とした場合、法人の借入金残高を事業活動資金収支差額で完済するために必要と考えられるおおよその期間を示す指標である。
15				事業活動資金収支差額率	事業活動資金収支差額 ÷ 事業活動収入計 (％)	当年度の事業活動による資金収入と資金支出のバランスを示す指標である。
16				事業未収金回転期間	事業未収金 ÷ (サービス活動収益計 ÷ 12) (か月)	事業未収金回転期間は、サービスを提供してから対価としての債権を回収するまでにかかる期間を示した指標である。
17				事業未払金回転期間	事業未払金 ÷ {(事業費 + 事務費 + 就労支援事業費用 + 授産事業費用) ÷ 12} (か月)	事業未払金回転期間はサービスの提供を受けてから債務を支払うまでにかかる期間を月数で示した指標である。
18		合理性	費用	人件費率	人件費 ÷ サービス活動収益計 (％)	サービス活動収益に対する人件費の割合である。
19				人件費・委託費比率	(人件費+業務委託費) ÷ サービス活動収益計 (％)	サービス活動収益に対する人件費と業務委託費の合計の割合である。
20				事業費比率	事業費 ÷ サービス活動収益計 (％)	サービス活動収益に対する事業費の割合である。
21				事務費比率	事務費 ÷ サービス活動収益計 (％)	サービス活動収益に対する事務費の割合である。
22				支払利息率	支払利息 ÷ サービス活動収益計 (％)	サービス活動収益に対する支払利息の割合である。
23				付加価値率	付加価値 ÷ サービス活動収益計 (％)	サービス活動収益に対する付加価値の割合である。
24				減価償却費比率	減価償却費 ÷ サービス活動収益計 (％)	サービス活動収益に対する減価償却費の割合である。
25				国庫補助金等特別積立金取崩比率	国庫補助金等特別積立金取崩額 ÷ 減価償却費 (％)	減価償却費に対する国庫補助金等特別積立金取崩額の割合である。
26			資産	正味金融資産額	現金預金+有価証券+定期預金+投資有価証券+○○積立資産(合計) −運営資金借入金 (千円)	法人の保有する金融資産の純額である。
27				固定資産老朽化率	減価償却累計額 ÷ 有形固定資産(土地を除く。) 取得価額 (％)	社会福祉法人の有する施設設備の老朽化状況を示す指標である。
28				正味金融資産額・減価償却累計額比率	正味金融資産額 ÷ 減価償却累計額 (％)	減価償却累計額に対する「 正味金融資産額」の割合である。
29				総資産経常増減差額率	経常増減差額 ÷ 総資産 (％)	本指標は、社会福祉法人が保有する資産に着目した指標であり、保有する資産が有効に活用されているかという観点から、社会福祉法人の事業の効率性と収益性を同時に示す指標である。
30		効率性		事業用固定資産回転率	サービス活動収益 ÷ 事業用固定資産合計帳簿価額 (％)	本指標は、事業の効率性を示す指標であり、社会福祉法人が保有する事業用固定資産の活用に着目した指標である。
31	経営自立性			自己収益比率	(サービス活動収益計−(各事業の) 補助金事業収益(合計) −経常経費寄附金収益) ÷ サービス活動収益計 (％)	本指標は、どの程度補助金や寄附金に依存せずに経営されているかを示す指標である。

（WAMNET 資料をもとに筆者作成）

2　問題発見のための会計1（収益性分析）

（1）比較による現状と問題を把握

　これから記載する各種分析指標は、算出することに意義があるのではない。比較をすることにより、現状と問題を把握できるのであるから、必ず比較が行われなければならない。比較は、次の3つの視点のいずれかで行う[4]。

　①現在と過去数年間との比較

　②計画（または予測）と実績の比較

　③競争相手（同業者・同種施設）との比較

　また、管理会計が採用する財務情報の多くは計算書類の中にあり、分析のための数値を改めて算出する必要はない。

（2）PLのサービス活動収益に対する割合の指標

①経常増減差額率

　サービス活動収益に対する経常利益の割合を示し、高いほどよい、とされる。過年度に比べて改善した場合、悪化した場合ともに、その原因が、収益の増減にあるのか費用の増減にあるのかの要因を分析することが、現状と問題を把握する上では大切である。下記の例では、経常増減差額の絶対値、経常増減差額率ともに、B法人がA法人を上回っているため、収益性が高いと判断される。サービス活動収益経常利益率を改善するためには、経常増減差額の絶対値を上げる、サービス活動収益を下げる施策が必要になるが、サービス活動収益を下げるという判断が行われることは少ない。サービス活動収益が増加しているにもかかわらず、経常増減差額率が減少しているようなケースでは、事業毎の採算性に改善すべき部分があることに着目する必要がある。

〈経常増減差額率〉

PL【経常増減差額】 ÷ PL【サービス活動収益計】 × 100

〈経常増減差額率の比較〉

A法人	B法人
$\dfrac{14,953千円}{673,746千円} = 2.2\%$	$\dfrac{53,471千円}{790,200千円} = 6.7\%$

4　本稿では、同業者との比較を例として示す。

（2）経常増減差額率を分解するための指標

　サービス活動収益に対する経常利益の割合の要因を把握するためには、下記の費用割合に分解する必要がある。経常増減差額率の増減の要因が下記の費用割合のどこにあるか、各費用割合を過去の比率と比較することにより容易に把握可能である。

〈人件費率〉

$$\text{PL【人件費】} \div \text{PL【サービス活動収益計】} \times 100$$

〈事業費率〉

$$\text{PL【事業費】} \div \text{PL【サービス活動収益計】} \times 100$$

〈事務費率〉

$$\text{PL【事務費】} \div \text{PL【サービス活動収益計】} \times 100$$

〈減価償却率〉

$$\text{PL【減価償却費】} \div \text{PL【サービス活動収益計】} \times 100$$

（3）BS の総資産、純資産に対する割合の指標
①総資産経常増減差額率

　法人経営のために投入された全ての資産に対する経常利益の割合を示し、高いほどよい、とされる。総資産を事業に投下した元本ととらえ、どれだけの成果（利回り）を達成しているかを示す指標である。下記の例では、経常増減差額の絶対値、総資産経常増減差額率ともに、B 法人が A 法人を上回っているため、収益性が高いと判断される。総資産経常増減差額率を改善するためには、経常増減差額の絶対値を上げる、総資産額を下げる施策が必要になるが、この指標においては、総資産額に着目する必要がある。総資産額は、多ければよいというものではなく、収益額との比較で適正な総資産額を目標とすることが大切である。総資産額が多いということは、資産の中身にもよるが、高コストオペレーションとなっている場合があり、収益性を下げる一因にもなっている。

〈総資産経常増減差額率〉

$$\text{PL}^5 \text{【経常増減差額】} \div \text{BS}^6 \text{【総資産】} \times 100$$

〈総資産経常増減差額率の比較〉

A 法人	B 法人
$\dfrac{14,953千円}{1,312,714千円}=1.1\%$	$\dfrac{53,471千円}{1,653,757千円}=3.2\%$

3　問題発見のための会計2（生産性分析）

（1）生産性分析
①生産性とは

　生産性とは、財務数値を従事者一人当たりの指標として示すものであり、各従事者に業務の効率性をわかりやすく示すことができる指標である。生産性の指標は「従事者一人当たりの○○」として示され、分母が従事者数、○○が分子という算式が基本となる。○○に分析したい項目を置くことにより、分析したい項目と従事者の関係が数値化される。○○には、「サービス活動収益」「人件費」「経常増減差額」等の財務数値が採用される場合が多い。

②従事者数

　生産性分析は、従事者数をどのようにおくかにより指標が大きく異なってくる。常勤職員と非常勤職員が混在する社会福祉法人にあっては、従事者数を常勤職員と非常勤職員の単純合計とするよりは、非常勤職員の従事時間を常勤職員の従事時間に換算した、いわゆる常勤換算数を採用すべきであろう。

（2）各種生産性指標
①一人当たり経常増減差額（年間）

$$\text{PL 【経常増減差額】} \div \text{【従事者数】}$$

　従事者一人当たりの経常増減差額、すなわち従事者一人当たりの事業利益を

5　PL は、事業活動計算書を示す。
6　BS は、貸借対照表を示す。

示す。業務の効率性を示す代表的な指標である。業務の効率性の良し悪しの要因、なぜ一人当たり経常増減差額が改善したか、あるいは悪化したかを把握するためには、収益と費用に関する生産性の分析が必要となる。

②一人当たりサービス活動収益計（年間）

> PL【サービス活動収益計】÷【従事者数】

　従事者一人当たりの年間サービス活動収益、すなわち従事者一人当たりの生産高を示す。サービス活動収益の範囲で留意すべきは「経常経費補助金」であろう。経常経費補助金は、業務との直接的関連性があるためサービス活動収益に含めるべきであるが、経常経費補助金を含めたサービス活動収益と経常経費補助金を含めないサービス活動収益の一人当たりサービス活動収益を比較することにより、より有意の指標が得られる。

③一人当たり人件費（年間）

> PL【人件費－退職給与引当金戻入＋同繰入－賞与引当金戻入＋同繰入】÷【従事者数】

　従事者一人当たりの人件費、すなわち従事者一人当たりのコストを示す。常勤職員と非常勤職員の給与構成（月給と時間給）が異なるので、常勤職員と非常勤職員別に、一人当たり人件費を分析すれば、より有意の指標が得られる。人件費の範囲は、給与、各種手当、拠出型の退職共済掛金、退職金、法定福利費が含まれ、福利厚生費は業務との直接的関連性がうすいので含めない場合が多い。退職給与引当金、賞与引当金においては、引当金の戻入が控除され、繰入額が加えられ、いわゆる現金支出ベースではなく原価要因発生ベースで把握することに留意が必要である。

（3）生産性の比較
①生産性の他社比較

　生産性についても過去との比較、計画との比較、同業者との比較などの比較を行うことが必要である。A、B両法人の生産性に関する比較を例にすると次のことがいえる。すなわち、一人当たり経常増減差額はB法人がA法人を上回っており、要因は一人当たりサービス活動収益、一人当たり人件費ともにB

法人がＡ法人よりも事業効率性という点で上回っているからである。

■ 表3　生産性の他社比較

	Ａ法人	Ｂ法人
従業者数（名）	100	115
サービス活動収益	673,746	790,200
一人当たりサービス活動収益	6,737	6,871
人件費	424,399	412,548
一人当たり人件費	4,244	3,587
経常増減差額	14,953	53,471
一人当たり経常増減差額	150	465

（筆者作成）

②事業計画への応用

　生産性分析は問題発見のための分析技術ではあるが、事業計画を作成する段階でも活用できる。たとえば、人員計画を作成する際には、従事者を1名増やす、あるいは減らすことにより各種の効率性の指標はどのように変化するのかがわかり、人事計画のシミュレーション時には有意の指標となる。

③一人当たり経常増減差額

　次のような例を考えてみよう。Ｂ法人は、業務を外部委託することにより、サービス活動収益を飛躍的に増加させたが、Ａ法人は、法人職員による業務にこだわり、サービス活動収益は横ばいである。一人当たりサービス活動収益に関する生産性はＢ法人のほうが高い、という評価がでる。しかし、この評価は正しいだろうか？　より高い価値を生み出しているのはＡ法人ではないだろうか？　そこで付加価値という概念が必要になる。

④福祉サービスの質の評価

　生産性の分析の指標における、平均従事者数を平均利用者数におきかえると福祉サービスの質の評価に関する指標となる。福祉サービスを提供するための適切な経営資源が投下されているか、逆に投下しすぎて効率性を棄損していないか判断する指標である。

7　安藤英義他編『会計学大辞典』第5版、中央経済社、1182頁

4　問題発見のための会計3（付加価値）

（1）付加価値
①付加価値とは

　付加価値とは、個別企業が国民経済へ新たに付け加えた価値貢献額である[7]。事業活動におきなおして考えると、付加価値とは、サービス活動収益から外部から購入した材料やサービスを除外し、個別企業が労働や設備手段により加工して新たに付加した価値といえる。

②付加価値の計算方法

　付加価値の計算はいくつかあるが、日本銀行統計局「主要企業経営分析」では、次の算式を挙げている。

〈日本銀行統計局の付加価値額〉

> 付加価値額＝経常利益＋人件費＋金融費用＋賃借料＋租税公課[8]

　この算式から、付加価値の「新たに付加した価値」の意味を捉えると、経常利益は株主又は企業へ、人件費は従事者へ、金融費用（利子等）は金融機関へ、賃借料は地主へ、租税公課は社会へとそれぞれ分配される額を示す。

③社会福祉法人への応用

　経常利益は社会福祉法人のPLにおける経常増減差額が該当する。社会福祉法人の場合には、株主への配当ということがないので、法人へ内部留保される金額といえる。人件費は、PLにおける人件費が該当する。金融費用は、PLにおける支払利息が該当するが、借入金利息補助金収益がある場合には控除すべきであろう。賃借料は、土地建物の賃借料と捉えるべきである。社会福祉法人のPLにおいて、賃借料にはリース料が含まれるが、リース料は外部から購入したサービスなので付加価値には含まれない。租税公課は、PL上の事務費における租税公課が該当する。日本銀行統計局の算式を社会福祉法人のPLに置き換えると次のようになる。

8　減価償却費を加算する場合もあり、その場合には粗付加価値という。減価償却費を加算する背景には、企業により異なる減価償却費の計算方法の影響を排除しようという考え方がある。

〈社会福祉法人の付加価値額〉

> 付加価値額＝経常増減差額＋人件費＋（支払利息―借入金利息補助金収益）＋賃借料（土地、建物賃借料に限る）＋租税公課

④経営目標としての付加価値額

　経営管理目標として付加価値額を採用する場合には、厳密な意味での付加価値額にこだわる必要はない。外部公表用の資料ではなく、経営管理者が目標として採用する数値は各法人の経営の考え方が反映されたものであればよく、③で記載した社会福祉法人の付加価値額のなかで、重要性の乏しいもの、管理不能なものは切り捨てた簡便な付加価値額を採用すれば問題の単純化にも資する。例えば、（支払利息―借入金利息補助金収益）は社会福祉法人にとって管理不能であり、土地、建物が自前であることが原則とされていた社会福祉法人にとって賃借料（土地、建物賃借料に限る）は僅少であることが想定されるし、法人税等が原則非課税とされる社会福祉法人にとって租税公課も僅少であることが想定される。これら、重要性の乏しいもの、管理不能なものを切り捨てた簡便な付加価値額は次のようになる。

〈社会福祉法人の付加価値額（簡便版）〉

> 付加価値額＝経常増減差額＋人件費

　この付加価値額（簡便版）では、付加価値の「新たに付加した価値」の意味を、経常利益は社会福祉法人の内部留保へ、人件費は従事者へ、それぞれ帰属する金額と示す。管理不能なものを切り捨てた付加価値額となり、経営管理者が目標として採用する数値とすることができる。

（2）社会福祉法人の付加価値額（簡便版）の活用例
①一人当たり付加価値額（年間）

> PL【付加価値額（人件費＋経常増減差額）】÷【平均従事者数】

従事者一人当たりの付加価値、すなわち従事者一人当たりの人件費と経常増減差額を示す。一人当たり経常増減差額を経営目標とする場合と一人当たり付加価値額を経営目標とする場合では次のような差異がある。一人当たり経常増減差額を高めるには、人件費を削減すればできるが、人員リストラによる利益出しのように、一人当たり付加価値額が下がる場合がある。

②一人当たり経常増減差額との比較

前問で活用したA、B法人の生産性の比較表に一人当たり付加価値額を付け加えると次のようになる。一人当たり経常増減差額の生産性はB法人が高いが、一人当たり付加価値額はA法人が高い。一人当たり付加価値額を高めるには、人件費を削減すれば可能というわけではなく経営管理の難易度は高いが、付加価値額を経営目標とすることは従事者の共感も得やすい。

■表4　一人当たり付加価値額と一人当たり経常増減差額

	A法人	B法人
従業者数（名）	100	115
サービス活動収益	673,746	790,200
一人当たりサービス活動収益	6,737	6,871
人件費	424,399	412,548
一人当たり人件費	4,244	3,587
経常増減差額	14,953	53,471
一人当たり経常増減差額	150	465
付加価値額	439,352	466,019
一人当たり付加価値額	4,394	4,052

（筆者作成）

5　問題発見のための会計4（安全性分析）

（1）安全性分析
①安全性とは

財務分析における安全性とは、債務の返済能力、あるいは支払能力を意味する。債務の返済能力が高いときに、安全性が高いとされる。安全性の分析は、短期の運転資金の支払能力に焦点をあてた短期安全性分析と、借入金等の長期資金の返済能力に焦点をあてた長期安全性分析の2つに大別される。

9　当座資産の代わりに流動資産を分子とする流動比率も代表的な指標とされるが、棚卸資産残高が僅少である社会福祉法人の場合には当座比率が代表的は指標と考えられる。

②短期安全性分析

　管理会計において短期安全性分析の指標として代表的なものは、当座比率である[9]。

〈当座比率〉

> 当座比率＝BS【当座資産（預金＋未収金）】 ÷ BS【流動負債】 × 100％

　当座資産は、流動負債の支払財源として短期間で現金化できる預金と未収金をいう。当座比率は100％以上あることが望ましい。各種積立預金が計上されている社会福祉法人においては、預金の範囲をどのように捉えるのかがポイントとなる。各種積立預金は、人件費積立特定預金等の短期の運転資金に充当されること、各種積立預金を積立するしないにより当座比率が大きく変わってくることから、預金を流動資産の預金と固定資産の各種積立預金の合計として把握するほうが、時系列比較、同業比較をする際には有意である。したがって社会福祉法人の当座比率は次のように捉えることが望ましい。

〈社会福祉法人の当座比率〉

> 当座比率＝BS【当座資産（流動資産の現金預金＋固定資産の○○積立預金＋未収金）】 ÷ BS【流動負債】 × 100％

③長期安全性分析

　管理会計において長期安全性分析の指標として代表的なものは、長期資金適合率[10]である。

〈長期資金適合率〉

> 長期資金適合率＝BS【純資産＋固定負債】 ÷ BS【固定資産】 × 100％

　この比率は、多額の固定資産を要する事業の場合、固定資産を純資産だけで調達することは無理があるので、純資産に固定負債を加えた長期資金で固定資

10　固定長期適合率ともいう。

産を調達できているか否かを判断する比率である。この比率が100%未満である場合、流動負債の一部が固定資産の調達に使用されていることを意味するので、100%以上でなければならない。なお、固定資産のうち減価償却資産は取得価額ではなく、減価償却後の帳簿価額が採用される。減価償却費は純資産の減少項目として反映されているからである。

　財務諸表等電子開示システムにおいては、固定長期適合率という指標を紹介しており、この場合長期資金適合率と分母と分子が入れ替わる。指標の評価としては、100%以下でなければならない。

〈固定長期適合率〉

固定長期適合率＝BS【固定資産】 ÷ BS【純資産＋固定負債】 × 100%

（2）キャッシュ・フローを反映した安全性の判定
①キャッシュ・フローと返済能力
　（1）で記載した安全性分析は管理会計では伝統的に採用されている比率であるが、お気づきのようにすべてBSの財務値が用いられている。そもそも、財務分析における安全性とは、債務の返済能力、あるいは支払能力を意味するものであるから、キャッシュ・フローを反映した指標のほうが返済能力をより的確に示しているともいえる。

②短期の運転資金の支払能力
　事業年度における資金の流れをキャッシュ・フローという。短期の運転資金の支払能力をキャッシュ・フローから判定するには特別の指標はいらない。CF[11]における事業活動資金収支差額をみればよい。事業活動資金収支差額が正であれば、事業活動における運転資金に余剰が生まれている状態を示し、事業活動資金収支差額が負であれば、事業活動における運転資金に不足が生じている状態を示している。

11　CFは資金収支計算書を示す。

③借入金等の長期資金の返済能力

キャッシュ・フローから借入金等の長期資金の返済能力を示す指標としては債務償還年数がある。

〈債務償還年数〉

債務償還年数＝BS【有利子負債】 ÷ CF【事業活動資金収支差額[12]】

債務償還年数とは、事業活動における運転資金の余剰で借入金を返済したら何年で返済する能力があるかを示す。短いほど債務償還能力が高く、概ね10年以内が目安といわれる。

金融機関では借り手の返済能力を判断する重要な指標とされる。

（3）資金繰りを好転させるための指標

「勘定合って、銭たらず」という言葉は、利益が出ているが（勘定合って）、運転資金がたりない（銭たらず）という経営状況を示している。まことに示唆に富む言葉で、PL の利益が計上されるということと、CF の運転資金が増加することとは別物であるということを示唆している。原因は、サービス活動収益が回収される日数より、サービス活動費用が支出される日数が短いからである。逆に、後者が前者より長い場合には、赤字であっても運転資金は増える。かかる、日数の分析を回転期間分析という。

①回転期間分析

サービス活動収益が回収されるのに何か月を要しているか（債権回転期間）、サービス活動費用が支出されるのに何か月を要しているのか（債務回転期間）を示す。資金効率という視点では、回収日数より支払日数が長いほうが望ましい、すなわち債権回転期間≦債務回転期間がよい。社会福祉法人のサービス活動収益は概ね入金サイトが決められているが、支払期限は社会福祉法人に決定の余地があり、債務回転期間を債権回転期間に近づける等の施策は可能である。未収金残高には未収補助金を含めて計算しないこと、またサービス活動収益には補助金収入や寄附金収入等を含めて計算しないことに留意する必要

---

12 資金収支計算書又はキャッシュ・フロー計算書が制度として作成されていない事業会社では、事業活動資金収支差額の代わりに営業利益に減価償却費を加えた擬似キャッシュ・フローを採用する。

がある。

〈債権回転期間〉

> BS【未収金残高】÷ PL【サービス活動収益計÷12ヶ月】

〈債務回転期間〉

> BS【未払金残高】÷ PL【サービス活動収益計÷12ヶ月】

6 キャッシュ・フローモデル

（1）CF[13]の経営情報

　CF は会計年度（1年間）における支払資金の増減を計算するもの、とされる。社会福祉法人の支払資金は、運転資金の支払いに充てることが可能な資金とされ、下記のように定義されている。CF の末尾にて示される「当期末支払資金残高」が、支払資金であり、繰越金と表記されることもある。

> 支払資金＝流動資産（徴収不能引当金控除前、棚卸資産、1年以内振替資産を除く）－流動負債（引当金、1年以内振替負債を除く）

　経営管理者が CF から読み取るべき経営情報は2点ある。1点は、支払資金の増減（「当期資金収支差額合計」として示される。）と残高（「当期末支払資金残高」として示される）である。2点めは、支払資金の増減の構造、モデルである。資金構造といってもよい。CF は、資金構造を「事業活動による収支」、「施設整備等による収支」、「その他活動による収支」の3つで表現している。

（2）CF の構造
①事業活動による収支

　事業活動による収入には、事業活動による対価として、介護保険収入、措置費収入等が含まれる。事業活動による支出には、人件費支出、事務費支出、事

13　CF は、資金収支計算書を示す。

業費支出が含まれ、事業活動による収入と事業活動による支出の差額として示される「事業活動資金収支差額」は、事業活動による資金上の良し悪しを示す。

②施設整備等による収支

　施設整備とは、固定資産の取得であり、施設整備等による収入には、施設整備等補助金収入、施設設備整備寄附金収入が含まれる。施設整備等による支出には、事業を実施する基盤整備のための固定資産取得支出が含まれる。施設整備のための補助金収入が、固定資産取得支出を上回ることは通常ないので「施設整備等資金収支差額」は、通常マイナスである。

③その他の活動による収支

　その他の活動とは、預金の積立・取崩と借入とその返済であり、その他の活動による収入には、長期運営資金借入金収入、積立預金取崩収入が含まれている。その他の活動による支出には、長期運営資金借入金元金償還金支出、積立預金積立支出が含まれている。資金に余裕のある事業体は、借入金の返済が借入金収入を上回る、あるいは将来の事業計画のために積立預金を積み立てるという特徴があり、その他の活動による収入と支出の差額であるその他の活動資金収支差額はマイナスとなる。逆に、資金に余裕のない事業体は、借入金収入が借入金の返済を上回る、あるいは過去の積立預金を取り崩すという特徴があり、その他の活動による収入と支出の差額であるその他の活動資金収支差額はプラスとなる。

（3）CF の構造の良否

　経営管理者には、当期資金収支差額の絶対値よりも、CF の構造がより重視されるべきである。図表1の CF をもとにキャッシュ・フロー・モデルの良否を検討してみる。図表1の CF を比較すると、当期資金収支差額は同額であるが、よいキャッシュ・フロー・モデルでは、事業活動資金収支差額がプラスでその他の活動資金収支差額がマイナスである。すなわち、事業活動により支払資金を60獲得し、設備投資に正味25、その他の活動に正味30を支出したという資金活動が読み取れる。他方、わるいキャッシュ・フロー・モデルでは、事業活動資金収支差額がマイナスでその他の活動資金収支差額がプラスである。すなわち、事業活動の支払資金不足30と、設備投資の資金不足25を賄うために、

その他の活動により正味60の資金を調達したという資金活動が読み取れる。表5の資金収支計算書は表6のように単純化したキャッシュ・フロー・モデルとして示すことができる。

■ 表5　資金収支計算書の比較

	良いキャッシュ・フローモデル 【資金収支計算書】 ＲＸ．4．1．～ＲＸ+1．3．31．				悪いキャッシュ・フローモデル 【資金収支計算書】 ＲＸ．4．1．～ＲＸ+1．3．31．		
1	事業活動	収入	500		事業活動	収入	410
2		支出	440			支出	440
3		事業活動資金収支差額	60			事業活動資金収支差額	▲30
4	施設整備	収入	5		施設整備	収入	5
5		支出	30			支出	30
6		施設整備等資金収支差額	▲25			施設整備等資金収支差額	▲25
7	その他の活動	収入	10		その他の活動	収入	100
8		支出	40			支出	40
9		その他の活動資金収支差額	▲30			その他の活動資金収支差額	60
10	当期資金収支差額合計		5		当期資金収支差額合計		5

（筆者作成）

■ 表6　キャッシュ・フロー・モデル

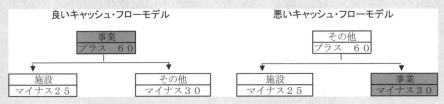

（筆者作成）

（4）キャッシュ・フロー・モデルに影響を与える指標

キャッシュ・フロー・モデルの良否は、事業活動資金収支差額がプラスかマイナスかできまる。事業活動資金収支差額は、収益性の指標である経常増減差額率と債権債務の回転期間により決まる。これら2つの指標の改善に取り組むことにより、キャッシュ・フロー・モデルを改善することができる。

第2節　福祉サービスの財源と経営管理

本節のねらい　福祉サービスは公費による財源が多く含まれることが特徴である。
イニシャルコスト（施設整備等）に関する財源については、施設整備に係る補助、融資、寄付等の財源の種類と特徴を理解する。
またランニングコストに関する財源（社会福祉施設で提供される福祉サービスの運営財源）については、措置費、保育委託費、介護報酬、自立支援給付費などの仕組みを確認し、それぞれの財源制度の特徴と資金の使途規制による経営への影響を理解する。
これら各種の財源の特性を踏まえ、財務管理のあり方を理解する。

① 施設整備費（イニシャルコスト）に関する財源

（1）イニシャルコストに関する財源の体系

社会福祉施設における施設整備や設備整備に要する経費は、各種公費補助による助成措置が講じられている。かつては社会福祉施設整備費国庫補助金が社会福祉施設整備全般についての補助制度であった。

しかしながら2005（平成17）年に補助金の整理合理化が進められ、介護や子育て関係の施設整備は国庫補助制度から、地方への交付金制度等に変更になり、補助率や補助内容等も大きく変更になった。

一方、社会福祉施設の整備財源として独立行政法人福祉医療機構による政策融資が行われているのも特徴である。

これらも含め社会福祉施設の整備費用（イニシャルコスト）に関する財源の体系をまとめると**図5-5**の通りとなる。このなかで公費の部分については、予算補助制度であり、毎年度予算上手当てされることから、予算での取扱いによっては当該補助制度の内容が年度によって大きく変化する可能性がある。実際の利用に当たっては、所管する地方公共団体に補助制度について確認することが必要となる。

また、公的補助に準ずるものとして、公営競技の収益金等に基づく民間団体による施設・設備整備に対する補助・助成制度も存在する。制度の性格上、国庫補助に準ずるものとしてここでは公費の分類に含めた。

これら公費及び公費に準ずる各種の施設整備等への補助・助成制度を受けて事業を実施した場合、その会計処理については、社会福祉法人会計基準上は何れも「国庫補助金等特別積立金」として取り扱うこととされている。

■ 図5-5　イニシャルコストに関する財源の体系（主なもの）

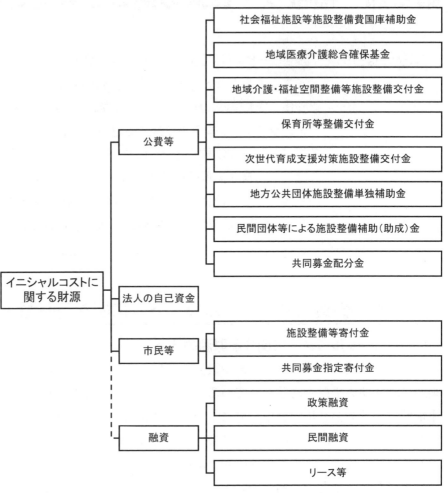

イニシャルコストに関する財源	公費等	社会福祉施設等施設整備費国庫補助金
		地域医療介護総合確保基金
		地域介護・福祉空間整備等施設整備交付金
		保育所等整備交付金
		次世代育成支援対策施設整備交付金
		地方公共団体施設整備単独補助金
		民間団体等による施設整備補助（助成）金
		共同募金配分金
	法人の自己資金	
	市民等	施設整備等寄付金
		共同募金指定寄付金
	融資	政策融資
		民間融資
		リース等

（筆者作成）

（2）公費

①社会福祉施設等施設整備費国庫補助金

　社会福祉施設等施設整備費国庫補助金（以下「整備費補助金」）については、生活保護法、児童福祉法、障害者総合支援法等の規定に基づき、社会福祉法人等が整備する施設整備に要する費用の一部を補助することにより、施設入所者等の福祉の向上を図ることを目的とする制度である。

　整備費補助金については、毎年度の予算の範囲内において交付されることとされ、法令や予算の定めるところに従い、補助金適化法及び同法施行令、厚生労働省所管補助金等交付規則省令並びに「社会福祉施設等施設整備費の国庫補助について」（平成17年10月5日・厚生労働省発社援第1005003号・厚生労働事務次官通知）の社会福祉施設等施設整備費国庫補助金交付要綱（以下、「交付要綱」）に基づいて交付される。

　また、整備費補助金の対象施設・事業のうち、一定のものについては、

老朽民間社会福祉施設整備の事業に対する補助（以下「民老」）も行われる（「老朽民間社会福祉施設の整備について」（平成17年10月5日、社援発1005005号、社会・援護局長通知））。当該民老補助の対象となる事業については、後述する独立行政法人福祉医療機構の福祉貸付制度においては無利子貸付となる場合がある。

整備補助金の補助率については、交付要綱に定める施設の区分ごとに補助者となるべき地方公共団体及びその補助率が定められており、さらに当該地方公共団体の補助に対する国の負担率（国庫補助率）が定められている。基本的には各対象事業にかかる補助対象事業費の4分の3を補助者である地方公共団体が補助し、当該補助額のうち3分の2（従って、補助対象事業費の2分の1）を国庫が負担する。そして、実際の施

■ 表5-15　整備費補助金の対象施設

区分	補助対象施設
生活保護法	救護施設、更生施設、授産施設、宿所提供施設
社会福祉法	社会事業授産施設
障害者総合支援法	障害福祉サービス事業所、障害者支援施設
	居宅介護事業所、重度訪問介護事業所、同行援護事業所、行動援護事業所、短期入所事業所、就労定着支援事業所、自立生活援助事業所、共同生活援助事業所、相談支援事業所
	福祉ホーム
身体障害者福祉法	補装具製作施設、盲導犬訓練施設、聴覚障害者情報提供施設（点字図書館、聴覚障害者情報提供施設）
児童福祉法	障害児入所施設（福祉型／医療型） 児童発達支援センター（福祉型／医療型） 障害児通所支援事業（児童発達支援事業所、放課後等デイサービス事業所）
	居宅訪問型児童発達支援事業所、保育所等訪問支援事業所、障害児相談支援事業所
「社会福祉施設等における応急仮設施設整備の国庫補助の取扱いについて」（平成17年10月5日社援発第1005010号、社会・援護局長通知）	応急仮設施設
「長期入院精神障害者地域移行総合的推進体制検証事業実施要綱」（平成27年4月24日障発第0424第5号障害保健福祉部長通知）	地域移行支援型ホーム
その他	国が施設の設置及び運営についての基準を定め、かつ、厚生労働大臣が特に整備の必要を認めるもの

（筆者作成）

設整備事業費から地方公共団体が補助した額を控除した部分を、社会福祉法人等の施設整備を行う者が負担することとなる。

②地域医療介護総合確保基金

地域介護総合確保基金については、地域における医療及び介護の総合的な確保の促進に関する法律（以下、「総合確保法」）の第6条に基づき、医療介護提供体制改革推進交付金、地域医療対策支援臨時特例交付金及び地域介護対策支援臨時特例交付金により、都道府県に設置された基金である。

この基金を活用して行われる事業には、総合確保法第4条に基づき都道府県が策定する計画のうち、次のものが対象となる。

（1）地域医療構想達成に向けた医療機関の施設・設備整備事業
（2）居宅等における医療提供事業
（3）介護施設等の整備事業
（4）医療従事者の確保事業
（5）介護従事者の確保事業が基金事業

これらのなかで福祉サービスのイニシャルコスト財源に該当するのは、「介護施設等の整備事業」である（**表5-16**「総合確保基金における介護施設等の整備に係る対象」参照）。

この基金事業として施設整備等に対して交付される額は、実施事業ごとに当該交付要綱において定められている範囲において、交付する地方公共団体おいて決めることとされている。

なお、本基金事業以外に、小規模高齢者施設におけるスプリンクラー整備や認知症高齢者グループホームの防災改修等については、「地域介護・福祉空間整備等施設整備交付金」及び「地域介護・福祉空間整備推進交付金」による交付金事業が存在する。

■ 表5-16　総合確保基金における介護施設等の整備に係る対象（主なもの）

区分	補助対象施設
地域密着サービス等整備助成	地域密着型特別養護老人ホーム 小規模（定員29人以下）介護老人保健施設 小規模（同）介護医療院 小規模（同）養護老人ホーム（地域で居住できる支援機能を持つもの） 小規模（同）特定施設入居者生活介護の指定を受けるケアハウス 都市型軽費老人ホーム（低所得高齢者の居住対策） 認知症高齢者グループホーム 小規模多機能居宅介護事業所 定期巡回・随時対応型訪問介護・看護事業所 看護小規模多機能型居宅介護事業所 認知症対応型デイサービスセンター 介護予防拠点 地域包括支援センター 生活支援ハウス 虐待のほか、要介護者の急な疾病等に対応するための緊急ショートステイ 介護関連施設等介護職員のための施設内保育施設
介護施設等の施設開設準備経費等支援	介護施設等の施設開設準備経費等
定期借地権設定のための一時金支援	施設整備において定期借地権により土地取得を行う場合、当該権利を設定するための一時金
既存の特別養護老人ホーム等のユニット化改修等支援	既存の特別養護老人ホーム等のユニット化 既存の特養の多床室のプライバシー保護改修 介護療養型医療施設等転換整備支援

（筆者作成）

■ 表5-17　配分基礎単価（主なもの）

地域密着型特別養護老人ホーム	2,000〜4,480千円／床
小規模介護老人保健施設 小規模介護医療院	25,000〜56,000千円／施設
小規模養護老人ホーム	2,380千円／床
小規模ケアハウス（特定施設）	2,000〜4,480千円／床
都市型ケアハウス	1,790千円／床
認知症高齢者グループホーム 小規模多機能居宅介護事業所 看護小規模多機能居宅介護事業所	15,000〜33,600千円／施設
定期巡回・随時対応型訪問介護・看護	5,940千円／施設
認知症対応型デイサービスセンター	11,900千円／施設

（筆者作成）

③保育所等整備交付金

保育所等整備交付金については、保育所等、保育所機能部分または小規模保育事業所の新設、修理、改造または整備事業等に要する経費に充て、もって保育所等待機児童の解消を図ることを目的とする制度である。

保育所等整備交付金は、法令または予算の定めるところに従い、毎年度の予算の範囲内において交付することとされ、法令や予算の定めるところに従い、補助金適化法及び同法施行令、厚生労働省所管補助金等交付規則省令並びに「保育所等整備交付金の交付について」(平成30年5月8日・厚生労働省発子0508第1号・厚生労働事務次官通知)の保育所等整備交付金交付要綱(以下、「保育所整備交付要綱」)に基づいて交付される。

また、保育所等整備等交付金の対象施設・事業のうち、一定のものについては、老朽民間児童福祉施設整備事業として補助も行われる(「老朽民間児童福祉施設の整備について」〈平成20年6月12日、雇児発0612001号、雇用均等・児童家庭局長通知〉)。なおこの老朽民間児童福祉施設整備補助の対象となる事業については、後述する独立行政法人福祉医療機構の福祉貸付制度においては、無利子貸付となる場合がある。

このように保育所等整備交付金については、上記①の整備費補助金の制度と極めて類似した構成となっている。補助率についても基本は4分の3補助であるが、一定の要件を満たす場合は国・市町村・事業者の負担割合がこれと異なる場合がある。

なお、本交付金の制度以外に、助産院、乳児院、母子生活支援施設、児童厚生施設、児童養護施設、児童心理治療施設、児童自立支援施設、児童家庭支援センター、売春防止法に基づく一時保護施設、婦人保護施設等については、本制度ではなく「次世代育成支援対策施設整備交付金」の制度もある。仕組みは上記①の整備費補助金制度と類似した制度となっている。

④民間補助金

国及び地方公共団体等による施設整備に関する補助金等以外にも、これと類似した補助対象や補助内容等を有する民間補助制度等が存在する。こうした民間補助金は、会計処理上は国庫補助金等に準じて処理することとされている。

■ 表5-18　民間補助金（主なもの）

（1）公益財団法人 JKA　助成金
（2）公益財団法人日本財団　助成金
（3）公益財団法人中央競馬馬主社会福祉財団　助成金

（筆者作成）

（3）市民等

①寄付・贈与

　福祉サービスに係る施設整備においては、市民や団体による寄付や贈与が活用される場合がある。具体的には施設整備のための資金の援助、施設に用いる土地の確保、その他後述するランニングコストに関する財源に含まれる日常の事業運営に要する必要経費への寄付等、金銭的寄付や土地等の実物給付である。

②寄付税制

　個人または法人が社会福祉事業の用に供するために資産を寄付または譲渡した場合、寄付者の税負担を軽減する措置が講じられている（下表「寄付税制の概要」参照）。

　なお、これらの措置を受ける場合には税法上、申告期限や適用要件の定めがあり、社会福祉法人側においても寄付領収書の発行、寄付金台帳の整備、理事会の決議（必要な場合）や決議から受入までの申請期限等がある点には、留意が必要である。

■ 表5-19　寄付税制の概要

●寄付者が個人である場合
・所得税における所得控除・税額控除
・住民税における税額控除
・相続財産の寄付に係る相続税の非課税
・みなし譲渡課税の非課税特例
●寄付者が法人である場合
・通常寄付の損金算入
・特定公益増進法人に対する寄付の別枠損金算入
・共同募金経由の指定寄付の全額損金算入

（筆者作成）

③所得税における所得控除

　所得税における寄付金の取扱いについては、申告所得から一定寄付金額を控除できる制度（所得控除）と、所得税額を計算した後にそこから寄付金額を控除できる制度（税額控除）のいずれかの方法を選択するこ

とができる。

　所得控除については、所得税法上、公益の増進に著しく貢献する法人として認められている社会福祉法人に対する寄付は「特定寄附金」として、「寄附金控除限度額」まで毎年度の総所得から控除することができる。この場合は社会福祉法人側においては寄付者に対し寄付領収書の発行が必要となる。

　一方、税額控除については、寄付を受ける社会福祉法人側に一定の要件（※）が求められることから、上記寄付金領収書を発行することのほか、社会福祉法人が一定の要件を満たしている証明を受ける必要がある。
（※）次のいずれかを満たすこと。
　（１）3,000円以上の寄付をした者が100人以上
　（２）経常収入金額に占める寄付金等収入の割合が１／５以上

④住民税の税額控除

　所得税において寄付金の所得控除をした場合、寄付者と同一の都道府県または市区町村に主たる事務所・事業所を有する社会福祉法人に対する寄付金については、住民税の税額控除の対象となる。ただし、当該寄付の対象となる社会福祉法人が条例上、税額控除の対象であることが必要となる。

⑤相続財産の寄付に係る相続税の非課税

　相続財産を相続税の申告期限内に寄付した場合、寄付財産が寄付の受入から２年（又は国税庁長官が認める日まで）に税法上の公益事業（社会福祉法人における社会福祉事業等）の用に供される場合には、当該財産は相続税の課税価格の基礎に算入しないこととされている（租税特別措置法第70条）。

　当該特例については、寄付者又はその親族等特別の関係にある者の相続税または贈与税の負担に不当な減少を生ずる結果となる場合には、本取扱は適用されない。

　この措置の適用を受けるためには、相続税の申告書にこの措置の適用を受ける旨などを記載するとともに、その財産の寄付を受けた社会福祉法人から、
　1　その寄付が社会福祉事業等に対する寄付である旨
　2　その寄附を受けた年月日及びその財産の明細
　3　その財産の使用目的を記載した書類
を受け、申告書に添付する必要があり、社会福祉法人においてこれに適

切に対応する必要がある。

　さらに、本取扱いの申請については、後述する「みなし課税所得の特例非課税」（租税特別措置法第40条）の申請とは別途行わなければならない点に留意が必要である。

⑥みなし譲渡課税の非課税措置

　個人が不動産等の資産を寄付または時価の１／２未満の額で譲渡した場合には、時価により譲渡したものとみなして計算される譲渡益に対して所得税が課税される（みなし譲渡所得課税）。ただし、その寄付が教育または科学の振興、文化の向上、社会福祉への貢献その他公益の増進に著しく寄与することなど一定の要件を満たすものとして国税庁長官の承認を受けたときは、みなし譲渡所得にかかる所得税を非課税とする制度が設けられている（租税特別措置法第40条第１項）。

　この措置の適用を受ける場合には、寄付者が行う申告においてこの承認特例に基づく寄付であることを証明する書類を添付する必要がある。従って社会福祉法人においては、「租税特別措置法施行令（昭和32年政令第43号）第25条の17第６項第１号の要件を満たす社会福祉法人の定款の例について」（平成29年３月29日、社会・援護局福祉基盤課、事務連絡）に準拠した定款を定めるとともに、証明書類として寄付金明細表、基本金明細表などの写しを寄付者に交付する必要がある。

⑦法人が寄付者の場合の寄付税制

　社会福祉法人に対し企業等一般の法人から寄付がなされる場合の法人税、事業税、住民税の取扱いとしては、寄付金が全額損金算入できるものと、寄付金の一部が損金算入できるものとに区分される。

　全額損金算入できるものは、財務大臣が指定した寄付金（指定寄付金：昭和40年大蔵省告示第154号第４号の２）で、共同募金会を経由した包括指定寄付金である。

　一部損金算入できるものとして社会福祉法人に対する寄付については、更に、１）特定公益増進法人に対する寄付枠部分と、２）それ以外の寄付枠部分とから構成され、それぞれの枠で定められる損金算入限度額を算定し合算して合計の損金算入限度額とすることができるとされている。

（4）融資

　施設整備等の財源としては、公費や市民等による寄付等以外に、融資による施設整備資金の調達という方法がある。公費補助等や市民等によ

る寄付は、社会福祉法人にとって基本的に返済不要の財源であるのに対し、融資資金は返済義務を有する財源である点が異なる。

社会福祉施設は国民のセーフティーネットを支える極めて公共性・公益性が高いものであるため、何より施設・事業の永続性を確保していくことが重要となる。このため、返済の行き詰まりなどによって施設経営が破綻したり、事業継続が困難になったりする等の事態は決して招いてはならない。

このため、融資を受けて施設整備を行う際には、事業計画（どのような施設整備を行うか）、資金計画（どのような財源を用いて整備するか）、収入支出償還計画（事業開始後の事業収支を前提としたときに返済をどう計画するか）の３つの視点から施設整備を計画することが重要である。

①独立行政法人福祉医療機構による政策融資

独立行政法人福祉医療機構（以下、「機構」）は、特殊法人等改革により、社会福祉・医療事業団の事業を承継して、2003（平成15）年10月１日に福祉の増進と医療の普及向上を目的として設立された独立行政法人である。機構の事業は、社会福祉事業施設及び病院、診療所等の設置等に必要な資金の融通並びにこれらの施設に関する経営指導、社会福祉事業に関する必要な助成、社会福祉施設職員等退職手当共済制度の運営、心身障害者扶養保険事業等を行っている。

機構が行う社会福祉事業施設等に対する貸付（以下「福祉貸付」）とは、社会福祉事業施設（社会福祉法第二条に規定する社会福祉事業に係る施設その他これに準ずる施設であって政令で定めるものをいう）を設置し、または経営する社会福祉法人その他政令で定める者（「社会福祉事業施設の設置者等」という）に対し、社会福祉事業施設の設置、整備または経営に必要な資金を貸し付けるものである。その特徴は、１）長期・固定・低利の資金を安定的に供給、２）与信リスクの評価が困難な福祉医療分野の融資に対する専門的な相談対応、３）国の政策に応じた優遇融資メニューの提供、４）融資実行後のフォローアップである。

融資対象は機構の業務方法書等に定められ、国の福祉政策等に対応して、毎年度の予算においてその対象の見直し・改善が図られている。

■ 図5-6　独立行政法人福祉医療機構福祉貸付の融資実績

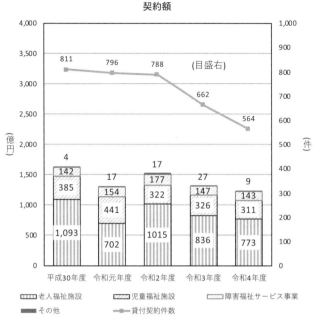

注：上記以外に、災害や感染症に係る経営資金（特例資金）があ
　　る。（4,314件　730億円：令和4年度）
（資料）独立行政法人福祉医療機構

融資限度額の計算方法

（1）（基準事業費－法的・制度的補助金）×融資率
（2）担保評価額×70％

資料：独立行政法人福祉医療機構「福祉貸付のごあんない」（2022年度）

注1：基準事業費は建築資金、設備備品整備資金、土地取得資金、経営資金の別ご
　　とに算定式が定められている。例えば建築資金の建築工事費については、定員
　　1人（1施設）当たりの基準単価×利用定員数（施設数）

注2：融資率については融資対象施設の種類ごとに、70～80％と設定（政策推進の
　　観点から、一部これによらない優遇融資率あり）

注3：法的・制度的補助金は、整備費補助金、地域医療介護総合確保基金、保育所
　　等整備交付金等や地方公共団体等による単独補助金、民間補助金等が含まれる。

注4：実際の融資審査においては、事業の適格性、政策への適合性などに加え、上
　　記の限度額の妥当性審査に加え、融資対象予定事業の収支予想に基づく返済可
　　能性評価等も行われる。

②民間金融機関等による融資

かつて福祉サービスが措置制度のみだった時代においては、社会福祉事業施設等への融資は独立行政法人福祉医療機構の前身の特殊法人である社会福祉・医療事業団の融資が専らであった。しかしながら社会福祉基礎構造改革によって、福祉分野において多様な民間主体が福祉に参入するなかで、社会福祉法人とのイコールフッティングを確保することや行政改革において政策金融の見直しが図られるなかで、福祉医療分野の融資においても民間金融機関の積極的な導入が進められていった。

今日、介護分野や保育分野を中心に多くの民間金融機関が積極的に融資事業を展開しつつある。こうした多様な選択肢が利用可能な現在、融資機関の選択は重要な経営判断となる。融資対象の範囲、融資限度額、貸付利率、貸付け条件（融資期間、据置期間の有無、変動金利か固定金利か、担保条件、保証条件、繰上償還条件など）のさまざまな視点から、自らに適した融資機関を選択していくことが重要である。

③協調融資制度

社会福祉法人が施設整備をする場合に資金調達を円滑に行えるようにするため、独立行政法人福祉医療機構（以下、「機構」）と民間金融機関とが連携して融資を行う制度を運用している。具体的には、協調融資とは、社会福祉事業施設等に機構が融資を行う場合に、機構と協調融資の覚書を締結した民間金融機関が当該事業に対して併せて融資を行うことをいう。協調融資を利用すると、民間金融機関が融資相談を積極的に対応することや、協調融資にかかる担保設定の所轄庁承認手続が不要となるといったメリットがあるとされる。

なお、2019（平成31）年3月29日に社会福祉法人認可通知が改正され、社会福祉法人定款例第29条第1項に新たに第3号が追加され、社会福祉施設整備の事業計画が適切であるとの関係行政庁による意見書を社会福祉法人の所轄庁に届け出た場合についても、基本財産を融資の担保に供することについて所轄庁への承認は不要とされるようになった。

② 運営費（ランニングコスト）に関する財源

（1）ランニングコストに関する財源の体系

　福祉サービスの運営に要する経費は、各種公費財源によって賄われている。かつて社会福祉事業は、基本的に措置制度によって実施されてきた。しかしながら2000（平成12）年には介護保険制度が創設、また2003（平成15）年からは支援費制度が開始されるなど、福祉サービスの多くが利用契約制度に移行した今日、措置制度を含めた多様な運営費に関する公費財源の制度が存在する。

　大別すると次の2つに分類される。1つは行政の実施責任のもと、福祉サービスの実施を民間の社会福祉施設に委託する委託費としての性格を有するもの（措置費、保育委託費）である。そしてもう1つは、福祉サービスを利用者の主体的な選択に委ね、利用者と社会福祉施設との利用契約の関係におき、行政はその利用した費用を助成するもの（介護報酬、障害者自立支援給付費、認定こども園等の施設型給付費）である。ただし利用契約制度に係る福祉サービスであっても、利用者が適切に利用制度に到達できないようなやむを得ない事由がある場合には、行政庁が職権によって福祉サービスにつなげる措置を行う旨の規定がある。

　委託費については、その委託業務内容の適正を期すために、委託費を構成する費目に応じた使途の制限を設ける等、資金及びそれに基づく施設運営の自由裁量性が限定されるという特徴がある。

　逆に利用者助成型の利用契約制度については、行政から交付される資金は利用者に対して利用に要した費用を助成するという建て付けになっていることから、行政から施設に対しての資金使途制限を課する法的根拠がなくなることとなった。このため、利用契約制度に基づく施設の運営については、基本的に施設経営に大幅な自由裁量性が認められるようになった。ただしこのような場合であっても、事業についての規制は存在しないが、その実施主体である社会福祉法人についての資金運用規制（例えば、法人外への資金の流出の禁止等）は、依然存在することには留意が必要である。

■ 図5-7 ランニングコストに関する財源の体系（主なもの）

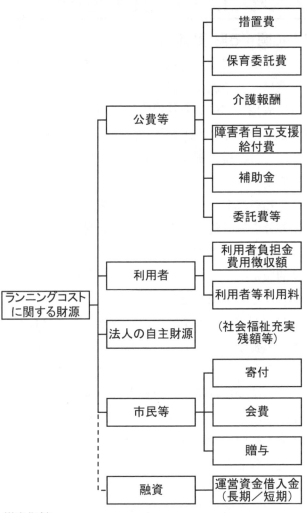

（筆者作成）

（2）公費

①措置費

　社会福祉関係各法により、措置権者（援護の実施機関で行政のこと）が要援護者を社会福祉施設へ入所させる等の措置をとった場合における、その措置に要する費用を支弁する規定が設けられているが、この費用がいわゆる「措置費」と呼ばれる。

　「措置費」という用語は、法令上の用語ではなく、行政上慣行的に用いられている用語である。社会福祉施設にとっては収入となるのに措置「費」とされるのは、当該項目が行政予算上、支出経費になるからである。措置費によって運営される施設は措置施設と呼ばれる。

　措置費の性格については、措置権者が当該地方公共団体以外の者の経営する施設に要援護者を入所させた場合には、地方公共団体と施設経営

者との間での委託契約となる。このとき当該措置が適切に実施されることを確保するため、地方公共団体は当該施設に対して措置費の資金使途に制限を設けている。

■ 図5-8　措置費支給の仕組み

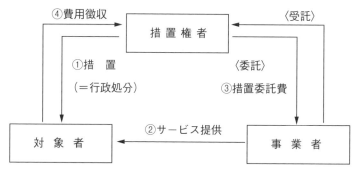

（厚生労働省「社会福祉施設の整備及び運営について」に基づき筆者作成）

②施設型給付

　子ども・子育て支援新制度においては、就学前の子どもの教育・保育を保証するため、認定こども園、幼稚園、保育所を通じた給付（「施設型給付」）の共通化と、小規模保育等への給付（「地域型保育給付」）が創設された。給付対象となる施設・事業を利用した場合、利用に要する経費の一部を国・都道府県・市町村が給付費として支払うこととなった。ただし当該給付が教育・保育に確実に充てられるようにするため、市町村から利用者に払われるべき給付を施設が代理受領することとされた（法定代理受領）。

　ただし保育所については、児童福祉法第24条の市町村による保育の実施義務の規定があることから、私立保育所を利用する場合の保育の費用については、施設型給付でなく市町村が保育所に委託費として支払うこととされている。

　また、2019（令和元）年10月から実施された幼児教育・保育の無償化の制度によって、利用者が教育・保育施設に支払う額は、基本的に通園送迎費、食材料費、行事費のみとなり、給付についての利用者負担はかからなくなった。

■ 図5-9　施設型給付の仕組み

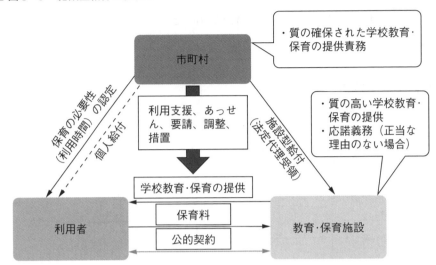

※児童福祉法第24条において、保育所における保育は市町村が実施することとされて
　いることから、私立保育所における保育の費用については、施設型給付ではなく、従
　前制度と同様に、市町村が施設に対して、保育に要する費用を委託費として支払う。
　この場合の契約は、市町村と利用者の間の契約となり、利用児童の選考や保育料の
　徴収は市町村が行うこととなる。
※上記の整理は、地域型保育給付にも共通するものである。

（厚生労働省資料に基づき筆者作成）

③保育委託費

　子ども・子育て支援新制度においても、私立保育所については、児童
福祉法第24条の規定に基づき市町村による保育の実施とされていること
から、従前の保育運営費に準じて市町村が施設に対して保育に要する費
用を委託費として支払うこととされ、その場合は市町村と利用者との間
での契約となる。また、市町村による費用徴収についても、2019（令和
元）年10月からの幼児教育・保育の無償化の対象となった。

■ 図5-10　保育委託費の支給の仕組み

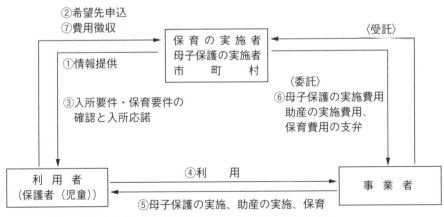

（厚生労働省「社会福祉施設の整備及び運営について」に基づき筆者作成）

④介護報酬

　高齢化が進むなか、介護を必要とする高齢者の増加や核家族化の進行、介護による離職が社会問題となるなか、家族の負担を軽減し、介護を社会全体で支えることを目的に、2000（平成12）年に介護保険制度が創設された。

　介護保険の財源の支給については、例えば特別養護老人ホームについてみると、市町村は、要介護被保険者が、指定介護老人福祉施設により行われる介護福祉施設サービスを受けたときは、当該要介護被保険者に対し、当該指定施設サービス等に要した費用（食事の提供に要する費用、居住に要する費用その他の日常生活に要する費用として厚生労働省令で定める費用を除く）について、施設介護サービス費を支給するとされている。そして要介護被保険者が、介護保険施設から指定施設サービス等を受けたときは、市町村は、当該要介護被保険者が当該介護保険施設に支払うべき当該指定施設サービス等に要した費用について、施設介護サービス費として当該要介護被保険者に支給すべき額の限度において、当該要介護被保険者に代わり、当該介護保険施設に支払うことができるとされ、その場合、要介護被保険者に対し施設介護サービス費の支給があったものとみなすとされている（法定代理受領）。

■ 図5-11　介護報酬の支給の仕組み

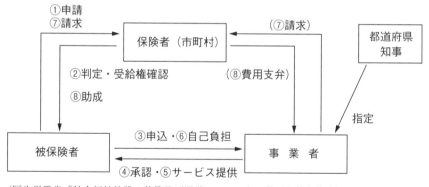

（厚生労働省「社会福祉施設の整備及び運営について」に基づき筆者作成）

⑤障害福祉サービス自立支援給付費等

　身体障害者福祉法、知的障害者福祉法、精神保健及び精神障害者福祉に関する法律、児童福祉法その他障害者及び障害児の福祉に関する法律と相まって、障害者及び障害児がその有する能力及び適正に応じ、自立した日常生活及び社会生活を営むことができるよう、必要な障害福祉サービスに係る介護給付、訓練給付等を行うものとして、前身の障害者

自立支援法を改め、2013（平成25）年4月から障害者総合福祉法に基づく制度が施行された。

　障害者自立支援給付に係る財源の支給については、市町村は、支給決定障害者等が、支給決定の有効期間内において、指定障害福祉サービス事業者もしくは指定障害者支援施設から指定障害福祉サービスを受けたとき等、厚生労働省令で定めるところにより、当該支給決定障害者等に対し、当該指定障害福祉サービス又は施設障害福祉サービスに要した費用（食事の提供に要する費用、居住もしくは滞在に要する費用その他の日常生活に要する費用又は創作的活動もしくは生産活動に要する費用のうち厚生労働省令で定める特定費用を除く）について、介護給付費又は訓練等給付費を支給するとされている。そして、支給決定障害者等が指定障害福祉サービス事業者等から指定障害福祉サービス等を受けたときは、市町村は、当該支給決定障害者等が当該指定障害福祉サービス事業者等に支払うべき当該指定障害福祉サービス等に要した費用（特定費用を除く）について、介護給付費又は訓練等給付費として当該支給決定障害者等に支給すべき額の限度において、当該支給決定障害者等に代わり、当該指定障害福祉サービス事業者等に支払うことができるとされ、その場合、支給決定障害者等に対し介護給付費又は訓練等給付費の支給があったものとみなすとされている（法定代理受領）。

■ 図5-12　自立支援給付の支給の仕組み

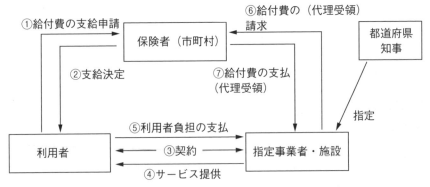

（厚生労働省「社会福祉施設の整備及び運営について」に基づき筆者作成）

（3）民間等
①民間助成制度

　福祉サービスの実施について、公費以外に民間団体から資金を交付される場合がある。特に法律や制度に定めのない福祉サービスについて、先駆的・開拓的な取り組みに対して助成する制度が各種存在する。

■ 表5-20　民間団体による福祉サービスの実施費用の助成制度（主なもの）

（1）独立行政法人福祉医療機構　社会福祉振興助成事業 （2）社会福祉法人中央共同募金会　赤い羽根福祉基金 （3）NHK厚生文化事業団　わかば基金 （4）損保ジャパンニッポン興亜福祉財団　福祉助成 （5）ニッセイ財団　地域福祉チャレンジ活動助成 他多数 ※公益財団法人助成財団センターなどにおいて助成プログラムの検索が可能

（筆者作成）

②共同募金配分金

　共同募金とは、都道府県の区域を単位として、毎年一回、厚生労働大臣の定める期間内に限ってあまねく行う寄付金の募集であって、その区域内における地域福祉の推進を図るため、その寄付金をその区域内において社会福祉事業、更生保護事業その他の社会福祉を目的とする事業を経営する者（国及び地方公共団体を除く。以下この節において同じ）に配分することを目的とするものとされている（社会福祉法第112条）。

　また共同募金の寄付金の配分を行うに当たっては、配分委員会の承認を得なければならず、共同募金の期間が満了した日の属する会計年度の翌年度の末日までに、その寄付金を配分しなければならないとされている（社会福祉法第117条）。

　一方、共同募金の配分を受けた者は、その配分を受けた後一年間は、その事業の経営に必要な資金を得るために寄付金を募集してはならないとされている（社会福祉法第122条）。

③退職金に係る共済制度等

　福祉サービス自体に係る財源制度ではないが、福祉サービスに従事する職員が退職する際に支給される退職給与に関する共済制度が存在する。

　社会福祉施設職員等退職手当共済事業とは、社会福祉施設職員等退職手当共済法の規定に基づき、社会福祉法人の経営する社会福祉施設等、特定介護保険施設等（介護保険法及び障害者総合支援法に定める施設・事業のうち一定のもの）及び申出施設等（社会福祉施設等や特定介護保険施設等以外の施設または事業のうち共済契約者が機構に申し出たものであって機構が承諾したもの）に従事する職員が退職した場合に、その職員に対し退職手当金の支給を行う事業である。

　社会福祉施設等職員に係る退職手当金の支給に充てる財源は、「共済契約者（経営者）」が負担する掛金と、「国」・「都道府県」の補助金に

よってまかなわれる（ただし、特定介護保険施設等職員及び申出施設等職員については、原則として公費補助はない）。

■ 図5-13　社会福祉施設職員等退職手当共済制度のしくみ

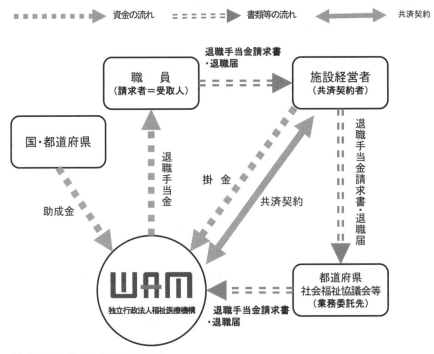

（出典）独立行政法人福祉医療機構

④ファンドレイジング

　ファンドレイジングとは、民間の非営利団体が活動のための資金を個人、法人、政府などから集める行為全般をさすものとされる。特に事業や活動の財源制度が完備していない分野で活動するNPO法人において盛んに活動され、注目されている。

　一方、社会福祉法人においても、地域における公益的取組を実施することが責務となったなかで、必ずしもその取り組みに関する財源制度がない場合も少なくないため、新たな財源確保の観点から、注目されつつある。

　また近時のネットワーク社会の進展にともなって、SNSなど多様なソーシャルコミュニケーションが発達しつつあるなか、それらを活用した新たな資金調達手段として、クラウドファンディング（不特定多数の人が通常インターネット経由で他の人々や組織に財源の提供や協力などを行うことをさす。群衆（crowd）と資金調達（funding）を組み合わせた造語）にも注目が集まっている。

　クラウドファンディングは資金提供者に対するリターン（見返り）の

形態によって３つの形態に分類される。

（１）金銭的リターンのない「寄付型」

（２）金銭リターンが伴う「投資型」

（３）プロジェクトが提供する権利サービスや物品を購入することで支援を行う「購入型」

■ 表5-21　わが国におけるクラウドファンディングのサイト（主なもの）

寄付型	GoodMorning、FAAVO、ReadyForCharity など
投資型	セキュリテ、FUNDINNO、GoAngel など
購入型	CAMPFIRE、FAAVO、Fanbeats、READYFOR など

（筆者作成）

③ 財源制度に対応した経営管理

（1）財源特性

　非営利組織は、一般に提供するサービスの受益者から対価などの反対給付を受けない活動が多いとされる。

　福祉サービスについても、利用契約制度の一部において、利用者負担金等のサービス対価を受けるものもあるが、その大半は公費からの支給によって一定の個人が支援される形態となっている。

　社会福祉法人にあっては、社会福祉事業という公的財源制度が確立した事業を主として実施してきたことから、公費以外の資金特性は余り意識されてこなかった。

　非営利組織が一般に資金を調達するときには、補助金・助成金、事業収入、寄付金、会費などが想定されることが多い。そしてそれらの財源については、自由度（その資金を使って実施する事業の自由度、逆に資金の使途制限）、効率性（１回の調達手続でいかに多くの財源を調達できるか）、安定性（多年度にわたり当該財源が反復的に獲得できるか）、成長性（年度を経過するごとに当該財源が発展的に獲得できるか）の視点から評価すると、図5-14のようになる。それぞれの資金特性を踏まえながら資金調達戦略を検討することが重要である。

■ 図5-14　財源手段による調達特性のイメージ

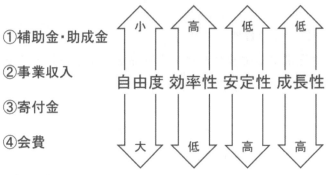

①補助金・助成金

②事業収入

③寄付金

④会費

自由度　効率性　安定性　成長性

小　　高　　低　　低

大　　低　　高　　高

（筆者作成）

（2）融資活用の考え方

　融資資金は、返済義務のある資金の調達となる。福祉サービスの性格上、事業の永続性が求められる。融資資金を活用するということは、返済義務を負って事業を実施するということであり、事業目的・特性を踏まえると、返済確実性をどう確保していくかが、重要な財務戦略上の柱となる。保守的な経営の視点から考えると、返済不能リスクのない資金戦略が重要ということになる。

　しかしながら、積極的な経営の視点から考えると、融資は事業発展の重要な手段になる点にも注目する必要がある。一般に融資のレバレッジ効果と呼ばれるものがある。別名テコの原理と称され、少額の自己資金で大きな収益利回りを得る財務活動をさす。具体的には投資の利回り（投資に使った資金に対して、投資対象事業から上がる利益の比率）より借入金利が低い場合は、借入利息を支払っても積極的な投資を行った方がより高い実質利回り（投資利益から支払利息を控除したもの）が得られるという考え方である。

　ただし、積極的な投資姿勢にはデメリットも存在する。すなわちレバレッジ効果が発生するのは事業利回りが借入金利率より高い場合であって、もし事業利回りが借入金利率より低くなってしまう場合（あるいは事業利回りより借入利率が高くなってしまう場合）には、逆レバレッジ効果といって、レバレッジを効かせない投資の方が収益率は高くなることも生ずる。すなわち事業利回りも、借入利息も市場の状況によって左右されてしまうものであることから、レバレッジを狙った投資は収益期待も高い反面、利上げによって逆レバレッジになるリスクも負っている投資だと言うことができる。

（3）事業計画・資金計画・収入支出償還計画

　借入金を含めた施設整備における財務管理のあり方としては、事業計画の立案、資金計画の立案、収入支出償還の見込みをしっかり経営戦略に折り込んでおくことが重要となる。

①事業計画

　事業計画とは、どのような目的の施設でどのような設備機能を持たせ、どのような建築工法や立地で施設を整備するかという設計図面から必要事業費を導き出すまでのプロセスになる。ここで注意すべき点は、建築単価の見積もり方である。施設整備のための必要事業費を建築設計を担当する者に見積もって貰うことになるが、建設労務費用、建設資材の材料費、工期の長短、設計変更などによって、当初の見積もりと大きく乖離してしまうことがある。通常当初見積もりより実際事業費の方が高くなる傾向が見られるが、そうした場合は後述の資金計画において事業全体の資金繰り見込みが厳しくなることとなる。理想の施設の整備をめざすことは大切だが、理想を追う余り現実の資金資源が獲得できない状況では、適切な事業計画とは言い難い。

②資金計画

　次に資金計画の立案であるが、これについては確保可能な自己資金量の見積もりと外部資金の資金コストの想定が重要な要素となる。施設整備の資金を過去の自法人の内部留保で賄えるなら、施設整備の資金を外部から調達せずに済む。従ってその場合は、施設整備後も返済資金の獲得リスクも負わなくて済むことになる。しかし、施設1つ分丸々建てられるような資金を内部留保として長期間寝かし続けることは、事業経営としては余り有効・効率的な手法とは言えない。

　ではどうするか。資金の返済義務もなく、資金調達のための利息支払いなども要さない補助金の活用が重要となる。補助をできるだけ多くした資金計画にすることができるなら、事業開始後の資金繰り負担も極めて軽くなる。しかしながら、補助金は法人が望むような額を望むようなタイミングで交付してもらえることは滅多にない。したがって、事業計画のかなり早期の段階から補助協議に入るなどして、補助金がどの程度資金計画のなかでカバーされるのかを見計らっておくことが重要となる。

　更に無コストの外部資金ということになると、寄付・贈与の資金ということも挙げられるが、近時の一般的な状況を踏まえると、そう多額な寄付を寄せてもらえるような者が現れる保証は必ずしもない。

（4）融資資金の特性の理解と運営管理に与える影響

①収入支出償還計画

　最後の手段として考えるべきなのが借入ということになる。借入については、返済の元金・利息の資金を事業開始後にどのように確保していくのかが重要なポイントとなる。しかも利息や借入期間については、借入契約を締結した段階で決定され、長期にわたって固定されてしまうので、どのような融資機関からどの程度の資金を借り入れるのか、借入資金のポートフォリオの立案も重要となる。

　さらに、借入の段階で事業からの収益をどの程度返済等に充当できるかの見込み（収入支出償還計画）も重要となる。一般に新しい施設を整備しようとする場合には、その実現を優先するあまりに、事業化した後の先行きについて、楽観的な見通しをしてしまいがちになる。収入を確実にできるよう利用者やスタッフの確保の方策をどう固めるか、支出見込みを過小に見積もっていないか、など適切な将来の見通しが重要である。それでも多くの場合、予定通りの収入や支出が実現するという保証はない。重要なのは、収入は過小に、支出は過大にという形で保守的な姿勢で見通しを作っておくことが重要である。

　特に近時、人材確保が極めて困難な情勢のなか、施設スタッフが確保できないため、施設ベッドがフルに稼働できない事態が生じ、そのため当初見込んでいた収入額が確保できなくなるという問題が顕在化している。施設整備のためには余裕をもった採用計画を立てることも忘れてはならない。

②融資条件

　融資の条件にも留意が必要である。融資期間が長期であれば、年間当たり返済すべき額が少なくなり、返済負担が軽くなる。金利が低ければ毎回の支払利息額も少額となる。さらに金利設定が固定金利であれば、当初契約した金利で経営できるので、経営における金利変動リスクを抱えなくて済むことになる。

　担保・保証人については、万一返済に滞ったとき、または返済不能となったときに生ずる問題に関連する。担保については、一般に返済不能となれば担保を処分して返済債務に充当することが行われるが、社会福祉施設の場合、担保処分されるということは、その施設を利用する者に対して福祉サービスを提供できなくなるというリスクを抱えることになる。担保処分より事業継続を重視する金融機関を選定することは、セーフティネットである社会福祉施設経営としては重要な視点となる。

保証人については、伝統的な金融手法においては必須の債権保証手段であった。しかしながら、会社の倒産によって保証していた個人も破産に追いやられることが社会問題となったため、近時では民間の金融機関でも人的担保である保証人を融資の必須条件としないところも出てきている。機構の福祉貸付においても、保証人を置かない代わりに金利にオンコストする仕組みも用意されている。

第6章

社会福祉施設の情報管理

第6章　社会福祉施設の情報管理

第1節　利用者情報の保護
（個人情報・プライバシー情報の保護）

第6章 社会福祉施設の情報管理

本節のねらい　　現代は、高度情報化社会である。事業者に関する情報がさまざまな形で流通しなければ、利用者は適切にサービスを選択できない。しかし他方、さまざまな情報に含まれる個人情報は、適切に保護されなければならない。それが単なる個人情報でなく、重要なプライバシー情報である場合には、より厳重に保護・管理されなければならない。情報の流通と保護、この相反する2つの要請に的確に応えることが求められている。そのためには、どのような情報が流通されるべきで、どのような情報は流通されるべきではないのか、流通が許されない情報についてケア・カンファレンスなどで明らかにするにはどのような手続きが必要なのか、社会福祉事業者としては慎重に判断する必要がある。

　　ここでは、利用者情報の保護に関する基本ルールを概説しておくこととする。

1 個人情報保護法の考え方

　現代社会は、高度情報通信社会と呼ばれるように、多くの情報に取り囲まれている。多くの情報が得られることは、便利である反面、逆に情報に振り回される危険もある。さらに、そのなかで生活する個人の情報も本人の知らない間に流通してしまう危険をはらんでいる。個人のプライバシーが守られない限り、個人の尊厳は保障し得ないだろう。個人のプライバシーは侵害されないとしても、自分に関して不正確な情報が流通するのは不本意である。そこで2003（平成15）年5月、個人情報保護法が制定されることとなった。

　また、2015（平成27）年10月からマイナンバーの通知が開始された。マイナンバーは一定分野（社会保障・税・災害対策）での利用に限定された個人情報であるから、今までの個人情報の管理と同様な態度が求められる。

個人情報保護法は、個人情報の有用性に配慮しながら、個人の権利利益を保護することを目的として定められている。個人情報とは、住所・氏名・年齢・職業・生年月日など、生存する特定の個人を識別できる情報のことをさしている。つまり、ある人がどこに住んでいるとか、どこに勤めているとか、必ずしもプライバシーにかかわるとはいい切れない中立的な情報のことにすぎない。したがって、個人情報とプライバシー情報とは、重なり合う部分もあるが、異なる概念としてとらえなければならない。しかし、高度情報通信社会では、そういう中立的な情報も流通しやすく、自らのあずかり知らないところから欲しくもない商品のダイレクトメールや勧誘電話がかかってきたりすることがある。そこで、自分の知らないところで自分に関する情報が勝手に流通しないようにしなければならないこととされたのである。

　個人情報を勝手に流通させないことは、個人情報にかかわるすべての人に求めてもいい要求である。しかし、非常に少ない個人情報しか保有していない人にまで、個人情報の徹底管理を求めるのは実情に合わないとして個人情報保護法は、5,000名を超える個人データ（顧客だけでなく、従業員の個人情報を含む。）を保有している場合、それを保有している者（「個人情報取扱事業者」という。）は個人情報を適切に管理しなければならないこととした。ただし、各省庁のガイドラインでは、個人情報取扱事業者でなくとも個人情報保護法を遵守するように努力することを求めており、個人情報保護法を遵守していない事業者は、社会的な信用を得られない状況になっていた。しかし、小規模事業者の適用除外規定を削除する改正個人情報保護法が2015（平成27）年9月3日に成立し、2017（平成29）年5月30日に施行されたため、あらゆる事業者に適用されることとなった。

　個人情報保護法が定めている事項で最も重要なのは、個人情報取扱事業者がどのような義務を負うかということである。まず、個人情報を取得するときの義務として、第1に、利用目的の特定義務（個人情報保護法17条。以下、本節の引用条文は、すべて同法の条文である）がある。個人情報取扱事業者は、個人情報を取り扱うにあたっては、その利用の目的をできる限り特定しなければならない（同条第1項）。したがって、当初から個人情報を第三者に提供することを予定しているのであれば、取得段階でその旨を明らかにしておく必要がある。例えば、名簿を作成して販売するために氏名・住所・電話番号という情報を取得する際には、「ご記入いただいた氏名・住所・電話番号は、名簿として販売いたします。」というように特定しなければならない。また、利用目的を変更す

る場合、変更前の利用目的と相当の関連性を有すると合理的に認められる範囲を超えて変更してはならないが（第17条第2項）、そのような範囲内で変更する場合には、変更後の利用目的を本人に通知することで足りる（第21条第3項）。それ以外の場合には、あらためて本人の同意を得ることが必要になる。

　また、個人情報を取得するときの義務として、第2に、利用目的の通知義務（第21条第1項）がある。個人情報取扱事業者が個人情報を取得した場合、あらかじめその利用目的を公表している場合を除き、速やかに、その利用目的を本人に通知または公表しなければならない。何らかの契約をなす際には、自動的に個人情報を取得することになるため、契約書に「ご記入いただいた貴殿の住所・氏名・電話番号等の個人情報は、当社の……のために利用いたします。」などと記載することになる。なお、個人情報を偽りその他の不正手段によって取得することは禁止されており（第20条）、第20・21条の義務に違反して行政命令にも従わない場合には、罰則（6月以下の懲役・30万円以下の罰金）も定められている。

　次に、個人情報を利用するときの義務として、目的外利用の禁止がある（第18条）。個人情報取扱事業者は、あらかじめ本人の同意を得ないで、上記のように特定された利用目的外で個人情報を取り扱ってはならない。もし特定された利用目的以外の目的で個人情報を取り扱う必要が生じたら、その都度、本人の同意を得なければならないこととなる。これに違反して行政命令にも従わない場合にも、罰則（1年以下の懲役・100万円以下の罰金）も定められている。

　個人データの取扱いに関する義務としては、第1に、正確性を確保すべき努力義務（第22条）がある。第2に、個人データの安全管理義務（第23条ないし第25条）があり、これには、自ら安全管理措置を講ずる義務（第23条）、従業員による侵害に対する安全性の確保義務（第24条）、委託先による侵害に対する安全性の確保義務（第25条）、漏えい等の報告義務（第26条）がある。そして第3に、個人データの第三者提供の制限（第27条）がある。一定の正当性がある場合あるいはオプトアウト方式が認められる場合のほかは、あらかじめ本人の同意を得ないで、個人データを第三者に提供してはならないこととされている。正確性確保の努力義務を除いて、これらの義務に違反して行政命令にも従わない場合、罰則（1年以下の懲役・100万円以下の罰金）も定められている。

　保有個人データ（個人情報取扱事業者が開示・訂正等の権限を有する個人データ）の取扱いに関する義務としては、透明性の確保義務（第

32・33条）がある。個人情報取扱事業者の氏名・名称など一定の事項については、本人が知りうるように、公表することが義務づけられ（第32条）、データの内容を本人が確認できるように、本人から請求があった場合には開示義務がある（第33条）。開示方法については、原則として書面の交付による（施行令第12条）。もしデータをすでに削除していれば、「存在しないため開示できない」と回答することとなる。また保有個人データの内容が事実と食い違っている場合、本人から請求があった場合には訂正義務がある（第34条）。さらに、本人から個人情報保護法違反があることを理由に利用停止・消去の申入れがあった場合、違反を是正するために必要な限度で対応する義務も定められている（第35条）。

　なお、2015（平成27）年の個人情報保護法改正では、パーソナルデータ活用の観点から、個人情報を復元できないように特定性を削除した「匿名加工情報」を創設し、また、2020（令和２）年の個人情報保護法改正では、イノベーションを促進する観点から、氏名等を削除した「仮名加工情報」を創設し、データ利活用の際の義務を緩和している。

② 社会福祉事業と個人情報・プライバシー情報

　福祉にかかわる活動を行っている場合、ある人がどこに住んでいるとか、どこに勤めているなどの個人情報が重要なのではないことが多い。もちろん、利用者に困った事態が生じ、その家族と連絡をとる必要がある場合には、利用者の家族の連絡先を知らなければどうしようもなくなるのであるから、社会福祉事業者は、多くの個人情報を保有しておかなければならないこととなる。しかし、福祉にかかわる活動で最も重要なのは、個人情報よりもむしろプライバシー情報であろう。

　プライバシー情報とは、個人の私生活に関する、みだりに人に知られたくない情報のことである。例えば、利用者の母親に認知症が発症したとか、利用者の弟に知的障害があるとか、利用者の家族がある事情から生活保護を受けているとか、といった情報は、誰にでもみだりに知られていい情報ではない。だからこそ、例えば、居宅サービス運営基準33条１項のように、社会福祉事業者の役職員だけでなく、その従事者にも法令によって守秘義務が課せられており、プライバシー保護は個人情報保護よりも明確にされているのである。

　2015（平成27）年９月の個人情報保護法改正によって、新しく「要配慮個人情報」という概念が導入された。「要配慮個人情報」とは、本人の人種、信条、社会的身分、病歴、犯罪の経歴、犯罪により害を被った

事実その他本人に対する不当な差別、偏見その他の不利益が生じないように その取扱いに特に配慮を要する個人情報のことを指している（第2条第3項）。つまり、要配慮個人情報には、一定のプライバシー情報を含んでいることになる。介護事業者・社会福祉事業者は、利用者本人の要配慮個人情報だけでなく、利用者の家族の要配慮個人情報も取得してカンファレンスを行う必要があることもあるため、今までよりもいっそう個人情報保護法を遵守していかなければならない。

　ボランティア活動などを行う際には、個人情報の保護やプライバシーの保護が問題とされることが多くなっている。そのために、民生委員活動がしにくくなったという声もよく聞かれるようになった。確かに、民生委員活動も、今までの「居間にあげてもらえる」から「玄関までは入れる」へと変化し、個人情報保護法等によって「電話やインターホンで対応してもらうしかない」とまで縮小してしまったといわれることも多い。それだけ地域での人間関係が希薄になりつつあるのかもしれない。しかしそれだからこそ、地域の力を回復することが求められているのである。個人情報保護を主張できるのは、本人が支援をいまだ必要としていない状態にあるからかもしれない。しかし、個人情報やプライバシーを侵害することを恐れて地域活動が萎縮してしまうと、本人が支援を必要とする段階に至ったときに地域の力が衰退していれば、もはや誰の支援も得られなくなってしまう危険がある。個人情報やプライバシーの保護は、個人の尊厳を守るために重要ではあるが、あまりにもそれで活動が萎縮してしまうと、本末転倒の事態に陥ることに注意が必要である。

　個人情報保護やプライバシーの保護が叫ばれるようになったのは、本人の知らないところで本人の情報が流通することを阻止するためにすぎない。したがって、個人情報やプライバシーを守るには、それらの情報を利用したり、第三者に提供したりする場合に、本人の同意・承諾を得れば足りるのである。「あなたの情報を○○の必要性があるので××のために使っていいですか」と尋ね、「ああ、いいですよ」との答えを得れば、それだけでかまわないということである。具体的には、「緊急連絡の必要性があるので連絡網の名簿に電話番号を載せていいですか」というように確認することが必要なのである。また、内容によっては、「あなたの情報は、民生委員と町内会長だけが保管しますからね」などと伝えておけば、本人はもっと安心するだろう。

　それにもかかわらず、本人の意向を確認することがわずらわしいなどといっさい本人の意向を確認せず、緊急連絡網の名簿作成自体をやめてしまうなどの対応も聞かれるようになっている。それでは全くの本末転

倒である。福祉にかかわっている人が必要だと感じていることは、支援を必要とする相手にとっても必要なことが多いはずであろう。一人や二人、気に食わないことを主張する人がいるからといって、全体に必要なことをやめてしまうのはおかしいとしかいいようがない。あるいは逆に、いいことをしているのだから本人の意向を確認する必要はないなどとひとりよがりの思いで活動をすることは禁物である。いいことをしていようがいまいが、それとは別に個人情報やプライバシーには配慮しなければならないのである。

　逆にいうと、福祉の世界では、今まで「よかれ」と思って本人の意向を確認する作業を怠ってきたのではないかとの疑問が出てくる。特に措置の時代には、福祉サービスが行政的な恩恵でしかないようなシステムになっていたため、本人の意向を確認する必要が法的にはなかったのである。そこに落とし穴があったように思われる。福祉サービスの提供を契約に基づいて行う契約の時代となり、本人の意向は法的に確認が必要な要素となっているのである。また、人々の価値観が多様化して、さまざまなライフスタイルを尊重しなければならないのであるから（自己決定の尊重）、支援する側の一方的な「よかれ」という思い込みだけでは、本人の利益に適しているかどうかについてすら必ずしもはっきりしないことを認識しておくべきであろう。

　なお、個人情報を保護し、プライバシーを侵害しないためには、本人の同意・承諾を得るのが原則であるが、本人の同意・承諾を得られないほど緊急の場合には、個人情報保護法などの法律が例外的に本人の同意・承諾を必要としない場合を定めている。例えば、個人情報保護法23条は、①法令に基づく場合、②人の生命・身体・財産の保護のために必要がある場合であって本人の同意を得ることが困難であるとき、③公衆衛生の向上または児童の健全な育成の推進のために特に必要がある場合であって、本人の同意を得ることが困難であるとき、④国の機関もしくは地方公共団体またはその委託を受けた者が法令の定める事務を遂行することに対して協力する必要がある場合であって、本人の同意を得ることにより当該事務の遂行に支障を及ぼすおそれがあるとき、には本人の同意を不要としている。要するに、個人情報よりも重要な価値（生命・身体・財産）などを保護しなければならない場合、個人情報保護法を顧慮しなくてもよいということである。

第2節　公益通報者保護の仕組み

本節のねらい　　　情報管理が重要といっても、社会にとって重要な情報が隠されたままでは、社会的な利益の実現を図ることはできない。特に、消費者にとって重要な情報を秘匿して商品を売り付ける行為は、詐欺などの一種の犯罪行為となる。しかし他方、重要な情報が秘匿されているかどうかが明確でなければ、それを明らかにすることはできない。なぜなら、明確な状態にない事実を明らかにし、後日それが誤りであったことが判明すれば、明らかにした行為は名誉毀損や信用毀損に該当し、解雇などの不利益的な取り扱いを受ける可能性があるからである。そこで公益通報者保護法は、一定の公益的な情報につき、内部通報・行政機関への通報・その他マスコミなどへの外部通報というように、どこに対して告発するのかで区別し、通報者を保護することとしている。

　　　ここでは、公益通報者保護法を概観する。

① 公益通報者保護法の考え方

　公益通報者保護法は、近年のいわゆる企業不祥事、例えば、食品の偽装表示事件、自動車メーカーのリコール隠し事件などをきっかけとして、2004（平成16）年6月に成立した法律である。これらの企業不祥事の多くは、事業者内部の労働者からの内部告発に基づくものであった。そもそも近年問題となった企業不祥事の多くは、消費者をだます犯罪行為を組織ぐるみで継続して行っていたものであり、さまざまな法令にも違反する到底許されないようなものであった。特に消費者の生命・身体・財産に被害を及ぼすような行為は決して許されてはならないだろう。しかし、それらの事件の内部告発者は、その会社から解雇されたり、あるいは、非常に不利益な取扱いを受けたりするに至った。会社の従業員は、会社との雇用契約上、守秘義務や誠実義務を負っており、もし会社の許諾なく会社内の重要情報を社外に漏らせば、これらの義務に違反するものとして懲戒処分を受けたり、漏らした方法によっては窃盗や名誉毀損・信用毀損の罪に問われたりすることになるからである。

　そこで、公益通報者保護法は、公益通報をしたことを理由とする公益通報者の解雇の無効及び不利益な取扱いの禁止ならびに公益通報に関し

事業者及び行政機関がとるべき措置等を定めることにより、公益通報者の保護を図るとともに、国民の生命・身体・財産その他の利益の保護に関わる法令の規定の遵守を図り、もって国民生活の安定及び社会経済の健全な発展に資することを目的として、制定されることとなったのである（公益通報者保護法第1条。以下、本節の引用条文は、特記してあるほかはすべて同法の条文である）。前節で述べたように、個人に関する情報は守られなければならないが、企業の違法行為に関する情報は隠されてはならない。つまり情報は、その情報のもっている性質に従って、秘密にされるべきか公開されるべきかが決まるのであって、一律に取り扱ってはならないのである。

　公益通報者保護法は、公益通報がなされた場合、公益通報をしたことを理由として事業者が行った解雇を無効とし、公益通報をしたことを理由として事業者が降格・減給などの不利益な取り扱いをすることを禁止している。公益通報とは、労働者（退職後1年以内の退職者なども含む）が、不正の利益を得る目的、他人に損害を加える目的、その他の不正な目的でなく、その役務提供先またはその役務提供先の事業に従事する場合のその役員・従業員・代理人等につき、通報対象事実が生じ、またはまさに生じようとしている旨を、その役務提供先もしくは役務提供先があらかじめ定めた者、通報対象事実の処分権限を有する行政機関または通報によって対象事実の発生・被害の拡大防止に必要と認められる者などに対し、通報することとされている（第2条第1項）。

　ここでの通報対象事実とは、①個人の生命・身体の保護、消費者の利益の擁護、環境の保全、公正な競争の確保その他の国民の生命・身体・財産その他の利益の保護にかかわる法律として別表に掲げるものに規定する罪の犯罪行為の事実、または、②別表に掲げる法律の規定に基づく処分に違反することが①の事実となる場合における処分の理由とされている事実、のことをさしている（第2条第3項）。この別表には、刑法・食品衛生法・金融商品取引法・農林物資の規格化及び品質表示の適正化に関する法律・大気汚染防止法・廃棄物処理法・個人情報保護法のほかその他政令で定めるものとされており、政令では爆発物取締罰則ほか464の法令が掲げられている。そのなかには、児童福祉法・精神保健福祉法（精神保健及び精神障害者福祉に関する法律）・生活保護法・社会福祉法・老人福祉法・介護保険法・障害者総合支援法なども含まれている。

　通報先については、①役務提供先などへの内部通報、②処分権限を有する行政機関への通報、③その他の外部通報、に分けられる。これらの

通報先については、通報が与える影響によって段階的に公益通報者を保護するという体制になっている。まず、内部通報であれば、たとえ通報内容が事実に反していたとしても影響は少ないため、通報対象事実が生じ、またはまさに生じようとしていると通報者が「思料」すれば保護されることとなっている。次に、行政機関への通報であれば、通報対象事実が生じ、またはまさに生じようとしていると「信ずるに足りる相当の理由」がなければ保護されない。行政機関への通報は、通報内容が事実に反していた場合、事業者にとってもダメージを生じる可能性があるため、単に通報者が「そう思った」というだけでなく、一応の証拠があるような場合でなければならないのである（第3条第1・2号）。

　さらに、その他の外部通報であれば、その通報先にはマスコミや弁護士などが運営する支援団体などが含まれることとなるが、通報内容が事実に反していた場合、事業者にとっては大きなダメージともなり、簡単に許されるとすると嫌がらせの手段としては最適ということにもなりかねない。したがって、その他の外部通報では、通報対象事実が生じまたはまさに生じようとしていると「信ずるに足りる相当の理由」があるほか、㋑他の方法で通報すれば不利益な取扱いを受けると信ずるに足りる相当の理由がある、㋺内部通報では証拠が隠滅・偽造・変造されるおそれがあると信ずるに足りる相当の理由がある、㋩役務提供先から他の方法の通報をしないことを正当な理由なく要求された、㋥書面により内部通報した日から20日を経過しても調査を行わない、㋭個人の生命・身体に危害が発生し、または発生する急迫した危険があると信ずるに足りる相当の理由がある、などのいずれかに該当しなければならない（3条3号）。

　以上のとおり、公益通報者保護法は、公益通報の必要性は認めているものの、事実誤認に基づく通報による悪影響を避けるため、通報先に応じた慎重な態度を通報者に求める体制をとっているのである。これを裏返していうと、まずは企業に自浄努力を求め、自浄作用がはたらかない場合に外部通報によることとしたといえるだろう。2005（平成17）年6月に成立した会社法でも、大会社では内部統制システムを構築しなければならないこととされており（会社法第362条第4項第6号、会社法施行規則第100条）、自浄努力によるコンプライアンス向上が図られているといえよう。

公益通報と社会福祉事業

　社会福祉事業の場合にも、公益通報者保護法は適用される。しかし、前述のように、公益通報者保護法は、自浄努力によるコンプライアンス向上を図る一環にすぎないともいえよう。措置制度から契約制度へと移行しつつあるとはいっても、市場圧力に直接にはさらされていない社会福祉事業について、自浄努力システムを中心とする公益通報者保護法だけで十分といえるかどうかは問題がある。特に、社会福祉施設におけるコンプライアンスの大問題の1つは、いわゆる施設内虐待の問題であり、施設内虐待では利用者の生命・身体・人格・財産に非常に大きな危険をもたらすものであるため、公益通報者保護法のような厳格なコンプライアンス体制では間に合わないだろう。

　施設内虐待は、介護ストレスによる家庭内虐待の場合と異なり、介護のプロフェッショナルによる密室下での犯罪行為にほかならない。職員にも介護ストレスがあるから虐待を生じるなどと論じて正当化することは、職員を素人扱いすることにほかならず、介護職全体を愚弄することとなろう。施設職員は、福祉・介護のプロフェッショナルでなければならないのであるから、早期介入の疑いを受けることですら、甘んじて受けなければならないだろう。したがって、公益通報者保護法のような厳格なコンプライアンス体制は必要なく、虐待通報者が事実を誤認した場合であっても、施設の側で、「いや、そんなことは決してありません」と胸を張って説明できるだけの仕事をしなければならない。

　高齢者虐待防止法（高齢者虐待の防止、高齢者の養護者に対する支援等に関する法律）では、介護施設の業務従事者が虐待行為を行っている場合、自己の勤務する施設等で虐待を発見した職員は、速やかに市町村に通報する義務を負う（高齢者虐待防止法第21条第1項）。また、虐待の発見者は、高齢者の生命・身体に重大な危険が生じているときには速やかに市町村に通報する義務を負う（同条第2項）。これらの場合、通報者が特定されないよう市町村には守秘義務が課されている（第23条）。通報を受けた市町村は、これを都道府県に報告し（第22条）、市町村長や都道府県知事はその施設に対する法令上の監督権限を行使する（第24条）。都道府県知事は、その対応した措置等について公表する（第25条）。

　これらの規定からも明確なとおり、高齢者虐待防止法における虐待通報は、公益通報者保護法のような厳格な通報正当化（違法性阻却）規定は設けられていない。しかし、施設内虐待の通報は、その施設の従事者による公益通報しかも外部通報にほかならない部分を含んでいる。そう

すると、公益通報者保護法と高齢者虐待防止法の関係が問題となるが、高齢者虐待防止法の外部通報は、高齢者の身体の安全を図るために設けられた公益通報の特別規定である。つまり、通報者は高齢者虐待防止法のみによって保護されると解すべきであろう。

　施設内虐待の問題は、これまでの筆者の経験では、施設の職員が他の職員等による虐待に気づいたとしても、その施設を退職しない限り、施設内で自浄作用をはたらかせることは困難であり、また外部にそう簡単に通報できるものではないと思われる。したがって、通報制度をよりよくつくるかどうかの前に、むしろ虐待自体の予防措置を充実させることに力を集中させるべきである。また、通報制度をつくるのであるならば、市町村等に強制力を備えた調査権限を付与しなければあまり機能しえないように思われる。

　施設内虐待の疑いがある場合、高齢者虐待防止法に従って行政的に立入調査等を行っても、簡単に虐待の証拠を確保できるものではない。施設内虐待は犯罪行為にほかならず、犯罪者が容易に証拠を把握できるような状態にしておくはずがないからである。そして、犯罪者が悪質であればあるほど、慎重かつ巧妙に犯罪行為が実行されるのであるから、証拠を把握するのは困難となる。そうすると、不十分で不完全な介入は、さほど悪質でない行為を取り締ることはできても、かえって悪質な犯罪行為を水面下に潜行させてしまうおそれがないとはいえない。しかも、安易に介入して証拠を確保できなければ、確実な裏づけを改めて入手しない限り、再度介入することができなくなるおそれもある。そうなってしまうと、安易に介入したことが、かえって本人の不利益に働いてしまう危険性があることも否定できない。したがって、虐待問題は徹底した虐待予防措置にかかっていると考えるべきであろう。

実践事例 7 —社会福祉法人・施設の 公益通報制度の取り組み

1 社会福祉法人同仁会の概要

　社会福祉法人同仁会は、茨城県の県北に位置する高萩市に本部を置き、県央に位置する水戸市、県南に位置するつくば市の3地区を拠点として、乳児院2施設、児童養護施設4施設、児童心理治療施設1施設、認定子ども園1施設、児童家庭支援センター2施設等を設置経営する児童福祉専門の社会福祉法人である。

2 公益通報体制

　同仁会における公益通報体制の概要は次のとおりである。

（1）通報窓口

　通報窓口は、苦情解決委員会（同仁会では「サービス向上委員会」と呼称）の第三者委員または苦情受付担当者、事務長もしくは事務次長としている。高萩市、水戸市、つくば市の拠点ごとに設置している苦情解決委員会の第三者委員または苦情受付担当者は、苦情の受付窓口機能をそのまま活用することとし、事務長または事務次長は施設職員の人事権を有しないことから、より客観的な対応ができるとの判断から指定している。

（2）通報または相談の方法

　通報または相談の方法は、面談、書面、電話、電子メールまたはFAXとし、匿名でも可能としている。

（3）通報者または相談者

　通報または相談ができる者は、短時間勤務職員を含む全ての職員、派遣労働者、ボランティア、実習生及び取引事業者の労働者としている。

（4）事実関係の調査

　通報された内容の事実関係を確認するため、必要に応じて調査をすることができる。

　調査の実施者は、苦情解決責任者、事務長または事務次長とし、調査実施者は他の職員を指定して調査チームを編成することができる。なお、調査の実施に当たり、調査対象となる施設及び職員は調査に協力しなければならない。

（5）結果報告

　通報の事実関係が明らかになったときは、理事長に結果を報告する。また、理事長は、必要に応じて理事会に事実関係及び処理方針について報告する。

（6）是正措置及び懲戒処分

　理事長は、不正行為が明らかになった場合は、当該施設等の長に対し、是正措置及び再発防止措置を命ずるとともに、当該行為に関与した者に対して懲戒処分を課すことができる。また、虚偽または他の職員を誹謗中傷その他の不正目的のために通報を行った者も懲戒処分の対象となる。

■ 表　公益情報処理フロー

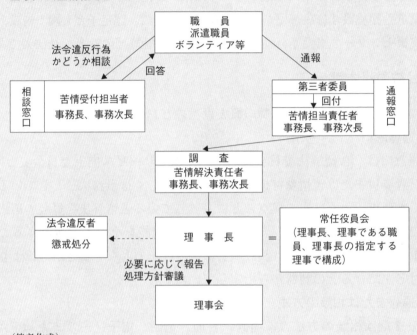

（筆者作成）

3　通報対応事例

　具体的な通報に対する対応事例を紹介する。

（1）通報の受付

　2010（平成22）年1月25日に児童養護施設に勤務する職員から、面談により事務長に対して、上司に不正行為があるとの訴えがあった。

　事務長は、公益通報者の保護に関する規則に基づく通報かどうかの確認を行い、通報として受理した。しかし、訴えの内容が客観性に欠けるものであったため、不正行為と判断した根拠をできるだけ添えて、文書に整理して提出するよう求めた。

　2月10日に文書が提出された。主な不正行為とされた内容は、パワーハラスメントを行ったこと、処遇日誌において情報の隠ぺい・改ざんを行ったとの内容であった。

（2）調査の決定

通報内容の根拠として添付されている書類（職員会議録及び処遇日誌の一部分のコピー等）だけでは、不正行為の有無の判断が困難だったため、事実確認のための調査実施を決定し、2月12日付で当該施設長に対し調査開始の通知を行った。

（3）調査の実施

事務長の他に事務職員1名を調査員として指名し、2月15日から18日にかけて、18人の職員からの聴き取り調査及び処遇日誌や職員会議録等の関係書類の確認を行った。

（4）調査結果

調査の結果、パワーハラスメントを受けた、または受けた職員がいるとの証言は得られなかった。

一方、情報の隠蔽・改ざんについては、7日間の処遇日誌が綴られていないこと、また、聴き取り調査では、児童からの要請により行動記録を処遇日誌に記載しなかったことがある、処遇日誌から行動記録を削除するよう指示があったと聞いている、他の職員から処遇日誌の書き換えがあったようだと聞いたことがあるとの複数の証言があった。

これらの内容は、2月18日付で施設長及び通報者に通知するとともに、理事長に報告した。

（5）施設長に対する追加調査依頼

2月22日付で施設長に対し、①7日間の処遇日誌が綴られていないこと、②処遇日誌に記載を行わなかった事実があったかについて、調査し、報告するよう依頼した。

報告書は、3月11日付で提出された。①については、データベースに情報が残っており、故意に除いたのではなく綴り漏れであること（資料として綴られていなかった7日間の処遇日誌が添付されていた）、②については、グループ長から相談を受け、施設長が処遇日誌に記載しないことを決定したものであり、通報された職員は関与していないとの内容であった。

以上の内容を3月12日に理事長に報告した。

（6）結果処理

調査の結果、通報された職員に不正行為は認められなかった。

ただし、施設における職員相互の信頼関係及び連携の強化、施設長の方針の徹底、情報の共有について、自主的な改善を図るよう施設長に求めた。

第3節　情報にかかわる法的課題

本節のねらい　高度情報化社会では、情報という無形のものが流通することを通じて価値をもつ。そのために個人情報保護法が制定され、個人情報の保護が図られたのである。他方、社会にとって重要な情報が流通しないでは、一般消費者が不利益を被ることとなるため、公益通報者保護法が制定され、公益的な情報は社会的に流通すべく公益通報者の保護が図られたのである。さらに情報は、それ自体が価値のある財として流通することがある。それが知的所有権の問題であり、社会福祉事業もさまざまな点でそれとかかわりをもっている。

　ここでは、社会福祉事業に関するいくつかの著作権の問題点について考えることとする。

1　情報と法の関係

　情報にかかわる法的課題には、情報の利用・伝達、情報へのアクセスという問題と情報価値の保護の問題とがある。個人情報保護法や公益通報者保護法の問題は、前者の情報の利用・伝達の問題にほかならない。後者の情報価値の保護の問題としては、知的所有権の問題がある。知的所有権とは、Intellectual Property の訳語であり、特許権をはじめとする工業所有権と著作権を中心とする権利の総称である。これらは、人間の知的活動から生ずる無形の権利について、創作者に独占的利用権等を与え、その経済的利益を保障して創作のインセンティブを与え、もって文化・産業の発展を図ろうとする考え方に基づいている。

　ただし、工業所有権と著作権とでは、保護の方式が相当に異なっている。工業所有権では、発明等を公開しなければ社会的な文化・産業の発展につながらないため、発明者等に発明等を公開させ、その代償として発明者等に独占的な権利を付与するという方式となっている。これに対して著作権では、芸術等の成果を保護しようとするものであり、著作物を公開するかどうかに力点はなく、むしろ盗作や違法な改変を防止し、著作者の人格権にも配慮しなければならない方式となっている。ただしわが国では、芸術的な著作物だけでなく、コンピュータ・ソフトウエアなどのプログラム著作物も著作権法によって保護されることとなってい

るため、著作者人格権に対する配慮ではなく、違法なデッドコピー（完全複製）を防止することに力点が置かれることとなる。

　以下では、社会福祉事業との関係で問題となるのは著作権が多いことから、著作権法上の問題について述べておくこととする。

　著作権法は、著作物などに関し、著作者の権利及びこれに隣接する権利を定め、これらの文化的所産の公正な利用に留意しつつ、著作者等の権利の保護を図り、もって文化の発展に寄与することを目的としている（著作権法第1条）。ここにいう著作物とは、思想または感情を創作的に表現したものであって、文芸、学術、美術または音楽の範囲に属するものを指している（同法第2条第1項第1号）。つまり、著作権法は、創作者の権利を保護するとともに、優れた著作物であればあるほど、広く一般の人にも利用の途が確保されなければならないことを定めているのである。

　著作権法が定めている著作者の権利には、著作者人格権と著作権とがある（同法第17条第1項）。著作者人格権とは、公表権、氏名表示権、同一性保持権のことをさしている（同法第18条ないし第20条）。つまり著作者には、著作物を公表するかしないかを決定し、著作者名をどのように表示するかあるいは表示しないかも決定し、著作者の意に反して作品を変更・切除・改変されない権利が保障されている。著作権とは、複製権、上演権及び演奏権、公衆送信権等、口述権、展示権、上映権及び頒布権、譲渡権、貸与権、翻訳権・翻案権等、二次的著作物の利用に関する原著作者の権利などのことをさしている（同法第21条ないし第28条）。つまり、著作者には、著作権によって、著作物を財産としてどのように利用するかという決定権が保障されているのである。

② コンピュータ・ソフトウエアの法的保護

　コンピュータ・ソフトウエアは、前述のとおり、わが国では著作権法によって保護されている。しかし、そのプログラムは、小説や音楽などの典型的な著作物とは違い、表現よりもむしろ機能が重要である。吉行淳之介の短編小説とウィンドウズのプログラムとを対比してみればよい。前者では圧倒的に表現が重要であり、後者では圧倒的に機能が重要である。プログラムの著作物性については、「電子計算機を機能させて一の結果を得ることができるようにこれに対する指令を組み合わせたものとして表現したもの」と定義されている（著作権法第2条第1項第10号の2）。

　プログラムについては、著作者人格権の公表権や氏名表示権はほとんど問題とならないだろう。また、同一性保持権についても、表現よりも機能が重要であるから、プログラムについては一定の必要な改変行為が明文で認められており（同法第20条第2項第3号）、問題とならないことが多い。したがって、プログラム著作物については、デッドコピーによる著作権侵害が最も問題となり、デッドコピーは複製権の侵害となる。この複製権の侵害には、デッドコピーだけでなく、多少の変更を含んでいる場合も含まれ、例えば、フロッピーディスクから磁気テープへのコピーやプログラムの一部だけをコピーすることも含まれるとされている。

　市販されているパッケージソフトウエアでは、ソフトウエアの実施許諾契約（license agreement）において、同一ユーザーであれば1ライセンスで複数台のコンピューターで利用することができるとされている場合もあるが、1台のコンピューターに1ライセンスを要するものとされていることが多く、後者の場合に勝手に許諾なくしてコンピューターに他のソフトウエアをインストールすることは違法となる。ただし、ソフトウエアの実施許諾契約において、インストールできるコンピューターの台数や使用従事者の制限をしない方式を採用している場合には、違法とならないことはもちろんである。

③ ボランティア活動と著作権

　本を朗読してそれを録音し、長期入院している人たちに無料で配布するというボランティアの行為は許されるだろうか。許されてもいいように思えるが、そんなに簡単な話ではない。ほとんどの著作者が、そのようなボランティア活動を無碍（むげ）に否定したりはしないと思われるが、自分が全力を尽くして創作した作品について、粗雑に朗読されたり、文脈を捻じ曲げられたり、あるいは、自分が重要だと考えているところを省略されたりするのを阻止する権利は認められるべきである。これが前述した著作者人格権の問題である。したがって、善意の行為だから許されることにはならない。善意であればこそ、法が定めていることを遵守しなければならない。

　本を朗読する行為は、口述には口述で録音されたものを再生することも含み、著作権の口述権を侵害することになる（著作権法2条7項）。また、録音したテープを配布する行為は、譲渡権の侵害にも該当する。さらに、もともとの作品の内容を省略・削除などによって改変したりすると、著作者人格権の同一性保持権の侵害にも該当する。つまり、本の

著作者は、自分の書いた本を朗読することをやめさせることができるし、その録音や録音したものの配布を禁止することもできる。著作者が内容を改変しないように要求できることももちろんである。したがって、本を朗読してそれを録音したものを配布するのであれば、創作者自身の許諾を得なければならない。

　ただし点訳の場合には、少し事情が異なっている。なぜなら、著作権法が明文規定をもって、例外的な措置を定めているからである。まず、公表された著作物は、点字により複製することが認められている（著作権法第37条第1項）。これは、視覚障害者向けという限定された特殊な利用形態であり、点訳には多額の費用と労力を要するため、創作者に不利益を与えるものでもないからであるとされている。次に、点字図書館その他の視覚障害者の福祉の増進を目的とする施設で政令で定めるものにおいては、公表された著作物について、もっぱら視覚障害者向けの貸出しの用もしくは自動公衆送信（送信可能化を含む）の用に供するために録音し、またはもっぱら視覚障害者の用に供するために、その録音物を用いて自動公衆送信を行うことができるとされている（同条第3項）。したがって、視覚障害者のために点訳したり特定の施設で録音したりすることは、法律によって直接的に認められている。聴覚障害者等のための複製等についても特則が定められている（第37条の2）。

　それでは、視覚障害等のない人にとっては、自分で楽しむためだけに朗読したりそれを録音したりすることも許されないのだろうか。著作権法は、著作権が制限される場合について、私的な使用を例外として認めている。著作権の目的となっている著作物は、個人的にまたは家庭内その他これに準ずる限られた範囲内において使用すること（私的使用）を目的とするときは、一定の場合を除き、その使用する者が複製することができる（著作権法第30条第1項）。もっともデジタル方式での録音については、補償金の支払義務があることも定めている（同条第3項）。

第4節　広報活動

> **本節のねらい**　過去の広告事例を振り返りながら、基本的な広告のあり方を理解するとともに、パブリックリレーションズのとり方とその効果性を認識する。記者の取材等に対する基本事項を確認し、どのような状況においても的確な情報を提供できる体制構築の方法を理解する。

① 効果的な広告

（1）評判がよい TVCM

　テレビで放映されている CM でいいなと感じたものはあるだろうか？「玄関あけたらサトウのゴハン」「ぐるぐるぐるぐるグルコサミン」「痔にはボラギノール」「ファイト一発、リポビタン D」「100 人乗っても大丈夫」「保険の窓口」「虫コナーズ」など今でも印象に残る素晴らしい CM は数多くあるがその商品を買ったことがあるだろうか？

　桃太郎、浦島太郎、金太郎が登場する au の三太郎シリーズの CM は好評であるが、どのような料金プランで売ろうとしているか、認識している人はどれだけいるだろうか？

　「続きは Web で」のネット連動 CM が急増中だが、それに釣られて Web 検索をしたことはあるだろうか？

　広告は企業や商品を強く印象付け売上げを向上するために、工夫されたものである。しかし、よい広告を展開しても予期した効果が得られない時代になったということである。

　広告は宣伝活動の 1 つで、テレビや新聞、雑誌などのマスメディア、駅、車両といった交通機関や、インターネット上などにあらかじめ用意されているスペースや時間枠といったメディアを広告主が買い、広告主が宣伝のためにあらかじめ作成した情報を通じて宣伝するという形態の活動である。

　広告は枠を広告主が買う形態なので、媒体、広告の内容、宣伝する時間・時期、対象者その他を広告主側がコントロールすることができる。当然、これらを検討し想定した対象者に露出をしなければならないのである。

（2）インターネット広告

　過去、山梨県の果実農園が時代の波に乗りインターネットによる入園予約を行った。それまでは各農協が窓口となり入園者を募り、お客様を各農園へ割り振るという形が取られていた。そして、入園料も各農園一律の金額に農協で決められていた。

　農園にとっては有機栽培を行っていたり、育成者権がある登録品種を栽培しているところもあり、経費的に農協が決めた入園料では合わないところも出てきた。

　そこで、各農園がホームページを立ち上げ、独自の予約をはじめることになった。農協経由の場合は旅行会社からの団体、家族連れ等の電話による予約が多かった。しかし、インターネットから予約をするお客様のほとんどが若いカップルであった。

　いわゆる今までは農園の駐車場にバス1台で40名、自動車1台で家族4名で来園。果実の食べ放題が終わった後、ご近所にお土産として商品を買われるといった購買行動がほとんどだった。

　しかし、若いカップルになると自動車1台分の駐車場スペースに2名、あっという間に駐車スペースが埋まってしまい、入園者数は半減。果実の食べ放題が終わったあとはお土産を買わずに帰るという購買行動で売り上げが激減という状態に追い込まれてしまったのである。

（3）広告の対象者選択と媒体選択

　広告とは露出対象者を具体的に検討し、広告媒体の特性を確実につかまないと大きなミスを引き起こすということがいえる。対象者のセグメンテーション（分類）をし、ターゲットを絞る作業が必要となる。そして、ターゲットのみに露出する媒体を選択し、広告を投入することが基本であり、効果を生み出す広告といえる。

　マーケティングではプロモーション政策として**表6-1**のように細分化される。4つの領域のうちの「広告」がそれにあたる。

■ 表6-1 プロモーション（Promotion）政策

広告	販売促進	パブリシティ	人的販売
■マス4媒体 　①新聞 　②雑誌 　③テレビ 　④ラジオ □屋外広告 □交通広告 □折り込み広告 □DM □ニューメディア広告 　　　　　　etc.	■社外販促 □発表会・展示会 □サンプルの配布 □カタログ・パンフレット □機関誌（紙）発行 □イベント ■社内販促 □社内商品研究会（勉強会） □社内報の発行 □社員向け告知 　　　　　　etc.	■無料の広告 □新聞記事 □週刊誌記事 □テレビニュース □ラジオニュース 〔マス4媒体〕	■販売管理 □販売計画立案 □セールス活動管理 　　　　　　etc.

② 広告とパブリシティ

（1）無料の広告

　新聞の3大全国紙の朝刊の1面に自施設の名称を大々的に載せようとしても広告ではそれは叶わない。何十億、何百億円を支払っても不可能である。しかし、**表6-1**のパブリシティではそれが可能である。しかも無料で行うことができるのである。

　東京電力、日産自動車、日本大学アメフト部、吉本興業などの社名は全国紙朝刊の紙面を長期間飾ったが、1円も広告費用は負担していない。

　パブリシティは施設のよい部分も露出すれば、悪い部分も露出してしまうのである。広告は広告主側が全体をコントロールすることができるが、パブリシティは一般的にはコントロールができない。あくまで記者（マスコミ）の独自の立場と「言論の自由」に基づき報道を行っているのであり、その立場を侵害するような行動をとることはできない。

（2）パブリシティの信頼性

　パブリシティには3つの特性がある。
① 高い信頼性——新聞記事や特集記事のほうが広告よりも権威があり信頼される。
② 購買者の警戒心を解く——広告や勧誘を避けたがる対象者に到達できる。
③ 演出——施設を演出することができる。綿密なパブリック・リレーションズを行うことで大きな効果を上げられる。

このように一般的に広告よりもパブリシティのほうが信頼性がある。

新聞の紙面に全面広告を出しても、今の市場は「広告主がコントロールしてやっているんだから悪いことは言わない」というレベルの認識である。しかし、記事として取り上げられた数百文字は良いことも悪いことも信憑性は高い。市場はパブリシティの内容を信用するのである。

施設の不祥事を記事として取り上げられた場合、その釈明を紙面の広告を借りて実行したとして、その信憑性はどうなのかということも考えるべきである。市場は取材記事を信用するのである。組織としては信憑性の高いパブリシティをうまく使いたいと考えることは当然のことである。それは、パブリック・リレーションズをとることにより、それがある部分可能となる。

今は広告・パブリシティという形からパブリックリレーションズへの転換期でもある。

③ パブリック・リレーションズ

（1）戦略的な広報

パブリックリレーションズとは「組織が組織の事業活動にとっての利害関係者となる人々に働きかけることによって、その方々の意見や行動を変え、組織の意見・思想・立場・視点を理解させたり、広めることを目的にした活動」[注1]のことである。日本語では「広報」という意味合いになる。

今でも神話となっているが、アメリカでは2014（平成26）年9月19日にアップル社からiPhone 6（携帯電話）が発売となった。アップル社は有料の広告はほとんど出さなかったにもかかわらず、国民の誰もがその発売日を知っていた。

同年の6月までのiPhone 6を扱った記事は米国内で5,000件を超えた。アップル社のパブリック・リレーションズ部門はマスコミにiPhoneを無料配布し、レビュー記事を書いてもらったり、発売日を記事として取り上げてもらったりした。ブログや個人のホームページ上でも多く取り上げられた。その結果、発売日にはアメリカの家電製品では珍しく大行列ができ、1か月で400万台の売り上げに貢献した。

広告に莫大な費用を投入するよりも事前に適切なパブリック・リレーションズを行ったほうが効果的であることは明らかである。

注1）Philip Kotler『コトラーのマーケティング・マネジメント　ミレニアム版』ピアソンエデュケーション、2001年、742頁

（2）広報の対応

スーパーマーケットチェーンの広報

　ある県の保健所が、スーパーマーケットチェーン（以下、Ａ社）のプライベートブランドのロースハムがO-157に汚染されているとして、回収命令を出した。その後、保健所は保健所が保管していたO-157のサンプル菌が検査時の容器に付着したものが検出されたものだったという報告をした。

　このときの第１報は、Ａ社の商品管理や、納入業者の管理、会社方針について否定的な記事を載せた媒体は少なく、冷静に保健所発表の事実を伝えていたのである。回収命令から10日後の保健所の検査ミスの発表については、マスコミ各社が一斉に保健所を否定的に取り上げたのである。

　この報道は翌月まで長引き、県庁の食堂では２種類ある定食のどちらか一方に必ずハムかソーセージを入れるという対応策を「お粗末」として伝え、県職員がマスコミにインタビューされて「定食が毎日ハムじゃね」といやそうに語っている映像を「無責任」として報道した。末は、知事がマスコミの前でハムを食べ安全をアピールするという映像まで流された。

　Ａ社と保健所のマスコミの取り上げられ方の差は何か。

　Ａ社は日常的にパブリック・リレーションズを行っていたということである。Ａ社は日頃から広報室を通じ、利害関係者（記者等）に対して定期的に情報を公開し、取材も積極的に受け、情報開示に努め、自社の思想・立場・視点を理解していただく活動を常時展開していたのである。

　その結果として、パブリシティとして取り上げられることはあっても、記者の判断としては「安全管理が行き届いている組織がこのような商品を扱うだろうか」という思惑の元に記事を書くので、第１報の時点では非好意的な内容にはならないのである。

　次のテーマでの「取材対応」に関係するが、県職員の非当事者的な発言行動が「公務員的発想である」、知事がマスコミの前でハムを食べる姿が「食べ方に品がない」などといった声が相次ぎ、県側の取材対応のまずさも露見したのである。

（3）広報部門の重要性

このように賢明な組織は重要な利害関係者（記者だけに限らない）との良好な関係構築に着手していて、パブリック・リレーションズ部門（広報）を置いている。

パブリック・リレーションズ部門は次の5つの機能を果たす。

① 報道対策——組織をよく見せる形でニュースや情報を公開する。

② サービスパブリシティ——特定サービスの好評を支援する。

③ コーポレート・コミュニケーション——施設内外のコミュニケーションを通じて施設への理解を促進する。

④ ロビー活動——法規制の影響をねらって議員や官僚との関係性を確立し、維持すること。

⑤ コンサルティング——経営陣にアドバイスをすること。介護事故に際してのアドバイスも含まれる。

パブリック・リレーションズ部門は利害関係者の態度を観察し、随時に情報を流したり、定期的に記者会見等を行い、利害関係者との良好なコミュニケーションを図るものである。

問題が発生した時点で動くのは「時すでに遅し」である。

そして、組織にとってマイナスとなる出来事が公表されるとパブリック・リレーションズ部門は火消し役となり、プラスの方向へ転換させるように動く。最良のパブリック・リレーションズ部門とは、理事長、理事に対して問題のある活動・事業を排除するよう助言をする役割までをもち、組織にとってマイナスとなるモノが最初から発生しないように努める機能をもつのである。

④ 新聞記事等に関する情報管理

（1）対応窓口の一本化

マスコミ等に対する担当窓口は一本化し、情報も担当者に集約し、取材現場での権限も担当者に委譲することが原則である。一般的には「広報部門」の設置が望ましい。

マスコミは担当者が十分な情報をもっていない、または隠蔽があると判断したときは担当者以外の情報源を探すのである。例えば、施設の元職員、現場の職員、派遣職員、アルバイト、入所者の家族、近隣住民、果ては施設を具体的に知り得ていない評論家や大学教授の一般論的なコメントなど……。こうなると施設のマスコミ対応に混乱を来たすことは必至である。

（2）記者対応での問題点

記者対応での問題点は、過去の事例から以下のようなことがいえる。

1．**自施設または自分のことで精一杯になり、他者について思いやりの心がなくなる。**

施設側の立場を守ることに終始し、周りの状況が視野に入らない。その場はうまくしのぐことはできるが最終的に、施設・自分の立場が守られることはあり得ない。

2．**緊急事態になると人間の正常な勘がまひ状態に陥り、はたらかなくなる。**

当事者意識が希薄となり他人事になってしまい、「申し訳ございませんでした」と謝ればすむと簡単に考えてしまう。または、組織を守るために記憶をなくし「記憶にございません」と異常な発言をする。

3．**重大な問題が露出してから対処するといった、その場しのぎになる。**

この根底には、不祥事は事案があっただけでは不祥事ではない、マスコミに騒がれてはじめて不祥事となる、という意識がある。

過去、1年間の不祥事におけるさまざまな謝罪会見でもわかるように、客観的にみた場合、滑稽を通り越して怒りさえも覚えるものがある。自らの立場を守ろうとすればするほど逆の方向にすすんでいくのである。特に緊急時など、ひとつのうそがあるとそれを埋め合わせるために次々とうそが必要になり、結果として不信を招き、関係者を不幸にし、不利な報道が拡大することになる。

不明な点についてもその場しのぎで言い切ってしまうこともある。また、公表できないものには「倫理として厳守しなければならない」等の理由で「言えない」とはっきり言うことである。そして、公表できない理由を十分に説明する必要がある。記者からの質問に対しての「ノーコメント」という言葉は、「イエス」であるという意味合いが濃厚であるとしてとらえられる可能性がある。

（3）記者対応の基本

> **記者対応上の基本的留意点**
> 1．うそは言わない。
> 2．不明なことはその旨明確に伝え、推測に基づいた回答をしない。
> 3．公表できないことはその旨はっきりと伝える。
> 4．誤りは率直に指摘する。
> 5．記者と議論はしない。
> 6．不快な質問には乗らない。

　まず、記者は原稿の締め切りを意識して行動しているので、約束の時間は守ることである。記事にされたくないことは話さないことが重要で、話したことはすべて書かれるという前提で対応するべきである。

　すべての記者がベテランとは限らない、経験の浅い記者や専門領域ではない記者が不快な質問をすることもあるが、それに乗らない。その場にいる他の記者は冷静にその受け答えを取材しているのである。

　新聞社幹部ならびに政治家に事前に話をしないこと。これらは言論の自由に圧力をかけられたと記者はとることになる。

　紙面に掲載された記事に誤りがあれば、直ちに文書で抗議すること。ただし、見解の相違については訂正は困難である。

（4）記者が知りたいこと

　記者が何のために質問をするかというと、知りたいこと、読者に伝えたい事実があるからであって、それらに忠実に答えることが必要となってくる。

　順序としては、謝罪表明または現状説明→原因究明結果または状況→対応措置→責任の所在→再発防止策の発表、といった流れで伝えていくことが重要である。単独取材であっても共同取材であってもこの流れは基本であって、特に複数のマスコミから単独取材を受ける場合、各社の記者に対して同内容を伝えるべきである。新聞、雑誌（週刊誌等）の媒体によって質問の切り口が変わる場合もあることを念頭において取材を受けることも必要である。

実 践 事 例 8 ─広報活動の実際

湯川智美（社会福祉法人六親会理事長）

1 広報活動

　経営管理とは、組織目的達成のために経営資源を効果的・効率的に活用することである。このうち経営資源とは「ヒト」「モノ」「カネ」「情報」といわれるもので、経営管理の構成要素には、人事・労務管理、サービス管理、財務管理、情報管理などがあげられる。その意味では「広報活動」は「情報管理」の一つであり、法人の活動内容などの情報発信を行う業務である。ここでは、社会福祉法人固有の広報活動について、事例を示し述べたいと思う。

2 パブリック・リレーションズ

　日本語の「広報」は、今日では英語での「パブリック・リレーションズ（PRと略される）」とほぼ同義語で用いられている。

　井之上喬は「パブリック・リレーションズ（PR）とは、個人や組織体が最短距離で目標や目的を達成する、「倫理観」に支えられた『双方向性コミュニケーション』と『自己修正』をベースとしたリレーションズ活動である」[1]と定義している。また、Effective Public Relationsの日本語訳書『体系パブリック・リレーションズ』では、「パブリック・リレーションズとは、組織体とその存続を左右するパブリックの間に、相互に利益をもたらす関係を構築し、維持するマネジメント機能である」と定義している。つまり、**組織体が「目的達成のための活動」にとってのステークホルダー（利害関係者）に情報を発信し、それによる効果的関係を育てていくための活動**であるといえよう。さらに井之上によると、**高い倫理観や双方向性と自己修正機能を内包したパブリック・リレーションでなければ、目的達成への最適な環境を継続的につくり出すことができない**と示唆しており、「パブリック・リレーションズは、1.の広報活動で述べた4つの経営資源を個々に強化し、それらを統合する『第5の経営資源』」[2]としている。

　公益性の高い社会福祉法人としては、このことを十分に認識した広報活動のあり方が求められている。

3 社会福祉法人の情報公表

　社会福祉法第44条第4項においては、社会福祉法人は、第2項の書類（事業報告書、財産目録、貸借対照表及び収支計算書）及びこれに関する監事の意見を記載した書面を各事務所に備えて置き、当該社会福祉法人が提供する福祉

サービスの利用を希望する者その他の利害関係人から請求があった場合には、正当な理由がある場合を除いて、これを閲覧に供しなければならないとされており、また、行政の監査や報告も義務づけられている。

　加えて、2014（平成26）年5月29日「社会福祉法の認可について」の一部改正の通知が厚労省より発出。社会福祉法人は、社会福祉事業という公益性の高い事業を主たる事業とする非営利法人であり、所轄庁の指導監督等の公的規制を受ける一方で、税制優遇措置等の公的助成を受けている。よって、国民に対して経営状態を積極的に公表し、透明性を確保することは、法人の責務と考えられる。また、法人の経営情報は、福祉サービスの利用を希望する者にとって、サービスを選択する上で重要な判断要素となるとの「改正の趣旨」において、つぎの内容が示された。

「主な改正内容」

1．現況報告書の様式改正（添付書類・・・貸借対照表及び収支計算書）

　「法人の経営状況（統括表）」・・・積立金の状況、関連当事者との取引の内容、地域のニーズへの対応状況　「現況報告書」・・・基本情報、事業、組織、資産管理

2．現況報告書等の公表及び公表上の取扱いについて

■ 表　情報公表一覧

	現行 備置き・閲覧	現行 公表	見直し案 備置き・閲覧	見直し案 公表
事業報告書	○	―	○	―
財産目録	○	―	○	―
貸借対照表	○	○（通知）	○	○
収支計算書（事業活動計算書・資金収支計算書）	○	○（通知）	○	○
監事の意見を記載した書類	○	―	○	○
現況報告書（役員名簿、補助金、社会貢献活動に係る支出額、役員の親族等との取引状況を含む。）	―	○（通知）	○	○
役員区分ごとの報酬総額	―	―	○（※）	○（※）
定款	―	―	○	○
役員報酬基準	―	―	○	○
事業計画書	―	―	○	―

（※）現況報告書に記載

「社会福祉法の認可について」の一部改正の通知
・現況報告書
・貸借対照表　・収支計算書を公開

＋

社会福祉法等の一部を改正する法律案
その上に
・定款・役員報酬基準・役員報酬総額
・利害関係者との取引も公開

（筆者作成）

1点めが所轄庁により所管する法人の現況報告書の公表、2点めが法人のインターネットを活用した公表であり、誰にも常時それが見られるという状況を確保することである。

　これらについては、2014（平成26）年6月24日、規制改革実施計画（規制改革に関する第2次答申）が閣議決定されたことによるもので（通知は厚労省より先立って発出される）、その後、社会保障審議会福祉部会で審議を経て「社会福祉法等の一部を改正する法律案」が2015（平成27）年4月3日閣議決定し、国会に提出される。情報公開すべき事項は、上述した1.2.に加え、・定款・役員報酬基準・役員報酬総額・利害関係者との取引について公開することが示されている。その内容をまとめるとつぎのようになる。

　ちなみに誰に対しての説明責任かということになる。職員やその関係者、福祉サービスを利用されている入所者・利用者やその家族、地域住民、行政、関係機関、その他あらゆる利害関係者が対象となりうる。自法人の情報を公表することのメリットとしては、第1に公表にあたり、正確な財務諸表を提示するのが前提となる。また、必要に応じては中・長期計画を含め、事業内容の詳細な説明に取り組むことになる。それ故に、地域に存在している社会福祉法人に対する理解や支援につながることも考えられる。第2に利害関係者等外部の目を気にした信頼性の高い経営に資する面があり、経営の透明性・健全性・遵法性の確保、内部統制の確立・仕組みの強化、つまり、コンプライアンス経営や内部統治の機能強化が働くことになる。説明責任を重視し、徹底することを認識すべきであろう。

　ここでは、利害関係者を職員（employee）、顧客（customer）、地域（public）に絞り、どのように情報発信の手段があるか。また積極的な広報活動について示していくこととする。

4　情報発信の手段、広報活動

（1）職員やその関係者
①組織内部の広報

　何よりも法人内部の統一感の形成は重要なことであり、内部での情報の共有化や、そのためのコミュニケーションツールの確保が必須となる。例えば法人の「経営理念」はすべての経営活動の原点であり、どのような考え方や行動をしていけばよいかを示すのが「基本方針」や「価値規範、行動規範」となり、その実現にむけて経営目標・経営戦略・経営計画が立案される。これらを末端

の職員まで浸透させ、組織活動における方向性を共有することは欠かせない。

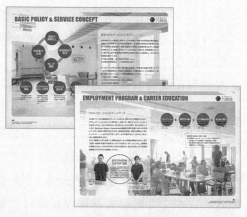

　小規模な法人では、定期的な会議に加え、フェイス・トゥ・フェイスでの情報の共有や意見交換は可能ではあるが、法人の規模が大きくなると、業務を効率的に行い、効果を最大化できる法人内の情報を適切に伝達する方策が必要となってくる。

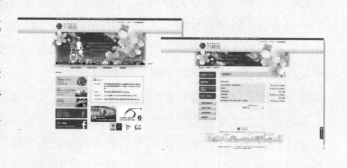

　紙媒体が主流であったときは社内報などの作成ではあったが、今ではメールを活用している法人は多いと考える。昨今では組織内部で情報を共有したり、コミュニケーションを取ることができるソフトウェアである「グループウェア」を活用している法人も増えてきている。情報伝達ツールでは、法人内に限らず外出先でも内容の確認や更新が可能となり、掲示板を活用すれば全職員に対して連絡事項の通達ができ、経営層から職員の伝達のみではなく、双方向のコミュニケーションも可能となる。また、法人の規程や規則、業務に関連する手順書などの書類が閲覧できるドキュメント機能、スケジュール機能、さらには法人内の各種申請などをスムーズにできるワークフロー機能などがある。このようにICT技術の取り組みが進んではいるが、自法人の目的に合ったものを選ぶことが必要であろう。

　一方、SNSやブログなどのソーシャルメディアは、個人による情報発信や個人間のコミュニケーションが取れる情報共有の有効な媒体ではあるが、その取り扱いについては充分に留意する必要がある。福祉に携わ

る者として、職務上知り得た情報の守秘義務は、法律上の義務として課せられており、法人として、守るべき事項を規定するなど、職員個々による漏洩の防止に努めなくてはならない。

②新規採用職員確保における広報のあり方

　厚生労働省より2019（令和元）年9月に「福祉・介護人材確保対策について」の報告が発出された。我が国の人口動態を見ると、いわゆる団塊の世代が全員75歳以上となる2025年、団塊ジュニアの世代が65歳に達する2040年、既に生産年齢人口が減少に転じているが、さらに減少が加速されることに対して、この報告のなかで「福祉人材確保に向けた取組み」が示された。それには、介護職員の処遇改善、多様な人材の確保・育成、生産性の向上、メディアによる積極的情報発信、外国人材の受入れの方向性が示された。マンパワークライシス、つまり深刻な人材難が生じているのは事実でありながらも、福祉ニーズの拡大が見込まれている。人材の量の確保のみではなく、有能な有資格専門職の確保は各々の法人においての喫緊の課題となる。その意味でも、職員確保のための広報のあり方は重要視すべき事項と捉える。

　では、どのように発信すべきかであるが、若年層、大学や専門学校等の養成校の新卒者、子育てを終えた層、退職前の中高年層など、各々個別のアプローチが必要となってくる。従前では教育機関を訪問し新卒者の採用に積極的に取り組んでいたが、地域の企業や関係機関などの連携の強化を図った広報活動が必要となってくる。発信すべき情報については、将来の展望が見えるキャリアパスの仕組み、メンターやエルダー制度、つまり職場の重層的なコミュニケーションの構築、職場研修の実践、企業福利厚生の充実、また子育て時期や介護を要する際の仕事と生活の両立を図るワークライフバランスを配慮した職場環境の確保などが考えられる。また、経営トップのみならず、より近い上司や先輩職員のコメントなども挙げられる。すなわち、トータルな人事制度が構築されており、安心して働き続けられる職場環境であることを、情報を通して理解できるよう発信することが肝要となる。

（2）入所者・利用者やその家族への広報

　多くの法人では、定期的な広報誌を作成するなどで、法人の活動や考え方に共感をもってもらえるよう心がけていると思われる。しかし言い換えれば、法人の都合の良い情報だけを発信している傾向も垣間見られる。重視しなくてはならないことは、利害者からの苦情など、どのような不適合が発生し、その是

正をどのように行ったか、内部で発生し
たマイナス情報に対しても積極的に発信
する姿勢が肝要であり、隠蔽する体質は
反って不信感をもたれる結果につなが
る。様々な意見を傾聴するには、アンケー
トを行うことも方法の１つとして考えら
れるが、その結果や改善すべき事項は、丁
寧かつ直ちに応答することを要する。情

報化の波は急速に押し寄せてきているのも事実であり、定期的な家族会の開催
による意見交換など様々なプログラムを通して、意図的に双方による情報の共
有に努めるべきであろう。

（3）地域社会に対しての広報
①社会福祉法人特有の広報のあり方
　前述した３社会福祉法人の情報公表は義務化され、法人として遵守すべき事
項である。ここでは、積極的な地域社会への広報のあり方、且つコミュニケー
ションをどのように図るべきなのかを示したいと考える。
　地域の社会資源の１つである施設や事業所は、福祉サービスを利用される
方々のみではなく、真に福祉サービスを必要としている地域住民に対して、職
員自らが地域に出向き、情報を提供し、福祉サービスにつなげることに努めな
くてはならない。加えて、既存の制度では対応できない多様・複雑化した地域
の福祉ニーズに対する公益的な活動は、社会福祉法人制度改革においては「地
域における公益的な取組」が責務となり、その推進を強く求められている。法
人職員の専門性も地域資源の１つであり、地域の関係機関との協働による仕組
み、地域における人材の育成など主体的に多面な活動が求められている。
　このような地域福祉の向上を図る活動は、地域社会での理解や信頼にもつな
がっていく。こうした取り組みこそが社会福祉法人特有の広報活動のあり方で
もある。
②メディアを活用して
　広報と広告との違いは、広告が新聞やテレビなどのメディアを使って、有料
にて商品の宣伝を行うことである。一方、広報は情報を発信することであり、
無料であるがゆえに情報を取り上げるか否かはメディア側が決めることになる。
　自法人の活動状況やトピックスなどが、医療や福祉関係の雑誌、行政の広報

誌などに掲載される機会もある。こうした機会の積極的な活用は、コーポレート・レビュテーション形成に対して有位な影響力になると考えられる。

●引用文献
　◦井之上喬『パブリック・リレーションズ（Public Relations）』日本評論社、2009年、3頁
　◦同上、10頁

第7章

社会福祉施設の
施設管理と福祉用具

第7章　社会福祉施設の施設管理と福祉用具

第1節　社会福祉施設の建物・設備管理

本節のねらい　社会福祉施設は高齢者や身体的、精神的に障害のある人々が生活したり利用したりする場所であり、またそれら入居者、利用者に絶え間なくサービス、訓練を提供している多くの職員の働く場所でもある。それぞれの施設は、各々が求める目的や機能に従って必要な規模の建物と設備を構築している。その建築と設備は関係法令に適合していることはもちろんであるが、安全で使いやすく、長持ちすることが絶対的に求められる。しかしこのことは管理者の求めること、職員から求めること、利用者の求めることに異なる点も多く、イニシャルコスト（initial cost 初期費用、創業費）、ランニングコスト（running cost 運転費用）、維持保全コストなど経済性をも含めた総合的なバランスが重要である。

　本節では建物の維持・保全を広い意味でとらえ、社会福祉施設の管理を考えてみる。施設を新設する際には、できるだけ事前に十分な準備・検討ができるように、また、既設の施設については、与条件としての現存する建物・設備について適切かつ積極的な維持、保全管理の計画が立てられるように具体的に示した。

　施設の安全と建物の長寿、そしてより高い施設目的を確保する上でも、計画的、継続的で地道な建物管理を行うことが施設長、管理者に求められている。

① 社会福祉施設の建物・設備の維持管理

（1）なぜ維持管理は必要か

　建物はいろいろな役割をもっている。建物が施設全体としての用途・目的をそれぞれに有していることは当然であるが、それ以前の要件として、第1に、利用する人、生活する人に快適で、健康的な環境を提供し、そして建物の中は、基本的に安全でなくてはならない。第2に、建物は働きやすく、生活しやすくなるように造られている。このことは建築基準法第8条にその総括的理念が法で定められ、いくつかの関係法令、準

■ 図7-1　保全行為分類

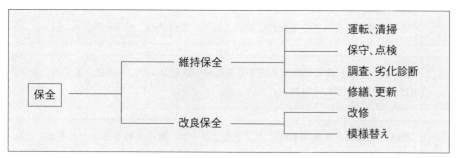

（出典）日本建築学会編『建築物の調査・劣化診断・修繕の考え方（案）・同解説』社団法人日本建築学会、1993年、5頁

■ 図7-2　保全の概念図

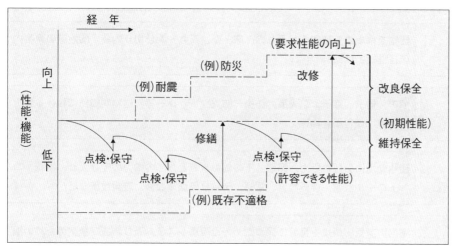

（出典）日本建築学会編『建築物の調査・劣化診断・修繕の考え方（案）・同解説』社団法人日本建築学会、1993年、27頁

則などで具体的指針、規範が示されている。

　どんなにすばらしい建物を建てても、いかによい設備を有していても、日頃の手入れがともなわなくては、設備を含めた建物の劣化、老朽化を助長してしまう。それを防ぐためには日常の維持保全管理を怠らず、必要な時には、修繕、改修、更新を実施しなくてはならない。

　保全行為は一般的には維持管理という言語とほとんど同義として用いられており、これを分類すると図7-1のように表すことができる。福祉施設においても、それぞれの建物に合った、手段、方法を組み合わせ、日常的な維持管理、定期的な維持管理、臨時的な維持管理を持続、繰り返しながら図7-2のような経年対応していくことになる。その結果、効果として、建物の利用者には、①快適で安全な環境、②災害の未然防止、③最大限の利便性を、建物の所有者、管理者には①資産の保全、②経済的効率的なメンテナンスをもたらすことができる。

■ 表7-1　建物の部位・性能別仕組み

A 構造	（a）基礎	建物を地盤に支持させるために設けた部分（直接基礎、杭基礎等）
	（b）躯体	柱、梁、壁など建物の構築を成す骨格部分（鉄筋コンクリート造、鉄骨造、木造、コンクリートブロック造等）
B 仕上	（c）屋根	形状別には勾配を有するタイプ、平らなタイプ（屋上と称することもある）に大別。多くの工法、仕上げ材がある。
	（d）外装	外装、窓、カーテンウォール、軒裏、バルコニー、外階段、手摺等の建物外部に面する各種仕上げ部分
	（e）内装	建物を構成する諸室それぞれの、床、壁、天井、間仕切り内装、階段等の建物内の各種仕上げ部分
	（f）建具	ドア、冊子、障子、防火扉、防炎・防火シャッター等、建物開口部に設ける仕上げ材および付属金物等
C 設備	（g）電気	建物使用に必要な動力、照明、その他の電源としての電力の受け入れ、配線、コントロール設備、機器設備、電話、テレビ等弱電設備、避雷設備など
	（h）空気調和	室内の空気・環境を良好に保つための冷暖房システム及び装置（換気のための機器、装置を含む）
	（i）給排水衛生	給水、給湯、洗浄など、上水の引き込みから、下水の敷地外放流までの配管、機器及びすべての装置設備、（厨房設備、消火設備、ガス設備を含む）
	（j）昇降機等	エレベーター、エスカレーター、ダムウェーター※、その他特殊機器、設備

※ダムウェーター　dumb-waiter 食器または食材を運搬するための小型昇降機（エレベーター）。昇降カゴの床レベルの位置により、フラットタイプ、テーブルタイプの2種類がある。

（筆者作成）

（2）建物の仕組み構成

　　建物は竣工とともに老朽化がはじまるといっても過言ではない。その建物の目的、機能、そして当初に期待された性能をできるだけ長く保持するためには、適切な日常の維持保全管理が必要であることは先に述べた。そこで、維持管理をする対象としての建物を物理的、性能的に分類・整理してみると、およそ**表7-1**のような部分で構成されていると考えるとわかりやすい。

（3）実体管理と維持管理計画

　建物が竣工した後の適切な維持管理が大切であることは前述のとおりであるが、そのためにも、その施設の建設目的やすべての仕様に含まれる設計意図をよく認識した上で、劣化対策、損傷対策、消耗対策などに対する合理的、経済的かつタイムリーな維持管理計画を立てなくてはならない。したがって建物竣工に際して、可能な限りの建設データ（初期工事記録）を作成・保管することが望ましい。一般的には**表7-2**に示されている程度のデータが必要であり、実体管理の基礎となるものである。その後の経年による各部の変化・変質・変更に対し、対応していく主体は、所有者（法人）自身にあるが、的確な点検、調査、診断に基づ

■ 表7-2　法人（施設）が保管すべき図書

区分	関連情報	
敷地に関する資料	・測量図、契約書	・取得経緯の関係書類
地盤関係資料	・地盤調査書	
新築時点図書	・建築物取扱説明書 　共通取扱説明書 　当該建物特記説明書（設計主旨等） 　施錠システムと錠前引渡書 ・竣工図書 　建築設計図書 　設備設計図書 　構造計算書 　建築工事標準仕様書	防災計画書 建築工事特記仕様書 設備工事仕様書 数量調書
増改築時図書	同上	
工事関係図書	・工事契約書 ・施工図 ・竣工図 ・保証書	・施工業者リスト ・使用材料メーカーリスト ・引渡書 ・検査調書
工程写真等	・工程写真	・完成写真
官庁申請図書	・建築確認図書 ・適合通知書	・検査済書 ・その他
保守契約図書	・委託契約図書	・業務仕様書
報告書	・定期報告書 ・点検報告書	・調査報告書 ・その他
整備台帳	・建物台帳 ・改修工事記録 ・営繕台帳	・作業記録 ・機器台帳
現況図	・現況図	

（高橋徹「建築物の維持保全に関する告示の解説」『建築技術1985年7月号』、株式会社建築技術、1985年、60〜62頁をもとに筆者作成）

く改善、改修、更新や、日常の保守、修理報告を確実に行うためには、ある程度の管理分担を明確にして**表7-3**に示すような責任体制を築く必要がある。こうした組織づくりは、建物の経年とともに避けることができない、人事交替や失念による大きな過誤が防げると同時に、無駄のない維持管理計画が立てられることになる。設備機器・昇降機・自動扉・浄化槽など安全を求められる特殊な機器などの日常または定期の保守・点検は専門業者（法令による有資格者を要する場合もある）と保守契約を結んで委託する方法もある。

■ 表7-3　建物維持管理組織（担当者）例

(a) 防火責任者	火気・危険物管理、消火・防火施設の点検・保守、定期点検、報告
(b) 警備責任者	防犯・防災施設の点検・保守、警備・保安の日常報告
(c) 保全責任者	清掃、点検・保守・修理、報告
(d) 設備管理責任者	電気・空調・衛生・昇降機等に関する機器、運転、点検・保守・修理、定期検査・報告

（筆者作成）

（4）法定の建物管理業務

　施設建築に限らず一般の建物はその設備や建築の仕様、規模などにより、法定の点検、報告を義務づけられている事項がある。**表7-4**にそれらの点検周期を、**表7-5**にそれらを行うのに必要な要員資格及び根拠法令を示す。もちろん、法人（施設）内に有資格者がいれば、専門業者は不要であるし、設備などの仕様、規模を設計の時点からシステムや

■ 表7-4　法令による点検等

法令名	対象	管理業務内容
建築基準法	敷地・構造・防火・避難・衛生	定期調査　1／3年
	昇降機	定期調査　1／1年
	建築設備	定期調査　1／1年
消防法	消防用設備等	外観点検　1／6月 機能点検　1／6月 総合点検　1／1年
労働安全衛生法	勤務環境	1／2～6月
	設備　ボイラー・圧力容器・エレベーター	定期自主検査
建築物における衛生的環境の確保に関する法律	室内環境測定	測定　1／2月
	清掃・ねずみ・昆虫	防除　1／6月
	給水検査	残留塩素　1／7日 水質検査　1／6月
	給排水施設清掃	受水槽　1／1年 排水設備　1／6月
高圧ガス取締法	冷凍機	保安検査　1／3年 自主検査
大気汚染防止法	煤煙発生施設	測定　1／2月
水道法	簡易専用水道	清掃点検1／1年
電気事業法	自家用電気工作物	保安規定に定めるとおり。
電気通信事業法	電話機器	技術基準による。

（高橋徹「建築物の維持保全に関する告示の解説」『建築技術』（1985年7月号）株式会社建築技術、60～62頁をもとに筆者作成）

■ 表7-5　法令による建物管理業務と管理要員資格

(令和3年6月1日現在)

資格の種類	資格名	法令	所轄官庁
建築物に関するもの	建築士（1級、2級、木造）	建築士法	国土交通省
	建築設備士		
	建築基準適合判定資格者	建築基準法	
	特定建築物調査員		
	建築設備検査員		
	防火設備検査員		
マンションの管理に関するもの	マンション管理士	マンションの管理の適正化の推進に関する法律	
	管理業務主任者		
昇降機等に関するもの	昇降機等検査員	建築基準法	
電気設備に関するもの	電気主任技術者（1種～3種）	電気事業法	経済産業省
空気調和設備に関するもの	ボイラー技士（特級、1級、2級）	労働安全衛生法	厚生労働省
	第一種圧力容器取扱作業主任者		
	ボイラー整備士		
	危険物取扱主任者(甲種、乙種、丙種)	消防法	総務省
	冷凍機械責任者（1種～3種）	高圧ガス保安法	経済産業省
消防設備に関するもの	消防設備士（甲種、乙種）	消防法	総務省
	消防設備点検資格者（1種、2種）		
	防火管理者		
	防火対象物点検資格者		
給排水設備に関するもの	廃棄物処理施設技術管理者	廃棄物の処理及び清掃に関する法律	厚生労働省
	浄化槽技術管理者、浄化槽管理士	浄化槽法	
環境衛生に関するもの	建築物環境衛生管理技術者	建築物における衛生的環境の確保に関する法律	厚生労働省
	衛生管理者（1種、2種）	労働安全衛生法	
公害に関するもの	公害防止主任管理者	特定工場における公害防止組織の整備に関する法律	経済産業省
	公害防止管理者（大気1種～4種、水質1種～4種、騒音、振動、ダイオキシン類、一般粉じん、特定粉じん）		
	環境計量士（濃度、騒音・振動）、一般計量士	計量法	
	作業環境測定士（1種、2種）	作業環境測定法	厚生労働省
エネルギーの使用に関するもの	エネルギー管理士（熱管理士）エネルギー管理士（電気管理士）	エネルギーの使用の合理化に関する法律	経済産業省

（『東京都建築設備定期検査報告実務マニュアル』一般財団法人日本建築設備・昇降機センター編集・発行、2021年、462頁、「建築物の維持保全業務関連の主要資格一覧」より筆者作成）

能力を工夫すれば、業者委託という出費が避けられる場合も考えられる。

（5）建築一般の保守・点検

　建物の劣化・老朽化に関して、技術的診断、専門的評価は、もっぱらそれぞれの分野の専門家に委ねるとしても、施設建物は日々重ねる間に数々の不具合や傷みが発生してくるのが常である。このように建物内外、各部に蓄積される目に見える劣化、老朽化の発見・管理には建物管理者の目視・観察による定期的点検が大切である。定期的な目視・観察するにあたっては、建築物をいくつかの部位に分けて分類し、記録する方法が有効である。そこで建物の部位を大別して①構造躯体部分と、②各部仕上げ部分に分けることとする。

①構造躯体部分

　構造躯体部分は基礎・土台、柱、梁、床、屋根・庇<ruby>庇<rt>ひさし</rt></ruby>、バルコニー、階段等の部位・部材に区分できる。これらの部位・部材は一般的に仕上げ材の内側にあり、内部をうかがい知ることはできないことが多い。その点では専門家の調査等を待つことになるが、目視でも観察できることも多い。すなわち、周辺地盤の状況観察とともに、建物の地盤からの沈下・浮き上がり等が観察できる。

　その他の構造躯体についても躯体が露出している部分の表面状況の観察はできるし、仕上げ材に覆われている部分にあっても、仕上げ材表面から内部を推察・類推することは可能である。そして各部位・部材の亀裂、変形、さび、腐食、退色等の表面状況の異変について観察することが大切である。これら構造躯体部分の保守点検は少なくとも2〜3年に1度程度は行っておきたい。

②各部仕上げ部分

　各部仕上げ部分についてはさらに、ⅰ）外部仕上げ部分（屋根、外壁、バルコニー、外階段、雨どい、手すり等）、ⅱ）内部仕上げ部分（屋内各室・各部の床、壁、天井、タイル・石貼り部、サッシ・建具等）に分けて各部位ごとに観察し整理するとよい。

　外部仕上げ部分については、主として屋根部分の防水性能の確認、排水溝・排水口回りの機能維持の程度、外壁・窓回り・バルコニー等からの漏水に注目するとともに外壁の亀裂の状況、塗装表面の劣化・退色やタイルの浮き、てすりのほか金属部材類の変形・腐食等を中心に保守・点検をやはり2〜3年に1度程度行うとよい。

　内部仕上げ部分について、居室などは家具等によって十分な観察がしにくい部位もあると思われるが、年に1度程度でよいので定期的な点検を行うとよい。点検すべき項目は各室・各部ほぼ共通しているが、主として仕上げ材の亀裂、損傷、変形、浮き、さび・腐食等と考えてよい。水回りについては漏水、防水性能、シーリング材の劣化、衛生陶器類の破損・固定安全性、水飛沫・湿気等による周辺仕上げの損傷などが点検対象となる。また、サッシ・木製建具については建具本体の損傷、作動障害、付属金物の破損、塗装の劣化、気密性の低下等について点検を行いたい。

（6）建築付帯設備の保守・点検

　建築一般の保守・点検が建物の安全や長寿にとって大切であることは

いうまでもないが、その施設が施設として機能していくうえでは、その建物に付帯する多くの設備が支えているわけであり、それら諸設備についての保守・点検も重要である。なぜなら、それがいかに小さな、そしてごく一部の設備（機器、配管、配線、部品）であっても、そこに齟齬・異変・故障があれば、即利用者、居住者の利便・生活に支障をきたすからである。このように重要な位置にある建築付帯設備であるが、工事区分や、それぞれがもつ機能性の違いから大別して次の4区分に分けておくと整理しやすい。すなわち、①電気設備、②空気調和換気設備、③給排水衛生設備、④昇降機設備、に大別することができる。

①電気設備

　電気設備関係では、さらに、ⅰ）受変電設備（敷地外からの引き込み電線路を含む）、ⅱ）自家発電設備、ⅲ）電灯・動力設備、ⅳ）監視制御設備、ⅴ）直流電源設備、ⅵ）建築防災設備、ⅶ）避雷設備、等に細区分して保守・点検を行うとよい。昨今の建物設備のエネルギー源、作動動力源は結局のところ電気・電力に帰結する。したがって基本的な電力供給源や非常時安心源となる引き込み受電経路の安全確保や、非常時電力源となる蓄電池系の点検は半年に1度は行っておくべきである。その他の電気関係設備も年に1度は機器そのものの性能維持・作動状況の確認、配線・配管等は破損、さび、異臭、発熱などに着目して点検、各種制御装置類は必ず作動試験を行うことをお勧めする。そして電気設備が施設全体の根幹の設備であることに鑑み、管理者は定期点検意識を高く持ってもらいたい。

②空気調和換気設備

　冷暖房システムや給湯のためにボイラー、冷凍機などを設置している施設が多いと思われるが、基本的な安全のための有資格者による法定管理については**表7-4**に示した通りである。しかし自主管理として毎月1度程度は機器本体の作動状況、潤滑油量の点検、異音その他異変要素の発見に努めたい。室内側の空気調和・換気設備については、それぞれの機器・装置の作動状況はもちろん、本体の損傷、亀裂、さび、腐食等の点検と共に風洞・配管の固定度合い、発熱・異音の有無の確認等を中心に年1回程度は定期的に点検しておきたい。

③給排水衛生設備

　給排水設備に関しては館内全域の給水と排水のための設備であり、そ

の不具合の現象としては水・お湯が出るか、出ないかという単純なことであるが、いったんこうした不具合による事故が発生するとその被害は決して小さな事では治まらない。この主たる原因は配管類の経年劣化や管内残渣による通水性低下、水栓金具の故障・破損等によるところが大きい。これを未然に防止するためには、機器の損傷、機器備品の固定不良などの点検、そして配管類の軸受け不良、漏水、異音、異臭の早期発見が必須であり、年1回程度の定期点検を行いたい。

電気による事故発生の原因究明や復旧のスピードに比べると、水による事故は時間を要することが多い。断水期間が発生しないためにも、利用者・居住者の安心のためにも管理者による定期的な保守・点検が特に求められるところである。

④昇降機設備

福祉施設は規模の大小を問わずその必要性から昇降設備としてエレベーターを設置していることが多い。障害者、高齢者にとって上下階への移動手段として大切な設備である。これらの法定定期点検は専門技術者によって行うことが定められている。一方、普段何気なく便利に利用しているエレベーターであるが、管理者としては地震や火災が発生した場合に備えて非常時のための運用ルールを定め、点検や訓練を心がけておかなければならない。また場合によっては利用者・居住者の移動制限が生じる場合もあるため、制御システムなどの点検・管理も怠ってはならない。

⑤その他

その他非常時対応の設備として所轄の消防署への通報設備、近隣住民との間の非常時支援通報設備等を有する場合などもそれらの機能の有効性など訓練・点検が重要である。

また、ボイラー用煙突がある場合などは煙道の清掃・無公害化などについても施設管理者として留意しておく必要がある。

（7）社会福祉施設における維持管理費

前項までに述べたように施設建物が竣工し、その機能・性能を保持し、安全を確保し、長持ちさせるためには莫大な努力を払わなければならない。このことは、とりも直さず、日常または一定の時期に相応の経済的負担または投資を必要とする。ごく日常の清掃や、軽微な修繕、補修などは、単年度内補修費として取り扱うことのできるものが多いが、建物

全体または、重大な設備に及ぶ改修、更新にあたっては、その財源調達に腐心することになる。社会福祉施設会計においては、それらに対して十分な予算をあてることは不可能である。したがって、施設新築の際に周到な計画と対策をもって設計し、壊れにくく、保守管理しやすい建物・設備を建築することを心がけるべきである。しかし、ものには使用（耐用）の限界があり、一部または相当広範囲に手直し、更新が必要になることも避けられないのが現実である。法人（施設）の管理者は、日常または定期の保守・管理のなかで、そうした状況の来るであろう工事内容や時期をあらかじめ判断、予想して、予算対策を図らなければならない。一般的には「大規模な修繕に対する施設整備費国庫補助制度」「施設の措置費の修繕費引当金や同繰越金の活用」その他民間の各種補助制度の導入などに、その財源を求めることが多い。

社会福祉施設のアメニティ実現策としての維持管理

（1）社会福祉施設に求められるアメニティ

　社会福祉施設が、現代の複雑な社会生活にあって、ひとり自己完結して存在することはできない。すなわち、そこに生活したり、通所利用したりする人は、施設の一員であると同時に市民の一員である。こうしたいわゆるノーマライゼーションの思想が一般化するとともに、施設と地域社会との積極的な相互交流が行われるようになってきた。こうした施設のオープン化は、施設の入居者や利用者、そして運営する人々の意識や建物の設計思想にも大きな刺激と変化を与えてきた。旧来の施設には、その生活空間としての建築が狭隘（きょうあい）でいかにも収容的施設が多かったが、昨今ではこうした居住環境、生活環境からの脱却、向上志向が顕著である。このことは社会や個人の経済力の向上や、地域社会の支える力によるところが大きい。

　こうした物心両面での向上変化は施設においてサービスを提供する側にも、サービスを受ける側にも必然的に施設でのQOL（quality of life＝生活の質）に着目せざるを得ないことになってきた。そこに生活し、利用する人にとってはアメニティ（amenity＝生活の快適さ）を求めることにつながり、運営者にとってはこれを提供することが重要な責務である。アメニティは文字どおり快適性のことであるが、このことは安全で、健康的であることが基本的に保証されていなければならない。

　アメニティ豊かなQOLとはどのようなものか。そして、どうしたら

■ 図7-3　特別養護老人ホームの個室化計画

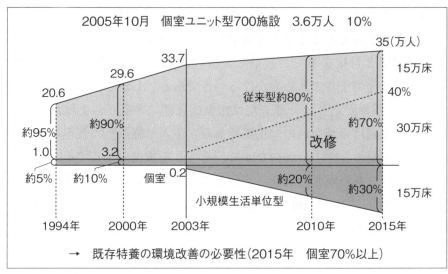

（国立保健医療科学院　井上由紀子氏作成）

実現できるのであろうか。施設運営者側からみれば、施設の生活はどこまでいっても集団生活であり、それを円滑にするためには一定のルールが必要であり、個人の自由、自主、自立に対して、ある程度の制約が設けられることは避けられない。一方、入所者や利用者にしてみれば、できるだけ多くの自由を望む上に、一人ひとりのもっている身体的状況や過去の生活歴の違いに個別的な対応が望まれる。

　このように多くの要素や矛盾のなかで、より高いアメニティをつくり出すことが、これからの施設運営には求められている。そして、これの実現には、いろいろな考え方、手法があると思われるが、ハード的対応（建築・設備などによるもの）とソフト的対応（運営・管理などによるもの）の意図的、積極的施策が必要である。例えば、介護保険制度の施行等、時代的、社会的背景のなかで、特別養護老人ホームの整備、運営については居室の個室化とともに少人数グループ処遇の可能手法としてユニット化が推奨されている。このことについて厚生労働省は、今後一層ユニット化及び個室化を推進しようとしている。すなわち、**図7-3**にあるように、2015年までには新設のユニット型特別養護老人ホーム（原則全個室）に、従来型特別養護老人ホームのユニット化改修時の個室化と合わせて70％以上の居室を個室とすることをめざしている。他の多くの福祉施設についても、こうした方向をめざし、既存・新設を問わず、安全で自由度の高い施設であることはもちろん、一層快適性のある施設運営に努めなければならない。

　ただし、大きな施設のなかでユニット化がすすむと、利用者や介助者

の生活は必然的にユニット内で行われることが多くなり、日常の保全管理担当はそれぞれのユニットごとに分担することになる可能性が高い。その場合、担当者ごとの観察方法や意識の違いによって報告や評価に差違が生じる可能性もある。

　日常の保全管理は第1が安全・清潔であり、全施設の安全・清潔が行き届いた管理のもとで保たれることが、すなわち、利用者のアメニティを支える源であり、法人・施設の評価にもつながるのである。

（2）アメニティ実現の場としての建築・設備

　入所者や、利用者の福祉施設におけるふだんの生活のなかで、著しい危険や不快を感じないですむという基本的な安心感を与え、リラックスした毎日を保証する場としての、よく手入れされた入れもの（建築・設備）が必要である。

　施設建物の資産的価値、機能・性能・形状の維持や、基本的な安全保証のために、定期的かつ計画的な建物・設備の維持保全管理が重要なことは、すでに述べたとおりであるが、毎日のごく無意識的な静かで安穏な生活では、もっと地味で根気強い建築・設備に対する日常の管理、手入れが大切な点である。こうしたハードの良好な状態を守るために万全の策を講じることが施設管理者の責務である。その結果として、施設利用者の日常災害や事故を未然に防ぎ、心の安定、行動の自由・安全が得られることになる。

　建物設備の日常的な維持管理は、清掃、各種設備の運転・点検、保安、警備などであり、建物初期状態の維持延命をめざすとともに日常安全性、良好な衛生状態を求めるものである。一方の命題である建物・設備の機能・性能などの維持延命は、施設管理者にとって、いろいろな意味で望ましいことであり、ものには寿命があることを知りながら手入れを続け、努力を重ねるのである。しかし、建築物は無数の材料部品からなっており、常識的に考えてもすべての部材が同時的に耐用年数の終焉、寿命を迎えることはない。

　建物全体の寿命は必ずしも、構成材の一部または多くの部分に耐用限度がきて起こるような物理的原因ばかりでなく、その用途や機能が時代に合わなくなったり、不必要になったりする社会的原因であったり、修繕・手入れを加え、再投資しても経済的利益につながりにくくなるような経済的原因などによって到来することもある。**表7-6**には、建築の構造及び主要設備についての所得税法上の耐用年数を示すが、材料・部品一つひとつの寿命とは別に有機体としての耐用限度を認識する上で参

用　　途	細　　目	耐用年数
建築構造種別	鉄骨鉄筋コンクリート造 または鉄筋コンクリート造のもの	47年
	れんが造・石造 またはブロック造のもの	38年
	金属造のもの ・骨格材の肉厚が4mmをこえるもの ・骨格材の肉厚が3mmをこえ4mm以下のもの ・骨格材の肉厚が3mm以下のもの	34年 27年 19年
電気設備	蓄電池電源設備	6年
	その他のもの	15年
給排水設備 衛生設備 ガス設備		15年
冷房設備 暖房設備	冷房設備（冷凍庫）の出力が 22キロワット以下のもの	13年
通風設備	その他のもの	15年
ボイラー設備	エレベーター	17年
昇降機設備	エスカレーター	15年
消火設備 災害報知設備 格納式避難設備 排煙設備		8年
エアカーテン設備 ドア自動開閉設備		12年
アーケード設備 日よけ設備	主として金属製のもの	15年
	その他のもの	8年
店用簡易装備 簡易間仕切		13年
前掲のもの以外のもの及び 前掲の区別によらないもの	主として金属製のもの	18年
	その他のもの	10年

（平成10年3月31日改正「減価償却資産の耐用年数等に関する省令」に基づき筆者作成）

考になる。また、**表7-7**の例は設備機器などの平均的な耐用年数を示しているが、建築資材においても、鉄筋コンクリートなど一部の主要構造部材を除いて、10〜20年にその耐用年数は集中している。

　こうした避けられない寿命というものを抱えながら、少しでも長く、広い意味での価値を保ち続けるためにも、日常の維持管理が大切なことはいうまでもないが、もう一方の目的である日常の安全性、良好な衛生状態を保つためにも日頃の手入れの積み重ねを怠ることはできない。しかし、施設のなかで事故が起きないように常に細心の注意を払っていても、さまざまな事故や災害が思わぬとき、思わぬ形で起こる。平常時、非常時を問わず、当初設計の際に十分に検討、予見して対策を講じておくことは当然のことであるが、これですべて十分であるというわけにはいかない。非常時の災害とその対策については事の重大性からみて別項にて扱うこととし、ここでは日常的な事故について考えることにする。

■ 表7-7　設備などの耐用寿命

小科目	項目	耐用寿命の平均値（年）
衛生器具設備	大便器（和風）	24.3
	大便器（洋風・一般器）	11.6
	ロータンク	21.2
	ハイタンク（大便器用）	16.0
	洗面器	12.6
	洗濯流し	15.0
	洗面器用トラップ	19.6
	流しトラップ	14.6
	浴槽	13.1
	床排水トラップ	9.0
	給水栓	10.8
	洗浄弁	14.5
	換気扇（ディスク型）	21.6
給水設備	制御盤（壁掛形・特注品）	18.0
	電極	11.0
	水道メータ	9.0
	装置用弁類	11.1
	揚水管（VLP）	9.0
	給水管	6.1
	一般弁類	15.0
	防扉	15.0
	電気配線	22.0
給湯設備	バランス釜	5.8
排水通気設備	排水ポンプ	15.0
	汚水管（VP）	19.4
	雑配水管	16.1
	敷地下水管	13.0
ガス設備	ガス栓	26.8
	ガス管（SGP）	8.0

（出典）飯塚裕『建築維持保全』丸善、1990年、116頁

　表7-8は住宅内での事故・けがとその発生場所について行われた調査結果であるが、高齢者施設などにとっては、参考になるものであろう。発生場所でみると、前期高齢者は階段・台所での事故発生率が高く、後期高齢者になると寝室・廊下での事故が多い。これは当然のことながら、年齢とともに、主として活動する、または生活するゾーンが変化していることを示している。事故・けがの内容では転倒・打撲が圧倒的に多く、高齢になればなるほどその傾向は強まり、骨折も増えてくる。そうした事故・けがの原因は、もちろん年齢からくる心身機能の低下や高血圧、脳血管障害、心臓病など疾病によるもの、建築的不備・不具合によるもの、あるいはこれらの複合によるものである。

　建築的な原因をもう少し詳細にみると、事故の多くは、移動時に多く、思わぬ床の段差、滑りやすい床、急な階段、移動距離の長さ、照度の急激な変化、明るさ不足などである。さらに人為的な事故原因、すなわち、

■ 表7-8 年代別住宅内事故の状況

N＝290人

項　　　目		50 代	60 代	70 代	80代以上	全　体
発生場所	居　　　間	11.9	17.5	18.1	17.0	16.9
	食　　　堂	4.8	5.3	2.2	3.8	3.4
	台　　　所	21.4	14.0	12.3	3.8	12.4
	寝　　　室	4.8	5.3	10.1	17.0	9.7
	便　　　所	2.4	－	1.4	1.9	1.4
	浴　　　室	2.4	3.5	5.1	1.9	3.8
	廊　　　下	2.4	－	7.2	17.0	6.9
	玄　　　関	7.1	10.5	10.1	13.2	10.3
	階　　　段	23.8	26.3	13.8	11.3	17.2
	そ の 他	19.0	17.5	19.6	13.2	17.9
事故種類	転　　　落	19.0	22.4	13.9	17.0	16.9
	転　　　倒	19.0	31.0	48.9	66.0	44.1
	鋭 利 物	11.9	3.4	2.2	－	3.4
	落 下 物	－	－	2.2	－	1.0
	挟 ま れ	26.2	12.1	7.3	－	9.7
	衝　　　突	9.5	20.7	15.3	13.2	15.2
	火　　　傷	7.1	6.9	5.8	1.9	5.5
	換　　　気	－	－	0.7	－	0.3
	そ の 他	7.1	3.4	3.6	1.9	3.8
負傷内容	擦　　　傷	9.3	16.9	16.1	19.6	15.9
	切　　　傷	16.3	11.9	8.8	13.7	11.4
	刺 し 傷	－	－	0.7	－	0.3
	捻　　　挫	20.9	16.9	15.3	3.9	14.5
	打　　　撲	27.9	28.8	38.7	41.2	35.5
	骨　　　折	4.7	8.5	8.8	11.8	8.6
	火　　　傷	9.3	10.2	6.6	2.0	6.9
	爪 剥 ぐ	2.3	3.4	0.7	2.0	1.7
	そ の 他	9.3	3.4	4.4	5.9	5.2

（出典）東京都生活文化局消費者部消費生活公衆浴場課編『高齢者の住宅関係危害情報の分析調査研究』東京都生活文化局、1987年

物を置いて狭くなっている廊下、階段、床となじんでいないジュータンのへり、すべりやすかったり脱げやすいスリッパなど、住まい方に少し注意すべき要因もある。

　以上のように建築・設備のハードに対する日常のたゆまぬ維持管理、安全対策は消極的で目立たないことではあるが、結果として、そこで生活する人々のアメニティ実現に大きな役割を果たすことになる。

（3）アメニティ実現のための積極的な施設運営

　社会福祉施設の生活にあって、ハードとしての建築・設備が適切な管理のもとに良好な環境が保たれていることが、より安定したアメニティを下支えしていることは前に述べた。さらにそのレベルを高め、入所

者・利用者に、より満足感、快適感をもってもらうためには、施設の運営方針のなかで、より高いサービスを心がけることである。すなわち運営ソフトの充実を図ることである。

このためには多少の建築ハードの改善や、設備機器の修繕・工事を要することもあるが、それはあくまでも運営ソフト改善・増強・工夫の一環である。表7-9に示すのは、養護老人ホーム、軽費老人ホームの入所者に対して行われた調査であるが、建築そのもの、設備、環境などについてのクレームを列挙したものである。施設種別などによって、必ずしもすべてに適用できるとも、すべてを語り尽くしているとも思えないが、このクレーム事項の逆、すなわち、これを解決することがアメニティの向上につながることになる。

しかし、一言でこれを解決するといっても、構造的または規模的にみて不可能なこと、経済的に不可能なことも多く、いきおい、スタッフなどによる運営サービスの付加、工夫に頼らざるを得ないことも多い。入所者・利用者の環境不適応や、心理的不安を軽減、除去することが重要である。基本的には入所者・利用者の人間としての尊厳やプライバシーに配慮しつつ、できるだけ自立をめざした環境整備をすべきである。

総体的に配慮すべき点としては、必要な人にはできるだけ個室または専有空間を確保できること、色彩計画、照明計画、BGM（バックグラウンドミュージック）などによる心理的安定や、空間のわかりやすさを演出すること、換気その他の方法で臭気対策を図ること、便所などへはできるだけ歩行距離が短くなるよう工夫すること、談話室、デイルーム、喫茶コーナーなど交流の場を提供すること、カーテン、絵画などによる壁面装飾で情緒的安定を図ることなどである。また医務室、静養室、理美容室の充実は施設で生活する人にとって、違った意味で大きな安心と期待感につながっている。

一方、建物全体のなかで画一的に改善を行うのではなく、個々の居住者の身体機能に対して配慮しなくてはならないことも多い。つまり、空間、設備の個別、専用化を図ったり、個人所有の家具・備品の持ち込みを可能にするなど、個人的要望・希望に応えることも、アメニティ向上にとって大切なことである。

表7-9は、特にこうした要望を示すもので、逆にいえば、こうした点は、やろうと思えばできることであり、運営上の工夫が極めて大切になってくる。

以上、社会福祉施設のアメニティ実現にとって、ハードに対する維持管理が、消極的・基本的施策であるのに対し、ソフト面での運営管理・

工夫が積極的施策として非常に重要である。したがって、数々の条件・制約のあることは当然のことであるが、全体的なバランスをとりつつ、入所者・利用者のアメニティ実現のために邁進、努力することが、施設管理者に強く求められ、そして、その実現努力は施設・法人の差別化、評価につながるものである。

■ 表7-9　老人ホーム居住者の建築クレーム

次元	建築クレーム項目		次元	建築クレーム項目	
建物の快適性	（居室）	通風が悪い 暑苦しい 日当たりが悪い 室外の音がやかましく気になる 明るさや内装など部屋の雰囲気が悪い	建物の安全性	（居室）	緊急連絡設備がなく不安 屋外への避難がむずかしい
	（便所）	換気が悪く臭いが気になる 配水音が聞こえて気になる 冬の夜トイレが寒い		（浴室）	床が滑りやすくあぶない
				（通路）	床に段差がありあぶない
	（洗面）	給湯設備がなく不便	空間・設備の個別性	（居室）	家具が持ち込めず不便 室内に絵などを飾ることができず不便
	（浴室）	室内が暗く、不潔な感じ		（便所）	便所が共用で困ることがある
	（食堂）	明るさや内装など部屋の雰囲気が悪い		（食事）	食卓を囲む人数が多くよくない 個人用の冷蔵庫がなく不便 個人が使える台所がなく不便
	（屋外）	樹木が不足して殺風景		（浴室）	浴室が共用で困ることがある
社交レク設備	（集会）	クラブ室が不足 大集会室が不足 娯楽設備が不足		（その他）	個人の活動に使える空間が不足 個人用郵便受けがなく不都合 公衆電話の位置が不適当 個人用電話を引けず不便
	（屋外）	園芸用の庭が不足 運動設備が不足			
	（通路）	ラウンジが不足			
身体機能低下への配慮	（居室）	布団の収納が困難 できればベッドの使用を希望	規模の適切さ	（居室）	部屋が狭くて困る 収納が狭くて困る
	（便所）	手すりがなく不便、または位置が悪い		（便所）	便所が混雑して困る
		浴槽縁高が高く、出入りに不便 浴室との距離が遠くて不便		（浴室）	浴室が狭くて困る 浴室が混雑して困る
	（食堂）	居室との距離が遠くて不便		（食堂）	食堂が狭くて困る 食卓が狭くて困る
	（通路）	階段の昇降がたいへん 階段蹴上げが高く昇りにくい 床に段差があり歩きにくい		（集会所）	集会室が不足
	（その他）	畳上での動作がたいへん			
情報の適切さ		各階の区別がわかりにくい 建物内が複雑でわかりにくい ホーム内の放送が聞きづらい 居室と事務室の連絡設備がなく不便 掲示板の位置が不適当	近隣施設		交通の便が悪い 周辺に商店が少なく不便 徒歩圏内に医療施設がなく不便 適当の散歩道が不足している

調査対象・都内養護、軽費 A 型 B 型老人ホーム 8 施設。計377名
（出典）児玉桂子・髙橋儀平『寮母・ヘルパーの家政学②住居』全国社会福祉協議会、1989年

③ 危機管理・防火防災計画

　施設の建築計画の近年の傾向は、大規模化、複合化をみせており、このことは多層化や機能の複雑化をともなっている。その上に快適空間の追求なども加わり、その維持管理の必要性は質量共に重要なものになっている。前項までに施設建築・設備の日常的な維持管理、定期的な維持管理、そして、臨時的な維持管理を計画的に実施することにより、施設の安全、建物の長寿、そして、より高いアメニティを達成することができることを述べた。

　それら各段階での維持管理策を通じ、最も重要なテーマは安全であり、入所者・利用者、そしてスタッフも、自分たちの施設が安全であろうことを疑ってもいないのは普通である。その期待されている安全のうち、日常的なことについては前項までに述べたので、本項では非常時の災害とそれに対する安全について述べることにする。

（1）建築（施設）における非常時災害と安全性

　日常的な災害が建物の構造強度の不足、日頃のメンテナンス不足、または利用者自らの不注意等々のような、どちらかといえば自ら招いた事故、故障、けがなどであるのに対して、非常時の災害は異常気象などによる突発的、外的要因による事故災害の類で、**図7-4**のように分類することができる。

　このうち地盤の安定化、対地震、対積雪、対強風に対しては、ある程度、経験的にも予測可能なので、建築基準法により、あらかじめ一定以上の安全対策をとるように規定されている。しかし、いずれにしても、これら突然ないしごくまれにやってくる災害、火災などの外的要因に対する災害にはハード・ソフト両面での十分な対策を立てておかなければならない。なかでも、福祉施設はその用途や、入所者・利用者の身体的、行動的特性を考えると、その対策はより一層重要である。

　参考までに、障害者の平常時の行動パターンと、非常時の行動能力について、**表7-10**に示す。

　まさに平常時の施設内での入所者・利用者一人ひとりの生活パターンをよくよく観察し、ある場面では個人別の支援対応を考えておかなければならない。それらのことを認識した上で、非常時災害の安全対策を考える必要がある。特に火災については、一部人災であったり、放火であったり、その原因から考えても発生可能性が高く、失われる生命、財産の大きさを考えても、十分な対策を講じておくべきである。

火災－火災安全性

- 出火防止　　　（居室の内装・火気使用室の内装・使用火気など）
- 早期発見・伝達　（感知通報設備・非常放送設備など）
- 初期拡大防止　（初期消火設備・内装材・収納可燃物など）
- 延焼拡大防止　（床・壁・開口・防火区画・消火設備・本格消火設備など）
- 類焼防止　　　（外周壁・軒・開口・屋根など）
- 煙制御　　　　（防煙区画・排煙設備・給気設備など）
- 避難安全性　　（避難路・出入口・安全区画・階段など）

ガス爆発－爆発安全性

- ガス漏れ防止　（配管・ガス器具・ガス漏れ検知機など）
- ガス拡散性　　（換気率・ガス比重など）
- 主体構造の耐爆　（床・壁）
- 周辺の安全性　（開口部の位置）

震災－耐震性

- 地盤・基礎の安全性──直接基礎の安全性、くい基礎の安全性
- 主体構造の安全性──主体構造の強度、主体構造の変形
- 各部構造の安全性──壁の変形性能、サッシの変形性能、天井の安定性、ドア枠の強度、設備の耐震固定、屋根ふき材安定性

地盤災害－地盤安定性

- 地震時の液状化の可能性、傾斜他の安定性

水害－水害安全性

- 河川洪水に対する安全性（保水能力・貯留能力・河川容量・遊水能力・築堤安全性）
- 地滑りに対する安全性
- 斜面崩壊に対する安全性（地盤構造・地盤の力学的特性・のり面の防災工法など）

風害－耐風性

- 主体構造の安全性──主体構造の強度、主体構造の変形
- 各部構造の安全性──開口部の安全性、屋根の安全性、壁の安全性

雪害－耐積雪性

- 主体構造の安全性──小屋組の強度
- 各部構造の安全性──屋根各部の安全性、雨どいの安全性

（出典）『社会福祉施設の建築物に関する手引書』車両競技公益資金記念財団

第7章　社会福祉施設の施設管理と福祉用具

■ 表7-10　障害者の日常生活における行動パターン及び災害時における行動能力

障害の種類	日常生活における行動パターン	災害時における行動能力			
		災害の覚知	初期行動	情報の収集・伝達	避難行動
視覚障害	買物や通院など生活上での必要最小限の行動。区内や都内など広い行動範囲を持っている人でも定められた行動パターンでしか行動できない。日常の生活圏の外での行動はできない。	その場で何が起こっているのか目で見ることができないため覚知が遅れる。火災の場合は、サイレンの音や人のどよめきで近いか遠いかを判断できるが、水害の場合はわからない。	災害の状況が把握できないため、危険から退避することが困難である。外出中の災害の場合は介助者からの情報がなければ行動はできない。	ラジオ、テレビニュース（音による情報）で得ることができるが、周りの状況等の把握はできない。日常の生活圏の外では公衆電話などのある場所とわからないため連絡をとられない。	日常からよく知っている場所であっても、自分で行動することは困難である。介助者がいない場合は行動はできない。
聴覚障害	自分の判断で行動する場合は健常者とあまり変わらないが、行動範囲は限られている。健常者といっしょに行動することは困難である。	災害現象の「音」が耳から入ってこないため事態の覚知が遅れる。就寝中の火災など覚知できない。	ある程度の初期行動は可能であるが、事態の覚知の遅れから判断がとっさにできない。	電話、ラジオ、テレビ、防災無線スピーカーなどの「音声情報」は収集できない。	避難行動の指示等が音声で伝えられると、状況の把握ができないため、自力で行動することができない。
肢体不自由	自分の身の回りのことをするのが精いっぱいである。車いすや歩行用の補助器具を利用しての行動も、病院や区役所など一定の限られた範囲である。	覚知が遅れる場合が多い。	外出中など行動を起こしているときはある程度の対応は可能だが、介助者がいないと困難な場合が多い。補助器具を身につけている就寝中は寝たきり同様で何もできない。	情報の収集や状況の把握はある程度できるが、自分の身体を動かすことにハンディキャップがあるために制約される。	障害の程度によっては、介助者がいないと行動できない。日常は車いすや補助器具を利用して行動できても、災害時には大きなハンディがあり行動は制約される。
ねたきり老人	本人は行動できないため介助者自身の行動も制約を受ける。	介助者がいない場合は、覚知が遅れることが多い。	自分での行動はできない。	ある程度の情報は得ることができ、状況を把握することは可能であるが、自分の状況を伝えることは困難である。	自力での行動はできない。介助者がいても、車いすや等の補助器具がないと困難な場合が多い。
ひとり暮らし老人	75歳以上の高齢者や病弱者は、日常生活をしていくうえでの必要最小限の行動である。日常の生活圏の外での行動は困難な場合が多い。75歳未満の人は、健常者とほとんど変わらない。	同居人がいないため、覚知が遅れることが多い。	ある程度の行動は可能であるが、覚知が遅れるためにとっさの行動は困難である。	情報の収集や伝達はある程度可能であるが、それに対し判断して行動することは困難である。	自力での行動は困難である。
知的障害	つねに誰かの介助を受ければ行動できないため、家族や保護者が同伴する。福祉作業所への通所など毎日定められた行動範囲に限られる。	判断力に欠けるため覚知できないことが多く、家族や保護者から知らされる以外、覚知できない。	介助者に頼る以外何もできない。	情報が知らされても介助者がいないと判断することができない。	介助者がいないと自力で行動できない。

（出典）『障害者等のための防災対策のあり方について』中野区障害者等のための防災対策検討会議の提言

（2）防火防災計画の組み立て

　一般的な火事に対して建物管理者は火事の状況レベルを想定し、数々の予防や対策を用意計画しなくてはならない。そこで、火事災害を取り巻く状況を整理すると**図7-5**で示すことができる。建築防火の一般的な対応としては、火事を起こさないこと、万一起きてしまったら、まず第1に、生命を守り、確実に避難をし、火はなるべく早期に消火することに尽きる。建築を設計する時点で、建設地域、地区、建物用途、規模などにより、躯体、仕上げなどの耐火・防火規制が建築基準法で定められている。しかし、火事の原因や、その場に遭遇した人間の行動（**図7-6**）を考えると、防火防災対策の重点は、むしろ竣工後の防火努力や避難訓練、最寄りの消防署との連携など、建築防火に関する危機管理ソフトを構築することのほうが大切である。

■ **図7-5　建築防火の考え方**

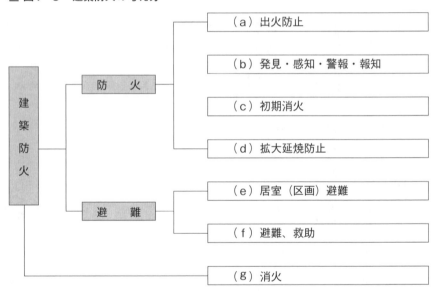

（出典）建設省（現　国土交通省）住宅局建築指導科、日本建築主事会議監修『新・建築防災計画指針』財団法人日本建築センター、1995年

■ **図7-6　火災時の人間の行動の特徴**

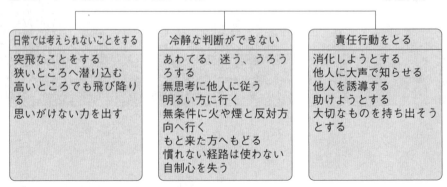

（出典）日本建築学会「建築設計資料集成」

（3）社会福祉施設の防火防災対策

　一般的に建物の管理者は**図7-4**に示すそれぞれの場面・状況にふさわしい準備をすることで、ある程度有効な減災・避難につなげることが可能とされている。しかし、社会福祉施設における防火防災対策は一般論ですますことはできない。すなわち、社会福祉施設の場合は、それぞれの施設の用途や特性、そこに生活する入居者・利用者の多岐にわたる行動傾向からして、一般建物の防災・避難対策に匹敵する成果はとても望めないのである。

　まず、社会福祉施設の中で防火防災対策上特に留意すべき施設は、ⅰ）介護度が高い高齢者が入居している特別養護老人ホーム・養護老人ホーム、ⅱ）車いす利用者や視覚・聴覚言語障害者が生活する身体障害者療護施設、重度身体障害者授産施設や更生施設、ⅲ）不安定な自立的行動やパニックに陥りやすい人たちが生活する知的障害者授産施設・更生施設、ⅳ）自主判断で避難・防災に立ち向かうことが困難な乳児院、重症心身障害児施設等子どもの施設、ⅴ）最近では重複障害者の多い救護施設などである。

　上記に示す多くの福祉施設の防火防災対策において、防火対策は一般建物と同様、出火防止に尽きるが、問題となるのは防災・避難である。出火した場合、初期消火や延焼拡大防止は主として施設管理者側が対処する事であるが、施設の火災から安全に避難すべき入居者・利用者にとって、迅速な避難は至難なことである。入居者・利用者の障害は千差万別で、健常者の避難計画では事たりない。ちなみに、**表7-11**に社会福祉施設における火災事例とその概要を示す。

　こうした条件で、しかも必ずしも充分でない施設職員配置の中で、迅速かつ安全に避難を成就せしめるには、平時に火災を想定して充分なケーススタディーと実地訓練を行うことが必要である。その際、入居者の身体特性、行動特性をしっかりと認識した上で、避難方法や避難ルートを確立しておく必要がある。

①火災発生の防止

　福祉施設では、直接的な火元になり得る火気を使用しないことはもちろんのこと、内装、カーテン、寝具類は個人的な嗜好に配慮しつつ、防炎性能を有するものを使用する。また防火管理者・責任者を各部署、火気使用個所などごとに定め、常に点検管理をするとともに、入居者の生活習慣として防火意識などについても十分指導教育する。

施 設 名		出火年月 発生時刻	死者 傷者	概　　　要
障害者施設	A学園 （大分県）	昭和43年1月 0時30分	6 1	木造平屋建1棟255㎡全焼、アイロン消し忘れ、火元棟（児童26人）には寮母が1人しかおらず
	B学園 （千葉県）	昭和46年2月 19時30分	5 0	木造平屋建1棟884㎡火遊びで出火、職員6人で救出に当たるが、手がまわらず5人が死亡
	C学園 （茨城県）	昭和50年8月 4時30分	1 2	RC造2階建の1階から出火し13㎡損傷、放火、耐火造の隔壁により隣室への延焼を免れる
	D学園 （弘前市）	昭和61年2月 22時30分	2 6	RC造平屋建1棟145㎡部分焼、煙草が原因、入所者50人を職員4人で誘導するが要員が不足
	E寮 （神戸市）	昭和61年7月 23時40分	8 0	防火造2階より出火、3棟1,413㎡を全焼、老朽家屋、通報の遅れ、逃げようとしない児童多し
更生施設	F施設 （富士市）	昭和62年2月 5時26分	3 1	簡耐造3階建1階より出火、鍵のかけられていた反省室の3人が死亡、自火報等の設備が不足
老人施設	G園 （横浜市）	昭和30年2月 4時20分	98 6	木造2階建1階より出火、4棟3,037㎡全焼、老朽家屋で急速拡大、入所者143人に対して寮母2人
	Hホーム （山梨県）	昭和45年3月 9時35分	4 1	木造2階建1階より出火、2棟418㎡全焼、当直が不在、一度避難した4人が部屋に戻り死亡
	I施設 （東村山市）	昭和48年3月 2時00分	2 0	耐火造2階建1階から出火、1棟10㎡部分焼、火元の夫婦死亡、非常ベル停止、耐火壁が延焼防止
	Jホーム （東　京）	昭和62年6月 23時23分	17 25	耐火造3階建2階から出火、1棟450㎡焼失、寮母2人、通報・誘導の遅れ、段差等が避難障害

（出典）建設省（現　国土交通省）住宅局建築指導課・日本建築主事会議監修『新・建築防災計画指針』財団法人日本建築センター、1995年、259頁

②早期発見・早期通報（初期対応の自動化）

　一旦火災が発生した場合には、できる限り早く、防火管理者、入居者、利用者に知らしめるとともに、消防署や、在宅施設職員へ通知する。同時に消火及び避難誘導、救助活動ができるようにする。これらのことが可能な限り確実に実施されるためには冷静な行動が求められるが、これをより確実なものにするために、施設と消防署、施設長宅、職員宿舎や近隣の協力者宅などに直結した、非常通報装置を備えるなど二重、三重の準備措置をとることをおすすめする。

　これらの通報対策が完成すれば早期消火、早期避難が可能となり、火災による死傷者の発生や、大切な財産の消失を最小限度にとどめることができる。

③避難計画と危機管理

　火災時の避難はいくつか複数の手段で確実に実行できなくてはならない。前にも述べたように、入所者や利用者の生活パターンや行動能力について、それぞれの施設に即した、さらに各人の特性ごとの避難計画を、最大の危機管理項目としてとらえ、平素、組み立てておくと同時に訓練を重ねておく必要がある。その前提として、防災、避難設備、経路における信頼度は、排煙性能も含めて100％確保されなくてはならない。さらに、社会福祉施設の避難の原則として、建築基準法の考え方だけでは不十分な面がある。すなわち居室からの避難を考えるとき、廊下における２方向避難及び、居室内の２方向避難ができる計画が望ましい。その上で図7-7に示すような水平避難区画を設けることが火元階であってもすばやく身の安全が得られる等、人手の少ない福祉施設、特に夜間非常時などには有効な対策である。また、できるだけ建物を周回できるバルコニーが避難上有効である。ただし、車いすの通過に支障のないような幅が必要である。また、多少広めのバルコニーや下階の屋根上などを、車いす利用者や自立避難困難者の安全な避難場所とすることも有効である。もちろん居室などからバルコニーへの移動に支障となる段差があってはならない。

■ 図7-7　水平避難方式と避難に有効なバルコニー

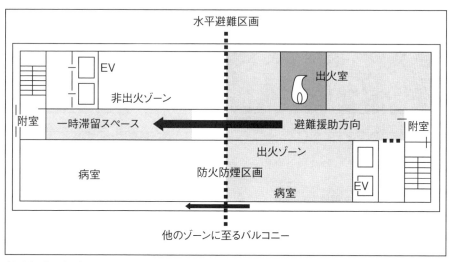

(出典) 建設省（現　国土交通省）住宅局建築指導課、日本建築主事会議監修『新・建築防災計画指針』財団法人日本建築センター、1995年、105頁

④近隣住民、近隣施設、消防機関との連携協力体制の確立

社会福祉施設においては、特に出火させないこと、早期に発見通報することにすべてがかかっているが、一旦出火して、避難・消火という一連の緊急事態になった場合には、何といってもマンパワーの不足は否めない。そこで、近隣その他緊急応援体制を平素の危機管理システムのなかに取り込んでおくことが大切であり、時々の実施訓練にも参加してもらっておくとよい。

■ 図7-8　各防災設備とその目的、時系列関係

発見・通報設備	自動火災報知設備 非常電話設備
初期消火設備	スプリンクラー設備 不活性ガス消火設備 屋内消火栓設備
避難を確保する設備	非常照明設備 非常放送設備 避難口誘導灯設備 通路誘導灯設備 非常解錠設備 排煙設備
延焼拡大を防止する設備	防火・防煙シャッター 防火ダンパー 防火戸
消防活動を確保する設備	消防用水設備 連結送水管 非常用エレベーター設備 非常用コンセント設備
システム全体を維持する設備	防災センター 種々の通信設備

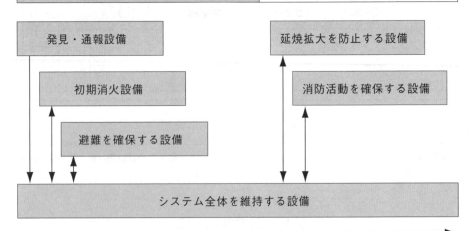

（出典）児玉桂子・高橋儀平『寮母・ヘルパーの家政学②住居』全国社会福祉協議会、1989年

以上、火災防災計画を中心に社会福祉施設の非常時の安全について述べてきた。図7-8に示すように各防災設備をその目的ごとに区分し、それぞれを火災時の時系列のなかに整理し、認識してほしい。こうした非常事態は全く出現しないかもしれない。しかし、明日にもやってくるかもしれないことを思い、平素の身近な建物・設備の維持管理を含めて、習慣化・組織化を図り、大切な施設を守っていただきたい。

耐震診断等防災性能向上への対策

（1）既存建物の耐震診断

　わが国の福祉施設は昭和30年代後半以後、多くの分野で施設整備がすすめられてきた。年を経た福祉施設は、老朽化対策をも考えに入れなければならない時代を迎えている。建物の維持・管理が、建物の有用価値を可能な限り長寿命化するために必要不可欠であることは縷々述べてきたとおりであるが、一方で老朽化を実感するときが必ず来ることも、これ避けられない。特に建物の構造体については、昭和56（1981）年度から耐震基準が強化、改正された。現行法では、それ以前に建築された建物も、当時の法律に適合している限り遡及されず、適法であるとされている。しかし、経年によるいたみが目に見えてきたり、当時の貧弱な投資事情、そして何といっても人が24時間生活している施設であることを考えて、最も基本的な安全性を担保するために、「施設建物の耐震診断」をおすすめしたい。もっとも診断をすれば安全確保されることではなく、安心度の確認であり、対策策定のための第一歩でしかない。この耐震診断は専門の技術者に依頼して行うことになるが、各自治体の多くは診断業務委託について、補助金制度が用意されているので、相談されるとよい。これも広い意味で維持、管理業務の延長線上の問題である。

（2）アスベスト問題

　近年、人体の健康に対し、有害な建築資材として、アスベストが問題視されている。アスベストとは、石綿のことであり、かつては社会生活のなかで、また建材の有用原料として広範に利用されていた。それは断熱性、遮音性に富み、製型・吹付け等扱いやすく、特に安価であったために世界中で大量に用いられた。しかし、1972（昭和47）年にその有害性が世界保健機関（WHO）から発表され、日本でも1996（平成8）年以後、含有率1.0％以上の吹付材の使用が禁止となり、さらに2008（平成20）年以降はアスベストを含む製品、資材の建物への使用はできなく

なった。人体への影響は報道等にみられるとおりであるが、その原因が目に見えない微少な針状の分素材の集合体であること、そして、知らず知らずのうちにこれを呼気として、人体の肺に蓄積してしまうことにある。前述したように、性能的にも経済的にも極めて有用性が高かったために、建築資材としては現場資材として、また製品素材として多くの場面で採用されてきた。したがって、建築の仕上材を中心として、建物は多くの有害物質を抱えていることになる。基本的には針状の分素材が飛散した状態にならないようにすれば直接的な被害は防止できるとされている。有害性防除対策としては吹付材として使用されているような場合はこれを除去するか、封じ込め、または固型化策を講じなければならない。

　一方、建築資材のなかに混入され固型化されたものは当面の被害対策としては安全とされているが、建物解体時に飛沫の発生防止と廃材処理に関する規制を守ることを求められている。法人、施設の管理者は臨時的、一時の管理業務として上記案件の現況把握と、入所者、利用者の安全確保のために、所要の診断を専門技術者に委託し、調査しなくてはならない。所管の自治体や、施設の設計者に相談するとよいだろう。

（3）高齢者グループホームとスプリンクラー設備

　2006（平成18）年1月、長崎県大村市で認知症高齢者グループホームの火災により大勢が死亡する事故が発生した。この施設の火災は現行法に照らせば、規模・構造等からみて、消防・防火設備上違反ではないなかで発生したものであった。総務省消防庁はこのことを重く受け止め、その対応、検討結果として2007（平成19）年6月に消防法施行令の一部を改正し、小規模高齢者共同生活施設に対するスプリンクラー設備の義務設置が改正公布された。

　従来認知症高齢者グループホームは小規模施設で、平屋建てが多く、一般的に火災時の避難は容易であると思われていたこと、経営規模も小さく経済的負担のこともあり、自動消火設備の設置義務を課せられていなかった。しかし、実際は自力歩行による避難行動をとれない利用者が多い、平屋建てでありながら直接外部に避難できる開口部が少ない、職員配置が極めて少なく火災時の初期消火や避難誘導が十分できない等の状況が判明した。こうした現実をふまえて、現行法の用途や建物規模によるスプリンクラー装置設置基準ではこの種の火災事故予防はできないとして、法改正の方向が打ち出されたのである。従来、福祉施設におけるスプリンクラーは、延べ床面積1,000 m^{2}以上の施設に対し義務づけら

れていたが、法改正後は、消防機関への火災通報設備や施設内自動火災
報知設備などを含め、延べ床面積275 m²以上の施設に対し設置義務が
強化された（2009(平成21) 年 4 月 1 日施行）。ただし、法で定めた避難
上有効な構造、手段が講じられている一部施設については、スプリン
クラー設備の設置義務が緩和されている。

　この法改正をともなうスプリンクラー装置を設置することによって、
避難時間を稼ぎ、鎮火させることも期待しようとするものである。しか
し、法人・施設側としては、経済的な問題や借り家による施設運営、建
物の内部構造の個別事情で、直ちに設置が困難なことも考えられる。い
ずれにしても何らかの対応が必要となるので、機能・方式・工事費用等
について、行政または建築設計者等専門家によく相談していただきたい。

●引用・参考文献
　◦社団法人日本建築学会編著『建築物の調査・劣化診断・修繕の考え方（案）』
　　『建築物の調査・劣化診断・修繕の考え方　解説』1993年
　◦飯塚裕『建築維持保全』丸善、1990年
　◦児玉桂子・高橋儀平『寮母・ヘルパーの家政学②住居』全国社会福祉協議会、
　　1989年
　◦『社会福祉施設の建築物に関する手引書』車両競技公益資金記念財団、1986年
　◦建設省（現　国土交通省）住宅局建築指導課　日本建築主事会議監修『新建
　　築防災計画指針』財団法人日本建築センター、1995年
　◦東京都建築設備行政連絡協議会編「東京都建築設備定期検査報告実務マニュ
　　アル」財団法人建築設備・昇降機センター、2008年

第2節　福祉用具の活用と維持管理

本節のねらい　施設における福祉用具は、経費の側面や適合技術の不十分さなどから、画一的な用具が利用されることが多い。しかしながら、福祉用具は個々人の生活目標を実現するためには大きな効果を発揮する手段の１つである。そのためには、個々人の身体的な特性や生活目標のあり方に応じて、福祉用具を適切に選択し、適合し、使い方を考えることが必要不可欠である。また、ケアの質を高め、介護職の労働災害を防止するためにも福祉用具は必須である。正確な知識と技術に基づき適切に福祉用具を利用すれば、ケアの質の向上と同時に介護職の身体を守ることができ、介護職の離職率の低下などに資することが期待される。

1 介護と福祉用具

　高齢者ケアの目標として、「質の高いケア」「個別ケア」などの言葉がよく使われる。最近一般的になりつつあるユニットケアにおいても、利用者個人個人の個別性が強調される。ケアの個別性とは利用者一人ひとりの個性を尊重するということにほかならない。だとすれば、そこで実行される介護技術も一人ひとりの状況に応じて、多くの技術のなかから最適な技術を選択することが求められる。誰にでも同じ技術で対応するのでは、個性の尊重にはならない。

　一方、介護はすべてを介護者が行うのではなく、利用者一人ひとりが自分でできることは自分で行い、できない部分を介護者や福祉用具で補うという視点が肝要であることは言うまでもない。とすれば、利用者が自分でできない動作があったとき、なぜできないのか、できない理由は何で、どうすればできるようになるのかというアセスメントは必須である。できない部分が理解できれば、その部分を福祉用具や介護者が補完してできるようにするというのが介護の大原則であろう。利用者一人ひとりの状態像や生活目標は個々に異なるから、この意味からも介護技術の多様性は必須になる。

　また、各種の介助動作において必ず守らなければならないことの１つに、利用者と介護者、双方が安心で、安全で、楽でなければならないということがある。利用者が不安を感じたり、危険が生じたりするような

介助動作は論外であることは言うまでもないが、介護者の身体を守れないような方法は決して採用すべきではない。すなわち、介護職が腰痛になったり身体を痛めるようなことがあれば、それはその職場全体で技術の見直しを行わなければならないことを意味している。同様に利用者が骨折したり、苦痛を訴えたりするようなことがあれば、それも介護技術の見直しを必要としているというサインである。

　このようなことをよく考えれば、福祉用具を介護に利用するということは当たり前のことだということが理解されよう。福祉用具を利用しない移乗技術では、下肢の支持性があり足を動かせる人しか移乗介助ができない。強引に立たせたり、持ち上げたりする介護は介助者にどのように高い技術があろうとも双方にとって苦痛以外のなにものでもない。

　一方、車いすに座っている高齢者をみてみよう。姿勢が崩れていたり、左右に傾いたりしていないだろうか。私たちは靴を履いて歩くが、靴は足長と足囲を自分の足に合わせている。まさか足に合わない靴を履くということはあり得ない。一人ひとり異なる靴を履くのは当然である。めがねも自分の視力に合わせて利用する。とすれば、1日中車いすに座って生活し、自分で姿勢を直すこともできない高齢者が、誰もが同じ車いすに座るということがいかに苦痛を与えているかということはすぐに理解できる。車いすは個々の身体の大きさ、身体機能などに合わせて利用するものである。合わない靴を1日履かされたらどういう感じがするか考えてみればすぐに理解できよう。ましてやクッションもない1枚の布の上に座り続けるなど、これをもって虐待といわずして何が虐待かというほどひどいことである。

　福祉用具は一人ひとりの状態に応じて使い分けるものである。車いすだけではなく、移乗介助に利用する用具もそれぞれの状態に応じて異なる機種が必要になる。福祉用具を選び、使い方を適切にする知識と技術なしでは、質の高いケアは成り立たないはずである。誰でもが同じ福祉用具を利用しているような施設は誰にでも同じ技術で対応していることが多い。個別性や個性の尊重はどこにいったのだろうか。少なくとも「質の高いケア」を標榜することはできない。

② 福祉用具の種類

　福祉用具を利用する目的は大きくいえば、個人個人の生活をつくるためであり、その個性を発揮するためである。そのために、ある場合には福祉用具を利用して動作の自立（狭義の意味ではなく、広義の意味で）

を図り、ある場合には介助を容易にすることによって利用者、介助者双方の快適な生活を実現しようとするものである。このように生活の場面で使用することからその種類は多岐にわたる。また、近年、一般の商品においてユニバーサルデザイン、あるいは共用品という概念が少しずつではあるが普及しつつあり、場合によっては福祉用具として考えられた商品が一般的に使われるようになったり（洗浄便座、ライターなど）、一般の商品を障害のある人や高齢者が使いやすいように設計することが多くなってきている。このような場合には福祉用具と一般の商品との境界がなくなりつつあるともいえる。ここでは障害を有する場合に利用することを目的に設計・製作・市販されている用具に限定して議論する。

　福祉用具はいろいろな分類ができようが、ここでは以下のように分類する。

①起居関連用具

　臥位から起き上がって、座位ないしは立位を維持するまでに使用する用具。ベッド関連用具や寝具類などが含まれる。

　ベッドは施設においては同一機種を導入することがほとんどである。購入費用や保守の問題を考えると同一機種の方が圧倒的に有利である。一方、ベッドの機能を個々人の身体機能に合わせ、使い方を適切にすれば、介助を受けていた起き上がり動作や移乗動作が自立できるようになることもしばしば見受けられる。このような場合にはニーズに応じてベッドの機能や機種を使い分ける必要があり、その場合には多様な機種が導入されていたほうが有利である。残念ながら、個々人の状態に応じてベッドの使い方を適切にするというような介護の考え方はほとんど実行されていないから、現状では同一機種を導入することが多くなるのであろう。

　また、ベッド付属品（ベッド柵、移乗介助バー、サイドテーブルなど）は一般的にベッドと同一メーカーの商品を使うことが必要になり（カタログ上そのように記載されている）、その意味でも同一メーカーの商品をそろえるほうがコスト的には有利になる。

　ベッドに関連して、マットレスの選択も重要な要因である。利用者の身体機能に応じて、動きやすさが優先されたり、褥瘡対応のように圧分散機能が優先されたり、あるいは個々人の好みが優先されたりと、最低限マットレスに関しては選択肢を広げておかないと対応できないことが多い。

②移動関連用具

移動方法によって、歩行補助用具、車いすなど車輪を利用した座位による移動手段、ストレッチャーなど臥位による移動手段などがある。

＜歩行補助用具＞

１本杖は歩行補助機能は低く、わずかにしか補助しないことはよく知られている。また、ロフストランドクラッチをはじめ、多脚杖などは身体機能の訓練プロセスで利用されることが多く、理学療法士などのアセスメントがあったほうがよいといえる。

歩行器も同様であり、一般的には生活場面で使用することは想定されていなかった。歩行車はいす付きであってもなくても、体重心をフレーム基底面内に入れられるので、安全な歩行補助用具であるが、わが国ではその効果があまり理解されず、利用されることが少ないように思われる。代わりに利用されているのが、いわゆるシルバーカーといわれるものである。これは体重心が基底面内に入らず、歩行補助機能が低く、前傾した歩行姿勢になることから、あまり利用することをすすめたくはないものである。しかし、価格の安さ、ショッピングカートの延長的感覚などからわが国では広く使用されている。

＜車いす＞

一人ひとりに合わせるものである。しかし、病院などで一時的に使用される共用的な車いすの概念が広まってしまったせいか、多くの施設で、大きめの（誰でも利用できるように）標準型自走用車いす、同介助用車いす、リクライニング車いすの３種類程度を使い分けていることが多い。結果として、姿勢が崩れたまま座っていることによる脊椎の変形や筋緊張の異常、場合によっては褥瘡の形成などの２次障害の原因になっていることが多い。また、本来車いすが適切に適合されていれば自繰能力をもつ利用者が介助用車いすを利用している姿などがよく見受けられる。調節機能のついた車いすを準備し、個々人に車いすを適合させていくということが習慣化するようにしたい。

車いすの適合は必ずしも理学療法士などしか行えないものではなく、筆者が支援している施設では介護職を数人教育して、これらの能力を付与している。一般的な適合ならばそれで十分であり、身体機能が極端に低下していたり、関節変形や筋緊張が異常な場合などに理学療法士などの専門的知識が必要になる。しかし、理学療法士がこのような場合の車いす適合の知識や技術を必ず有しているとは限らないことにも留意しておく必要がある。車いす適合の教育を受けていなかったり、経験の乏しい理学療法士なども見受けられる。

③移乗関連用具

　立位移乗に関連した立位補助用具、座位移乗に関連した滑りをコントロールする用具、持ち上げる移乗に関連したリフト類などがある。

　下肢の支持性があり、軽い介助で立位をとれる場合などを除き、介助者が強引に立位をとらせるような移乗介助はなくしたい介助技術の１つである。もちろん二人がかりであっても人を人が持ち上げるようなことをしてはならない。これらの介助技術は利用者にとって苦痛であるばかりでなく、介助者の身体を痛めかねない動作である。厚生労働省が2013年６月に改定した「職場における腰痛予防対策指針」では、原則として人を抱え上げることを禁止し、代替策として、①全介助の場合はリフトを、②座位バランスがよい場合はスライディングボードを、③立位を維持できる場合にはスタンディングエイドを使うことを推奨している。このように人を持ち上げたり、強引に立位を取らせることはどんなにその技術を高めようとも危険が高い方法であり、やってはならない介護の基本として教育されるべきである。

　代わりに利用されるのが上述のような各種の福祉用具であり、トランスファーボードやスライディングシートを利用した摩擦のコントロール（滑り）による移乗方法や、どうしても持ち上げざるを得ない場合のリフトの利用などを促進すべきである。リフトは利用者の異常筋緊張を緩和させることがしばしば経験されており、利用者にとっても利点のある移乗手段である。リフトは、利用者・介助者双方にとって快適な介助を実現する用具であることが認識されなければならない。

　なお、これらの移乗用具は人を動かすということから危険を完全に排除することはできない。このことから適応とその使い方が特に大切であり、そのような教育なくしてはその効果が発揮されないことに留意しておく必要がある。

④排泄関連用具

　施設で多くの場合トイレが利用しにくいのは下半身の脱衣方法が十分に考慮されていないからであろうと考えられる。歩行可能な人は着脱衣の介助を受けるとしても、一般的なトイレが少し広ければそれで十分だが、車いす利用者のように下肢の支持性が不十分で立位が安定しない人がトイレを利用しようとすると、下半身の脱衣ができない、あるいはしにくいことが最大の問題になる。スタンディングエイドのような立位をとらせる用具を利用できる環境にするか、簡易ベッドのような臥位で脱衣できる方法が準備されていないと、車いす利用者にとってはトイレは

利用しにくい。多くの場合は一人の介助者が強引に立位をとらせ、もう一人の介助者が脱衣をするというような方法が行われているが、この方法は双方にとって楽なことではない。

　なお、施設の居室が個室で、各室にトイレがついているような場合には、ベッドで脱衣してからトイレに移動できるので、トイレキャリーなどの福祉用具を利用した方法が考えられる。

　ポータブルトイレは夜間の排泄などによく利用される。トイレが遠い場合に移動距離の問題を解決するため、また、夜間の介護力不足を補うための手段として利用されることが多い。この目的のためには溲瓶や特殊尿器（自動集尿器）なども有効であるが、特殊尿器に関しては使い方のノウハウが獲得できないと欠点ばかりが強調される。福祉用具は何はともあれ、使い方が命であることは多くの場合にいえることであるが、特に排泄では使い方が大切である。このことは尿と共に便を自動吸引する装置に関してもいえる。適用を間違えるとベッドに固定した生活を促進しかねない用具であるが、ALS（筋委縮性側索硬化症）が進行した場合などには優れた特性を有する用具であるといえる。

⑤その他の用具

　その他多様な用具が利用されるが、ここで特に議論しておきたいことの1つに入浴場面がある。特に、機械浴の場面で、本来の機械浴になっていないことが多い。車いすなどで脱衣場まで移動してきた利用者を持ち上げてストレッチャーやシャワーキャリーなどに移乗させている点である。

　これでは機械浴の意味がない。すなわち、人が人を持ち上げたりする介助をなくすことが機械浴の目的である。高価な機械浴設備を導入するより、一般的な浴槽にリフトを導入したほうがよほど安全で容易な入浴が可能となり、また廉価でもある。リフトで吊り上げるためのシャワーキャリー、ストレッチャー、吊具類など、個々人の状態に合わせた選択が必要であるが、持ち上げる場面が皆無になり、利用者も安心して入浴可能となる。

　また、国家戦略の1つとして開発が進められている「介護ロボット開発プロジェクト」のなかでは、徘徊対策として見守りを中心として支援する用具類は種々の効果的と思われる用具が開発されてきている。それぞれに特徴的なセンサーと通報装置を有した用具類が実用化されつつある。背景として社会的に急激な発達を遂げたIT技術の応用がある。

③ 活用とメンテナンス

　このように、福祉用具を上手に利用できれば、ケアの質も変わり、利用者・介護職双方にとってメリットが高い。しかしながら、福祉用具は選択と使い方が大切であり、このノウハウが獲得され、教育されないと、その効果が発揮されない。わが国ではこのような知識・技術が普遍化されていないことが福祉用具普及の大きな阻害要因になっている。また、福祉用具の適合を行う専門職も特定されておらず、このことも普及を妨げている。

　一般的に福祉用具の利用知識や技術は理学療法士や作業療法士でもほとんど獲得されておらず、福祉用具専門相談員（事業者）もまた、正確な知識・技術を有していないことはしばしばみかけることである。この結果として、福祉用具を導入したはよいけれど、適切な使い方がわからず、高価な福祉用具が埃にまみれていることもしばしばみかける。天井走行式のリフトはその代表例かもしれない。いくつかの施設で使われていないリフトに出くわすが、聞くと使い方がわからない、人手のほうが早い、利用者にいやがられた等々本来考えられないような声を聞く。これらは福祉用具を利用する知識と技術の欠如によるといっても過言ではない。

　また、福祉用具は購入費用も大きく、初期投資が可能でないと導入できない。本来在宅支援では福祉用具は個々に合わせて選択することが原則で、そのために多くの用具がレンタルとなっている。施設では施設側の購入となっていることが用具の普及を大きく阻害している1つの要因である。

　福祉用具はメンテナンスが必要であることは用具の特性として当然であるが、施設では用具が買い取りであることから保守が不十分であることが多い。車いすのブレーキが緩んでいたり、タイヤの空気圧が落ちていたりすることはよくみかける。ひどい施設では電動ベッドのスイッチが明らかに故障している（接触不良になっている）にもかかわらず、そのまま使い続けている例などをみかけた。これもまたよくみかける光景であるが、車いすが食事の残りかすなどで汚れていたり、マットレスが異様な臭気を発していたりする。

　用具である限り定期的な保守が必要であることは明白であり、記録をとりながら丁寧な保守をすべきである。

索　引

社会福祉施設経営管理論 2024

発　　行	2009年 7 月15日	初版第 1 刷発行
	2010年 3 月25日	改訂 1 版第 1 刷発行
	2011年 3 月16日	改訂 2 版第 1 刷発行
	2012年 2 月28日	改訂 3 版第 1 刷発行
	2013年 2 月 8 日	改訂 4 版第 1 刷発行
	2014年 2 月 5 日	改訂 5 版第 1 刷発行
	2015年 2 月10日	改訂 6 版第 1 刷発行
	2016年 2 月26日	改訂 7 版第 1 刷発行
	2017年 3 月10日	改訂 8 版第 1 刷発行
	2018年 3 月 9 日	改訂 9 版第 1 刷発行
	2019年 3 月25日	改訂10版第 1 刷発行
	2020年 3 月30日	改訂11版第 1 刷発行
	2021年 3 月19日	改訂12版第 1 刷発行
	2022年 2 月25日	改訂13版第 1 刷発行
	2023年 3 月17日	改訂14版第 1 刷発行
	2024年 3 月15日	改訂15版第 1 刷発行

編　　者　宮田裕司

発 行 者　笹尾　　勝

発 行 所　社会福祉法人　全国社会福祉協議会
　　　　　〒100-8980　東京都千代田区霞が関 3 - 3 - 2 　新霞が関ビル
　　　　　電話　03-3581-9511　振替　00160-5-38440

定　　価　2,750円（本体2,500円＋税10％）

印 刷 所　三報社印刷株式会社

ISBN　978-4-7935-1439-5　C2036　　　　　　　　　　　　　　　禁複製